人力资源管理教程（第三版）

Human Resource Management

张一弛　张正堂　编著

图书在版编目(CIP)数据

人力资源管理教程/张一弛,张正堂编著.—3版.—北京:北京大学出版社,2019.9
21世纪经济与管理规划教材·工商管理系列
ISBN 978-7-301-30645-1

Ⅰ.①人… Ⅱ.①张…②张… Ⅲ.①人力资源管理—高等学校—教材 Ⅳ.①F243

中国版本图书馆CIP数据核字(2019)第172271号

书　　　名	人力资源管理教程(第三版)
	RENLI ZIYUAN GUANLI JIAOCHENG(DI-SAN BAN)
著作责任者	张一弛　张正堂　编著
责 任 编 辑	赵学秀
标 准 书 号	ISBN 978-7-301-30645-1
出 版 发 行	北京大学出版社
地　　　址	北京市海淀区成府路205号　100871
网　　　址	http://www.pup.cn
微信公众号	北京大学经管书苑(pupembook)
电 子 信 箱	em@pup.cn　　QQ：552063295
电　　　话	邮购部 010-62752015　发行部 010-62750672　编辑部 010-62752926
印 刷 者	北京溢漾印刷有限公司
经 销 者	新华书店
	730毫米×1020毫米　16开本　20印张　438千字
	1999年1月第1版
	2010年5月第2版
	2019年9月第3版　2021年3月第2次印刷
定　　　价	49.00元

未经许可，不得以任何方式复制或抄袭本书之部分或全部内容。
版权所有，侵权必究
举报电话: 010-62752024　电子信箱: fd@pup.pku.edu.cn
图书如有印装质量问题，请与出版部联系，电话: 010-62756370

丛书出版前言

作为一家综合性的大学出版社，北京大学出版社始终坚持为教学科研服务，为人才培养服务。呈现在您面前的这套"21世纪经济与管理规划教材"是由我国经济与管理领域颇具影响力和潜力的专家学者编写而成，力求结合中国实际，反映当前学科发展的前沿水平。

"21世纪经济与管理规划教材"面向各高等院校经济与管理专业的本科生，不仅涵盖了经济与管理类传统课程的教材，还包括根据学科发展不断开发的新兴课程教材；在注重系统性和综合性的同时，注重与研究生教育接轨、与国际接轨，培养学生的综合素质，帮助学生打下扎实的专业基础和掌握最新的学科前沿知识，以满足高等院校培养精英人才的需要。

针对目前国内本科层次教材质量参差不齐、国外教材适用性不强的问题，本系列教材在保持相对一致的风格和体例的基础上，力求吸收国内外同类教材的优点，增加支持先进教学手段和多元化教学方法的内容，如增加课堂讨论素材以适应启发式教学，增加本土化案例及相关知识链接，在增强教材可读性的同时给学生进一步学习提供指引。

为帮助教师取得更好的教学效果，本系列教材以精品课程建设标准严格要求各教材的编写，努力配备丰富、多元的教辅材料，如电子课件、习题答案、案例分析要点等。

为了使本系列教材具有持续的生命力，我们将积极与作者沟通，争取每三年左右对教材进行一次修订。无论您是教师还是学生，您在使用本系列教材的过程中，如果发现任何问题或者有任何意见或建议，欢迎及时与我们联系（发送邮件至em@pup.cn）。我们会将您的宝贵意见或建议及时反馈给作者，以便修订再版时进一步完善教材内容，更好地满足教师教学和学生学习的需要。

最后，感谢所有参与编写和为我们出谋划策提供帮助的专家学者，以及广大使用本系列教材的师生，希望本系列教材能够为我国高等院校经管专业教育贡献绵薄之力。

北京大学出版社
经济与管理图书事业部

21世纪经济与管理规划教材
工商管理系列

序 言

一晃,从 2010 年第二版《人力资源管理教程》的出版到现在已经过去九年的时间了。在这九年里,人力资源管理的环境和对象都发生了巨大的变化,最突出的变化可以用四个关键词来反映:

第一,VUCA 时代。在过去很长一段时间内,环境是相对稳定并可预见的,通常企业运用已有的知识和经验就可以解决很多问题。把繁杂的问题细化分解,然后逐个解决,最后再把所有的解决方法归纳总结,形成制度甚至建成一套流程体系,从而避免类似的问题,并以此为基础解决新的问题。这种处理方式在商业环境相对稳定并且可预测的工业经济时代非常奏效,只要严格执行并重复标准化的流程作业就可以获得成功(戴维·韦斯、克劳德·勒格朗,2012)。但是,近十年来,环境发生了巨大的变化。宝洁公司首席运营官罗伯特·麦克唐纳(Robert McDonald)借用一个军事术语描述这一新的商业世界格局:"这是一个 VUCA 的世界。"VUCA 指的是易变性(Volatile)、不确定性(Uncertain)、复杂性(Complex)、模糊性(Ambiguous)。VUCA 时代给我们带来了巨大的冲击。曾经的巨人诺基亚、柯达、摩托罗拉……一个接一个地倒下。而上述公司恰恰是大家曾经竞相学习和模仿的标杆企业,完善的流程体系、规范的管理制度在 VUCA 时代已经不再是克敌制胜的法宝。

第二,移动互联网。与以往的互联网相比,移动互联网自身的主要优点是突破了以往信息数据在传递过程中受时间、空间等因素的约束,使互联网的共享性与开放性得到了高效结合。移动互联网具有较强的多元化、移动性、共享性、实时性等特征。其中,实时性主要体现为移动互联网在为人们提供全天网络服务的基础上,其提供的各种信息数据都具有较强的及时性。便捷性主要体现为在无线网络覆盖的区域中,通过各种移动电子设备终端就可以与移动互联网链接并得到应用。

第三,智能制造。智能制造的本质,是虚拟网络和实体生产的相互渗透融合,将专家的知识和经验融入感知、决策、执行等制造活动中,赋予产品制造在线学习和知识进化的能力,使制造体系中的各个企业、各个生产单元高效协同,在减少对传统劳动力需求的同时,极大地提高生产效率。智能制造不仅仅是单一技术和装备的突破与应用,更是依靠装备智能化、设计数字化、生产自动化、管理现代化、营销服务网格化等制造技术与信息技术的深度融合与集成,创造新的附加价值。

第四,新生代员工。以 80 后 90 后为代表的新生代员工逐渐成为职场主力,80 后员工越来越多地在企业中成长为管理者角色,90 后甚至 00 后员工开始走入职场,这一变化使得传统的员工管理模式遇到前所未有的挑战。新生代员工是伴随着我国计划生育政策的推行、改革开放的经济发展和计算机互联网的普及成长起来的,他们的人生观、价值观与父辈有着显著的差异。他们通常淡化权威和权力,渴望表现,渴望得到外部的认可,具有强烈的自我意识和自我维权意识。他们对传统命令式的领导方式不感兴趣,也极度反感领导处在高高在上的位置。面对崇尚自由、民主,更注重个人目标实现的新生代员工,传统的管理模式越来越受到挑战,不管是富士康的多起跳楼事件,还是日益上升的跳槽率都在不断地提醒广大企业管理者问题的严重。如何让这些新生代员工在每天循规蹈矩的重复性工作中发现其中的挑战性、趣味性甚至重要性,进而发挥他们的特长优势,将是企业管理者面临的又一道难题。

这四个巨大变化又是相互关联的,它们对组织管理产生了叠加性的重要影响。这种影响范围当然包括人力资源管理。因此,在近十年期间,人力资源管理涌现出很多新的思想、新的理念、新的方法、新的模式。正是基于这样的背景,我们对《人力资源管理教程》(第二版)进行了较大幅度的第三次修改。本次修改主要体现在以下三个方面:

(1) 近十年来人力资源管理理念、内容、方法等新变化

正如上面所说,VUCA 时代、移动互联网、智能制造和新生代员工这四个关键词代表的人力资源管理环境与对象的变化,促使人力资源管理理念、内容和方法得以创新。我们在第二版的修改中,尽量把那些相对成熟的新变化写入本教材。第一章中的人力资源管控体系、HR 三支柱转型、人力资源管理面临的新挑战;第二章中的远程工作、不确定时代工作设计的变化趋势;第三章中的人才盘点与人才地图;第四章中的互联网时代招聘变化,如社交招聘等;第五章中互联网时代培训变化,如移动学习、虚拟现实技术培训方法等;第八章中的合伙人制度;第九章中的共享经济下灵活雇佣关系等。

(2) 逻辑结构的再梳理和调整

我们在补充新内容的同时,对原有部分内容进行了压缩,特别是对逻辑结构进行再梳理和调整。例如,合并了第二版中的第四章和第五章,利用一节首先介绍招聘的流程,然后通过随后的四节详细介绍招聘流程中的主要知识点和技术环节。我们也按照这样的逻辑对本版第五章员工培训进行较大的结构调整。通过逻辑结构的调整,让本书的架构更清楚,读者更容易按照企业操作的逻辑来理解相关的知识和内容。

(3) 抓住人力资源管理实践中的热点问题,更换大量的新案例

近十年来,企业人力资源管理实践中发生了更多的新现象、产生了更多的新问题。因此,第二版中的很多案例已经不能反映当前人力资源管理实践的现状。为此,本次修改对案例进行了大调整,无论是开篇案例还是篇后讨论案例,尽量能够反映当前实践中涌现出来的人力资源管理新现象、新问题。

21世纪经济与管理规划教材
工商管理系列

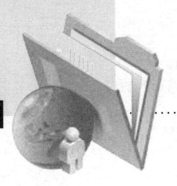

目 录

第一章 人力资源管理导论 / 1
    开篇案例 / 2
    第一节 人力资源管理的职责、目标及演进 / 2
    第二节 人力资源管理的分工与三支柱转型 / 9
    第三节 人力资源管理面临的挑战 / 22
    复习思考题 / 29
    案例 / 30

第二章 工作分析与工作设计 / 32
    开篇案例 / 33
    第一节 工作分析的用途与流程 / 34
    第二节 工作分析的方法 / 41
    第三节 工作设计 / 50
    复习思考题 / 60
    案例 / 60

第三章 人力资源战略与计划 / 63
    开篇案例 / 64
    第一节 人力资源战略 / 65
    第二节 人力资源供求预测 / 71
    第三节 人力资源计划的控制与评价 / 82
    复习思考题 / 86
    案例 / 86

第四章 员工招聘与录用 / 90

开篇案例 / 91

第一节 员工招聘的过程 / 92

第二节 招聘渠道的类别及其选择 / 96

第三节 员工录用方法 / 105

第四节 招聘面试 / 113

第五节 招聘效果评估 / 119

复习思考题 / 129

案例 / 129

第五章 员工培训 / 132

开篇案例 / 133

第一节 培训概述 / 134

第二节 员工培训内容与需求评估 / 139

第三节 员工培训方法 / 149

第四节 培训效果评估与培训迁移 / 155

复习思考题 / 162

案例 / 162

第六章 绩效考核与管理 / 164

开篇案例 / 165

第一节 绩效考核与管理的基础 / 166

第二节 绩效考核体系的设计 / 171

第三节 员工绩效考核方法 / 178

第四节 绩效反馈与改进计划 / 194

复习思考题 / 196

案例 / 196

第七章 组织薪酬体系的设计 / 201

开篇案例 / 202

第一节 薪酬设计的理论基础和内容 / 203

第二节 工作评价 / 210

第三节 薪酬水平与薪酬等级结构 / 221

复习思考题 / 227

案例 / 228

第八章　员工薪酬管理　/ 229

　　开篇案例　/ 230

　　第一节　员工个人激励　/ 231

　　第二节　员工集体激励　/ 237

　　第三节　员工福利计划　/ 242

　　第四节　员工薪酬调整　/ 245

　　复习思考题　/ 252

　　案例　/ 252

第九章　员工职业规划与管理　/ 254

　　开篇案例　/ 255

　　第一节　职业生涯理论　/ 255

　　第二节　员工的职业规划与管理　/ 260

　　第三节　员工职业管理的特殊议题　/ 266

　　第四节　管理人员的选拔与发展　/ 275

　　复习思考题　/ 280

　　案例　/ 281

第十章　跨国公司的人力资源管理　/ 283

　　开篇案例　/ 284

　　第一节　国际企业人力资源管理的发展概述　/ 285

　　第二节　跨国公司人力资源管理的模式　/ 289

　　第三节　跨国公司人力资源管理的特点　/ 296

　　复习思考题　/ 300

　　案例　/ 301

参考文献　/ 305

21世纪经济与管理规划教材
工商管理系列

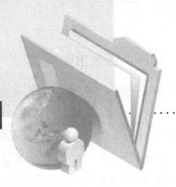

第一章

人力资源管理导论

学习目标

1. 了解人力资源管理的职责和目标
2. 理解人力资源管理的演进历程和新的发展趋势
3. 明确人力资源管理在直线经理和人力资源经理之间的水平分工
4. 掌握人力资源管理的垂直分工、管控体系及三支柱转型
5. 了解人力资源管理面临的各种挑战及其影响,重点关注互联网技术、智能制造及员工需求变化带来的影响

开篇案例

90后员工的跳槽

刚刚硕士研究生毕业的张扬,应聘到一家在海外有多家分公司的国企工作,工资高不说,时常还有出国考察的机会,三年内有车有房不是梦想。就是这样一份让同学羡慕不已的工作,却在一个月前被张扬辞掉了。"你能想象每天上班的工作内容完全一模一样吗?那种感觉太可怕了!"张扬瘪着嘴说道,"如果继续在这里待下去,基本可以预见我退休前的最后时光——和现在别无二致,只不过我老了"。

和张扬一样,刚工作两个月的李丽,最近也在为要不要换工作而纠结。1990年出生的李丽是贵州某大学资源与环境工程专业的一名应届硕士毕业生,在校期间学习成绩不错,还没毕业就被一家环境检测机构看中,从事环境检测工作。然而工作一段时间后,李丽开始怀疑自己的选择:"公司规模小,制度也不完善,经常需要熬夜写检测报告。"最让她难以接受的是,上司有时还会暗示她造假。上司是一位40多岁的中年男人,没什么工作激情,他带领的整个团队慵懒散漫。"大家每天上班除了讲段子,就是逛淘宝,"李丽提高了音调,"团队的氛围太差了"。跟着上司参加过几次应酬,感觉他对客户偷奸耍滑,这让李丽很受不了,坚定了辞职的决心。李丽开始悄悄地在网上投简历,没过多久另一家用人单位就向她发出邀约。李丽打算先去考察一下,担心万一又是个"坑"。

像张扬、李丽这样,"一言不合"就辞职的人还不在少数。先来看看人力资源部门的抱怨:"那真是说走就走,甚至不打招呼!""以往基本上能贯彻的辞职需提前一个月提出申请的规定对他们来说是废纸一张。"90后的潇洒远不止这些,而谈到辞职理由,各企业人力资源部门列举的实例绝对"奇葩":不好意思,失恋了;公司的伙食不合胃口;单位那谁谁,太讨厌,看见就头晕;我想去旅行……各位是不是觉得这些理由个个清新脱俗?

90后离职现象反映了新生代员工管理的差异性,也是当前人力资源管理所面临的新议题。不仅仅是新生代员工的管理,当前企业的人力资源管理面临诸多新变化,也带来人力资源管理的新挑战。人力资源管理包括一切对组织中的员工构成直接影响的管理决策及其实践活动。这里所讲的组织涵盖的范围很广,它既包括"世界500强"中那些一般意义上的工商企业,也包括学校、医院甚至赌场等各种私人团体或公共组织。近年来,组织越来越重视人力资源管理,员工的行为表现是组织能否达成目标的关键,因此人力资源管理对组织的成败至关重要。在本章中,我们首先讨论人力资源管理的产生和发展,然后说明组织的发展与人力资源管理之间的关系,最后探讨人力资源管理面临的各种挑战。

第一节 人力资源管理的职责、目标及演进

组织是由人构成的,也是由人来进行管理的。没有人,组织就不存在;没有优秀的人

力资源,组织就不可能生存和发展。组织建立和发展过程中所有的成功与失败归根结底都与人密切相关。个人的目标与其所在组织的目标的一致性越高,个人和组织双方目标的实现程度越高;反之,个人的目标与其所在组织的目标的一致性越低,个人和组织双方目标的实现程度也就越低。

一、人力资源管理的职责和目标

人力资源管理涉及正确处理组织中的"人"和"与人有关的事"所需要的观念、理论和技术。与组织中的其他职能部门一样,人力资源管理部门也要负责实现具体的目标或取得预定的结果。我们知道,考察组织中的生产部门对组织的贡献要衡量产品的数量、质量和生产的及时性;考察组织中的财务部门对组织的贡献要衡量其成本控制、执行预算和最小化组织税务责任的情况;考察组织中的销售部门对组织的贡献要衡量其完成组织的销售目标的情况;而考察人力资源管理部门对组织的贡献则要衡量员工缺勤率、员工离职率、工作中的事故率、训练中的事故率、员工的抱怨程度、组织执行有关法规的情况和员工的工作满意度水平等指标。需要指出的是,人力资源管理部门对这些结果具有直接的影响,而各个业务部门对员工的管理水平、组织的管理战略和资源拥有量也有重要的间接影响。人力资源管理部门工作有效性的标准是它能够在多大程度上使组织实现整体目标。值得强调的是,人力资源管理绝不是一组人事管理活动的简单集合,而是要协调地管理组织中的人力资源,配合其他资源的利用,以实现组织效率和公平的整体目标。

人力资源管理目标包括[①]:第一,建立员工招聘和选择系统,以便雇用到最符合组织需要的员工;第二,最大化每个员工的潜质,既服务于组织的目标,也确保员工的事业发展和个人尊严;第三,保留那些通过自己的工作绩效帮助组织实现目标的员工,同时淘汰那些无法给组织提供帮助的员工;第四,确保组织遵守政府关于人力资源管理方面的法令和政策。可见,人力资源管理有两个主要目标:广义目标是充分利用组织中的所有资源,使组织的生产率水平达到最高;狭义目标是帮助各个部门的业务经理更加有效地管理员工。具体而言就是人事部门制定和解释人事政策,通过忠告和服务来完成这两个目标。人力资源管理主要包括以下内容:

第一,吸引,指确认组织中的工作要求,决定这些工作需要的人数与技术,向有资格的工作申请人提供均等的雇用机会。吸引环节涉及如何进行工作分析,即确定各个工作岗位任务的特点,从而确定企业中各个工作岗位的性质和要求;如何预测企业的人力需求,为开展招聘工作准备依据。具体内容详见本书第二章和第三章。

第二,录用,指根据工作需要确定最合适人选的过程,确保企业能够从工作申请人中选拔出符合企业需要的员工。具体内容详见本书第四章。

第三,保持,指保持员工有效工作的积极性,保持安全健康的工作环境。这包括决定如何管理员工的工资和薪金,做到按照员工的贡献等因素进行收入分配,做到奖惩分明;

---

① Crino, M. D. and Leap, T. L., *Personnel/Human Resource Management*, Macmillan, 1989: 5.

同时,通过奖赏、福利等措施激励员工。具体内容详见本书第七章和第八章。

第四,发展,指提高雇员的知识、技能和能力等方面的素质,保持和增强员工的工作能力。这包括对新员工进行工作指导和业务培训、训练和培养各级经理人员,以及为了使员工保持理想的技能水平而开展的一系列活动。具体内容详见本书第五章和第九章。

第五,评价,指对工作结果、工作表现与人事政策的执行情况进行观察和做出鉴定。这包括决定如何评价员工的工作绩效,如何通过面谈、辅导和训话等方式与员工进行面对面的交流。具体内容详见本书第六章。

二、人力资源管理的重要性

我们为什么要学习人力资源管理?在进入高科技时代的过程中,人们对技术的强调在一定程度上模糊了对人力资源管理重要性的认识。随着所谓的知识经济时代的到来,人力资源管理因与人的因素存在内在的密切联系而使其重要性日益突出。应该看到,企业管理已经从强调对物的管理转向强调对人的管理,这是竞争加剧的结果。一方面,这是管理领域的扩大;另一方面,这也是管理环节的提前,因为物是劳动的产物。

第一,人力资源管理对所有的企业管理人员都很重要。这是因为人力资源管理能够帮助企业管理人员达到以下目的:用人得当,即事得其人;降低员工的流动率;使员工努力工作;有效率的面试以节省时间;使员工认为自己的薪酬公平合理;对员工进行充足的训练,以提高各个部门的效能;使企业不会因就业机会等方面的歧视行为而受到控告;保障工作环境的安全,遵守国家的法律;使企业内部的员工都得到平等的待遇,避免员工的抱怨;等等。这些都是企业中各个部门的经理人员普遍的愿望。其实,无论是正在学习财务管理、市场营销管理或生产管理的同学,还是学习人力资源管理的同学,将来成为一名人力资源管理经理的机会都是很小的。但在这些人当中,将有很多人会在自己的专业领域承担起管理责任,届时他们需要做出关于员工招聘、薪酬政策、绩效考核、员工晋升和人员调配等人力资源管理方面的决策,其实这一点也适用于那些非经济管理类专业的同学。即使是那些将来不承担管理责任的员工,只纯粹作为组织中人力资源管理活动的调整对象,也需要学习人力资源管理方面的知识。只有这样,他们才有能力对组织的人力资源管理政策做出自己的评价,并在此基础上提出有利于自己事业发展和待遇提高的建议。

第二,企业的经理人员实际上是通过别人来实现自己的工作目标的,这就使人力资源管理同其他类别的管理相比显得特别重要。我们经常发现,许多企业在规划、组织和控制等方面做得都很好,但就是因用人失当或者无法激励员工,最终没有获得理想的业绩;相反,虽然有些企业的经理人员在规划、组织和控制等方面做得一般,但是因用人得当并且经常激励、评估和培养这些人才,最终使企业获得成功。

第三,人力资源管理能够提高员工的工作绩效。20世纪80年代,西方工业七国的生产力排序是日本、法国、加拿大、联邦德国、意大利、美国和英国。美国劳动生产率低的重要原因之一就是工人的高缺勤率、高流动率、怠工、罢工和产品质量低下等。盖洛普民意调查(Gallup Poll)结果表明,50%的工薪阶层认为他们可以再努力一些并提高工作绩效,

30%的工薪阶层认为他们可以把生产力提高20%以上。1977年,位于美国田纳西州的摩托罗拉工厂生产的彩色电视机,平均每百台中有150—180个缺陷。后来,日本一家公司接收了这个工厂。到1980年,每百台彩色电视机的缺陷降到4个。发生这一变化的原因不在于工人,因为80%的工人还是原来的工厂留下来的;而在于管理方式发生了变化,包括工人参与决策、质量控制人员承担更大的责任、工人与管理人员之间的沟通加强,这些是产品质量提高的根本原因。运用人力资源管理的观念与技术、改善员工的工作行为,是提高劳动生产率和企业经营绩效的重要途径。我们知道,劳动力的宏观配置目标是劳动力数量上的充分利用,微观配置目标是事得其人,而人力资源管理目标是人尽其才。所以可以认为,人力资源管理是劳动力资源配置合理化和优化的第三个层次。

第四,人力资源管理是现代社会经济生活的迫切需要。现在,员工素质越来越高,超过了岗位的实际需要,越来越多的员工感到自己大材小用。在这种情况下,如何激励这些"怀才不遇"的员工就变得特别重要。而且,人们的价值观念已经发生了明显的变化,传统的职业道德教育发挥的作用已经微乎其微。随着财富的增长和生活水平的提高,越来越多的人要求把职业质量和生活质量进一步统一起来。员工需要的不仅是工作本身以及工作带来的收入的满足,还有各种心理满足。随着经济的发展,这种非货币的需要会越来越强烈,企业管理人员必须借助人力资源管理的观念和技术寻求激励员工的新途径。另外,保护员工利益的立法也将使越来越多的企业管理人员稍不小心就会被诉诸法律。所以,管理人员面临的决策约束越来越严格,这也要求企业管理人员重视人力资源管理。

第五,人是组织生存发展并始终保持竞争力的特殊资源。心理学第一定律认为,每个人都是不同的,每个人总是在生理或心理上存在与其他人有所不同的地方,这是人力资源区别于其他形式的经济资源的重要特征。在企业等各种组织中,只有清楚地识别每位员工的与众不同之处,并在此基础上合理地加以任用,才能使每位员工充分发挥潜能,组织也才能因此而获得最大的效益。可以说,明了心理学第一定律是整个社会正确运用人力资源的前提条件。

三、人力资源管理实践的演进历程

实际上,人力资源管理活动的起源可以追溯到非常久远的时代,中国历史上就有许多知人善任的事例,并由此而形成"事在人为"的理念。不过,由于人力资源管理的概念是一个舶来品,因此根据美国学者的看法,将人力资源管理的产生和发展过程划分为五个阶段:手工艺制度阶段、科学管理阶段、人际关系运动阶段、组织科学—人力资源方法阶段和战略人力资源管理阶段。

(一) 手工艺制度阶段

在古埃及和古巴比伦时代,经济活动中的主要组织形式是家庭手工工场。当时,为了保证拥有合格技能的工人有充足的供给,对工人技能的培训是以有组织的方式进行的。到了13世纪,西欧的手工艺培训非常流行。手工业行会负责监督生产方法和产品质量,对各行业的员工条件做出规定。这些手工业行会由一些工作经验丰富的师傅把持,每个申请加入行会的人都必须经过一个做学徒工人的时期。在这种手工艺制度下,师傅与徒弟生活和工作在一处,因此非常适合家庭工业生产的要求。

(二) 科学管理阶段

19世纪末期和20世纪早期,欧洲经济生活中出现了工业革命,由此形成了大机器生产方式。工业革命有三个主要特征:一是机械设备的发展,二是人与机器的联系,三是需要雇用大量人员的工厂的建立。工业革命导致劳动专业化水平的提高和生产率的提高,与之相适应的技术进步的加快,不断促使人事管理方式发生变革。工业革命除了引起专业化分工的形成,还对生产过程提出了建立监督层级的需要,由此生产过程中出现了管理人员。

劳动分工的主要优点是:新工人接受培训的时间减少;原材料的消耗减少;合理安排工人节约了开支,并由此产生了以技能水平为基础的工资等级制度;工人减少了工作转换、节约了工作时间,并使工人的操作更加熟练,这又激发了工人的创造性。专业化的缺点是把人变为机器的附属物,压抑工人的活力。著名的空想社会主义者罗伯特·欧文(Robert Owen)于1799年在苏格兰建立了一家棉纺厂。他认为人的行为是所受待遇的反应,雇主和组织应该努力发掘人们的天资,消除影响员工天资充分发挥的障碍。欧文还创建了最早的工作绩效评价体系。他把一个木块的四面分别涂成白、黄、蓝、黑四种颜色,其中白色代表优秀,黄色代表良好,蓝色代表平均水平,黑色代表差。他把这一木块安装在机器上,每天将反映员工前一天工作表现的颜色转向通道,及时向员工提供工作绩效的反馈信息,取得了很好的效果。为此,欧文被誉为人事管理的先驱。在企业的实地调查中,我们经常发现在一些外资企业生产车间生产线的尽头有一个液晶显示牌,上面不断变化的数据是在通知该条生产线员工目前下线产品的合格品率。这种做法与欧文的思想是完全相同的。

科学管理的根本假设是,存在一种最合理的方式来完成一项工作,这种最好的工作方式最有效率、速度最快、成本最低。为此,需要将工作分为最基本的机械元素并进行分析,然后再将它们以最有效的方式重新组合起来。美国的机械工程师泰勒(F.W.Taylor)被誉为科学管理之父,而跑表就是他的"圣经"。1885年,泰勒在一家钢铁公司对一个名为施密特的铲装工人进行了时间—动作研究,去除其无效工作部分,并对技术进行改进,对铲的大小、堆码、铲装重量、走动距离和手臂摆动的弧度等细节都做出了具体的规定,结果使生产率提高了2.96倍。除时间—动作研究以外,泰勒还认为所挑选的工人的体力和脑力应尽可能地与工作要求相匹配,不应使用高于合格水平的工人。泰勒认为,只要工人在规定的时间内以正确的方式完成了工作,就应该发给他相当于工资30%—100%的奖金,这就是最初的劳动计量奖励制度——要让工人最有效率地工作,就需要用金钱来激励他。

20世纪20年代,泰勒的科学管理理论在美国被广泛采用。但是科学管理运动没有顾及员工的感受,使员工对工作开始产生不满情绪,因此并没有真正地起到激励效果。于是,企业开始建立员工的休闲娱乐设施、员工援助项目和医疗服务项目,逐渐出现了人事专家和人事管理部门,这为现代人力资源管理的发展奠定了重要的基础。在当时的行为科学研究领域,芒斯特伯格(Munsterberg)在1913年出版了《心理学与工作效率》一书。他对人事管理的贡献主要在于:第一,用工人的智力和情感要求分析工作;第二,用研制的实验装置分析工作。他对接线生进行了空间感、智商和身体敏捷性等各种测试,结果发现测试结果好的人在实际工作中也被公司认为是好的员工。这说明测试可以成为员工录用中的一种辅助手段。在第五章,我们将详细讨论这一问题。

(三) 人际关系运动阶段

社会因素在机器化大生产中的作用是在著名的霍桑实验中被发现的。1924—1932年,哈佛商学院的梅奥(Mayo)、罗特利斯伯格(Roethlisberger)等人在芝加哥的西屋电器公司霍桑(Hawthorne)工厂进行的霍桑实验,提供了一个有史以来最著名的行为研究成果。这一实验的目的本来是研究照明对工人生产率的影响。他们选择了照明条件相似的两组工人作为研究对象,在实验组,他们改变了照明水平,同时保持控制组的照明条件不变。令研究人员感到意外的是:两个小组的生产率都提高了;甚至当研究人员事先告诉一个小组的工人们即将改变照明条件但事实上并没有改变的情况下,工人们的生产率仍在继续提高。经过三年的实验,研究人员发现,在工作中,影响生产效率的关键变量不是外界条件,而是员工的心理状态。实验中生产率的提高是因为工人对工作和西屋电器公司的态度。由于被请求给予合作,员工感到自己受重视,是公司的一个组成部分,自己的帮助和建议对公司有重要的意义。后来,哈佛商学院的梅奥、罗特利斯伯格和怀特(N. White)等人在20世纪30年代初期的研究结果进一步表明,生产率直接与集体合作及其协调程度有关,而集体协作及其协调程度又取决于主管人员对工作群体的重视程度、非强制性的改善生产率的方法和工人参与变革的程度。泰勒认为企业是一个技术经济系统,而霍桑实验的结果却表明企业是一个社会系统。

霍桑实验的研究结果启发人们进一步研究与工作有关的社会因素的作用。这些研究的结果导致了所谓的人际关系运动,它强调组织要理解员工的需要,这样才能提高员工满意度和生产效率。但是,最终的实践结果表明,良好的人际关系可以提高生产效率的理念是不可靠的。到了20世纪三四十年代,美国企业管理界流行着一种"爱畜理论"。当时爱畜牛奶公司的广告宣传:爱畜牛奶来自愉快的奶牛,因此品质优良。于是研究人员认为愉快的工人的生产效率也会比较高,公司便采用郊游和员工咖啡厅等办法来试图改善工人的社会环境,提高士气,从而提高生产率。但实际上,这一理论夸大了工人的情感与士气对生产效率的影响。

(四) 组织科学—人力资源方法阶段

我们知道,组织本身对人们的表现具有造就、限制和调整的作用,而且人的行为还受到各种职位上的权威、工作和技术要求的影响,因此不能简单地认为人们在组织中的行为方式就是人际关系。组织行为科学是指研究与人们的行为有关的社会学和心理学,其分支包括工业心理学或组织心理学,研究人们在工作中的行为;社会心理学,研究人们如何相互影响;组织理论,研究组织存在的原因、组织的职能、组织的设计、组织效率提高的方法等;组织行为学,研究个人和群体行为的原因,以及如何利用这一研究在组织环境中使人的生产效率更高、工作更令人满意;社会学,研究社会、社会机构和社会关系。到了20世纪六七十年代,行为科学的一个重要课题就是研究民主式、专制式和协商式等各种领导方式的适用条件与环境问题。组织科学强调的重点主要是整个组织而不是员工个体,目前的人力资源管理理论实际上是组织行为科学与前述各个阶段的员工管理实践相结合的产物。

(五)战略人力资源管理阶段

20世纪80年代后期,人力资源管理出现了一个新的视角,强调人力资源管理在企业实现可持续竞争优势中所发挥的战略性作用。人力资源管理进入战略人力资源管理阶段,即人力资源管理要更多地参与组织的战略决策中,成为组织的战略合作伙伴,帮助实现组织的战略目标。

战略人力资源管理还是一个充满争议的领域,对战略人力资源管理的含义,学者们给出了不同的解释。Lengnick-Hall C. A. and Lengnick-Hall M. L. (1988)认为战略人力资源管理更注重对员工战略的适应,因为员工比战略更有灵活性,更容易根据不同的情况进行调整。Schuler and Walker(1990)将战略人力资源管理定义为程序和活动的集合,这一集合通过人力资源部门和直线管理部门的努力来实现企业的战略目标,并借此提高企业目前和未来的绩效并保持企业竞争优势。他们还提出战略人力资源管理包括人力资源哲学、人力资源政策、人力资源计划、人力资源实践和人力资源过程五个方面,它们是不可分割的统一体。Gomez-Mejia et al. (1998)把战略人力资源管理定义为组织采用的一个计划或一种方法,并通过员工的有效活动实现组织目标。目前,学术理论界比较认同的定义是Wright and McMahan(1992)提出的观点,战略人力资源管理是为使组织实现目标而进行的一系列有计划的、具有战略意义的人力资源使用方法和活动。

战略人力资源管理具有以下五个特征:(1)战略性,是指把人力资源视为企业的战略资产,是企业获取竞争优势的首要资源。(2)系统性,是指企业内部的人力资源政策、实践、手段等活动是一个整合的战略系统,共同服务于企业的经营目标。人力资源管理的各项活动不是孤立存在的,而是应当有机地结合起来以获得协同效应。(3)一致性,是指战略人力资源管理的核心特征,包括外部一致性和内部一致性两个方面。外部一致性要求将企业人力资源管理与企业战略保持一致;内部一致性则关注人力资源管理系统各组成部分或要素相互间的一致。(4)目标性,强调各项人力资源管理活动的目标是实现企业战略目标,促进企业绩效最大化。目标性有两个特点:一是体现员工个体目标与组织战略目标的一致,既考虑员工个人发展,又考虑组织发展;二是体现目标的长期性和整体性。如果把企业拥有的资源简单地分为财务资源、技术资源和人力资源,那么财务战略产生短期效益,技术战略产生中期效益,只有人力资源战略才产生长期效益。(5)灵活性,灵活性和一致性是紧密结合在一起的。一致性要求人力资源管理活动要根据企业的战略和外部环境的变化而变化,这种适应性的变化就是灵活性。因此,灵活性就是要求企业能够有效、及时地适应内部及外部环境的变化。

第二节 人力资源管理的分工与三支柱转型

如上文所述,当前的理论大多是从人力资源管理职能内容的变化划分人力资源管理的演进阶段。但是,从企业实践来看,以这种单一的视角总结人力资源管理的演变并不完善。针对企业人力资源管理实践,可以从两个不同的路径探寻人力资源管理的演变轨迹:一是人力资源管理职能角色的变化,就是不断地回答"人力资源管理到底应该做些什么",主要表现在随着发展组织对人员管理的要求越来越高,人力资源管理职能不断地被丰富;二是人力资源管理组织架构的变化,就是回答"谁来完成人力资源管理工作",主要表现在人力资源管理组织架构的变化和角色分工。组织人力资源管理岗位和架构设置的变化,背后是组织对完成人力资源管理职能的主体设定。

从人力资源管理作用的实施主体来看,管理人力资源的实质是创造一个责任共享体系,高层管理者、人力资源工作者、直线经理共同扮演人力资源管理角色。在这种背景下,人力资源管理面临的主要问题之一就是两个方面的水平分工,即人力资源管理者与直线经理的分工、不同 HR(Human Resauce,人力资源)模块之间的分工。所谓水平分工,是指总体上这些分工主体的职级差异不大——从直观上看,直线经理和人力资源经理是水平级的,而人力资源部内部不同分工的专业岗位也是水平的。但是当企业发展成多体公司特别是集团公司时,人力资源管理主体就不仅仅局限于上述分工了,还存在人力资源管理的纵向分工。这种纵向分工反映在垂直层面上,是集团公司不同层级的人力资源管理主体之间责任和权利的分配。比如,集团公司中母公司、子公司甚至孙公司纵向层面在招聘、人才培养上是如何分工的。人力资源管理的纵向分工,本质上就是人力资源管控体系的设计。[①]

一、直线经理与人力资源经理在人力资源管理中的分工

一些组织的人力资源经理经常提出这样的问题:应该如何设计人力资源管理部门的结构?它在组织中应该承担哪些功能?应该说,对这些问题不存在一个确定的答案,它取决于许多影响因素,包括组织的规模、组织所在的行业、员工的技能水平等方面的构成特征、公司的最高管理层对人力资源管理部门的重视程度,以及职工代表大会或工会在组织中的地位和作用等。以美国的大型公司组织为例,公司最高层人力资源管理者一般是公司副总裁,下面有人力资源计划专家、薪酬管理专家、培训专家、安全与健康专家、劳动关系专家和劳动法律问题专家等,这些员工在公司总部工作,下属的生产工厂或部门各设人力资源经理或人力资源部门。人力资源管理部门在组织中的功能与高层管理者的授权有密切关系。在有的组织中,人力资源管理部门承担有关人事问题的全部决策;而在另外一些组织中,各种人事问题则是由人力资源管理部门和各个部门的主管协商解决的。

---

① 张正堂:《HR 三支柱转型:人力资源管理的新逻辑》,北京:机械工业出版社,2018。

实际上，企业所有经理人员都承担着一定的人事管理职能，因为他们的工作都要涉及选拔、面试、培训和评估等人事管理活动。但是，大多数的企业仍设有专门的人力资源管理部门和人力资源经理。人力资源经理及其下属同其他经理人员的人事职责既有共同之处，又有明显的区别。为了说明这一问题，我们首先要明确直线职权和职能职权之间的关系。职权是指制定决策、下达命令和指挥他人工作的权力。在企业管理中，职权分为直线职权和职能职权。拥有直线职权的经理人是直线经理人，拥有职能职权的经理人是职能经理人。直线经理人拥有完成生产和销售等实际业务的下属，有权直接指挥下属的工作。因此，直线经理人需要负责完成组织的基本目标。职能经理人不拥有完成生产和销售等实际业务的下属，他们只负责协助直线经理人完成组织的基本目标。人力资源经理就属于职能经理人，他们负责协助生产经理和销售经理等直线经理人处理选用、评估和奖励等事务。

直线经理人的人事管理职权包括指导新进企业的员工、培训员工掌握新的技能、分派适当的人员担任适当的工作、负责帮助下属员工改进工作绩效、培养员工合作的工作关系、向员工宣传公司的各项规定与政策、控制本部门的人事费用、开发下属人员的工作潜力、激发与保护下属的工作积极性和维护下属的身心健康，等等。当公司规模很小时，直线经理人可以独立完成上述工作。但是，当公司规模很大时，为了完成上述各项工作，直线经理人就需要人事职能部门的协助、人力资源管理的专业知识和具体建议。

人力资源部门职能经理人的人事管理职权既有与直线经理人相似的直线职能，也有人力资源经理人特有的服务职能。人力资源经理人的直线职能包含两层含义：一是在人力资源部门内部，人力资源经理必须行使直线经理人职权，指挥自己的下属工作；二是在整个公司范围内，人力资源经理对其他经理人可行使相当程度的直线职能，这就是所谓的人力资源主管的"隐含职权"。其他的直线经理人知道人力资源主管由于工作关系能够经常接触最高管理层，因此人力资源主管的建议经常被看作上级指示，从而受到直线经理人的重视。人力资源经理人的服务职能是指：一方面，人力资源主管资源和人力资源部门作为最高管理层的得力助手，要协助企业的最高管理层保证人力资源方面的目标、政策和各项规定的贯彻执行；另一方面，人力资源经理人要为直线经理人提供人力资源管理方面的服务，包括帮助直线经理人处理所有层级员工的任用、培训、评估、奖励、辅导、晋升和开除等各种事项，帮助直线经理人处理健康、保险、退休和休假等各种员工福利计划，帮助直线经理人遵守国家有关劳动和人力资源方面的各项法律和规定，帮助直线经理人处理员工的不满和劳工关系。在解决这些问题的过程中，人力资源主管和人力资源部门必须提供最新的信息及最合理的解决办法。

实际上，企业人力资源管理部门对其他业务部门具有重要的支持作用。国外一些企业的人力资源部门通过开展人性化活动，使非常技术性的工作与人们的需要相互适应，从而达到提高企业经营绩效的目的。具体的实施方法包括工作丰富化、操作简化和工作轮换制度等。有的企业人力资源部门帮助业务部门实行弹性工作时间制度，解决了因交通不便和员工生物钟不同而产生的缺勤率高与工作效率低下的问题。近年来，国外一些大公司越来越重视员工的职业生涯规划,满足员工对职业生涯的咨询要求,缓解他们的工作压力。在这些方面,人力资源部门为整个企业的发展做出了很大的贡献。

我们可以将上述的直线经理人和人力资源经理人的人力资源管理职责的区别总结如表 1-1 所示。

表 1-1　直线经理人与人力资源经理人在人力资源管理中的分工

职能	直线经理人责任	人力资源经理人责任
录用	提供工作分析、工作说明和最低合格要求的资料,使各个部门的人力资源计划与战略计划相一致。对工作申请人进行面试,综合人力资源部门收集的资料,做出最终的录用决定	工作分析、人力资源计划、招聘、准备申请表、组织笔试、核查背景情况和推荐资料、身体检查
保持	公平对待员工、沟通、当面解决抱怨和争端、提倡协作、尊重人格、按照贡献评奖	薪酬和福利政策、劳工关系、健康与安全、员工服务
发展	在职培训、工作丰富化、运用激励方法、给员工反馈信息	技术培训、管理发展与组织发展、职业生涯规划/咨询服务、人力资源管理研究
调整	执行纪律、解雇、提升、调动	调查员工抱怨、下岗再就业服务、退休政策咨询

资料来源:Casio, W. F., *Managing Human Resources*, McGraw-Hill, 1995.

二、垂直分工与人力资源管控的设计

对于集团公司(包括类似集团的多体公司)而言,组织进行人力资源管理面临在集团公司不同层级(尤其是母子公司)之间分配人力资源管理的职责和角色,通过不同层级责任主体的分工、协作共同完成整个组织的人力资源管理任务。因此,我们把这种分工称为垂直分工。垂直分工的本质就是组织人力资源管控体系的设计。人力资源管控是集团公司的人力资源管理区别于单个组织的人力资源管理的最重要特征之一。人力资源是集团公司中相对分散(分布在各个单位)和相对多样的资源,如何充分发挥集团公司在人力资源管理方面的整体优势是企业管理者应思考的管理问题,也是人力资源管理管控的出发点。

(一)集团管控及其人力资源管控的模式

企业发展总是从单体公司开始,随着规模的扩大而演化为多体公司、集团公司。管控体系设计是集团公司(包括多体公司)管理体系设计中的重要方面,也是人力资源管控体系设计的前提之一。通过集团公司的管控体系设计,引发至少在一个或多个方面发生化学反应,从而实现 1+1>2。这也是集团公司存在的逻辑前提之一。

根据不同的管控程度,主流观点认为集团公司一般有三种典型的管控模式,即财务管控型、战略管控型和操作管控型。其中,操作管控型和财务管控型分别是集权和分权的两个极端,战略管控型则处于中间状态。

(1)财务管控型。财务管控型是指多体公司总部对下属子公司的管理控制主要通过财务手段来实现。多体公司总部对下属子公司的具体经营运作管理基本不加干涉,也不会对下属公司的战略发展方向进行限定,而主要关注财务目标的实现,并根据业务发展状况增持股份或适时退出。两者是十分松散的投资者与被投资者的关系。这种模式可以形象地表述为"有头有脑,但没手脚"。财务管控型是最为分权的管控模式,强调结果控制是这种管控模式的明显特点。

(2)战略管控型。在战略管控型模式下,多体公司总部负责整体战略规划、财务和资产运营,从而保证多体公司整体利益和下属企业利益的最大化。各下属企业同时提出与战略规划相匹配的经营计划和预算方案,制定自己本业务单位的战略规划,由总部负责审批后给予有附加价值的建议,同时批准其预算再交由下属企业负责执行。这种模式可以形象地表述为"上有头脑,下有头脑"。战略管控型的突出特点是强调程序控制,这是一种集权与分权相结合、相平衡的管控模式。

(3)操作管控型。操作管控型模式主要由总部设置具体管理部门对下属公司相关业务进行对口管理,将控股下属公司的人力资源、技术、营销等日常经营归口至总部相关业务部门进行直接管理。这种模式由多体公司总部制定统一的政策与制度,并在下属企业贯彻实施,强调经营行为的统一性。这种模式可以形象地表述为"上是头脑,下是手脚"。操作管控型的鲜明特点是强调过程控制,也是集权度最高的管控模式。

集团人力资源管控模式的设置主要在于:解决集团与下属企业在人力资源管理的职责与权力分配中的问题。集团人力资源管控模式的主要目的在于:①明确集团总部与下属业务单元人力资源管理的职责;②界定集团总部与下属业务单元人力资源管理各项事务的审批流程;③提高企业整体人力资源管理的效率;④发挥总部与下属企业之间的人力资源共享和协同效应。与集团公司管控模式相对应,集团公司人力资源管理的功能定位也有三种模式,分别适用于不同的管控模式,如图1-1所示。

(二)人力资源管控模式选择的影响因素

集团人力资源管控受诸多因素的影响,差异性很大。同一集团管控模式下的不同集团,可能拥有不同的人力资源管控方式。同一集团内部对不同的业务单元,可能存在不同的人力资源管控方式。同一集团在不同发展时期,可能存在不同的人力资源管控方式。集团人力资源管控方式受众多因素的综合影响,单一的集团管控因素无法完全决定集团人力资源管控方式。以下几种影响因素一般被认为对集团人力资源管控方式的影响较大。

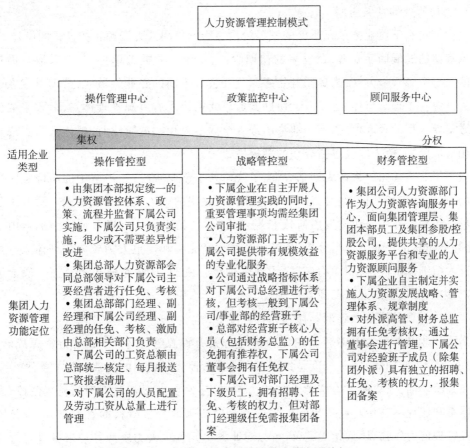

图 1-1　不同人力资源管控模式的主要特征

1. 集团下属业务领域内部相关性

通常情况下,如果集团下属业务类型较单一(如按区域划分的同类业务子公司),或者相关性较高(如业务类型处于同一产业链的上下游),需要培养类似的核心竞争力,一般由集团采取相对集中的人力资源管控模式,以获取整合优势。相应地,如果集团下属业务类型为无关多元化产业,或者呈现多业态经营,业务单元就不需共享核心竞争力、产品、技术、客户和市场等信息,集团则采取分权式的人力资源管控模式,更有利于业务单元灵活反映各自的经营管理状态。

2. 集团下属业务领域外部经营环境的开放性

经营环境的开放性会影响集团公司下属单位所面临的竞争压力。当集团下属业务单元市场环境相对稳定,或者各业务单元在集团内部的市场关系较强、开放程度不高、经营收入来自集团整体的资源优势时,集团一般采取相对集中的人力资源管控模式。当前部分垄断性的大型企业集团均采用相对集权的管控方式。而如果集团下属业务单元所处的行业具有高度开放性、竞争性,需要迅速应对市场环境和竞争对手的变化,集团就应采取相对分权的人力资源管控方式,从而更有利于形成面向客户、面向市场、有利于企业竞争的人力资源管理体系。

3. 公司所处的发展周期

集团公司和下属业务单元所处的发展阶段会影响集团人力资源管控模式的设计。

从**集团的发展周期**来看，在发展的初期阶段，集团业务类型单一，一般采取全面集中管理的人力资源管控方式；当集团开始多元化并进入不同的专业领域时，管理重点在于集团人力资源管理理念与体系的导入，协助业务单元构建人力资源管理体系，适宜采取各项管理方案导入型的管理模式；当企业集团进入全面多元化发展阶段时，整体人力资源管理模式相对成熟，一般采取政策指导型的管控模式。

从**下属业务单元的生命周期**来看，当子公司处于创业阶段时，经营中的不确定因素较多，应重点关注市场开拓，此时集团一般选择相对集中的人力资源管理模式。随着子公司的市场逐步稳定并步入快速发展阶段和规范化阶段，关注点从市场开拓转为加强内部管理，此时集团总部一般会适当分权，指导子公司逐渐完善和规范人力资源管理体系。当子公司进入精细化阶段，盈利能力较强，内部管理也较成熟，这时企业集团总部一般会进一步授权，采取分权型的人力资源管控模式。

4. 人力资源管理能力强弱与体系完善程度

集团和业务单元人力资源管理能力强弱与人力资源管理体系（如人力资源战略、流程、制度、体系、架构等）完善程度是集团人力资源管控体系制定的基础和基本条件。

在集团层面，当集团人力资源管理能力较弱，还处在人力资源管理的初级阶段，人力资源体系和流程不支持对业务单元的集中管理时应采取分散授权的管控方式；当集团人力资源管理能力较强、体系相对完善，可以对业务单元各项人力资源管理事务进行管控和指导时，则可采取相对集中的管控方式。

在业务单元层面，当业务单元人力资源管理能力较弱、体系不健全时，集团通常采用高度集权的人力资源管理模式，快速形成集团统一的、规范化的制度和流程，确保实施集团各项人力资源政策，整合和利用集团内部人力资源。而当业务单元经营发展进入成熟期，人力资源管理能力较强、体系相对健全时，集团可采用相对分权的人力资源管理模式，推动业务单元人力资源管理能力的发展，并确保针对所在市场变化做出快速反应。

5. 企业文化

企业文化的核心是企业的精神和价值观，对企业员工的价值取向与行为方式具有强有力的导向和支配作用。一般而言，如果集团内部形成了统一的且广泛认同的企业文化，员工特征基本相似，这有利于人力资源的集中式管理。相应地，如果集团内不同的下属企业形成亚文化且文化差异较大，业务单元间有不同的员工特征，则集团集权管理的效率将下降，甚至可能出现管理失效的情形。在这种文化下，集团公司更适宜分权型的人力资源管控方式。

6. 领导风格

企业高层领导的管理风格，也会影响人力资源管控体系的设计和实施。如果集团高层管理者倾向于把握细节、事必躬亲，集中管理业务单元风险，强调通过技术专业化和规模经济来降低成本,其人力资源管控就会表现为集权型管控;而如果集团高层管理者倾向于确定框架、抓大放小,将人力资源等重大责任授权给下属组织,强调业务单元的灵活性,其人力资源管控就会表现为分权型管控。

7. 内部信息化基础对人力资源管理事务性工作的分担

人力资源管理实际工作涉及很多事务性的工作,这些事务性工作的处理方式一定程度地影响集团人力资源管控设计。集团内部信息化系统应用的广泛程度影响集中化的程度:(1)组织信息化共享平台的建立。企业能够建立相对完善的 e-HR 系统,搭建起一个集团与子公司都能够访问的人力资源信息数据库,使人力资源管理业务的处理遵照集团所要求的标准流程,实现人才资源、人力资源管理方案资源、培训课程资源等在集团内部共享,有助于实现集团人力资源的集中管理与统一调配。(2)集团建立覆盖全系统的人力资源信息数据库系统。集团总部可以动态分析集团人力资源信息状况,实时获取决策分析数据,并实现对业务单元人力资源状况的实时监控,这为对各业务单元人力资源状况进行监督与集中管控创造了基础条件。

三、人力资源管理三支柱转型

戴维·尤里奇(David Ulrich)提出,人力资源部门应当像企业一样运营,人力资源管理的角色应该进行分工:有人负责客户管理,有人负责专业技术,有人负责服务交付。他在《人力资源最佳实务》中最先提出人力资源部门组织架构的再设计[①],几经完善,变成现今大型企业中流行的三支柱模型。

(一) 人力资源管理面临的问题

从人力资源管理垂直分工的角度来看,大多数情况下,公司总部承担更多的战略人力资源管理职能,业务单元(Business Unit,BU)或二级单位主要承担人力资源管理职能,而分支机构或基础业务部门更多的是承担人事管理职能。以适度分权的人力资源管控公司为例:在集团总部层面,人力资源管理的职能能更强调战略人力资源管理角色,他们负责整个公司的人力资源管理架构、制度和流程设计,是人力资源产品的设计师,而且内部的分工可能较细,岗位设置也较多;而在基层的分支机构中,人力资源管理的职能更注重人事管理角色,他们负责所辖范围的人事管理、执行上级的人力资源管理政策和流程。这种分工也必然会带来一些人力资源管理问题,主要体现在:

(1) 人力资源管理与现场业务需求的脱节。随着市场需求的多样化,为了紧贴市场趋势,许多企业的组织结构设计更多地采取了 SBU(Strategic Business Unit,战略业务单元)或者事业部的模式。这客观上也需要人力资源管理部门提供差异化、个性化、快速化的支持。集团统一的人力资源管理职能往往不能更好地提供这种支持。目前,多数大型企业

---

① Ulrich, D., *Human Resource Champions: The Next Agenda for Adding Value and Delivering Results*, Harvard Business Review Press, 1997.

人力资源部门的运作模式是按职能块（如薪酬、培训等）划分的，每个职能块同时负责政策制定、政策执行及事务性支持（如发薪、入职手续）。人力资源工作者的状态往往是想尽办法完善自己模块内的工作，让自己所覆盖的模块更加系统化、专业化。此外，总体上，集团公司大多数人力资源管理制度、政策往往来自公司总部的人力资源部门。在这种模式下，公司规模越来越大，人力资源部门却高高在上，离业务现场越来越远，对企业现场实践的需求掌握得不准确或不及时。统一的政策也会使人力资源管理政策容易脱离现场的实际需求，遭到现场业务人员的不满和抱怨。

（2）人力成本较高。当公司规模很大（比如跨国公司）、分支机构繁多时，几乎每个基层分支机构都需要配备人力资源管理相关的岗位。管理跨度大、机构庞大臃肿，每个分支机构的人力资源岗位员工处理的事务有一定的类似性，由于配备的人员很多，人力成本也相应地急剧增加。

（3）不利于人力资源管控。由于人力资源机构的分散和重复设置，一方面使得人力资源管理无法形成合力；另一方面各人力资源机构工作标准不一致，服务标准不统一，也不利于公司的人力资源管控。

因此，垂直分工不恰当可能会在增加了人力成本的同时，还降低了人力资源运营效率，造成组织管控不力，不利于有效支撑公司发展和提升核心竞争力。这些问题带来的结果，就是对人力资源管理的质疑，认为人力资源管理对业务起不到贡献作用，甚至出现"炸掉你的人力资源部门"的争论。

（二）人力资源管理三支柱的内容

面对质疑和挑战，企业都想从业务发展的角度解决人力资源管理的问题，为业务部门提供最有效的人力资源管理支持，使其成为业务部门真正的合作伙伴，从而让人力资源部门的专业人才摆脱烦琐的事务性工作，有更多的精力思考业务部门对人力资源管理的需求，为企业业务发展提供支持。在这种背景下，人力资源管理的三支柱模型应运而生，促使人力资源部门组织模式从职能导向型转变为解决方案导向型。三支柱理论本质上就是基于互联网技术，改变多体公司传统的垂直分工。三支柱模型（见图1-2）的三个支柱分别是人力资源业务伙伴（HR Business Partner，HRBP）、人力资源专家中心（HR Center of Expertise，HRCOE）和人力资源共享服务中心（HR Shared Service Center，HRSSC）。三支柱模型也被称为3D模型，这是因为HRBP扮演的是Discovery（发现，即挖掘业务部门需求）的角色，而COE和SSC的职能则是Design（设计）和Deliver（交付）。简单来看，就是把最贴近现场的人力资源管理者手中的人事事务集中为HRSSC，通过能力的提升把他们自己转换为HRBP，把总部的战略人力资源管理角色转换为HRCOE。当然，三支柱理论的内涵要比这个简单的转变更复杂、更充实。

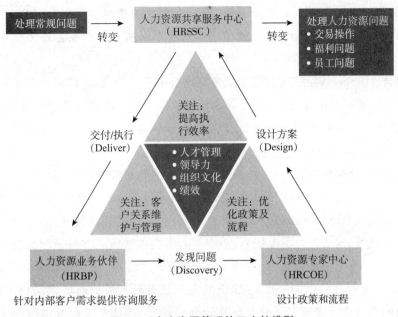

图 1-2　人力资源管理的三支柱模型

三支柱分工如下：

1. HRBP 提供符合业务需要的人力资源支持

作为人力资源部门和业务部门沟通联系的桥梁，HRBP 是进驻业务部门的人力资源管理者。他深入到业务部门调研，与业务部门的同事一起工作。HRBP 处理各业务单元中日常出现的较简单的人力资源管理问题，做到将人力资源管理职能和业务需要吻合起来，协助业务经理更好地使用各种人力资源管理制度和工具管理员工；从人力资源管理视角参与业务部门管理工作，向业务部门提供个性化的人力资本服务，将人力资源管理和业务部门的人才吸引、保留、激励工作结合起来，制定出符合该业务部门的人才方案；强化 HRSSC 与服务对象的沟通与协调，与 HRCOE 和 HRSSC 合作，在能力范围内推进人力资源管理实务工作。

一般而言，HRBP 的定位主要是人力资源的业务伙伴，即确保业务导向，贴近业务。一方面提供统一的服务界面，提供端到端的人力资源解决方案；另一方面为公司核心价值观的传承和政策的落地提供组织保障。

2. HRSSC 提供服务平台

基于共享服务思想，HRSSC 借助现代化信息技术平台，整合人力资源管理流程，将企业不同地域或业务单位中与人力资源管理有关的基础性、操作类行政工作合并。比如，HRSSC 把员工招聘、薪酬福利核算与发放、社会保险管理、人事档案、人事信息服务管理、劳动合同管理、新员工培训、员工投诉与建议处理、入职离职、差旅报销、咨询服务等集中起来，建立一个服务中心进行统一处理。它是直接面对顾客提供服务的操作层，帮助公司更有效地管理人力资本，为员工和经理提供更为便捷的人事信息获取方式，解决日常工作中所呈现的常规操作性和事务性问题，以提升人力资源组织的运行效率。HRSSC 通过集中化操作,简化工作使企业获取规模效应,通过标准化的规范操作提升运作效率。例如,利用交互语音系统和互联网技术,通过在线知识数据库和人力资源管理数据库来服务顾客,如政策的查询、工资的查询。

一般而言,HRSSC 的定位主要是人力资源的标准服务提供者,即确保服务交付的一致性,提供标准化、流程化的服务,使人力资源管理从业者从操作性事务中解放出来,去解决重复性的人事问题,提升人力资源管理的整体服务效率。

3. HRCOE 发挥专业才能

HRCOE 根据公司整体的战略目标,基于需求或问题出发,通过战略、策略、政策、机制的构建,为公司人力资源领域或领域内的细分项设计整体方案。HRCOE 的主要职责是为各业务单元提供人力资源方面的专业咨询;根据公司整体的战略目标,为公司制定整体的人力资源管理政策,包括人力资源规划、招聘与人事测评、培训发展、薪酬福利、企业文化、在职与离职管理、员工关系管理、企业工会、高潜质人才管理、职业健康管理、企业并购支持、高管薪酬等专业性较强的工作。HRCOE 是三支柱转型的战略层,帮助 HRBP 解决业务单元遇到的人力资源管理方面的专业性较强的难题,并从专业角度协助企业制定和完善人力资源方面的各项管理规定;指导 HRSSC 开展服务活动等,相当于 HRSSC 的"指挥中心"。

一般而言,HRCOE 的定位主要是人力资源领域的专家,即确保设计的一致性,形成人力资源专业能力,提升公司人力资源政策、流程和方案的有效性,并为 HRBP 服务业务提供技术支持,为 HRSSC 提供流程服务规范。

(三)三支柱模型下的人力资源管理组织架构①

传统意义上的人力资源管理组织架构是按职能、根据人力资源管理工作的过程链条划分的,即招聘、学习发展、薪资福利、员工关系等划分为不同的职能板块。三支柱理论本质上是对人力资源管理的业务流程、组织和管控模式上的创新,意味着人力资源管理职能角色和人力资源管理组织架构的变化,以及人力资源管理承担者横向分工和纵向分工的调整。图 1-3 中,公司总部的人力资源部划分为三个角色群体,即 HRSSC、事业部/分公司的 HRBP、专业人力资源职能顾问/HRCOE。强调结果并不代表人力资源三支柱推翻了传统的人力资源管理职能模块,而是以人力资源职能作为工具,按照三支柱的分工更好地开展人力资源管理活动。

职能模块是嵌入到人力资源三支柱模型的某个支柱里,即每个支柱内部依然会从事与人力资源职能相关的招聘、培训、开发、薪酬、绩效、员工关系等工作,只是每个支柱在不同的人力资源职能工作上的侧重点不同而已。一般而言,HRCOE 内部仍然按照人力资源职能模块分工,属于人力资源专才;HRSSC 把人力资源事务标准化和流程化,一定程度上降低了人力资源专业能力的要求,其工作人员如何分工往往取决于共享中心的规模;

---

① 关于人力资源管理三支柱转型的具体理论和操作,可以参考张正堂:《HR 三支柱转型:人力资源管理的新逻辑》,北京:机械工业出版社,2018。

HRBP 则通常是人力资源通才,全权负责所辖业务单位的人力资源工作。

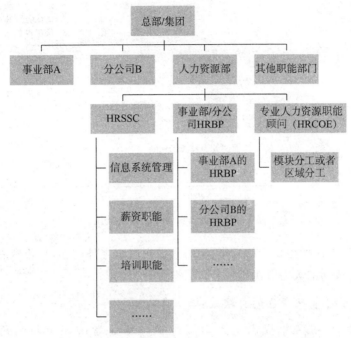

图 1-3　三支柱转型下人力资源管理组织架构的典型范例

四、人力资源管理的第四次转型和角色转变

(一) 人力资源管理的第四次转型

人力资源作为业务伙伴、职能专家和共享服务中心的"三驾马车"模式被提出。这种人力资源管理三支柱转型强调"由外而内",要求人力资源管理跳出组织,从客户和投资者等外部视角审视人力资源管理工作。以往企业中关注客户的部门可能更多是销售部门,但在本次人力资源管理转型中,要求人力资源管理从业者充分担当起业务伙伴的角色朝外看,主动发现市场和客户的需求、业务和发展的机会,从人力角度参与经营,更为直接、有效地为企业创造价值。HRBP 主要的存在价值是因为它面向客户。所以,人力资源管理的这次变革是人力资源管理历史上第四次转型,被称为"由外而内的人力资源管理"阶段(见图 1-4)。

戴维·尤里奇指出,在当今日益变革的环境中,人力资源管理要以一种由外而内的视角,为企业利益相关者创造价值。如果人力资源部门在企业内部所做的事情不能为企业外部的利益群体创造价值,不能提高企业吸引、服务、留住消费者和投资者的能力,那么就失去其存在的意义。由外而内的人力资源管理视角,需要我们不断反思:我们的企业是雇员首选的雇主吗?我们预期绩效的标准与客户的期望是否符合?我们是否允许客户、供应商或投资者参与利益分配?我们的沟通工具能否连接员工与客户?我们塑造的领导力品牌能否与客户的期望紧密联系起来?我们的组织文化是否有正确的实践、模式和特性?

"由外而内"的人力资源管理比战略型人力资源管理走得更远,会根据企业的商业环

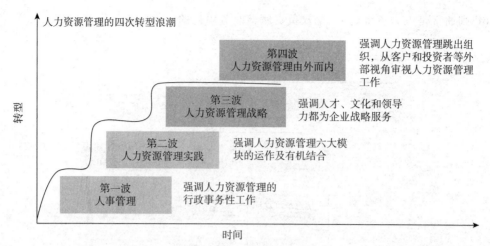

图 1-4 人力资源管理的四次转型

境、利益相关者需求而调整自身的工作,将眼光投向组织之外的客户、投资者和社区,并以他们的视角定义成功的人力资源管理是什么样。

(二) 人力资源管理角色的再演进:四角色模型

戴维·尤里奇 1997 年提出了人力资源管理从业者的四个新角色①:战略伙伴(Strategic Partner)、行政专家(Administrative Expert)、员工后盾(Employee Champion)、变革推动者(Change Agent)。美国著名咨询公司 Corporate Executive Board(CEB)②也提出了人力资源管理从业者需要扮演的四个角色,包括业务部门战略合作伙伴(Strategic Partner)、人力资源执行经理(Operations Manager)、员工关系协调者(Employee Mediator)、紧急事件处理者(Emergency Responder)。两个观点有一定的类似性。尤里奇和 CEB 的两个模型描述的都是人力资源管理的新角色,区别于传统意义上的人力资源工作。这两个模型都将"成为业务部门的战略伙伴"视为人力资源管理最重要的工作,认为其对组织的贡献超过了另外三个角色的贡献的总和。

图 1-5 的框架描述了人力资源管理从业者成为业务伙伴所要扮演的四个关键角色。图中的两轴分别代表人力资源管理从业者的关注点与活动:纵轴是人力资源管理从业者工作的关注点,范围涵盖了从长期/战略性到短期/运行性;横轴是人力资源管理从业者工作的活动范围,涵盖了从流程(人力资源管理工具与系统)到人员。这两条轴线描绘了四个主要的人力资源管理角色:(1)战略性人力资源管理;(2)基础事务流程管理;(3)员工贡献管理;(4)转型与变革管理。每个角色的预期成果、特征比喻、对应的活动如表 1-2 所示。③

---

① Ulrich, D., *Human Resource Champions*: *The Next Agenda for Adding Value and Delivering Results*, Harvard Business Review Press, 1997.
② 该公司是纽约交易所上市公司,87%的"财富 500 强"企业是其客户,客户总数量超过 1 万家。
③ Ulrich, D, *Human Resource Champions*: *the next agenda for adding value and delivering results*, Harvard Business School Press, 1997:24-25.

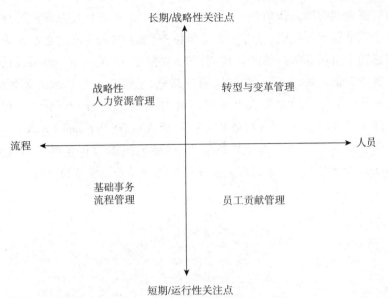

图1-5 在建立高竞争力组织的过程中人力资源管理扮演的角色

表1-2 人力资源管理各角色的成果、比喻和对应活动

角色	成果/产出	比喻	活动
战略性人力资源管理	执行战略	战略合作伙伴	使人力资源策略与业务战略保持一致;组织诊断,根据业务部门的发展,调整人力资源策略
基础事务流程管理	建立高效的基础实务流程	人力资源效率专家	组织流程再造,提升人力资源相关基础性工作的效率;共享服务
员工贡献管理	提供员工的承诺与能力	员工支持者	倾听员工声音并向其反馈,平衡组织要求与员工需求,提高员工贡献度;为员工提供资源
转型与变革管理	创造一个崭新的组织	变革推动者	转型与变革管理,推动业务变动所带来的组织变革和文化转型;确保变革的能力

其中,战略合作伙伴角色主要集中于把人力资源的战略和行为与经营战略结合起来。在这一角色中,人力资源管理从业者以战略合作伙伴的角色出现,通过提高组织实施战略的能力以保证经营战略的成功。人力资源效率专家角色要求人力资源管理从业者设计和提供有效的人力资源流程,管理人事培训、奖励、晋升,以及其他涉及组织内部人员流动的事项。员工支持者角色意味着人力资源管理从业者需要帮助维持员工和企业之间的心理契约,把精力投入到员工日常关心的问题和需求上,积极地倾听,及时地反馈,并向员工提供满足他们不断变化的要求所需的资源;营造一个学习的氛围和环境,让企业员工置身于其中,激发一种自然的学习动力和工作成就感。变革推动者要求企业人力资源管理从业者本着尊重和欣赏企业的传统和历史,同时具有应对未来竞争的观念并采取行动。

与人力资源管理的四大新角色一一对应,尤里奇认为企业人力资源管理从业者为担当这四个角色应掌握四种技能,并用一个三角模型(见图1-6)描述企业人力资源管理从业者为担当这四个角色应掌握的四种技能:(1)掌握业务(Business Mastery),要求人力资源管理从业者成为企业核心经营、管理层的一部分,了解并参与基本的业务活动,具备强烈的战略业务导向能力;(2)掌握人力资源(HR Mastery),是指人力资源管理要确保基本的管理和实践相互协调,并担当起行政职能;(3)个人信誉(Personal Credibility),是指人力资源管理从业者应具备良好的人际影响能力、问题解决能力和创新能力;(4)掌握变革(Change Mastery),要求人力资源管理人员懂得如何领导企业变革与重组。

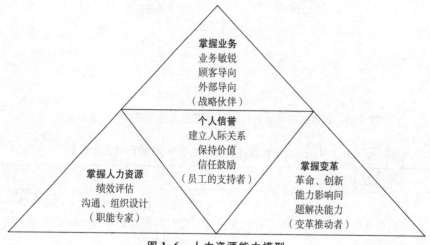

图1-6 人力资源能力模型

第三节 人力资源管理面临的挑战

人力资源管理的一个基本的假定是:不同的人事管理决策导致不同的结果。其原因是管理人员的人事决策不仅影响管理人员本身的成败,也影响员工的行为、绩效和满意程度,从而影响员工对客户的态度,影响他们的公平感,最终影响到整个组织的绩效。而管理人员的人力资源管理决策所依赖的客观环境和主观条件都在不断变化,这对今后人力资源管理理论和实践的发展都形成重要的约束。

在做出人力资源管理决策时,必须考虑到组织的特征、工作的特性,以及组织的内外部环境。其中,外部环境包括经济、政治、社会文化、法制等多方面因素;而有关人力资源管理决策组织层面的因素包括组织的规模、行业、地理位置,以及研究开发在组织中所处的地位等。与人力资源管理有关的组织特征包括公司人力资源管理理念、组织发展战略与财务状况、技术进步、组织结构设计,以及当前员工特性和需求的变化。所有这些因素对组织中的工作特性和人力资源管理都具有重要的影响。

一、人力资源管理理念对组织人力资源管理制度的影响

人力资源管理理念是指一个人对人的行为的基本假定以及据此采取的人事管理行

动。这些假定包括:他们值得信任吗?他们喜欢工作吗?他们有创造力吗?他们的言行为什么不一致?应该怎样对待他们?等等。人力资源管理理念直接影响各项人事管理决策。一个企业的人力资源管理理念取决于以下几个因素:

1. 企业高层管理者的哲学观

美国宝丽来(Polaroid)公司的首席行政官埃德温·兰德(Edwin Land)的管理哲学是:"让公司所有的员工都有竭尽才智的机会,表达意见,在能力许可之下共享公司的繁荣,赚足够的钱,使其不至于把赚更多的钱这件事一直放在心头。总而言之,让他们的工作得到相应的薪酬,使工作成为生活中重要的组成部分。"韩国三星集团的李健熙会长的管理哲学是"三星不是我的公司,是我们的公司"。正是在这种积极健康的管理哲学的驱使下,这些公司才能制定和实行了既有利于员工成长也有利于公司发展的人力资源管理决策。

M&M/Mars 是一家著名的糖果和宠物食品生产公司。这家公司重视不断改进服务质量、思想交流、诚实地评价和奖励员工的贡献及工作小组的贡献。在人力资源管理方面,M&M 公司强调考勤制度应一视同仁,并把考勤情况与薪酬联系起来,准时上班的奖金为基本工资的 10%。为了体现公平和沟通的企业文化,公司不划定停车位;生产线上的任何人都头戴安全帽、身着白色工作服;办公室按照同心圆的形式排列,最高主管的位置在中间,周围是他的直接下属;等等。工作薪酬与人员任用相互强化,鼓励经理人员和员工主动掌握多方面的业务经验。M&M 公司的薪酬水平高于 90% 的其他公司的可比工作,并为表现优良的员工提供高度的就业保障,任何业务部门的副总经理都相同的薪酬。因此,经理人员很容易在人力资源经理和生产经理等不同部门之间进行轮调。惠普公司强调尊重和体谅员工本人,承认个人所获得的成就,并在公司内部努力营造一种人尽其才的环境,由此造就了以人为本的"惠普之道"。在有些企业里,员工一旦辞职离开,企业就坚决拒绝再次录用他们。而在惠普公司,如果有人为了更有诱惑力的机遇而离职,只要不是为一家直接竞争对手工作,只要他们有良好的工作表现,就会欢迎他们再次加盟,因为他们了解惠普,不需要进行岗前培训,而且通常还会因这种特别的经历而产生"浪子回头"的效果。

2. 关于人性的基本假定

在管理思想史上,有多种关于人性的假定。麦格雷戈(D. McGregor)提出了 X 理论和 Y 理论。X 理论的基本假定是:人们普遍不喜欢工作,尽可能逃避;因为人的本性不喜欢工作,所以必须用强迫、控制、指挥和惩罚等手段才能使其付出努力;一般而言,人宁可接受指挥,也不愿承担责任。Y 理论的基本假定是:一般而言,人的本质不是不喜欢工作;要使人们努力工作以完成组织的目标,高压控制与威胁惩罚并不是唯一的手段;成就感、自尊和自我实现等较高层次的需求可以激发人们工作的积极性;在适当的条件下,大多数人不但会承担责任,而且会进一步主动承担责任;多数人都能发挥出相当水平的想象力、聪明才智和创造力,以解决组织中的各种问题。

利克特(R. Likert)提出关于组织系统的基本理论。他根据 X 理论建立的系统 I 理论认为:管理层对下属没有信心,也不信任他们;各种决策和组织目标的设定都由最高管理层单独进行;员工在害怕、威胁和惩罚的气氛中被迫工作;控制权高度集中在最高管理层。

他根据 Y 理论建立的系统 IV 理论认为:管理层对下属完全信任,而且很有信心;决策权广泛分散,实行分权制度;员工因参与公司的决策而受到激励;上级和员工之间存在相当友善的互动关系;控制权分散,基层也能充分参与公司事务。

威廉·大内(William Ouchi)在 1981 年出版的《Z 理论》一书中提出了 Z 理论,对日本在第二次世界大战以后经济起飞期间日本企业的成功管理理念和实践进行了总结。Z 理论的基本要点是:企业实行长期雇佣制度;强调集体决策;员工个人有对工作任务的期待;比较缓慢的晋升;对所有的管理职员和非管理职员都给予信赖;在组织内部营造一个亲密、融洽、合作的家庭氛围;组织层级比较少,维持一个比较公平的阶层制度,强调以工作小组完成工作的组织形式;采用内在的、非正式的管理方式。

二、组织的发展战略、财务状况对人力资源管理决策的影响

一个组织的战略要为组织设定长期目标,研究诸如进入什么行业,以及如何与对手开展竞争等问题。组织的战略把决策与方向结合在一起,以实现特定的目标。组织在各个层面上都会涉及战略问题,最基本的战略问题是整个组织层面的,如决定组织应该进入什么行业。同时,企业中的每个经营单位(如利润中心)都会涉及部门层面的战略问题。这一层面的战略决策重点是:如何在特定的市场上开展竞争。一个公司有财务、市场、人力资源管理等职能部门,而这些具体部门的战略的基本目标是更好地服务于整个组织和所在部门目标的达成。在这一层面上,战略应该转化为可以操作的目标。以人力资源管理部门的战略为例,它包括以下三个主要任务:第一,确保组织的人力资源与公司的经营战略相互配合;第二,建立人力资源的目标与计划;第三,与各个部门的经理人员合作,确保人力资源计划的贯彻执行。

目前,美国学者特别强调战略人力资源管理。战略人力资源管理的基本假定是:适应组织条件的人力资源管理决策对组织绩效的提高具有积极的影响。换言之,人力资源的战略决策有助于管理人员制定人事决策,从而促进组织的成功。具体而言,组织的外部条件、组织本身的条件和员工的特征相互配合,在此基础上做出关键的人力资源管理决策,从而促进组织绩效的提高。组织绩效表现在实现组织战略目标、改善组织财务状况、增加企业股票的市场价值和改进员工的表现等。本书第三章第一节将具体阐述组织战略与人力资源管理的关系。

从企业的财务状况来看,如果企业没有足够的收益,就无法向员工支付薪酬,无法进行培训项目,也无法资助下岗员工寻找新的工作。在组织的人力资源管理活动中,尤其是聘用多少员工、支付多高的薪酬以及是否对其进行培训等活动占支出的比例很大。因此,企业在制定这些决策时必须考虑自身的财务状况。在法制比较健全的情况下,人力资源管理甚至还要涉及企业在什么样的财务状况下才可以暂时解聘员工。当然,利润分享计划允许员工薪酬随着公司财务状况的变化而变动,具有一定的弹性。

三、技术进步对人力资源管理决策环境的影响

技术是指组织在提供产品和服务的过程中所使用的程序与工艺。技术进步把人们从

危险、繁重和枯燥的体力劳动中解放出来,尤其是使得采用这些新技术的小企业有能力与大规模但发展缓慢的企业进行竞争。由于新技术的出现带来的新的工作岗位比现有工作岗位要求更高的技能水平,因此各个企业都有必要使自己的员工在技能上具有足够的灵活性以适应这种不断变化的技术发展。员工在工作设计中参与决策有助于提高对不断变化的技术要求的适应性。一般而言,技术可以分为大规模生产技术和灵活分工技术。大规模生产采用专用技术生产标准化的产品,因此只需要一般技术的员工。在灵活分工的情况下,工作任务比较复杂,对员工的技术水平要求比较高。任务通常分配给工作小组而不是员工个人,将员工以工作小组的形式组织起来。即使生产相同的产品,也可以采用不同的技术水平。运用灵活分工的技术可以减少员工工作种类的划分,增强企业对环境变化的适应性。

社会的技术进步也对企业人力资源管理产生了巨大的影响。在第四次工业革命的影响下,智能机器人得到不断发展。"工业制造 4.0""中国制造 2025"的国家规划更会加速我国智能化以及工业机器人的普及,势必对组织人力资源管理产生革命性的影响。机器人替代了很多基层的工作岗位。总部设在美国加州硅谷的特斯拉汽车工厂已进入全自动化生产阶段,是全世界最先进的工厂。2017 年 10 月 9 日,京东物流首个全流程无人仓正式亮相上海,这是全球首个正式落成并规模化投入使用的全流程无人物流中心。富士康在中国大陆工厂部署了 4 万台机器人,挤占了 4 万名甚至更多工人的岗位。根据美国社会化招聘网站 Jobvite 发布的一份研究报告,55% 的求职者对工作自动化有担心。2016 年 7 月,麦肯锡公司发布研究报告指出①,并不是所有的行业都会被智能化替代。以制造业为例,大约只有 59% 的工作可以在技术上被替代。即使在制造业内部也有差异,比如电焊工、切割工等有 90% 的可能性被替代,但面向客户服务的工作被替代的可能性就会低于 30%。而大量的教育类、健康医疗类的工作也是不会被替代的。牛津大学的研究人员对 702 种职业做了研究②,发现在未来的 20 年,47% 的工作都可能被人工智能机器人取代,其中替代风险高的工作包括行政人员、法律助理、贷款专员、物流运输人员、司机、基层文员、服务员,其特点是劳动机械化、不需要过多地与外界交流、有明确定义的规则任务、与数据相关的工作;替代风险低的工作包括律师、娱乐圈人士、外科医生、小学老师等,其特点是有创造性、需要个人直接与外界交流、具有个人资源与品牌及影响力、有个性化服务。

互联网时代的到来,使传统行业受到了巨大的冲击。互联网技术的发展,加剧了资源的整合,淡化了行业、产业的边界。在传统社会中,隔行如隔山,而在当今的市场中,各行各业都进行着跨界整合,主要盈利手段加速向网络化、服务化靠拢,同时产生了多种多样的互联网平台。例如,以"人+信息"为基础的百度、以"人+商品"为基础的淘宝、以"人+人"为基础的腾讯,都是基于互联网搭建起来的平台,其中互联网是核心,而强大的平台核

---

① Michael Chui, James Manyika, and Mehdi Miremadi. Where machines could replace humans—and where they can't (yet), McKinsey Quarterly, July 2016. https://www.mckinsey.com/business-functions/digital-mckinsey/our-insights/where-machines-could-replace-humans-and-where-they-cant-yet? cid = other-eml-alt-mkq-mck-oth-1607.

② Frey, C. B., and Osborne, M. Morgan Stanley research note: Select occupations ranked according to their probability of becoming automatable, University of Oxford.

心则来自"+"。追求互联网思维、追求"互联网+"已成为大家的共识。互联网的发展深刻地改变着组织结构以及人力资本的类型和结构,而新型人力资本反过来也推动着互联网技术的进一步发展,组织的人力资源管理实践将发生革命性的变化。例如,互联网时代为我们提供了重塑雇佣关系的机会,一种新型的忠诚观,意味着既承认现实,又允许雇佣双方基于共同的目标和利益绑定彼此。员工和组织的关系将从劳动力的交易转变为互惠互利的战略合作,这种关系最大的好处是面向未来、致力于双方的增值。

四、组织结构的变革对人力资源决策的影响

一般而言,人力资源决策应该与组织结构相互适应。组织结构是组织条件的一个重要方面,对人力资源管理决策具有重要的影响。在传统的金字塔式组织结构中,强调的是命令与控制。在这种情况下,员工的任务被清晰地描述出来,组织对员工的期望是明确的;员工的晋升路线是清晰的垂直晋升,晋升意味着责任的增大、地位的提高和更高的薪酬;人力资源管理的全部信息都集中在组织的最高管理层。相比之下,在扁平式组织结构中,强调对员工的授权,并把被授权的员工组成工作小组;组织鼓励员工拓展自己的工作内容,提高员工的通用性和灵活性;培训系统和薪酬系统都支持水平式的晋升。在网络化组织中,多个公司根据员工的专长组成各种工作小组,完成特定的任务,这种工作小组通常包括各个方面的专家;在网络化组织中,一般更加强调员工参与管理,重新构造组织的边界。

例如,在互联网技术的推动下,企业组织运行模式从"传统层级型"向"平台共治型"转变,企业的组织结构正在从高度集权的金字塔组织向扁平化、虚拟化、动态化方向发展。在共享经济理念时代,我们有必要深刻认识到网络软件、硬件工具对传统治理方式的新要求,以"去中心、去结构、去层级"为主要抓手,改变金字塔式、命令式的管理模式,提升和重构组织内部运营模式、组织形态、业务流程、管理机制和工作方式,为组织成员间低成本、零距离、无障碍交流提供新的平台,进一步优化组织运行生态。在中国,典型的案例是海尔公司正在经历的整体裂变的组织变革:一方面是组织运营微型化,从科层制的大型管控型组织裂变为各种的小微公司,使后者在海尔创业生态圈中吸收营养,成长为行业引领企业;另一方面是员工经营创客化,使过去雇佣制下的执行者变为动态合伙人制下的"CEO",内部员工和外部员工直面市场做创客,利用互联网技术创业创新。组织结构的演变,从趋势上看,人力资源管理将更加强调员工个人与工作小组在员工职业生涯和就业安全中的责任,工作小组的绩效将成为关注的核心。

随着组织结构的变化,经理人员的作用也在发生变化。在金字塔式的组织结构中,经理人员的主要作用是指挥员工、激励员工努力地工作、实施和贯彻上级推动的变革、简洁明了地沟通信息。在扁平化组织中,经理人员的作用是促使员工积极参与、在各个工作小组之间进行协调、为工作小组争取各种资源、与工作小组成员进行互动式沟通。在网络化组织中,经理人员的作用是发展合作伙伴、帮助多元化工作小组积极合作以实现公司全局目标、促进持续的技术创新以不断满足客户的需要、判断不断完善工作方式的需要。组织

结构与企业的管理哲学以及人力资源管理政策倾向之间的关系可以用表 1-3 来说明。

表 1-3 组织结构与人力资源管理

组织结构	管理哲学与价值观念	人力资源决策的含义
金字塔式组织	命令与控制	层级化的、清晰的晋升路线 清楚的、详细的工作说明 薪酬支持、功绩晋升 根据工作需要进行培训 最高管理层掌握信息
扁平化组织	减少层级 工作丰富化 强调工作小组 员工授权	有限的晋升路径、水平晋升 与员工分担事业前程责任 概括性的工作描述 薪酬强调员工个人与工作小组的绩效 培训强调通用性和灵活性 与工作小组共享信息
网络化组织	重建与供给者和需求者的边界 不强调职能专家 强调顾客 以工作小组为基本工作单位	事业前程基本由员工自己负责 概括性的工作描述 根据员工自己的意愿进行培训 薪酬强调个人的知识和工作小组的绩效 信息共享

资料来源：Milkovich, G. T. and Boudreau, J. W., *Human Resource Management*, Richard D. Irwin, 1994: 122.

五、员工对工作、生活质量的新要求带来人力资源管理的挑战

经理人是通过他人来实现组织目标的，只有设法激励员工努力工作，才能成为有效的管理者。激励机制包含两方面：第一，发现他需要什么，然后用这个事物作为员工完成工作的报酬；第二，确定他的能力是否可以完成这项工作。换言之，欲望和能力是实现激励功能的两个要素。激励模式对企业的人力资源管理政策的制定具有很强的指导意义。在激励员工的过程中，最重要的问题是：员工的工作积极性是否很高？实现对员工的高激励必须在人力资源管理方面把握员工真实的内在需求，并以该需求为支点撬动、引导组织需要员工表现的行为和做出的业绩。

随着社会发展带来的物质丰富化，员工对工作、生活质量的要求越来越高。工作、生活质量一般有两种含义：一是指一系列客观的组织条件及其实践，包括工作的多样化、工作的民主性、员工参与管理的程度，以及工作的安全性。二是指员工工作后获得的安全感、满意程度，以及自身的成就感和发展感。第一种含义强调工作的客观状态，第二种含义强调员工的主观需要。如果把这两种含义结合在一起，工作、生活质量就是指员工喜欢他们所在的组织，同时组织也具备能够满足员工自我成就需要的工作方式。换言之，工

作、生活质量是指在工作中员工所产生的心理和生理健康的感觉。美国的一项调查表明，在辞职的打字员中，有60%的原因是工作枯燥无聊，而不是工作任务繁重。

影响工作、生活质量的因素有很多。美国工作研究所在20世纪80年代进行的研究显示，衡量员工工作、生活质量的因素包括劳动薪酬（77%的工人认为最重要）、雇员福利（主要指医疗保健和退休保险问题等）、工作的安全性、灵活的工作时间、工作的紧张程度、参与有关决策的程度、工作的民主性、利润分享、公司改善雇员福利的计划和一周4天工作制等。为了提高员工的工作、生活质量，企业可以采取一系列的措施。在美国，劳资谈判对决定工作、生活质量的内容具有重要的作用。第一次工作、生活质量协议是1973年在美国汽车工人联合会与通用汽车公司之间通过谈判达成的。目前在美国，至少有20%以上的劳资协议包括了提高工作、生活质量的计划。企业管理部门接受工作、生活质量要求的目的是减少员工的抱怨和争吵，提高员工工作的积极性，提高产品质量和降低缺勤率，从而提高效益。

美国通用汽车公司的工作、生活质量计划很有代表意义。为了消除员工阶层与管理阶层之间合作的障碍，公司采取了一系列措施。其中在着装方面，要求普通员工和管理人员都着工作便装，不系领带。针对停车问题，通用汽车公司关闭了管理人员的车库，不实行管理人员的保留车位制度，普通员工与管理人员使用相同的停车场。在饮食服务设施方面，没有普通员工和管理人员的区别，全体员工使用同一个餐厅，不设单间。此外，休息室也没有普通员工和管理人员的区别。通用汽车公司在质量检验环节也做了很大的改进。公司认识到高质量的产品不是检验出来的，而是由各个生产环节的员工生产出来的。因此，通用汽车公司改变了原来那种检验最终产品的做法，而是将产品质量的检验落实到每一道工序和每一位员工上。具体做法是使用一张品质检验单伴随生产的全过程。在产品生产的每一个环节，员工都要在上面填写本道工序的要求是否已正确地完成，还有哪些问题需要下道工序在加工时注意。这种质检方法提高了员工的参与程度，增强了员工的责任心，使员工能够更直接地感受到自己工作的成果和意义。

新生代员工成为当前企业的主体。他们有非常明显的个性特征：价值观多元化、自我意识较强、创新意识较强、崇尚自由民主但同时心理缺乏弹性。这些个性特征使他们对工作往往表现出渴望被授权、工作生活化、时间弹性化、激励及时性、真诚的引导。他们在职业发展中，自我成就意识强烈，职业生涯规划清晰度低；心理需求多元化；等级关系淡化；可塑性强；兼顾工作与生活的平衡；企业忠诚度低。因此，企业要想对新生代员工施行有效管理，必须尊重新生代的个性特征；提供更加灵活的工作方式；对新生代员工进行区别对待；提高他们在组织决策中的参与性和代表性；多举行团队活动。对于新生代员工的管理，企业必须学会包容，从而确保异质性员工能够大胆地进行市场开发，乐于分享客户信息，敢于试错和创新，愿意并肩协作，从而发挥多元化人力资源的价值。

以新生代员工所重视的参与组织管理为例，他们参与管理本身意味着组织中权力的再分配，因此这要求经理人员把下属看作成熟的个人。这对于原来的主管人员的工作既是一种补充，也是一种挑战。日本式的企业管理是以高度的参与和认同为基础的。日本的工人在企业中感到自己受到尊重、被企业关心,同时他们也忠心耿耿地为企业的最大利益而努力工作。从美国的实践看,工人参与企业管理的形式主要有以下五种:(1)建立质量控制小组和解决各种问题的小组。工作小组的形式有很多,每个小组一般由本部门4—10名雇员组成,主要解决浪费、设备损坏和维护、工作设施和配合等问题。(2)劳资双方合作。组成劳资委员会,促使劳资双方求大同存小异,防止矛盾发生或升级。在美国,劳资合作是提高员工工作、生活质量的制度基础。(3)参与工作设计和新工厂设计。参与工作设计对那些工作任务具有高度的独立性,同时雇员具有强烈的个人成长发展要求的小组特别有效。这些小组对工作的计划、实施和质量控制负责。(4)实现收益分享和利润分享。这种参与方式在工人的行为对决定经济效益的因素(工时、材料损耗等)具有很大影响的情况下非常有效。收益分享计划的含义是指建立以时间—动作研究为基础的生产标准,对于因生产率提高而获得的收益部分由公司和雇员共同分享。(5)实行企业的雇员所有制。这种参与方式通常是在企业处于危险的情境下才实施的。雇员通过购买公司股票而部分地或全部地获得业主权,这比较适合规模比较小的企业。现有的实践结果表明,通过工作奖励制度来提高生产率和通过工作内容的改革来增强工人的责任心与自觉性是最有效的参与形式。

复习思考题

1. 人力资源管理的三支柱转型对中小企业是否适用?

2. 以下12项是一个组织在招聘新员工的环节需要处理的工作,其中1—6项由人力资源管理部门完成,7—12项由直线部门完成。请结合这一实例,比较直线经理人和职能经理人的工作,并说明它们在时间次序上的配合关系。

(1)到劳动力市场上吸引人才,包括做广告、派人到大学校园演讲。

(2)组织面试和专业测试,把测试结果与任职资格条件和工作说明书进行对比,对应聘者进行筛选。

(3)组织身体检查和资格文件审核,选择优秀的申请人推荐给直线经理人。

(4)向新员工介绍组织的基本情况。

(5)记录新员工目前的绩效考核结果,分析其未来潜力并存入档案。

(6)与辞职员工面谈,发现离职的原因并采取相应的措施。

(7)准备职位申请人的任职资格条件。

(8)对人力资源部门推荐来的工作申请人进行面试,做出最终的选择决定,并合理任用。

(9)指导新员工了解工作的特性及其细节,如安全规定、操作方式等。

(10)配合人力资源部门拟定的培训计划对新员工实施技术培训。

(11)对员工进行绩效评估,做出晋升、调职或解雇的决定。

(12)与辞职员工个别面谈,发现离职原因并在本部门内部做出相应调整。

3. 企业高层管理者的管理哲学是如何影响人力资源管理的？
4. 互联网技术的发展对人力资源管理产生了哪些重要的影响？
5. 谈谈智能制造的实现对我国企业人力资源管理的影响。

案例

90后员工的辞职①

洪婷是1990年1月出生的女孩,本科毕业于深圳大学,2013年11月通过深圳航空公司(以下简称"深航")地面服务部的社会招聘加入深航。航空公司的地面服务部是直接面对旅客的服务性岗位,对员工的形象及综合素质要求较高,经过初试、笔试、复试等多个环节,洪婷终于成为深航地面服务部的一员。新鲜与欣喜是洪婷拿到录用通知后和入职之初的主要感受,在周围人艳羡的目光中,洪婷开始了值机员工作。但是,让人大感意外的是,这份费力通过层层考验、好不容易得来的工作,洪婷干了刚刚两个月的时间就提出辞职！在办理完解除雇佣关系的当天,人力资源负责人林欣欣找洪婷进行了离职面谈。

"洪婷,今天找你来,主要是想了解一下你的真实想法,到底是什么原因使你决定离职的？"林欣欣开门见山地问道。

"欣欣姐,这个工作和我当初的想象完全不同啊！"

"你的想象？"林欣欣期待地望着洪婷。

"我当初觉得,在航空企业工作是多么光鲜啊,就像空姐那样,每天穿着漂亮的制服,拿着不菲的薪水,在优美的环境中为高端人士服务。可是,经过这段时间的工作,我才发现,原来这份工作根本不是我想象的那样。地面服务工作很辛苦,最早一个航班的起飞时间大概是早上7点,我们5点就要到达工作岗位,为了满足公司在妆容、仪表上的要求,早上4点起床都经常来不及。从早上第一个航班开始到晚上最后一个航班结束,一天的工作时间达15个小时,经常一天下来,觉得骨头都要散架了,什么都不想做。虽然是工作一天休息一天,但休息的一天时间基本上是在睡觉中度过了,相当于没有什么可以自由支配的时间,我的那些个人爱好,比如看电影、郊游、唱K、打羽毛球等都顾不上,感觉每天就是为了工作而生活。这怎么行呢？"

"那你觉得工作应该是……"林欣欣想一探这位90后的想法。

"应该是为了生活而工作才对呀。"洪婷爽朗地笑了起来。

"除了感到工作时间太长、劳动强度大、业余生活难以兼顾,还有别的原因促使你想要离职吗？"林欣欣探询地问道。

"说了您别生气,咱们公司给的这份薪水,在深圳可是不难找到。至少可以说,没有什么竞争力吧。"

接下来的谈话,林欣欣又询问了关于主管、企业文化建设、工作中最喜欢和最不喜欢

---

① 本案例节选自乔坤、马晓蕾的《雾霾中的深航"90后"员工离职迷局》,中国管理案例共享中心案例库(http://www.cmcc-dut.cn/Cases/Detail/1606)。

的事情等问题,并试探地询问了她是否已找到合适的单位。谈话持续近一个半小时。林欣欣边听边记,得知洪婷将要供职的是一家小型科技企业,而且她对那儿的工作强度、环境和薪水是满意的。

"你放心,今天你谈到的所有内容都会保密,并在总结分析之后对公司未来的改进、发展提供帮助。谢谢你!"林欣欣送走了洪婷,在办公桌旁坐下来,她拿出之前做的离职面谈记录,翻看着,陷入了沉思……

类似的情况也出现在深航地面服务部的其他员工身上。1990年11月出生、毕业于山西大学、拥有本科学历的王冉,从事接送机服务工作,在试用期结束后四个月离职,离职原因是工作时间太长、工作环境单一枯燥、缺乏趣味性;徐莹,女,1991年4月出生,毕业于广东海洋大学,在试用期结束后六个月离职,离职原因是认为长期倒班工作不利于身体健康,并决定重新选择一份更"健康"的工作。

问题:
1. 新生代员工的需求发生了哪些新的变化?
2. 和其他员工相比,新生代员工的需求是否具有显著的差异性?
3. 组织可以采用哪些方法适应员工需求的变化?

21世纪经济与管理规划教材
工商管理系列

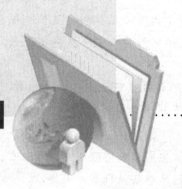

第二章

工作分析与工作设计

学习目标

1. 了解工作分析在人力资源管理中的作用
2. 掌握工作分析的基本流程
3. 学会采用不同的方法对特定的岗位进行分析,并撰写工作说明书
4. 了解胜任特征模型及其在工作分析中的作用
5. 掌握工作设计的基本方法,及其在新环境下表现出的新趋势

开篇案例

改变现状从工作分析开始[①]

××消防科技有限公司是一家专门从事消防车制造的地方企业,成立于1992年。成立之初,公司仅有60多人,厂长对每个员工都很熟悉,每天深入生产一线和员工共同完成生产任务。

近二十多年,公司取得了长足的发展,拥有厂房60 000平方米,年生产各类消防车700多辆,销售收入已经超过4亿元,进入消防车制造行业前列。目前,公司有员工500多人,包括各类研发和工程技术人员80余人。由于公司的迅速发展和人员的快速增长,许多问题也逐渐暴露出来。表现比较突出的是岗位职责不清,有的事情没有人管,有的事情大家都在管但又推诿扯皮。而且,由于组织架构的变动,有些岗位名称变了,有些部门名称变了,也有一些员工的部门隶属关系变了,部门主要职能变了。现在,公司所使用的岗位职责说明书已经是几年前的版本了,实际情况发生了很大变化,根本无法起到指导工作的作用。由于没有清晰的岗位职责,因此各个岗位的用人标准也比较模糊。这样,人员的招聘选拔、晋升就全凭领导的主观意见了。公司的薪酬激励体系也无法与岗位价值对等。员工对这些方面的意见很大,士气也有所下降。公司领导对这种现象感到越来越棘手,决定聘请专业的咨询顾问进行一次系统的人力资源管理诊断和设计工作,希望能从源头上改变这种状况,提升公司管理效率。

工作及其组织方式对人力资源管理具有重要影响。在很大程度上,工作会影响员工的收入、福利和自我实现感,而员工工作的成果会影响组织的财务状况。同时,企业工作内容及工作的方式也会影响组织服务客户的能力。理论上,工作性质的决定因素有组织所使用的技术、企业的经营战略和企业的组织结构。总之,组织的条件决定工作的性质。工作性质包括:第一,工作的内容。这包括两种形式:一是工作所包含的需要员工完成的特定任务、员工的义务和责任;二是工作要求的员工的行为。第二,完成工作所需要的资格条件。资格条件包括完成工作所需要的员工的技能、能力、知识和经验。这些资格条件对员工招聘、任用、确定薪酬标准和制订员工培训计划具有重要意义。第三,完成工作的收益和奖励。员工从工作中得到的收益和薪酬包括外在薪酬与内在薪酬两种形式。外在薪酬是指工资、福利、晋升、表扬和舒适的工作条件等具体的薪酬形式。内在薪酬是指自我成就感、工作自由度和工作自主性等不容易被观测到的薪酬形式。

工作分析的前提是已经存在一份工作,并且认为现有的工作内容和工作设置是最好的。工作分析活动是对工作进行清晰的界定,让任职者更清楚工作的内容,即让一个即使没有从事过某项工作的人也能清楚该工作是怎样完成的。工作分析使任职者明确岗位责

---

① 本案例是作者根据实践中接触到的某家企业现状总结而成。

任,提高了工作的效率。在实践中,存在的工作内容和工作设置可能不是最优的,因此在某些时候,需要对工作的内容进行重新界定,这就是工作设计。工作设计是指完成工作的方式、所需要完成的任务,以及界定该项工作在组织中与其他岗位工作的关系的过程。

　　工作设计与工作分析是完全不同的两项工作,但两者又有联系。为了更好地进行工作设计,需要全面了解现有的工作,发现工作设置上的问题,即了解现有工作的过程就是工作分析。同样,在工作设计后,运用工作分析也有助于我们发现工作设计中遗漏的问题。工作设计是指把工作的内容、从事工作的资格条件和薪酬结合起来,目的是满足员工和组织的需要。可以说,工作设计是激励员工努力工作的关键环节。工作设计与工作分析都是人力资源管理的一项基础性工作,是以工作分析的结果对工作进行设计,两者密切相关。

第一节　工作分析的用途与流程

一、工作分析的用途

(一) 工作分析中的基本概念

　　工作对个人的重要性在于它决定了一个人的生活水平、居住地点、地位(个人因所处的职位而获得的社会评价),以及自我价值观。工作对组织的重要性在于它是实现组织目标的手段。在日常的工作和生活中,人们对有关工作的概念有很多种说法,如任务、职责、职位和职业等。美国劳工部对有关工作的一些术语给出了比较规范的定义。任务指的是员工在某一有限的时间段内为了达到某一特定的目的所进行的一项活动,如打印一封信件就是一项具体而明确的任务。职责指的是由一个人承担的一项或多项任务组成的活动,如进行员工满意度调查是人力资源经理的一项职责,它包括设计调查问卷、发放问卷、回收问卷并进行整理,将结果表格化并加以解释,把调查结果通知有关人员等。职位是在一个特定的组织中,一个或多个任务落实到一个特定员工身上时出现的工作岗位。有关职位的一个特征是在一个组织中,职位的数量等于成员的数量。换言之,每个员工都有自己的一个职位。至于我们最经常谈到的工作指的是由一个或一组主要职责相似的职位组成的事务。一项工作可以只有一个职位,也可能有多个职位。另外,在人力资源管理中还有工作族的说法。工作族指的是由两个或两个以上的工作组成的工作体系,这些工作或者要求工作者具有相似的特点,或者包括多个平行的任务,例如企业中的销售和生产就属于两个不同的工作族。职业指的是不同组织中相似的工作构成的工作属性。我们需要注意的是,工作是就一个组织内而言的,而职业则是针对跨组织而言的。一个人的职业生涯是指一个人在其工作生活中所经历的一系列职位、工作或职业,例如一名大学教师的职业生涯很可能是从讲师开始,再担任副教授和教授。工作分析通常要采集有关特定任务的信息,一个员工完成的一组任务构成一个职位,相同的职位形成一个工作,相似的工作又构成一种职业。

　　工作分析是收集数据进而对一项特定工作的实质进行评价的系统化过程,而作业分析则是针对创造产品或提供服务中所包含的人的因素进行研究,目的是理解员工是如何增加价值的。一般而言,企业中的每项工作都应该有两份文件,即工作描述(Job Description)和工作规范(Job Specification),它们都是工作分析的成果。其中,工作描述也被称为工作说明,它是以书面叙述的方式说明工作中需要从事的活动,以及工作中所使用的设备和工作条件的信息。而工作规范则被用来说明对承担这项工作的员工所必须具备的特定技能、工作知识、能力以及其他身体和个人特征的最低要求。

(二) 组织结构图的作用及其局限性

人们建立组织的目的是让组织内的人员分担不同的工作,相互协作实现组织的目标。组织本身并不是目的,组织只是实现组织目标的手段。几乎任何组织都有自己的组织结构图,它能够为我们提供许多有用的信息,但是它仍然无法替代工作分析。组织结构图的作用是表明组织中总共设立了哪些部门,指明各个部门的负责人,指明每位经理人的工作职称,指明组织内上下级的隶属关系和责任关系,使每一位员工明确自己的工作职称及其在组织中的地位,并为具体的工作分析提供许多基础资料。需要注意的是,组织结构图也有自身的局限性,也正是这些不足使得工作分析更为必要。组织结构图的局限性是它无法说明各项工作的日常活动及其职责,不能说明组织中实际的沟通方式,不能反映员工受监督的程度,不能说明各级经理人的权利范围。为了解决这些问题,我们需要借助对工作所包含的各方面信息进行的深入探究,即工作分析。

(三) 工作分析的用途

工作分析可以为许多人力资源管理活动提供信息。企业将每项工作所包含的任务、责任和任职资格用正式的文件明确下来,可以保证组织中的每项工作都是按照管理人员的意愿进行分配,对企业管理效率的提高和公正管理的实现具有重要的意义。表2-1对工作分析的作用进行了概括。

表2-1 工作分析的作用

招聘和选择员工	发展和评价员工	薪酬政策	工作和组织设计
人力资源计划 识别内部劳动力市场 招聘 选择 安置 公平就业机会 实际工作概览	工作培训和技能发展 角色定位 员工前程计划 绩效考核	确定工作的薪酬标准 确保同工同酬 确保工作薪酬差距公正合理	工作设计/重新设计以提高效率和激励 明确权责关系 明确工作群之间的内在联系

资料来源:Fisher, C. D., Schoenfeldt, L. F. and Shaw, J. B., *Human Resource Management*, 3rd ed., Houghton Mifflin Company, 1997:136.

从招聘和录用方面看,对工作要求的充分理解是企业实现有效招聘的前提条件。有效的人力资源计划是企业人力资源管理工作的重要指导,而工作分析正是预测人力资源需求的基础,也是对培训、调任或晋升等活动进行计划的基础。招聘录用过程是要发现将来最能胜任工作的人员,因此首先需要明确将来的工作对工作者的要求。工作分析能够提供工作内容和任职的资格条件方面的资料,可以用来决定招聘与任用哪种人才;同时,工作分析也可以用作选择候选人的遴选工具。此外,员工的工作安排也需要工作分析信息。尽管从理论上讲,录用和工作安排应该同时进行,但是在现实中,企业经常是先录用优秀的申请者,然后再把他们安排到各个岗位上,也存在原有员工工作重新安排的情况。在这些情况下,只有在明确各项工作要求的基础上,才有可能做到事得其人、人尽其才。

从员工的入职培训、培训和发展来看,员工在培训中学到的应该是将来在工作中要用到的,因此培训中所设计的工作职责应该准确地反映实际工作的情况。通过工作分析得到的工作说明书指明了各项工作所需要的技能,据此就可以设计适合的训练培养计划,包括评估培训的需要、选择培训的方式、衡量培训对工作绩效产生的效果。同时,工作分析还可以用来建立员工的晋升渠道和职业发展路径。在组织帮助员工建立自己的职业发展规划时,只有组织和个人对工作的要求与各项工作之间的联系有明确的了解,才能设计出有效的职业生涯规划。从员工自身的角度看,工作说明和工作规范也可以帮助员工进行有效的职业定位和了解自己的职位申请资格。另外,员工工作绩效评价也是人力资源管理中的一项重要内容,而工作要求是评价员工工作成绩的标准和依据。工作分析可以决定绩效标准,然后把员工的实际绩效和组织的期望绩效相比较,从而进行绩效评估。

从制定薪酬政策的角度看,工作分析是合理确定薪酬标准的基础。工作分析要求深入地理解各种工作要求,这样才能根据它们对组织价值的贡献大小进行排序。工作分析通过了解各项工作的内容、工作所需要的技能、学历要求、工作的危险程度等因素,确定工作相对于组织目标的价值,从而可以作为确定合理薪酬的依据。在美国等西方国家中,工作分析的结果还有助于劳资谈判的顺利进行和消除劳资双方的权限争议。

从工作和组织的设计与重新设计的角度看,工作分析信息可以帮助我们明确各项工作之间在技术和管理责任等各个方面的关系,消除盲点,减少重复,提高效率。只有运用工作分析的资料,才能可靠地确定组织中各项工作之间的关系结构,正确划分工作族。如果企业要使用稳定高效的机器设备和改进工作手段,就需要确切地了解工作对操作者的要求,工作方式的改进也需要明确工作的要求;而且在工作分析中,人们经常可以发现由环境因素或员工的习惯造成的安全隐患。日本的汽车和电子行业的国际上竞争力在很大程度上归功于它们进行的非常详尽的工作分析,这增强了人们对工作性质的认识,而在此基础上设计的工作环境又保证员工能够高效率地工作。在很多情况下,对完成某一项特定的工作任务所需要的动作的深入分析使得许多日本企业能够用机器人替代人力。

二、工作分析的核心流程

(一) 工作分析的主要步骤

工作分析包括10个具体步骤,我们可以将它们归纳为四个阶段,如表2-2所示。

表 2-2　工作分析的步骤

阶段	步骤	内容
第一阶段： 工作分析的范围	1	决定工作分析的目的
	2	确定工作分析的目标工作
第二阶段： 工作分析的方法	3	确定所需信息的类型
	4	识别工作信息的来源
	5	选择工作分析的具体程序
第三阶段： 信息的收集与分析	6	收集工作信息
	7	分析所收集的信息
	8	向组织报告结果
	9	定期检查工作分析信息
第四阶段 工作分析方法的评价	10	以收益、成本与合法性为标准评价工作分析结果

资料来源：Fisher, C. D., Schoenfeldt, L. F. and Shaw, J. B., *Human Resource Management*, 3rd ed, Houghton Mifflin Company, 1997：135.

在工作分析中，需要明确工作分析资料的用途。明确了用途之后，就可以决定所需收集的资料的类型以及收集资料的方法。例如，如果工作分析的目的是编写工作说明书和决定人员任用，就可以用面谈法向员工了解工作的内容及其职责；如果要决定薪酬标准，就可能需要采用比较复杂的职位分析问卷等方法。在收集工作分析的背景材料的过程中，可以收集企业的组织结构图、工作流程图、设备维护记录、设备设计图纸、工作区的设计图纸、培训手册和以前的工作说明书，这些信息对工作分析都有重要的参考价值。工作分析人员在收集工作分析资料的过程中，应该让任职者和他的直属上司确认这些资料。这既有助于把工作分析资料修改得更加完备准确，也有助于使任职者比较容易接受人事部门根据工作分析资料制定的工作规范。经过对所收集信息的分析和研究，可以据此编写工作说明书和工作规范。工作说明书和工作规范是工作分析的两个具体成果。

（二）选择工作分析的目标工作

在进行工作分析时，应该选择哪些工作岗位作为研究对象呢？一般说来，影响工作分析对象的选择因素有工作的重要性、完成难度和工作内容变化等。对那些关系组织成败的非常关键的工作是需要进行认真研究的，对那些因工作完成难度较大而需要对员工进行全面培训的工作也是需要分析的。如果由于技术变动或组织的管理方式变化使得员工当前的工作内容与以前拟定的工作描述出现差别，结果以原有的工作描述为基础的人力资源管理功能无法得到正确的体现，这时就需要对这一工作进行工作分析。再有，如果企业设置了新的工作岗位，也应该对这一工作岗位进行工作分析。

首先提出工作分析要求的可能是员工，也可能是员工的主管和部门的经理人员。员工提出工作分析要求往往是工作要求与这一工作岗位的薪酬不匹配，特别是在对工作的任务和责任补偿不足的情况下,员工就特别敏感。管理人员提出工作分析要求可能是由于要为工作岗位确定合理的薪酬依据和水平,也可能是因为要为招聘、培训等人力资源管理活动编制正式的书面文件。

(三) 工作分析所需资料

一般而言,工作分析所需的基本数据的类型和范围取决于工作分析的目的、工作分析的时间约束与预算约束等因素。工作分析所需的信息的主要类型如表2-3所示。

表2-3 工作分析信息的类型

工作活动
1. 工作任务的描述
工作任务是如何完成的?
为什么要执行这项任务?
什么时候执行这项任务?
2. 与其他工作和设备的关系
3. 工作程序
4. 承担这项工作所需要的行为
5. 动作与工作的要求
工作中使用的机器、工具、设备和辅助设施
1. 使用的机器、工具、设备和辅助设施的清单
2. 利用上述各项加工处理的材料
3. 利用上述各项生产的产品
4. 利用上述各项完成的服务
工作条件
1. 人身工作环境
在高温、灰尘和有毒环境中工作
工作是在室内还是在户外
2. 组织的各种相关情况
3. 社会背景
4. 工作进度安排
5. 激励(财务和非财务的)
对员工的要求
1. 与工作有关的特征要求
2. 特定的技能
3. 特定的教育和培训背景
4. 与工作相关的工作经验
5. 身体特征
6. 态度

资料来源:Crino, M. D. and Leep, T. L., *Personnel/Human Resource Management*, Macmillan, 1989:127.

由此可见,工作分析所需要获得的有关资料包括工作活动资料,指各项工作实际发生的活动类型,如清洗、打字等;人类行为资料,指与个人工作有关的人类行为资料,如体能消耗情况、行走距离长短、写作能力等;工作器具资料,指工作中所使用的机器、工具、设备以及辅助设施的情况;绩效标准,即用数量或质量来反映的各种可以用于评价工作成绩的方法;相关条件,指工作环境、工作进度、组织行为规范以及各种财务性和非财务性奖励措施;人员条件,指与工作相关的知识、技能以及个人特征等,包括学历、培训背景、工作经验、性格、兴趣和身体特征等。

(四)收集工作分析资料的人员选择

收集工作分析资料的人通常有三种类型:工作分析专家、主管人员和工作任职者。三种人员各有优点和缺点。由训练有素的工作分析专家收集工作分析信息的优点是他们最客观公正,能够保持信息的一致性,在工作分析方式的选择上有专长;但缺点是价格高昂,而且他们可能因对组织情况缺乏了解而忽略工作中某些无形的方面。由主管人员收集工作分析信息的优点是对所要分析的工作(包括它的无形方面)具有全面而深入的了解,同时收集信息的速度也比较快;但缺点是首先需要对主管人员开展如何进行工作分析的培训,并且收集工作分析信息对主管人员来说在时间上是一个沉重的负担;而且,在主管人员也感到负担过重的情况下,其工作的客观性没有保证。由工作任职者收集工作分析信息的好处是他们对工作最熟悉,信息收集的速度也很快;但缺点是所收集信息的标准化程度和工作职责的完整性都比较差。如果不是承担某种工作的所有员工都承担工作分析任务,那么就会引起那些被要求收集工作分析信息的员工的抵触。

需要强调的是,无论是选择收集工作分析信息的方法还是选择负责收集信息的主体,都应首先明确工作分析的目的。不过,选择收集信息的人员要比选择收集信息方法更为重要。

(五)完成工作说明书

工作分析只是许多人力资源管理活动的起点,为了方便使用在工作分析中得到的数据,需要把这些数据制成一个表格,即工作说明书。工作说明书是一种书面文件,其中记载着任职者实际上做些什么、如何去做,以及在什么样的条件下完成这项工作。工作说明书没有固定的格式,包括工作描述和工作规范两个方面。

1. 工作描述

工作描述通常包括以下几项主要内容:

第一,工作认定,包括工作职称、工作身份、工作部门、工作地点、工作分析的时间等。在美国,工作职称(头衔)要符合劳工部出版的职业头衔词典制定的规范。工作身份是是否豁免加班费和最低工资的保障,在美国有豁免身份的主要是行政和专业性职位。这些资料的目的是把这项工作与那些与之相似的工作区别开。

第二,定义,即说明工作的目的,包括这项工作存在的理由,这项工作如何与其他工作以及整个组织的目标相互联系,这项工作的绩效标准等。对于一项管理工作,工作定义通常要包括这项工作控制的预算规模、管理的下属人数及其职称,以及与上下级之间的报告关系。例如某公司人力资源经理的工作关系是：(1)向人事副总裁做报告；(2)监督人事部门的工作人员、行政助理、劳工关系主管、秘书等人员；(3)工作上的配合对象为所有部门的经理人和行政主管；(4)组织外部包括职业介绍所、猎头公司、工会代表、政府劳动管理机构、各种职位应征者。这些方面都有助于确定一项管理工作在整个组织中的位置。

第三，工作说明。这一部分是对工作定义部分的提炼和总结，指明工作的主要职责、工作任务、受监督程度、工作者行为的界限和工作条件等。表2-4是一个工作描述实例。

表 2-4　美国 Midway 医院护士部工作描述（部分）

工作职称：注册护士
工作概述： 负责病人从入院到转院或出院的全部护理。护理包括病情评估、治疗计划和实施、治疗效果的评价。每个注册护士对值班期间的护理与可以预见的患者和家庭将来的需要负责，在保证专业护理标准的前提下指导助手
工作关系： 报告给：护士长 监督下列人员的护理：注册见习护士、助理护士、勤杂工 合作者：协助护理部 外部关系：医生、患者和患者家属
资格： 教育：授权护士学校毕业生 工作经历：关键护理要求一年的医疗/外科护理经验（有特殊护理经验者优先），医疗/外科　护理经验（应届毕业生可以考虑非重要职位） 证书要求：持有注册护士证书或被州政府许可
身体要求： 能够屈体、运动或帮助转运50磅以上的重物 能够在8小时值班中站立或行走80%以上的时间 视力和听力敏锐
责任： 1. 评估患者的体力、感情和心理与社会方面 标准：在患者入院1小时之内或者至少每次值班出具一份书面诊断，并按照医院规定把这份诊断交给该患者的其他医护人员 2. 撰写患者从入院到出院的护理书面计划 标准：在患者入院24小时之内设计短期和长期的目标，并在每次值班中根据新的诊断检查和修改护理计划 3. 实施护理计划 标准：在日常护理中，按照但不局限于书面的《注册护士技能手册》在指定的护理区域运用这些技能。以一种系统的、及时的方式完成患者护理活动，并恰当地重新评判轻重缓急

资料来源：Milkovich, G. T. and Boudreau, J. W., *Human Resource Management*, Richard D. Irwin, 1994：145.

2. 工作规范

工作规范要回答的是需要哪些个人特征和经验才能胜任这项工作。我们已经指出，工作规范要说明一项工作对承担这项工作的员工在教育、经验和其他特征方面的最低要求，而不应该是最理想的工作者的形象。工作规范一般由上一级管理者、工作承担者和工作分析人员共同研究制定。在建立工作规范时，需要综合考虑以下三个方面：第一，某些工作可能面临法律上的资格要求。例如，中国民航飞行员要担任机长至少需要3 000小时以上的飞行经历。第二，职业传统。例如，员工在进入某些行业以前必须经过学徒阶段。第三，胜任某一工作应该达到的标准和具备的特征。这在很大程度上取决于组织管理人员的主观判断，通常是通过综合工作说明中的信息，对现在承担该工作的员工及其主管人员的特征进行概括之后总结出来的。例如，申请秘书工作的人经常被要求录入速度在每分钟100字以上就是这种情况。工作规范可以包括在工作说明书中，也可以单独编写。

（六）工作分析的评价

对工作分析的评价可以通过考察工作分析的灵活性与权衡成本收益来进行。工作分析工作越细致，所要花费的成本就越高。于是，在工作分析的细致程度方面就存在一个最优的问题。因此，有许多公司都在减少工作类别的划分，并愿意进行比较灵活的工作描述。例如，通用汽车公司和丰田汽车公司成立的合资企业新联合汽车生产公司（NUMMFI）把120种不同的工作合并成4个等级的技师。在这种情况下，一种工作的定义比较宽泛，做同一种工作的两个员工的工作任务可能有很大的差别。但是，从对组织的贡献角度讲，他们创造的价值是相同的，因此得到相同的报酬。当组织的任务需求发生变化，需要在相同的一类工作中对员工的工作进行调整时，组织具有很强的灵活性，不需要办理工作调换的手续，也不需要调整员工的工资。一些日本的企业，包括东芝（Toshiba）和三菱（Mitsubishi）等就不使用工作描述，而是强调研究完成工作所需要的能力和经验要求。这种通用性的工作描述的一个缺点是容易让员工对组织薪酬的公平性产生怀疑。一般而言，工作分析中所收集的资料越详尽，越容易对工作之间的差别进行区分，当然成本也越高。至于对工作之间的差别进行详尽的描述是否值得，这将取决于组织所面临的特定环境。

工作分析还有可靠性和有效性的问题。工作分析的可靠性是指不同的工作分析人员对同一个工作的分析所得到的结果的一致性和同一个工作分析人员在不同的时间对同一个工作的分析所得到的结果的一致性。工作分析的有效性是指工作分析结果的精确性，实际上是将工作分析结果与实际的工作进行比较。通常检验工作分析有效性的方法是由多个工作者和管理人员收集信息，并请他们在分析结果上签字表示同意。

第二节　工作分析的方法

确定了要分析的工作，并收集了背景材料之后，就要收集与工作活动和职责有关的资料。通常情况下，收集工作分析资料的人员包括人事专家、工作者和工作者的上司，其中人事专家可以包括人力资源经理人、工作分析员和公司顾问。人事专家的工作是观察并分析各项工作,然后编写工作说明书和工作规范;工作者及其上司要回答工作分析问卷,再认可工作分析人员得到的资料。在开展工作分析时,收集工作分析信息的方法有很多,但是人力资源管理人员需要注意的是,各种方法都有自己的优缺点,没有一种收集信息的方法能够提供非常完整的信息,应该综合使用这些收集方法。我们可以将工作分析的方法划分为定性和定量两类。

一、定性的工作分析方法

定性的工作分析信息收集方法包括工作实践法、直接观察法、面谈法、问卷法和典型事例法等。

(一) 工作实践法

工作实践法指的是工作分析人员亲自从事所需要研究的工作,由此掌握工作要求的第一手材料。工作实践法的优点是可以准确地了解工作的实际任务和对体力、环境、社会方面的要求,适用于那些短期内可以掌握的工作。工作实践法的缺点是不适用于需要进行大量训练的和危险的工作。

(二) 直接观察法

直接观察法指的是工作分析人员观察所需要分析的工作的过程,以标准格式记录各个环节的内容、原因和方法,从而系统地收集一种工作的任务、责任和工作环境方面的信息。直接观察法的优点是工作分析人员能够比较全面和比较深入地了解工作的要求,适用于那些工作内容主要是由身体活动来完成的工作,如装配线工人、保安人员等。直接观察法的缺点是不适用于对脑力劳动要求比较高的工作和处理紧急情况的间歇性工作。有些工作内容中包括许多思想和心理活动、创造性和运用分析能力,如律师、教师、急救站的护士等,这些工作就不适宜使用直接观察法。此外,直接观察法对有些员工来说难以接受,因为他们会感到自己正在受到监视甚至威胁,所以内心会对工作分析人员产生反感,同时也可能导致动作的变形。因此,在使用直接观察法时,应该将工作分析人员以适当的方式介绍给员工,使之能够被员工接受。

直接观察法经常和面谈法结合使用,工作分析人员可以在员工的工作期间观察并记录员工的工作活动,然后和员工面谈,请员工予以补充。工作分析人员也可以一边观察员工的工作,一边和员工交谈。第一种结合方式比较好,因为工作分析人员可以专心观察和记录,而且不会干扰员工的工作。表2-5是一个现场观察法工作分析的程序示例。

表 2-5 观察法工作分析的程序

第一步:初步了解工作信息
1. 检查现有文件,形成工作的总体概念:工作的使命、主要任务和作用、工作流程
2. 准备一个初步的任务清单,作为面谈的框架
3. 为数据收集过程所涉及的还不清楚的主要项目做出注释

(续表)

第二步:面谈
1. 最好是首先选择一个主管或有经验的员工进行面谈,因为他们了解工作的整体情况以及各项任务是如何相互配合的
2. 确保所选择的面谈对象具有代表性

第三步:合并工作信息
1. 工作信息的合并是把以下各种信息合并为一个综合的工作描述:主管、工作者、现场观察者、有关工作的书面材料
2. 在合并阶段,工作分析人员应该可以随时获得补充材料
3. 检查最初的任务或问题清单,确保每一项都已经被回答或确认

第四步:核实工作描述
1. 核实阶段要把所有面谈对象召集在一起,目的是确定在信息合并阶段得到的工作描述的完整性和精确性
2. 核实阶段应该以小组的形式进行;把工作描述分发给主管和工作承担者
3. 工作分析人员要逐字逐句地检查整个工作描述,并在遗漏和含糊的地方做标记

(三) 面谈法

一般来说,正在承担某一工作的员工对这项工作的内容及其任职资格是最有发言权的,因此与工作承担者面谈是收集工作分析信息的一种有效方法。很多工作是不可能由工作分析人员实际体会的,如飞行员的工作;或者是不可能通过观察来了解的,如脑外科手术专家的工作。在这种情况下,就需要与工作者面谈以了解工作的内容、原因和做法。在使用面谈法时,一般也是以标准的格式记录,目的是使问题和回答限制在与工作直接有关的范围内,而且标准格式也便于比较不同员工的反应。面谈法的种类包括个别员工面谈法、集体员工面谈法和主管面谈法。个别员工面谈法适用于各个员工的工作有明显差别、工作分析的时间又比较充裕的情况。集体面谈法适用于多名员工从事同样的工作的情况。使用集体面谈法时应请主管出席,或者事后向主管征求对收集到的材料的看法。主管面谈法是指同一个或多个主管面谈,因为主管对工作内容有相当的了解,能减少工作分析的时间。

在面谈过程中,工作分析人员应该只是被动地接受信息。如果在工作内容的难度和任职资格方面与员工有不同的看法,不要与员工争论,防止破坏双方合作的气氛。如果员工对主管人员抱怨,工作分析人员也不要介入,不要流露出对工作的工资待遇方面有任何兴趣,否则会使员工夸大自己的职责,对你收集信息的工作产生误导。工作分析人员也不要对工作方法和组织的改进提出任何的批评与建议,批评现行的工作方法会招致员工对组织产生反感情绪。克服员工对工作难度的夸大,可以使用集体面谈或者分别与几个员工面谈的方法来解决。

为了使面谈法取得成功，工作分析人员应该注意许多细节问题。第一，应该与主管密切配合，找到最了解工作内容、最能客观描述职责的员工；第二，必须尽快与面谈对象建立融洽的感情，应该知道对方的姓名，简单说明面谈的目的以及选择对方进行面谈的原因，目的是不要让对方产生正在进行绩效考核的感觉，而且在面谈中应该避免使用生僻的专业语汇；第三，工作分析人员应该事先准备一份完整的问题表，并留出空白处可供填写，重要的问题先问，次要的问题后问，让对方有充足的时间从容地回答，最后还可以请对方对问题表进行补充；第四，如果对方的工作不是每天都相同，就请对方将各种工作责任一一列出，然后根据重要性排出次序，这样就可以避免忽略那些虽不常见但却是很重要的问题；第五，面谈结束后，将收集到的材料请任职者及其直属上司仔细阅读一遍，以便做出修改和补充。

面谈法的典型问题包括：你做哪些工作？主要职责是什么？如何完成？在哪些地点工作？工作需要怎样的学历背景、经验、技能条件或专业执照？基本的绩效标准是什么？工作有哪些环境和条件？工作有哪些生理要求和情绪及感情上的要求？工作的安全和卫生状况如何？等等。如果使用工作分析表，就会更系统、全面和准确。

面谈法的优点是能够简单而迅速地收集工作分析资料，适用面广。由任职者亲口详述工作内容，具体而准确。工作者自身有长期的工作体会，因此这种方法可以使工作分析人员了解短期的直接观察法所不容易发现的情况；同时，让任职者吐吐苦水，有助于管理者发现被忽视的问题。面谈法的缺点是工作分析经常是调整薪酬的序幕，因此员工容易把工作分析看作变相的绩效考核，从而夸大其承担的责任和工作的难度，这就容易引起工作分析资料的失真和扭曲。工作者可能不信任工作分析人员，也可能怀疑其动机。同时，分析人员的问题也可能会因不够明确或不够准确而造成误解。因此，面谈方法不应该作为工作分析的唯一方法。

（四）问卷法

收集工作分析信息的问卷可以由承担工作的员工来填写，也可以由工作分析人员来填写。开放式的问卷很容易产生面谈法所产生的问题，因此可以采用结构化程度比较高的问卷。在结构化问卷中，列举出一系列的任务或行为，请工作者根据实际工作要求对任务是否执行或行为是否发生做出回答。如果回答是肯定的，还要进一步了解这项任务或行为出现的频率、重要性、难易程度及其与整个工作的关系。针对各个项目给出一个分数。没有量纲的分数是工作分析人员进一步汇总和评价的基础。在使用问卷法时，关键在于决定问卷的结构化程度。有的问卷非常结构化，包括数以百计的工作职责细节；有的问卷非常开放，如"请叙述工作的主要职责"。最好的问卷应该介于两者之间，既有结构化问题，也有开放式问题。

问卷法的优点是：第一，它能够从许多员工那里迅速得到工作分析所需的资料，可以节省时间和人力，一般比其他方法费用低，速度快；第二，调查表可以在工作之余填写，不会影响工作时间；第三，这种方法可以使调查的样本量很大，因此适用于需要对很多工作者进行调查的情况;第四,调查的资料可以数量化,由计算机进行数据处理。

问卷法的缺点是:第一,设计理想的调查表要花费很多时间、人力和物力,费用比较高;而且,在问卷使用之前,还应该进行测试,了解员工理解问卷中问题的情况;为了避免误解,还经常需要工作分析人员亲自解释和说明。第二,填写调查表由工作者单独进行,缺少交流,因此被调查者可能不积极配合和认真填写,从而影响调查的质量。

(五) 典型事例法

典型事例法指的是对实际工作中工作者特别有效或者无效的行为进行简短的描述,通过积累、汇总和分类,得到实际工作对员工的要求。典型事例法的优点是直接描述工作者在工作中的具体活动,可以揭示工作的动态性质;其缺点是收集归纳典型事例并进行分类需要耗费大量时间。此外,由于描述的是典型事例,因此很难对通常的工作行为形成总体概念,而后者才是工作分析的主要目的。

此外,工作分析还有工作日志法,它要求任职者在每天的工作结束之后记下工作中的各种细节,由此了解工作的性质。工作日志法也可以同面谈法结合使用。

二、定量的工作分析方法

有些工作分析不适用定性的方法,特别是当需要对各项工作进行比较以决定薪酬和待遇的高低的时候,这时就应该采用定量的工作分析法。定量的工作分析法主要有三种:职位分析问卷法(Position Analysis Questionaire,PAQ)、管理岗位描述问卷方法(Management Position Description Questionnaire,MPDQ)和功能性工作分析方法(Functional Job Analysis,FJA)。

(一) 职位分析问卷法

职位分析问卷法是1972年由麦考密克(E. J. McCormick)提出的一种适用性很强的工作分析方法。PAQ包括194个项目,其中的187项被用来分析完成工作过程中员工活动的特征,另外7项涉及薪酬问题。PAQ中的所有项目被划分为六个部分:第一部分包括工人在完成工作过程中使用的信息来源方面的项目,用来了解员工如何和从哪里获得完成工作所需使用的信息。第二部分是工作所需要的心理过程,回答工作需要进行哪些推理、决策、计划和信息处理活动的问题。第三部分识别工作的"产出",回答工作完成哪些体力活动和使用哪些机器、工具和设施的问题。后三项考虑工作与其他人的关系、完成工作的自然和社会环境,以及其他的工作特征。在应用这种方法时,工作分析人员要对以下各个方面给出一个6分制的主观评分:使用程度、时间长短、重要性、发生的可能性、对各个工作部门以及部门内部各个单元的适用性。PAQ方法所需要的时间成本很高,非常烦琐。表2-6是一个职位分析问卷的示例。

表 2-6　职位分析问卷表示例（选自收集资料的资料来源部分）

使用程度：NA—不曾使用　1—极少　2—少　3—中等　4—重要　5—极重要

1. 资料投入

1.1　工作资料来源（请根据任职者使用的程度，审核下列项目中各种来源的资料）

1.1.1　工作资料的可见来源

1. ＿4＿ 书面资料（书籍、报告、文章、说明书等）
2. ＿2＿ 计量性资料（与数量有关的资料，如图表、报表、清单等）
3. ＿1＿ 图画性资料（图形、设计图、X 光片、地图、描图等）
4. ＿1＿ 模型及相关器具（模板、钢板、模型等）
5. ＿2＿ 可见陈列物（计量表、速度计、钟表、画线工具等）
6. ＿5＿ 测量器具（尺、天平、温度计、量杯等）
7. ＿4＿ 机械器具（工具、机械、设备等）
8. ＿3＿ 使用中的物料（工作中、修理中和使用中的零件、材料和物体等）
9. ＿4＿ 尚未使用的物料（未经处理的零件、材料和物体等）
10. ＿3＿ 大自然特色（风景、田野、地质样品、植物等）
11. ＿2＿ 人为环境特色（建筑物、水库、公路等，经过观察或检查以成为工作资料的来源）

资料来源：Dessler, G., *Human Resource Management*, Prentice Hall International, Inc. 1997：94.

（二）管理岗位描述问卷法

在分析管理者的工作时需要注意以下两个特殊问题：一是管理者经常试图使他们工作的内容适应自己的管理风格，而不是让自己适应所承担的管理工作的需要。在使用面谈法时，他们总是描述自己实际做的，而忘了自己应该做的。二是管理工作具有非程序化的特点，经常随着时间的变化而变化，因此考察的时间比较长。一般分析管理人员的工作应该使用调查问卷法，包括从行为的角度进行分析的管理行为调查问卷和从任务的角度进行分析的管理任务调查问卷。管理岗位描述问卷法是由托纳（W. W. Tornow）和平托（P. R. Pinto）在 1976 年提出的，它与 PAQ 方法非常相似，包括 208 个用来描述管理人员工作的问题。这种问卷由管理人员自己填写，也是采用 6 分制对每个项目进行评分。这 208 个问题可被划分为 13 个类别，包括：

（1）产品、市场和财务战略计划，指的是进行思考并制订计划以实现业务的长期增长和公司的稳定性。

（2）与组织其他部门和人事管理工作的协调，指的是管理人员协调对自己没有直接控制权的员工个人和团队活动。

（3）内部业务控制，指的是检查与控制公司的财务、人事和其他资源。

（4）产品和服务责任，指的是控制产品和服务的技术方面，以保证生产的及时性并保证质量。

（5）公共与客户关系，指的是一般通过与人们直接接触的办法来维护公司在用户和公众中的名誉。

(6) 高层次的咨询指导,指的是发挥技术水平,解决企业中出现的特殊问题。

(7) 行动的自主性,指的是在几乎没有直接监督的情况下开展工作活动。

(8) 财务审批权,指的是批准企业大额的财务投入。

(9) 雇员服务,指的是提供诸如寻找事实和为上级保持记录这样的雇员服务。

(10) 监督,指的是与下属员工面对面地交流,以计划、组织和控制这些人的工作。

(11) 复杂性和压力,指的是在很大的压力下工作,以便在规定的时间内完成所要求的工作任务。

(12) 重要财务责任,指的是制定对公司绩效构成直接影响的大规模的财务投资决策和其他财务决策。

(13) 广泛的人事责任,指的是从事公司中对人力资源管理和影响员工的其他政策具有重大责任的活动。

在应用管理岗位描述问卷法时,工作分析人员以上述每一种要素为基础来分析和评价管理工作。

(三) 功能性工作分析法

美国训练与就业署开发的这种方法所依据的假设是每一种工作的功能都反映在它与数据、人和事三项要素的关系上,故可由此对各项工作进行评估。在各项要素中,各类基本功能都有其重要性的等级,数值越小,代表的等级越高;数值越大,代表的等级越低。采用这种方法进行工作分析时,各项工作都会得出数值,据此可以决定薪酬和待遇标准。此外,FJA 方法同样也可以对工作环境、机器与工具、员工特征进行数量化的分析。表 2-7 是功能性工作分析法的一个典型示例。

表 2-7 员工的基本功能

		数据		人		事情
	0	综合	0	指导	0	筹建
	1	协调	1	谈判	1	精密工作
	2	分析	2	教育	2	运营与控制
基本活动	3	编辑	3	监督	3	驾驶与运行
	4	计算	4	安抚	4	操纵
	5	复制	5	说服	5	看管
	6	比较	6	表达信号	6	育饲
			7	服务	7	操作
			8	接受指令		

注:分数越小,工作的重要性越大;反之,分数越大,工作的重要性越小。

资料来源:Crino, M. D. and Leap, T. L., *Personnel/Human Resource Management*, Macmillan, 1989:131.

一种改进的功能性工作分析法是在上述工作分析法的基础上进行扩充,即除了采用数据、人和事三项要素来分析工作,还补充了以下资料:第一,指出了完成工作所需要的受教育程度,其中包括执行工作任务所需要的推理和判断能力的程度,所需要的应用数学能力的程度和应用语言能力的程度。第二,指出了绩效标准和训练要求。

三、胜任特征模型及其在工作分析中的应用

以上方法获得的主要是岗位所需要的个人外显特征,比如知识、技能、经验等方面,但是对于许多特殊的岗位,如管理岗位、核心技术岗位,对于任职者的要求并不仅仅体现在外显特征上,还包括内在的特征。这些外显与内在的特征共同影响了任职者未来的工作行为和绩效。1973年,美国著名心理学家大卫·麦克利兰(David C. McClelland)提出了胜任特征的概念。[1] 胜任特征(Competency)是指决定一个人行为习惯和思维方式的内在特质,广义上还可包括技能和知识。胜任特征是"能将某一工作(或组织、文化)中有卓越成就者与表现平平者区分开的个人潜在特征,可以是动机、特质、自我形象、态度或价值观、某领域知识、认知或行为技能,即任何可以被可靠测量或计数的并能显著区分优秀与一般绩效的个体特征"[2]。一个人的胜任特征就好比一座冰山(见图2-1),技能和知识只是露在水面上冰山的一小部分,自我认知、动机、个人品质以及价值观都潜藏在水面以下,很难判断和识别。根据冰山模型,胜任特征可以概括为以下7个层级,如表2-8所示。

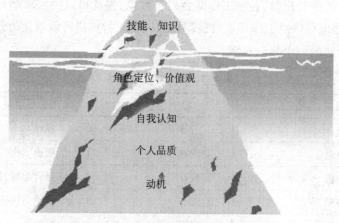

图 2-1 胜任特征冰山模型

表 2-8 胜任特征层级

素质层级	定义	内容
技能	一个人能完成某项工作或任务所具备的能力	表达能力、组织能力、决策能力、学习能力等
知识	一个人对某特定领域的了解	管理知识、财务知识、文学知识等

---

[1] McClelland, D. C., Testing for competence rather than for intelligence, *American Psychologist*, 1973, 28: 1-14.
[2] Spencer, L. M., *Competence at Work*, John Wiley & Sons, Inc., 1993.

（续表）

素质层级	定义	内容
角色定位	一个人对职业的预期，即一个人想要做些什么事情	管理者、专家、教师等
价值观	一个人对事情的是非、重要性、必要性等的价值取向	合作精神、献身精神等
自我认知	一个人对自己的认识和看法	自信心、乐观精神等
个人品质	一个人持续而稳定的行为特性	正直、诚实、责任心等
动机	在一个人内在的、自然而持续的想法和偏好，驱动、引导和决定个人行动	成就需求、人际交往需求等

胜任特征模型（Competency Model）是指承担某一特定的职位角色所应具备的胜任特征要素的总和，即针对该职位表现优异要求的胜任特征结构。胜任特征模型主要包括三个要素，即胜任特征的名称、胜任特征的定义（指界定胜任素质的关键性特征）和行为指标的等级（反映胜任特征行为表现的差异）。胜任特征模型的建构是基于胜任特征的人力资源管理和开发应用模式的逻辑起点，在很大程度上，它是人力资源管理与开发的各项职能得以有效实施的重要基础和技术前提。

传统的工作分析较注重工作的组成要素，而基于胜任特征的分析，则研究工作绩效优异的员工、突出与优异表现相关联的特征及行为，结合这些人的特征和行为定义这一工作岗位的职责内容，它具有更强的工作绩效预测性，能够更有效地为选拔、培训员工以及为员工的职业生涯规划、奖励、薪酬设计提供参考标准。因此，胜任特征模型在人力资源管理活动中起着基础性的、决定性的作用。

需要注意的是，员工个体所具有的胜任特征有很多，但企业所需要的不一定是员工所有的胜任特征。企业会根据岗位的要求以及组织的环境，明确能够保证员工胜任该岗位的工作，确保其发挥最大潜能的胜任特征，并以此为标准对员工进行甄选。这就要运用胜任特征模型分析法提炼出能够对员工的工作有较强预测性的胜任特征，即员工最佳胜任特征能力。

- 个人的胜任特征：指个人能做什么和为什么这么做；
- 岗位工作要求：指个人在工作中被期望做什么；
- 组织环境：指个人在组织管理中可以做什么。

以上三项的交集部分是员工最有效的工作行为或潜能发挥的最佳领域。当个人的胜任特征大于或等于这三个圆的交集时，员工才有可能胜任该岗位的工作。企业人力资源管理所要发掘的胜任特征模型就是个人胜任特征与另外两个圆的交集部分，即能够保证员工有效地完成工作的胜任特征模型。

第三节 工作设计

工作分析与工作设计之间有着密切而直接的关系。工作分析的目的是明确所要完成的任务以及完成这些任务所需要的人的特点。工作设计的目的是明确工作的内容和方法,明确能够满足技术上和组织上所要求的工作与员工的社会和个人方面所要求的工作之间的关系。工作设计关注工作、任务和角色如何被建构、制定和修正,以及这些建构、制定和修正对个人、群体和组织的影响。[①] 在传统的工作设计中,评估工作的内容是组织和管理者的重要责任,在评估的基础上,组织对工作特征做出规定或变更,从而激发员工的内在动机和主观幸福感。[②] 因此,工作设计需要说明工作应该如何做才能既最大限度地提高组织的效率和劳动生产率,同时又能最大限度地满足员工个人成长和增加个人福利的要求。工作设计的前提是对工作要求、人员要求和个人能力的了解。互联网技术的快速发展,组织内部架构和工作流程以及员工的需求特征都发生了很大的变化,工作(再)设计就显得格外重要。

一、工作设计的主要内容与考虑因素

工作设计的目标是建立一种工作结构以满足组织及其技术的需要,满足工作者的个人心理需要。一个好的工作设计不但可以减少单调重复性工作的不良效应,而且有利于建立整体性的工作系统,还可以为充分发挥劳动者的主动性和创造性提供更多的机会与条件。

(一) 工作设计的主要内容

工作设计的主要内容包括工作内容设计、工作职责设计和工作关系设计三个方面。

工作内容设计是工作设计的重点,一般包括工作的广度、工作的深度、工作的完整性、工作的自主性以及工作的反馈性五个方面:(1)工作的广度即工作的多样性。工作设计得过于单一,员工容易感到枯燥和厌烦,因此在设计工作时,应尽量使工作多样化,使员工在完成任务的过程中能进行不同的活动,保持对工作的兴趣。(2)工作的深度。设计的工作应具有从易到难的一定层次,对员工工作的技能提出不同程度的要求,从而增强工作的挑战性,激发员工的创造力和克服困难的能力。(3)工作的完整性。保证工作的完整性能使员工有成就感,即使是流水作业中的一个简单程序,也要是全过程,让员工见到自己的工作成果,感受到自己工作的意义。(4)工作的自主性。适当的自主权利能增强员工的工作责任感,使员工感到自己受到信任和重视,认识到自己工作的重要性,增强工作的责任心,提高工作的热情。(5)工作的反馈性。工作的反馈性包括两方面的信息:一是同事及上级

[①] Grant, A. M., & Parker, S. K. Redesigning work design theories: The rise of relational and proactive perspectives. *Academy of Management Annals*, 2009, 3: 273-331.

[②] Oldham, G. R., & Hackman, J. R. Not what it was and not what it will be: The future of job design research. *Journal of Organizational Behavior*, 2010, 31(2-3): 463-479.

对自己工作意见的反馈,如对自己工作能力、工作态度的评价等;二是工作本身的反馈,如工作的质量、数量、效率等。工作的反馈信息使员工对自己的工作效果有一个全面的认识,能正确引导和激励员工,有利于工作的精益求精。

工作职责设计主要包括工作的责任、权利、方法以及工作中的相互沟通等方面。其中,工作责任设计就是员工在工作中应承担的职责及压力范围的界定,也就是工作负荷的设定;工作权利与责任是否对应会影响员工的工作积极性;工作方法包括领导对下级的工作方法、组织和个人的工作方法设计等;相互沟通是整个工作流程顺利进行的信息基础,包括垂直沟通、平行沟通、斜向沟通等形式。

工作关系设计则表现为岗位之间的协作关系、监督关系等各个方面。

通过以上三个方面的岗位设计,为组织的人力资源管理提供了依据,保证事(岗位)得其人,人尽其才,人事相宜;优化了人力资源配置,为员工创造了更能够发挥自身能力、提高工作效率、提供有效管理的环境保障。

(二) 工作设计需要考虑的因素

一个成功有效的工作设计,必须综合考虑各种因素,需要对工作进行周密的、有目的的计划安排,既要考虑到员工的具体素质、能力及各个方面的因素,也要考虑到本单位的管理方式、劳动条件、工作环境、政策机制等因素。

1. 法律因素

工作设计必须满足国家有关法律法规的要求。在美国,多如牛毛的法律涉及工资、雇佣行为、福利、药物检测和安全标准等方面,这些都对工作设计造成直接或间接的影响。例如,不能让员工在很危险的工作环境中工作。近年来,我国劳动法制法规也日益健全,工作设计必须充分考虑这一特殊要求。

2. 人力资源因素

人力资源因素指在工作设计时要考虑到能否找到足够数量和质量的合格人员。在我国,不同的企业可获取员工的数量和质量水平也会有很大的差别,工作设计必须考虑到人员数量和质量与机器设备、技术水平的配套,否则反而会造成资源的浪费,影响组织的生产经营。

3. 员工的需求

员工需求的变化是工作设计不断更新的一个重要因素。岗位设计的一个主要内容就是使员工在工作中得到最大的满足。处于不同需求层次的个体对工作生活质量的要求各不相同,其社会期望也有很多的差异。随着生活水平、教育水平的提高,员工的需求层次提高了,对工作、生活质量有了更高的期望。因此,企业如果单纯从工作效率、工作流程的角度考虑工作设计,往往欲速不达,在进行工作设计时,必须同时考虑"人性"方面的诸多要求和特点。只有重视员工的要求并开发和引导其兴趣,给他们的成长与发展创造有利的条件和环境,才能激发员工的工作热情、增强组织吸引力、留住人才。因此,岗位设计要尽可能地使工作特征与要求适合员工个人特征,使员工能在工作中发挥最大的潜力。

工作设计方法包括科学管理方法、人际关系方法、工作特征模型方法、高绩效工作系统(High-performance Works System)。这些方法都是对工作内容进行设计,还可以对工作时间进行再设计。

二、传统的科学管理方法

泰勒的科学管理原理是工作设计的最早方法之一,其理论基础是亚当·斯密提出的职能专业化。泰勒的目标是管理者以较低的成本使工人生产出更多的产品,提高工作效率,由此可以给工人支付比较高的薪酬。泰勒的基本方法是工作简单化,把每项工作简化到最简单的任务,然后让员工在严密的监督下完成它。按照科学管理方法进行工作设计的基本途径是时间—动作研究,即工程师研究和分析手、臂和身体其他部位的动作,研究工具、员工和原材料之间的物理机械关系,研究生产线和工作环节之间的最佳次序,强调通过寻找员工的身体活动、工具和任务的最佳组合来最大化生产效率。时间—动作研究的基本目的是实现工作的简单化和标准化,以使所有员工都能达到预先确定的生产水平。这样设计出来的工作的优点是工作安全、简单、可靠,最小化员工在工作中的精力消耗。

尽管泰勒的科学管理原理是一套系统化的工作设计原理,但是许多经理人员错误地应用了这些原理,他们过于强调严密的监督和僵硬的标准。我们知道,必须将机器和员工结合在一起才能产生效果,而高效率的机器却并不一定产生高效率的人—机关系。由于这种工作设计方法在实践中重点关注的是工作任务,很少考虑工人的社会需求和个人需求,产生了很大的副作用。这包括工作单调乏味、令人厌倦,只需要手臂而不需要头脑;工人缺乏成就感,对工作不满,工作的责任心差,管理者和工人之间产生隔阂;离职率和缺勤率高,怠工和工作质量下降。与工作简单化相对立的是工作扩大化。工作扩大化的目的也是效率,其优点是减少任务之间的等待时间,提高组织的灵活性,减少对支援人员的需要。迄今为止,科学管理原理对工作设计仍然具有很大的影响,在对教育水平、个人判断和决策活动要求比较少的加工制造行业的工作中应用非常广泛。

在批判科学管理方法的过程中产生的人体工程学试图设计适当的工作环境,以减少员工的疲劳、降低员工的眼压、减小工作中出现错误的可能性,以及缓解肌肉和心理的压力。但是人体工程学强调的重点只是改善工作环境,如改变办公室椅子的高度和灯光的亮度等,因而并没有对工作内容本身的设计产生重要影响。

三、人际关系方法

人际关系运动是对科学管理运动非人性倾向的一个否定。人际关系运动从员工的角度出发考虑工作设计,起点是20世纪20年代的霍桑实验。在美国西屋电器公司霍桑工厂进行的这项实验的最初目的是研究工作条件的变化对劳动生产率的影响,最终得出的结论却是采光、通风和温度等工作环境的变化对生产率的影响没有工人之间的社会关系重要。研究人员发现工人自发地构成工作环境,建立标准并在他们中间实施制裁。因此,设计出支持性的工作群体是提高员工工作动力和生产率从而实现组织目标的关键。品质圈(Quality Circles)和其他的工人参与管理的项目就是人际关系运动思想在当代的应用。

人际关系思想在工作设计中运用的方法是：在按照传统方法设计出来的枯燥的工作内容中增加管理的成分,提高工作对员工的吸引力。这种方法强调工作对承担这一工作的员工的心理影响。尽管按照科学管理方法设计工作为组织和员工都带来了利益,但是随着时间的推移,人们发现员工需要从工作中得到的不仅是表现为经济利益的外在报酬,还需要表现为工作的成就感和满足感的内在报酬。内在报酬只能来自工作本身,因此工作的挑战性越强,越令人愉快,内在报酬也就越强。而在传统的工作设计方法中,工作的标准化和简单化降低了员工工作的独立性,只需要低水平的技能、易产生枯燥而单调的工作限制了员工内在报酬的获得。根据人际关系思想提出的工作设计方法包括工作扩大化(Job Enlargement)、工作轮调(Job Rotation)和工作丰富化(Job Enrichment)等内容。

1. 工作扩大化

工作扩大化的做法是扩展一项工作的任务和职责,但是这些工作与员工以前承担的工作内容非常相似,只是工作内容在水平方向上的扩展,不需要员工具备新的技能,并没有改变员工工作的枯燥和单调。赫茨伯格(F. Herzberg)批评工作扩大化是"用零加上零"。

2. 工作轮调

工作轮调是让员工先后承担不同的但内容很相似的工作。其本意是不同的工作要求员工具有不同的技能,从而可以增加员工的内在报酬,但实际效果非常有限。因此,赫茨伯格批评工作轮调是"用一个零代替另一个零"。

3. 工作丰富化

工作丰富化是指在工作中赋予员工更多的责任、自主权和控制权。工作丰富化与工作扩大化、工作轮调不同,它不是水平地增加工作内容,而是垂直地增加工作内容。这样,员工会承担更多种类的任务、更大的责任,员工有更大的自主权、更高程度的自我管理,以及对工作绩效的反馈。工作丰富化思想在工作设计中的影响很大,在此基础上形成了一个非常著名的工作特征模型。

四、工作特征模型

工作特征模型的理论依据是赫茨伯格的保健—激励理论。按照这一理论,公司政策和薪酬等都属于保健因素。如果这些因素没有达到可接受水平,将引起员工的不满和不理想的员工行为;相反,如果这些因素达到可接受水平,也只是使员工没有不满,但是并不能对员工产生激励作用。能够对员工产生激励作用的激励因素是员工的成就感、责任感。因此,关键的问题是提供充分的保健因素以防止员工的不满,同时提供大量的激励因素来促进员工努力工作。赫茨伯格为了应用该理论,设计了一种工作丰富化方法,即在工作中添加一些可以使员工有机会获得成就感的激励因子,以使工作更有趣、更富挑战性。这一般要给予员工更多的自主权,允许员工做更多有关规划和监督的工作。通常,工作丰富化可以采取以下措施:第一,组成自然的工作群体,使每个员工只为自己的部门工作,这可以改变员工的工作内容;第二,实行任务合并,让员工从头到尾完成一项工作,而不是只让他承担其中的某一部分;第三,建立客户关系,让员工尽可能有和客户接触的机会;第四,让员工规划和控制其工作,而不是让别人来控制,员工可以自己安排工作进度,处理遇到的问题,并且自己决定上下班的时间;第五,畅通反馈渠道,找出更好的方法,让员工能够迅速知道其绩效状况。

工作丰富化的核心就是激励的工作特征模型。根据这一模型,一个工作可以使员工产生三种心理状态,即感受到工作的意义、感受到工作结果的责任和了解工作结果。这些心理状态又可以影响个人和工作的以下结果:内在工作动力、绩效水平、工作满足感、缺勤率和离职率。而引致这些关键的心理状态的因素是工作的某些核心维度,即技能的多样性、任务的完整性、工作任务的意义、任务的自主性和反馈。工作特征模型认为我们可以把一个工作按照它与这些核心维度的相似性或者差异性加以描述。于是,按照模型中的实施方法丰富化了的工作就具有高水平的核心维度,并可由此创造出高水平的心理状态和工作成果。工作特征模型的内容如图2-2所示。

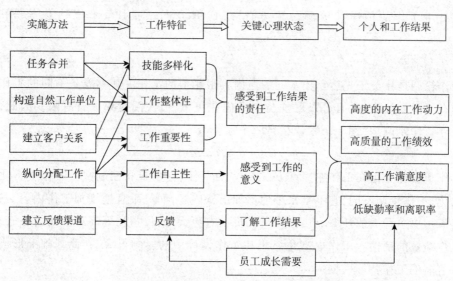

图2-2 Hackman 和 Oldham 的工作特征模型

资料来源:Crino, M. D. and Leap, T. L., *Personnel/Human Resource Management*, Macmillan, 1989:145.

在实施方法中,任务合并指的是将现有的零散的任务结合在一起,形成一个新的更大的工作模块。构造自然工作单位指的是给员工提供一种"当家做主"的感觉,使他们能够为一个范围更大的、可识别的工作机构负责。建立客户关系指的是鼓励并积极创造条件,使员工能够与客户建立起直接的联系。纵向分配工作指的是将原来由较高层级的管理人员掌握的控制权和承担的责任下放到工作中。建立反馈渠道指的是提供办法,使员工完成任务之后能够了解自己的绩效情况。

工作特征模型强调员工与工作之间在心理上的相互作用,并且强调最好的工作设计应该给员工以内在激励。其基本方法是工作丰富化,目标是员工的满意度。这种方法的优点是认识到员工的社会需要的重要性,可以提高员工的动力、满意度和生产率;缺点是成本和事故率都比较高,还必须依赖管理人员实施控制,而且在技术上对工作设计没有多少具体的指导意义。事实上,人们对工作特征模型的研究表明,这一理论的实际效果是不明确的,还无法肯定该理论所强调的工作特征的变化一定会产生所预期的效果。其原因可能是:只有高度重视并期望个人成就的员工和对组织的报酬、安全感和人际关系感到满意的员工,才会对具备上述五个特征的工作做出积极的反应;但是,这一条件经常是不具备的。还需要指出的是,丰富化并不适用于所有的工作,因为并不是所有员工都愿意承担丰富化的工作。不过,一般来说,遵守以下的工作丰富化原则可以取得比较好的效果:

第一,员工绩效差必须是因为激励不足。如果绩效差是因为生产流程规划不当或者员工训练不足,工作丰富化就没有意义。

第二,不存在其他更容易的改进方法。

第三,保健因子必须充足。如果薪酬、工作环境和领导方式等方面让员工不满,工作丰富化也不会有意义。

第四,工作本身不具有激励潜力。如果工作本身已经足够有趣,或者已经具有挑战性,实施工作丰富化就不值得。

第五,工作丰富化必须在技术上和经济上可行。

第六,工作品质必须很重要。工作丰富化的主要收益通常在于工作的质量,而不在于工作的数量。

第七,员工必须愿意接受。有些员工不需要也不希望承担富有挑战性的工作,他们就喜欢单调、枯燥的工作,而把兴趣寄托在八小时之外。

五、高绩效工作体系

所谓的高绩效工作体系是将科学管理哲学与人际关系方法结合起来的工作设计方法,其特点是同时强调工作社会学和最优技术安排的重要性,认为工作社会学和最优技术安排相互联系、相互影响,必须有效地配合起来。在高绩效工作体系中,操作者不再从事某种特定任务的工作,而是每位员工都具有多方面的技能。这些员工组成工作小组,工作任务被分配给工作小组,然后由小组决定谁在什么时候从事什么任务。工作小组有权在既定的技术约束和预算约束下自主决定工作任务的分配方式,只需对最终产品负责。工作小组管理者的责任不是设计具有内在激励作用的工作,而是建立工作小组,确保小组成员拥有完成工作所需要的资格;同时,小组的目标与整个组织的目标相一致。这意味着工作小组的管理者是一个教练和激励者。当然,管理者必须使小组在组织中拥有足够的权利,并对小组实施领导。这种工作设计方法特别适合于扁平化和网络化的组织结构。传统的工作设计方法与高绩效工作体系之间的区别可以概括如表2-9所示的内容。

表 2-9 传统的工作设计方法与高绩效工作体系的比较

		传统的工作设计方法	高绩效工作体系
职位	值班经理	监控运行、组织资源	确立长远目标、确保资源
	操作者	独立工作、强调单一技能的操作任务	是小组的一部分、完成大量工作,包括操作、技术支持、工艺改进和管理
	技术专家	独立工作、执行技术工作、支持运行	充当小组的顾问、教师和教练
工作设计要素	人	把紧凑的一组工作分配给个人	与他人协调,利用小组完成相互联系的活动
	决策	通过命令与控制的层级制度管理生产过程	授权小组制定关于加速周转和改进工艺的决策
	信息	只给员工需要知道的信息	及时向小组全体成员发布所有信息供决策参考

资料来源:Wallance Jr., M. J. and Crandall, N. F., Winning in the Age of Execution: The Central Role of Work-Force Effectiveness, *ACA Journal*, 1992, 1(2): 30-47.

高绩效工作体系非常重视员工自我管理和工作小组的运用。工作小组是由两个或多个员工组成的一个工作群体,小组中的各个员工以独立的身份相互配合以实现特定的共同目标。工作小组可以是暂时的,也可以是长期的;可以是半自治的,也可以是自我管理的。工作小组可以由具有相同技能的员工组成,也可以由具有不同技能的员工组成;工作小组可以包括管理者,也可以没有管理者。但在工作小组中,通常需要一个领导来处理纪律和工作中的困难。早在 1911 年泰勒就指出,工人不愿意告诉同事他们的工作绩效不合格。因此,泰勒由管理者承担管理的责任。但是,倡导高绩效工作设计体系的人们认为,可以通过把传统的工作小组转化为自我管理的工作小组来克服这一问题。这种转化需要三个步骤:第一,技能多元化,即让每位员工学习和掌握其他的操作活动;第二,建立自我支持的工作小组,即每位小组成员能够自己寻找方法来改进生产工艺,而不再需要等待外部专家;第三,建立自我管理的小组,即小组成员监控客户的需要,并决定每天提供的产品和服务。工作小组可以自己安排假期、选择小组成员、评价小组内部每位员工的工作绩效。

六、工作时间设计方法

以上工作设计方法更多地是针对工作内容而进行的设计。除这些方法之外,还有一些方法可以针对工作时间进行设计。虽然它们没有改变完成工作的方法,从根本上讲还不是工作设计的内容,但是它们改变了员工个人工作时间的严格规定,实际上也产生了促进生产率提升的作用,所以可以把它们作为辅助的工作设计方法。

（一）缩短工作周

缩短工作周（Compressed Workweeks）是指员工可以在5天内工作40个小时，典型的情况是每周工作4个10小时工作日。一般是错开工作时间，使得在所有的传统工作日都有员工工作。缩短工作周的优点是每周员工开始工作的次数减少，缺勤率和迟到率下降，有助于经济上的节约，员工在路上的时间减少，工作的交易成本下降，工作的满足感提高。缩短工作周的缺点是工作日延长使工人感到疲劳并可能导致危险，员工在工作日的晚间活动受影响。实行缩短工作周的企业与实行传统工作周（5天×8小时）的企业在联络时会发生时间上的障碍。这种做法主要的好处是，员工可以有三四天的周末和家人相处或从事个人活动。然而，在工作日较长的工作时间可能会让员工觉得工作压力大，并感到倦怠。①

（二）弹性工作制

弹性工作制给予员工在决定何时上下班这个问题上一定的自由处理权。员工每周工作时间是特定的，但在一定的范围内可以自由改变工作安排。在每天的工作时间中有一个共同的核心工作时间段，要求所有员工必须在岗，除了这段时间，员工可以自由选择上下班时间。

其典型做法是：企业要求员工在一个核心时间期间（如上午10时到下午3时）必须工作，但是上下班时间由员工自己决定，只要工作时间总量符合要求即可。弹性工作制的优点是员工可以自己掌握工作时间，为实现个人要求与组织要求的一致创造了条件，降低了缺勤率和离职率，提高了工作绩效。惠普公司的计算机服务人员被迫在深夜和周末接电话，一些有才能的人员离开了公司。针对这种情况，公司重新设计了工作时间，允许员工自愿选择是在平时还是在周末工作。结果，员工流失率降低了，对顾客的需求做出反馈的时间也缩短了。②

弹性工作制的缺点是每天的工作时间延长增加了企业的公用事业费，同时要求企业有更加复杂的管理监督系统以确保员工的工作时间总量符合规定。另外，弹性工作制还有自身缺陷，即不能适用于所有类型的工作。对于与本部门之外的人接触量有限的工作人员来说，这种方式的效果良好。但对于接待人员、零售店的销售人员，以及其他要求员工在事先确定的时间内为别人提供全面服务类的工作来说，这就不是一种可行的方式了。总之，虽然弹性工作制对企业的生产率没有很明显的影响，但能使员工受益。目前美国实行弹性工作制的企业越来越多，特别是工作比较独立的专业人员。

（三）远程工作

由于网络通信技术和工具（特别是移动终端）的发展，现在越来越多的人可以在咖啡店、高铁、飞机、家里而不必到传统的办公场所上班。这种离开传统办公室而借助信息通

---

① Sunoo, B. P., How to Manage Compressed Workweeks, *Personnel Journal*, 1996, 1: 110-118.
② John, C., Don't forget your shift workers, *HR Magazine*, 1999, 2: 80-84.

信技术与手段开展工作的方式,就是远程工作(Telework)。① 自 Nilles 提出这一概念②,就得到很多人的热捧并被喻为解决组织和社会现存各种问题的灵丹妙药。现有的研究认为,远程工作可以使三方受益:它不要求员工在固定的地点和固定的时间工作,容许他们在自认为更舒适的环境和更高效的时间内工作,因而能减少员工通勤时间,赋予员工灵活安排工作的权利,方便员工处理一些日常生活问题而不影响工作;它能节省企业的办公室成本,实现人力资源的全球化配置;员工的通勤时间减少甚至消失,远程工作减少了油耗,避免交通事故,为保护环境和节约能源做出巨大的贡献。

远程工作拥有的优势不仅吸引了很多企业组织的关注,作为保留和吸引优秀员工的有效人力资管理策略③,同时也得到了很多国家政府的支持与推动。比如,2010 年 12 月 9 日,美国签署了《远程工作促进法案》(Telework Enhancement Act)。澳大利亚政府在 2011 年 5 月 31 日宣布了国家数字经济战略,其中提出到 2020 年远程工作者的数量要达到劳动力总数的 12%;澳大利亚还在 2012 年推出国家远程工作周。欧盟则在 2002 年通过《欧洲框架协议》(European Framework Agreement)来管理远程工作,促进其快速增长。④

不过,随着开展远程工作的组织和人员越来越多,这一工作方式渐渐暴露出一些问题。⑤ 比如,离开传统办公室就少了同事间的相互接触,影响同事间的关系,远程工作者自身也可能会产生孤独感;远程工作者在主管面前展现自我的机会变少了,可能会影响升迁;远程工作者也会因公司技术支持的不到位而导致一些资料难获得,工作障碍变多,完成相同的工作所花费的工作时间变长。基于英国银行业和通信业远程工作者的调查表明,他们经历的远程工作的主要劣势是孤独感(57%)、更长的工作时间(50%)、更少的支持(28%)、事业晋升(14%)等。⑥ 有些想要照顾家庭的居家工作者发现,远程工作并没有实现工作与生活的平衡,由于地理边界的消失,自身工作非工作边界的渗透力度变大,边界管理变得更加困难,工作者和家庭生活者双重身份的频繁转换,反而产生了更多的冲突。⑦

远程工作的发展势头得到了抑制。德勤(Deloitte)公司在 2011 年对远程工作数据进行分析后发现,澳大利亚、美国、加拿大等多个国家的远程工作发展缓慢,近些年甚至出现了停滞,其中加拿大 2011 年远程工作者的比例与 2001 年的比例接近,均为 40%左右,10

---

① Bailey, D. E., Kurland, N. B., A review of telework research: Findings, new directions, and lessons for the study of modern work, *Journal of Organizational Behavior*, 2002, 23(4): 383-400.

② Nilles, J. M., Telecommunications and organizational decentralization, *IEEE Transactions on Communications*, 1975, 23: 1142-1147.

③ Mitchell, T. R., Holtom, B. C., Lee, T. W., How to keep your best employees: Developing an effective retention policy. *The Academy of Management Executive*, 2001, 15(4): 96-108.

④ www.eurafound.europa.eu.

⑤ Gajendran, R. S., Harrison, D. A., The good, the bad, and the unknown about telecommuting: meta-analysis of psychological mediators and individual consequences, *Journal of Applied Psychology*, 2007, 92(6): 1524.

⑥ Mann, S., Varey, R., Button, W., An exploration of the emotional impact of teleworking via computer-mediated communication, *Journal of Managerial Psychology*, 2000, 15(7): 668-690.

⑦ Ashforth, B. E., Kreiner, G. E., Fugate, M. All in a day's work: Boundaries and micro role transitions, *Academy of Management review*, 2000, 25(3): 472-491.

年几乎是零增长（Deloitte Access Economics，2011）。①雅虎 CEO 梅耶尔就在 2013 年 2 月宣布取消雅虎的远程工作，随后，大型电子零售商百思买也对外宣布停止"只看结果的工作环境"（Results Only Work Environment）政策，缩减远程工作人数。②

七、不确定时代下工作设计的新趋势

需要指出的是，在现实中许多企业并不进行专门的工作设计，而是假设人们对如何组织工作内容有一种先验的看法，同时在劳动力市场上可以招聘到现成的合格员工来承担这一工作。这种方法利用了经过时间检验的各种工作任务、责任和所需要的技能以及工作内容之间的联系，强调的是各种工作在不同组织之间的共性和相似之处，并按照决定工作内容的流行做法决策。因此，该方法大大简化了招聘、选择和补偿决策，而且可以与员工进入组织之前的期望和市场通行的商业教育和培训相互协调。对于许多组织而言，这种简单的工作设计方法还是可行的。

此外，每个组织使用的工作设计方法都可能不同。在一个组织中，可以针对不同层级的员工和不同的工作类别，使用不同的工作设计方法；而且，一个组织可以使用一种工作设计方法，也可以同时使用几种工作设计方法。

总体上，传统工作设计理论的关注点在于管理者为员工设计工作这个自上而下（Top-down）的过程，员工的主动性并没有得到充分发挥。随着工作环境不确定性及复杂性的增大，组织越来越难设计出对多方适用的规范性工作描述，组织也越来越希望员工能够表现出积极主动的调整行为。③ 在社会经济大发展的背景下，员工知识水平不断提高，自我意识不断觉醒，对工作的价值判断及态度正在改变。员工已不再仅仅将工作看作被雇佣，而是渴望在工作中打上自己的个人烙印。他们不再满足于按部就班地完成任务，然后交差领取工资，而是希望将工作和个人兴趣结合起来，充分发挥自身的技能和优势，在工作中表达自己的价值观。员工同样意识到他们可以有规律地改变工作和组织，从而使工作能够与自己的偏好、价值、动机和能力等相匹配。这就需要改变传统的工作设计视角，员工主动地参与工作再设计的过程逐渐得到组织和研究者的重视。

在这种背景下，经典的自上而下的工作设计理论得到补充，工作重塑（Job Crafting）作为员工主动参与的一种工作设计方法被提出。④ 它是员工主动进行的自下而上（Bottom-up）的工作设计方式。员工可以根据自己的意愿改变工作任务、认知及互动关系的边界，使工作与个人兴趣更加一致，在工作中发挥自身的特长和优势、发掘工作意义、提高工作认同。工作重塑分为任务重塑、关系重塑和认知重塑三种。任务重塑（Task Crafting）是指

---

① Deloitte Access Economics, Next generation telework: A literature review, 2011.
② The Huffington Post, Best Buy Ends Work-From-Home Program Known As "Results Only Work Environment", 2013.
③ Berg, J. M., Dutton, J. E., & Wrzesniewski, A., Job crafting and meaningful work, In B. J. Dik, Z. S. Byrne & M. F. Steger (Eds.), *Purpose and Meaning in the Workplace*, Washington, DC: American Psychological Association, 2013: 81-104.
④ Wrzesniewski, A., & Dutton, J. E., Crafting a job: Revisioning employees as active crafters of their work. *Academy of Management Review*, 2001, 26, 179-201.

员工改变工作任务的数量、范围和类型,包括增加或减少任务量,改变任务的性质,改变时间和精力在多个任务上的分配等。任务是最基本的工作单元,员工的工作是由一系列聚类在一个工作名称下的任务成分构成的,并由员工个人来完成。因此,任务重塑是工作重塑的首要形式。关系重塑(Relational Crafting)是指员工改变工作执行中的交往形式、时间以及对象。认知重塑(Cognitive Crafting)则是指员工改变对工作中任务和关系的感知方式,如只将工作视为一些精细的部分或一个整体。工作重塑员工的"内在"动机与"外在"行为更加一致,将工作视为自身价值的体现,对员工个人和组织都可能产生积极的影响,如高工作满意度、高工作绩效、高工作投入、高组织承诺和低离职率等。①

工作重塑在很多互联网企业中得到了应用,如谷歌、阿里、小米等,使得传统的工作岗位设置方式发生了变化,这种变化甚至动摇了传统工业时代的"因岗选人"的逻辑。我们知道,工业时代定岗定编的逻辑是"因岗选人,人岗匹配"。在当前的不确定时代,一些企业对于特别优秀的关键人才甚至采取了"因人设岗"的方式,根据这些优秀人才的特殊技能、特殊需求设定相适应的工作岗位,以期更大地发挥其价值,完全释放其潜力和价值,创造最有利的组织环境,催化组织的竞争力,助力企业塑造未来。21世纪初,美国当代管理大师吉姆·柯林斯历时5年对1 400多家财富500强公司展开研究,发现卓越的公司一直践行的是"先人后事",也就是先选择合适的人,再决定做什么事的逻辑。他认为这才是卓越公司成功的关键。当然,这些工作设计的变化大都是在组织业务流程的弹性变化范围内。

复习思考题

1. 在人力资源管理中,工作分析有哪些作用?
2. 在工作分析中,有哪些定性和定量的分析方法?各有什么含义?
3. 胜任特征模型与传统的工作分析有什么区别?为什么采用这种方法进行工作分析?
4. 如何提升工作分析结果的可靠性和有效性?
5. 工作时间设计方法适合于哪种类型的企业和人员?如何评价其利弊?
6. 互联网技术的发展,对工作设计有什么样的影响?

案例

沃尔沃的工作再设计②

沃尔沃(Volvo)汽车公司是瑞典汽车制造业的佼佼者。该公司的管理本来一直沿用

---

① Tims, M., Bakker, A. B., & Derks, D., Development and validation of the job crafting scale. *Journal of Vocational Behavior*, 2012, 80, 173-186.
② 朱勇国主编《工作分析》,北京:高等教育出版社,2007,第110—114页。本书采用时作者进行了节选和调整。

传统方法,重技术、重效率、重监控。但是在传统的汽车制造工作设计下,装配线不过是一条传送带,穿过一座充满零部件和材料的大仓库罢了。这套生产系统的着眼点是那些零部件,而不是人。人分别站在各自的装配点上,被动地跟在工作件后面,疲于奔命地照葫芦画瓢而已。这套制度的另一个问题是形成了一种反社交接触的气氛。工人们被分别隔置在分离的岗位上,每个岗位的作业周期又那样短(一般为 30—60 秒),哪容他们偷闲片刻去交往谈话?

直到 1969 年,工人的劳动态度问题已变得十分严重,公司不得不考虑改革管理方法了。

沃尔沃先是设法用自动机器取代较繁重艰苦的工作,不能自动化的岗位则使那里的工作丰富化一些,又花一些钱将厂房环境装饰得整洁美观,目的是向工人表明"公司是尊重人的",但随即发现这些办法治标不治本。公司高层管理者觉得要治本必须进行彻底的工作再设计。他们在当时正在兴建的卡尔玛轿车厂进行了一次著名的试验。

卡尔玛轿车厂总的设计原则是,希望体现以人而不是以物为主的精神,因而取消了传统的装配传送带,以人为中心布置工作流程,就是要使人能在行动中互相合作、讨论,从而确定如何组织生产。该厂工人都自愿组成 15—25 人的作业组,每组分管一定的工作,如车门安装、电器接线、车内装潢等。组内可以彼此换工,也允许自行跳组。小组可自行决定工作节奏,只要跟得上总的生产进度,何时暂歇、何时加快可以自行决定。每组各设有进、出车体缓冲存放区。

这个厂的建筑风格也很独特,由三栋两层及一栋单层的六边形厂房拼凑成十字形。建筑的窗户特别大,分隔成明亮、安静而有相对独立性的小车间。

没有了传送带,底盘和车身由专门的电动车传送而来。这种车沿地面铺设的导电铜带运动,由计算机按既定程序控制;不过当发现问题时,工人可以手工操作,使其离开主传送流程。例如发现油漆上有一道划痕,工人便可以把它转回喷漆作业组,修复后再重返主流程,仍由计算机控制。车身在电动车上可作 90 度滚动,以消除传统作业中因姿势长期固定而引起的疲劳。

各作业组自行检验质量并承担责任。每辆车经过三个作业组有一检验站,由专职检验员检查,将结果输入中央计算机。当发现某个质量问题一再出现时,这个情况立即在相应作业组终端屏幕上显示出来,并附有以前对同类问题如何解决的资料。这个屏幕不仅报忧,也同时报喜,质量优秀稳定的信息也及时得到反馈,产量、生产率、进度数据则定期显示。

卡尔玛改革的核心是群体协作,工人以作业组为单元活动。根据 1976 年的调查,几乎该厂全体职工都表示喜欢新方法。沃尔沃公司便又陆续按这种非传统方式建造了另外四家新厂,每个工厂的规模不到 600 名职工。卡尔玛的成功鼓励他们进一步改革。后来,公司在一家 8 000 人的托斯兰达汽车厂进行了类似的改革,工人满意感大增,离职率从 40%—50% 降到 25%,并且质量有所上升。

问题：

1. 比较沃尔沃公司改革前后员工工作特征的差别，总结其采用了哪些工作再设计的方法。

2. 采用这些工作设计的方法可能带来什么样的问题？从沃尔沃公司的工作再设计中，我们能得到什么启发？

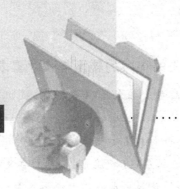

第三章

人力资源战略与计划

学习目标

1. 了解人力资源战略的类型以及与企业战略的匹配关系
2. 学会人力资源需求预测方法
3. 学会人力资源供给预测方法,了解企业人才盘点具体操作
4. 掌握协调人力资源供给需求平衡的基本方法

> **开篇案例**

美的集团的转型与人才需求[①]

自2011年起,美的集团启动一轮经营转型升级,提出"产品领先、效率驱动、全球经营"三大主轴,基于自己最熟悉的家电制造产业,企业在过去五年多迎来年年"量增利涨"的丰收局面;进入2017年,美的集团发起一场战略转型升级,成为一家集消费电器、暖通空调、机器人与自动化系统、智能供应链(物流)的全球科技集团。从家电企业转型科技集团的过程中,美的集团最为人知的是入主世界四大机器人巨头之一的德国库卡,控股世界最先进的运动控制巨头以色列高创,以及与另一机器人巨头安川达成战略合作,全面进军机器人及工业自动化领域。

美的集团这三个"全球化",正是其"人才全球化"。美的集团目前在全球拥有13万员工,其中海外员工超过3万人,员工国籍遍布21个国家和地区。为了实现向技术创新驱动的转变,美的集团成立了中央研究院、智能研究院,加强基础技术研究,一年研发投入40亿—50亿元,还从全球招聘顶尖科技人才。2016年5月,美的集团宣布将以百万年薪、三年快速晋升通道的优厚待遇,面向全球排名前50—100的高校招聘博士,2018年科研人员从7 000人增加到10 000人左右,并提高硕士研究生、博士研究生的比例。美的集团近年从世界各地引进的外籍专家及具有海外留学和工作背景的高层次专业人才超过500名,还与国内外顶尖高校合作搭建开放创新平台。美的集团首席技术官、中央研究院院长胡自强说,以前美的集团对外的技术合作多在解决某个产品的技术问题,现在是基于战略规划,未来要在哪些领域领先,就必须实现什么突破,提前进行技术储备和人才投入。

在过去近半个世纪里,美的集团扎根珠三角小镇,从一家乡镇企业成长为世界500强。"80年代用北滘人,90年代用中国人,21世纪用全世界的人。"美的集团创始人何享健十多年前总结的这句话,至今许多人仍耳熟能详。美的集团不断以更开放的心态和胸怀接纳人才,也正是这股源源不断的人才流将一个小镇企业锤炼成一家世界级企业。

美的集团转型的经验表明,人才战略与企业战略应同步适配、协同发展。这种结合的手段就是人力资源战略与计划。人力资源战略是人力资源管理的方向规划,它阐明了与人相关的重要的企业问题,表明了公司人力资源管理的战略定位。人力资源计划则是人力资源战略在较短时期内的体现,是预测未来一定时期的组织任务和环境对组织的要求,以及为了完成这些任务和满足这些要求而设计的提供人力资源的过程。人力资源战略与计划的实质是决定组织的发展方向,并在此基础上确定组织需要什么样的人力资源,以实现企业的最高管理层确定的目标。人力资源计划信息的质量和精确性取决于企业的决策者对企业战略目标的明确程度、组织结构、财务预算和生产计划等因素,同时也需要人力

[①] 作者根据有关媒体材料汇编整理而成。

资源部门提供的工作分析资料和人力资源信息系统提供的有效数据。

第一节 人力资源战略

一、战略人力资源管理的内涵

战略人力资源管理的目标就是有效运用人力资源去实现组织的战略性要求和目标。战略人力资源管理主要是一个关于整合适应性的概念,它致力于保证:(1)人力资源管理充分与组织的战略和战略性需求相整合;(2)人力资源政策应该涵盖政策本身和各个层级;(3)人力资源实践作为一线管理者和员工日常工作的一部分不断得到调整、接受和运用。怀特等提出了一个综合理论框架,说明战略考虑如何影响人力资源活动(见图3-1)。①

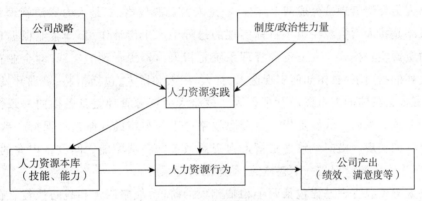

图 3-1 战略人力资源管理的理论框架

战略人力资源管理与传统的人力资源管理在许多方式上有根本的区别。传统的人力资源管理方法将人员管理的主要职责放在公司人力资源部门的职能管理专家上,而战略人力资源管理方法将人员管理职责放在与员工联系最多的人,也就是各位员工的业务管理人员身上。本质上,战略人力资源管理强调组织中对人有责任的任何人,无论在哪个职能领域工作,都是人力资源管理人员。表3-1总结了传统人力资源管理和战略人力资源管理的区别。

表 3-1 传统人力资源管理和战略人力资源管理的区别

	传统的人力资源管理	战略人力资源管理
人力资源的职责	职能专家	直线管理人员
焦点	员工关系	与内部、外部客户的合作关系
人力资源的角色	事务工作,变革的追随者和响应者	事务工作,变革的领导者和发起者

---

① Wright, P. M. and McMahan, G. C., Theoretical Perspectives for Strategic Human Resource Manangement, *Journal of Management*, 1992, 18(2): 295-320.

(续表)

	传统的人力资源管理	战略人力资源管理
创新	缓慢、被动、零碎	迅速、主动、整体
时间视野	短期	短期、中期、长期(根据需要)
控制	官僚的角色、政策、程序	有机的、灵活的,根据成功的需要
工作设计	紧密型的劳动部门,独立、专门化	广泛的、灵活度、交叉培训、团队
企业的关键投资	资本、产品	人、知识
经济责任	成本中心	投资中心

资料来源:Mello, J. A., *Strategic Human Resource Management*, South-Western, 2002:18.

二、战略人力资源管理的过程

战略人力资源管理被分成两个部分,一是人力资源战略,二是人力资源管理系统。人力资源战略是指人力资源在组织目标实现的过程中产生何种作用,即企业根据自身情况选择人力资源实践模式。人力资源管理系统是指人力资源管理的实践,即企业在人力资源战略模式的指引下,具体如何实现选人、育人、用人和留人,包括招聘、培训开发、薪酬福利、绩效考核等具体的人力资源管理行为。战略人力资源管理是具备横向一致性和纵向一致性的系统。纵向一致性是指人力资源战略应当与组织的战略选择保持一致,支持组织战略目标的实现。横向一致性是指人力资源系统的各项职能之间具备内在的一致性。因此,战略人力资源管理是一个整体的、动态的管理系统。

战略人力资源管理过程包括两个相辅相成的阶段:战略制定和战略执行。在人力资源战略的制定阶段,需要确定组织的文化、绩效、目标等决定组织的战略方向,进而组织的战略方向将直接影响企业在人力资源管理战略上的选择。在战略的执行阶段,企业要按照所选择的人力资源管理战略开始贯彻实施。例如,通过招聘甄选确保组织获得高技能的员工,建立能够促使员工行为与组织战略目标保持一致的薪酬体系。最后,组织还要根据战略人力资源管理的结果——人力资源绩效、组织绩效、财务绩效等,对战略人力资源管理的制定和实施进行评估反馈,实现战略人力资源管理的动态管理。图3-2描述了战略人力资源管理过程。

三、人力资源战略模式

企业的人力资源战略是一项职能战略,它是整个企业战略的组成部分,与企业的其他战略(如财务战略、营销战略等)一起构成企业的战略系统。Schuler(1992)认为,"人力资源战略实质上是计划和程序,它讨论和解决的是与人力资源管理相关的基础战略问题"。[①] 人力资源战略被认为是一种战略的定位,是指导人力资源系统和活动的行动纲领。它确

---

① Schuler, R. S., Strategic human resources management: Linking the people with the strategic needs of the business, *Organizational Dynamics*, 1992, 21(1):18—32.

定了人力资源在实现企业经营目标中承担何种作用。

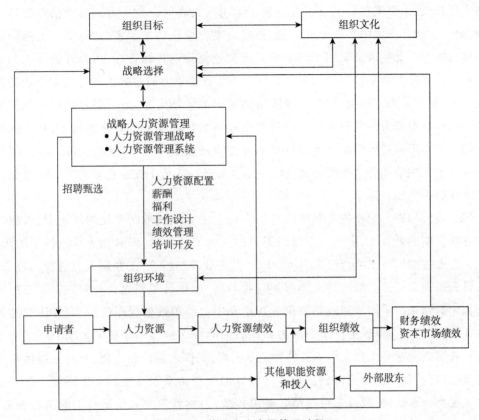

图 3-2 战略人力资源管理过程

资料来源：Way, S. A. and Johnson, D. E., Theorizing about the Impact of Strategic Human Resource Management, *Human Resource Management Review*, 2005, 15(1): 1-19.

一般来说，它形成于战略人力资源管理的战略制定阶段，通过环境分析和纵向匹配分析来确定。因此，企业人力资源战略的制定既受到外部因素的制约，又受到内部因素的影响，是多因素综合影响的结果。不同企业的人力资源战略往往有很大的差异。许多学者提出了不同的人力资源战略模式，下面我们详细解释两种被广泛接受的人力资源战略模式。

(一) 戴尔(Dyer)和霍德(Holder)的人力资源战略模式分类

根据戴尔和霍德的分类方法[1]，我们将企业可采用的人力资源战略分为三种类型：诱因战略(Inducement Strategy)、投资战略(Investment Strategy)和参与战略(Involvement Strategy)。

(1) 诱因战略。采用诱因战略的组织的主要目的是寻求具有高度稳定性和可靠性的

---

[1] Dyer, L., and Holder, G. W., Toward a strategic perspective of human resource management, in Dyer, L. (ed.), *Human Resource Management: Evolving Roles and Responsibilities*, ASPA BNA Handbook of Human Resource Management, Vol. I, Washington: Bureau of National Affairs, 1988: 1-46.

员工,并且依赖于高薪酬策略来留住员工,与员工之间表现为纯粹的利益交换关系。诱因战略主要特点:①强调对劳工成本的控制。采用该战略的企业一方面会严格控制员工的数量,另一方面在招聘中多选择有经验、技能高度专业化的求职者,以降低员工招聘和员工培训的费用。②明确员工的工作职责。这类企业强调目标管理,用合理的分工和明确的工作责任来降低服务过程中的不确定性。③富有竞争力的薪酬水平。这类企业提供丰厚的薪酬,提高对人才的吸引力,力求吸引到业内的尖端人才,形成稳定的高素质员工队伍;同时,富有竞争力的薪酬水平可以帮助企业吸引技能高度专业化的员工,从而降低培训费用。④薪酬与绩效密切联系。这类企业提供的薪酬中绩效薪酬占有较大的比例,员工薪酬与个人绩效和努力程度之间的联系比较紧密。⑤员工关系比较简单。这类企业与员工之间的关系比较简单,以单纯的利益交换关系为主。

(2) 投资战略。采用投资战略的组织多处于成长期或不断变化的环境中,将雇佣关系建立在长期的观点上,雇用多于组织需要的人力资源数量,同时相当重视员工的培训,以期拥有多技能的员工能为组织多做贡献。投资战略的特点:①强调人力资源的投资,重视人员的培训和开发。鼓励员工学习和自我发展,鼓励员工积累自身知识。②在招聘中强调人才的储备。采用这种战略的企业在招聘中会聘用数量较多的员工,并注意储备多种专业技能的员工,更看重员工的潜力和能力而非工作经验。③员工被赋予广泛的工作职责。这类企业对分工和工作职责的界定不明晰,工作内容比较广泛,给员工提供充分展示自我的舞台,利于员工的创新。④注重良好的劳资关系和宽松的工作环境。这类企业把员工视为合作伙伴,对员工短期绩效要求较少,而更看重充分挖掘员工的工作潜质,注重员工的长期发展和长期服务。

(3) 参与战略。采用参与战略的组织将权力下放到最基层,提高员工的参与性、主动性和创新性,让员工有参与感,并能与其他成员互动。参与战略的特点:①鼓励员工参与到企业的管理和决策中。这类企业为员工提供多种渠道和机会,赋予员工参与决策的权利。②管理人员是指导教练。管理人员不干预员工的工作,给员工较大的自主权,只为员工提供必要的咨询和帮助。③注重员工的自我管理和团队建设。充分授权是这类企业的最大特点,鼓励员工的团队工作,培养团队精神。

(二) 巴伦(Baron)和克雷普斯(Kreps)的人力资源战略模式分类

巴伦和克雷普斯对人力资源战略进行了分类。根据他们的分类结果,我们将企业的人力资源战略分为三种类型:内部劳动力市场战略、高承诺战略和混合战略。①

(1) 内部劳动力市场战略。内部劳动力市场战略要实现两个人力资源管理目标:维护企业独特的知识,使选拔和培训成本最小化。内部劳动力市场战略的特点:①企业内部层级分明,官僚等级式的制度,为员工提供较多的晋升机会。②强调内部招聘渠道。除了初级岗位,企业内的绝大多数职位通过内部晋升填补,鼓励员工长期效力。③提供工作保

---

① Baron, J. N., and Kreps, D. M., *Strategic Human Resources: Frameworks for General Managers*, John Wiley & Sons, Inc., New York, 1999: 105.

障和发展机会,鼓励员工忠诚于企业,以维护企业独特的知识资本。

(2) 高承诺战略。高承诺战略的目标是最大限度地提高员工的产出,提高员工对组织的认同感。高承诺战略的特点:①更加认同扁平化的组织结构和团队合作,与内部劳动力市场战略提供的工作保障不同,高承诺战略通过保证一定的员工流动率,获取企业所需要的知识和能力。②体现工作成果差别的薪酬制度。以薪酬的形式承认员工工作成果的差异,鼓励员工最大限度地提高产出。

(3) 混合战略。混合战略是介于内部劳动力市场战略和高承诺战略之间的一种战略模式,它既有内部劳动力市场的工作保障和内部晋升,也采用了高承诺战略中基于工作成果的绩效考核和薪酬方案。

四、人力资源战略与组织战略的匹配

企业的组织战略是人力资源战略的直接决定因素;同时,人力资源战略作为一项职能战略,又直接支持组织战略的实现。在人才的竞争中,只有实现人力资源战略与组织战略的协调一致,才能帮助企业获得竞争优势,最终实现组织目标,因此每一种战略对员工的要求也有显著差异。

(一) 波特(Porter)战略分类下的人力资源战略

波特将组织战略分为低成本战略、差异化战略和集中化战略三种类型。Gomez-Mejia (1995)等人提出了与波特的战略类型相匹配的人力资源战略模式(见表3-2)。采用低成本战略的企业,需要清晰地界定员工的工作范围,并规定他们的工作技能要求,强调在技能领域的培训工作,旨在提高员工的生产效率。此外,低成本战略的企业推行内部一致性较强的薪酬体系,管理人员与下属的工资差距比较大。

表3-2 波特的竞争战略与人力资源战略的匹配

组织战略	战略特点	人力资源战略
低成本战略	• 持续的资本投资 • 严密地监督员工 • 严格的成本控制,要求经常的、细的控制报告 • 低成本的配置系统 • 结构化的组织和责任 • 产品设计以制造上的便利为原则	• 有效率的生产 • 明确的工作说明书 • 详细的工作规划 • 强调具有技术上的资格证明与技能 • 强调与工作有关的特定培训 • 强调以工作为基础的薪酬 • 使用绩效考核作为控制机制
差异化战略	• 营销能力强 • 产品的策划和设计 • 基础研究能力强 • 公司以质量或科技领先著称 • 公司的环境可以吸引高技能的员工、高素质的科研人员或具有创造力的人	• 强调创新和弹性 • 工作类别广 • 松散的工作规则 • 外部招募 • 团队基础的工作 • 强调以个人为基础的薪酬 • 使用绩效考核作为员工发展依据

（续表）

组织战略	战略特点	人力资源战略
集中化战略	• 结合了低成本战略和差异化战略的特点	• 结合了上述人力资源战略的特点

资料来源：Gomez-Mejia, L. R., Balkin, D. B., and Cardy, R., *Managing Human Resource*, Upper Saddle River, N. J.: Prentice Hall Inc., 1995: 59.

实施差异化战略的企业强调员工具有创新和合作精神，也不要求明确员工的工作界限。为员工提供松散的工作规则，赋予多种任务。在绩效考核中，则更多地关注个人的表现，以绩效考核结果作为员工发展的依据，并且为员工提供多种发展渠道。在薪酬的制定上，更加关注薪酬的外部公平，因为企业会比较多地采用外部招募。

（二）Miles 和 Snow 的战略分类下的人力资源战略

对企业战略的另一个广为流行的分类来自 Miles 和 Snow，他们将企业战略分为防御者战略、分析者战略和探索者战略（见表 3-3）。实施防御者战略的企业强调标准和稳定，强调对员工的能力、技能和知识的开发培训，建立稳定的员工队伍。推行分析者战略的企业则强调员工的创新，鼓励员工自我发展，以期提供低成本的独特产品。而采用探索者战略的企业要持续开拓新市场，因此雇用经验丰富、高技能的少量员工，以快速配置资源。

表 3-3 Miles 和 Snow 的战略与人力资源战略的匹配

组织战略	组织要求	人力资源战略
防御者战略 • 产品市场狭窄 • 效率导向	• 组织内部稳定性 • 有限的环境分析 • 集中化的控制系统 • 标准化的运作程序	• 基于最大化员工投入及技能培养 • 发掘员工的最大潜能 • 开发员工的能力、技能和知识
分析者战略 • 追求新市场 • 维持目前生存的市场	• 弹性 • 严密和全盘的规划 • 提供低成本的独特产品	• 基于新知识和新技能的创造 • 聘用自我动机强的员工，鼓励和支持能力、技能和知识的自我发展 • 在正确的人员配置和弹性结构化团体之间进行协调
探索者战略 • 持续寻求新市场 • 外部导向 • 产品/市场的创新者	• 不断的陈述改变 • 广泛的环境分析 • 分权的控制系统 • 组织结构的正式化程度低 • 快速配置资源	• 基于极少的员工承诺和高技能的利用 • 雇用具有目前所需要的技能且可以马上上岗的员工 • 使员工的能力、技能与知识能够匹配特定的工作

资料来源：Miles, R. E, and Snow, C. C., Designing Strategic Human Resource Systems, *Organizational Dynamics*, 1984, 13(1): 36-52.

第二节　人力资源供求预测

人力资源预测包括组织内部、外部的劳动力供给预测和组织的劳动力需求预测。内部供给预测与组织中的各类工作的劳动力年龄分布、离职、退休和新员工情况等组织内部条件有关。外部供给预测主要考量劳动力市场上相关劳动力的供给量与供给特点。而组织的需求预测主要以与人力需求有关的预计业务量等组织因素的变化规律为基础进行预测。

一、人力资源计划模型

人力资源计划是整个组织系列计划的一个部分，它包括组织在人力资源方面的战略计划、战术计划和行动方案，涉及组织在人事管理中的内部条件和外部环境、员工配置方案、工作补偿政策、培训计划、管理发展计划等各个方面的内容，以及短期具体战术与长期战略之间的配合关系等。人力资源计划的最终目的是实现员工和组织的利益，最有效地利用稀缺人才。人力资源计划目标是随着组织所处的环境、企业战略与战术计划、组织目前的工作结构与雇员的工作行为的变化而不断变化的。人力资源计划的内容可以概括为一个人力资源计划模型，如表3-4所示。

表3-4　人力资源计划模型

Ⅰ．收集信息
　　A．外部环境信息
　　　1．宏观经济形势和行业经济形势
　　　2．技术
　　　3．竞争
　　　4．劳动力市场
　　　5．人口和社会发展趋势
　　　6．政府管制情况
　　B．企业内部信息
　　　1．战略
　　　2．业务计划
　　　3．人力资源现状
　　　4．辞职率和员工的流动性

Ⅱ．人力资源需求预测
　　A．短期预测和长期预测
　　B．总量预测和各个岗位需求预测

Ⅲ．人力资源供给预测
　　A．内部供给预测
　　B．外部供给预测

（续表）

Ⅳ. 所需要的项目的计划与实施
    A. 增加或减少劳动力规模
    B. 改变技术组合
    C. 开展管理职位的接续计划
    D. 实施员工职业生涯规划

Ⅴ. 人力资源计划过程的反馈
    A. 计划是否精确
    B. 实施的项目是否达到要求

资料来源：Fisher, C. D., Schoenfeldt, L. F., and Shaw, J. B., *Human Resource Management*, 3rd ed., Houghton Mifflin Company, 1997：91.

在收集制订人力资源计划所需要的信息时，可以利用企业的人员档案资料估计目前的人力资源的技术、能力和潜力，并分析这些人力资源的利用情况。在人力资源预测过程中，要预测未来的人员要求，包括需要的员工数量、预计的可供数量、所需要的技术组合、内部和外部劳动力供给量等。行动计划包括招募、录用、培训、工作安排、工作调动、晋升、发展和薪酬等，通过这些行动来增加合格的人员，弥补预计的空缺。在对人力资源计划进行控制和评价时，检查人力资源计划目标的实现程度，提供关于人力资源计划系统的反馈信息。

二、人力资源需求预测

需求预测受许多因素的影响，包括技术变化、消费者偏好变化和购买行为、经济形势、企业的市场占有率、政府的产业政策等。人力资源需求预测的解释变量一般包括以下几个方面：第一，企业的业务量或产量，由此推算出人力需要量；第二，预期的流动率，指出于辞职或解聘等原因引起的职位空缺规模；第三，提高产品或劳务的质量，或者进入新行业的决策对人力需求的影响；第四，生产技术水平或管理方式的变化对人力需求的影响；第五，企业所拥有的财务资源对人力需求的约束。一般来说，人力资源需求预测有以下几种方法。

（一）集体预测方法

集体预测方法也称德尔菲（Delphi）预测技术。德尔菲法是发现专家对影响组织发展的某一问题的一致意见的程序化方法。这里的专家可以是基层的管理人员，也可以是高层经理；他们可以来自组织内部，也可以来自组织外部。总之，专家应该是对所研究的问题有发言权的人员。德尔菲法是20世纪40年代在兰德公司的"思想库"运动中发展起来的。这种方法的目标是通过综合专家们各自的意见来预测某一领域的发展状况，适合对人力需求的长期趋势进行预测。

德尔菲预测技术的操作方法是：首先，在企业中广泛地选择各个方面的专家，每位专家都拥有关于人力预测的知识或专长。这些专家可以是管理人员,也可以是普通员工。总之,这里的专家指的不是学者意义上的,而是对所研究的问题有深入了解的人员。主持预测的人力资源部门要向专家们说明预测对组织的重要性,以得到他们对这种预测方法的理解和支持,同时通过对企业战略定位的审视,确定关键的预测方向、解释变量和难题,并列举出预测小组必须回答的一系列有关人力预测的具体问题。其次,使用匿名填写问卷等方法设计一个可使各个预测专家在预测过程中畅所欲言地表达自己观点的预测系统。使用匿名问卷可以避免专家们面对面集体讨论的缺点,因为在专家组的成员之间存在身份或地位的差别,较低层次的专家容易受到较高层次的专家的影响而丧失见解的独立性,也存在一些专家不愿意与他人发生冲突而放弃或隐藏自己正确观点的情况。再次,人力资源部门在第一轮预测后,将专家们各自提出的意见进行归纳,并将这一综合结果反馈给他们。最后,重复上述过程,让专家们有机会修改自己的预测并说明原因,直到专家们的意见趋于一致。

在预测的过程中,人力资源部门应该为专家们提供充分的信息,包括已经收集的历史资料和有关的统计分析结果,目的是使专家们能够做出比较准确的预测。另外,所提出的问题应该尽可能简单,以保证所有专家能够从相同的角度理解员工分类和其他相关的概念。在必要时,可以不问人力需求的总体绝对数量,而询问变动的百分比或某些专业人员的预计变动数量。对于专家的预测结果也不要求精确,但是要求专家们说明对所做预测的肯定程度。米考维奇(Milkovich)等于1972年在《管理科学》上发表的一篇文章中讲过,美国的一家零售公司曾经用德尔菲方法预测公司在某一年的采购员的需求量。这家公司所选择的专家是公司中的7位管理人员,他们回答了5轮匿名问卷。在第一轮调查结束后,预测的结果在32名到55名之间。到第五轮调查结束后,预测值的范围是34名到45名,平均值为38名。为了检验德尔菲预测技术的精确程度,这家公司没有公布预测结果,也没有在当年的招聘中使用这一预测信息。到那一年结束时,这家公司实际上招聘了37名采购人员,结果表明德尔菲方法的预测结果比这家公司所采用的数量方法还要精确。

(二) 回归分析方法

回归分析方法指的是根据数学回归原理对人力资源需求进行预测。最简单的回归是趋势分析,只根据整个企业或企业中各个部门在过去员工数量的变动趋势对未来的人力需求做出预测。实际上,这是只以时间因素作为解释变量,比较简单,没有考虑其他重要因素的影响。比较复杂的回归方法是计量模型分析法,它的基本思想是确定与组织中劳动力的数量和构成关系最大的一种因素,一般是产量或服务业务量。然后研究在过去组织中的员工人数随着这种因素变化而变化的规律,得到业务规模的变化趋势和劳动生产率的变化趋势,再根据这种趋势对未来的人力需求进行预测。最后,预测需求数量减去供给预测数量的差额就是组织对人力资源净需求的预测量。如果这一差额是正值,就说明组织面临人力短缺;如果这一差额是负值,就说明组织面临人力过剩。

(三) 转换比率分析法

人力资源需求分析实际上是要揭示未来的经营活动所需要的各种员工的数量。人力资源预测中的转换比率分析法是首先估计组织需要的关键技能的员工的数量,然后再根据这一数量估计秘书、财务人员和人力资源管理人员等辅助人员的数量。企业经营活动规模的估计方法为:

$$经营活动规模 = 人力资源的数量 \times 人均生产率$$

例如:

$$销售收入 = 销售员的数量 \times 每位销售员的销售额$$
$$产出水平 = 生产的小时数 \times 单位小时产量$$
$$运行成本 = 员工的数量 \times 每位员工的人工成本$$

转换比率分析法的目的是将企业的业务量转换为人力需求,是一种适合于短期需求预测的方法。以一所大学的商学院为例,如果 MBA 学生的数量增加一个百分点,就相应地要求教师的数量增加一个百分点,同时职员的数量也需要相应地增加一个百分点,否则难以保证商学院 MBA 学生培养的质量。这实际上是根据组织过去的人力需求数量与某个影响因素的比率对未来的人事需求进行预测。类似的还有根据过去销售额与销售人员数量的比率预测未来的销售业务量对销售人员的需求,根据销售人员数量秘书的比率预测未来的秘书需求量等。需要指出的是,转换比率分析法假定组织的劳动生产率是不变的。如果考虑到劳动生产率的变化对员工需求量的影响,可以使用员工总量需求预测方法,计算公式为:

$$计划期末需要的员工数量 = \frac{目前的业务量 + 计划期业务的增长量}{目前人均业务量 \times (1 + 生产率的增长率)}$$

需要指出的是,这种预测方法存在两个缺陷:一是进行估计时需要对计划期的业务增长量、目前人均业务量和生产率的增长率进行精确的估计;二是这种预测方法只考虑员工需求的总量,没有说明不同类别员工需求的差异。

上面介绍的转换比率分析法、总量预测方法和模型方法都是以现存的或者过去的组织业务量和员工之间的关系为基础,适合于预测具有共同特征的员工的需求。这种预测方法的精确性有赖于两者之间关系的强度、这种关系提炼方法的精确性和这种关系在将来继续保持的程度。如果员工的数量不是仅取决于业务量一个因素,而是取决于多个解释变量,那么就应当采用多元回归分析方法。

人力资源计划的一个关键是预测劳动力的老化和雇员离职情况。人员减少量是辞职人数、解雇人数、调离人数和退休人数的总和。我们可以使用适应性预期的方法预测离职率。在预测雇员离职规模时,还应区分不可避免的和可以控制的两类情况,以及随着时间的推移,各个不同工作岗位上员工正常的流动率。无疑,这种预测的精确度越高,劳动力供给的估计在将来的价值也就越大。

需要指出的是,不论使用什么预测方法,都是以函数关系不变作为前提的,但这经常是不符合实际的,因此需要用管理人员的主观判断进行修正。第一,提高产品或劳务质量的决策或进入新市场的决策会影响到对新进员工和企业现有人员的能力等特征的需要,这时只有数量分析是不够的;第二,生产技术水平的提高和管理方式的改进会减少对人力的需求,这是数量分析中难以反映的;第三,企业在未来能够支配的财务资源不仅会制约新进员工的数量,还会制约新进员工的质量,因为财务资源制约着员工的薪资水平。

三、人力资源供给预测

人力资源的供给分析与人力资源的需求分析的一个重要差别在于:需求分析是研究组织内部对人力资源的需求,而供给分析则是研究组织内部的供给和组织外部的供给两个方面。在供给分析中,首先考察组织现有的人力资源的存量,然后假定组织现行的人力资源管理政策保持不变,并对未来的人力资源数量进行预测。在预测过程中,不仅要考虑组织内部的晋升、降职和调职等因素,还要考虑员工的辞职、下岗、退休、开除等因素的影响;而且得到的预测结果不应该仅仅是员工的数量,还应该是对员工的规模、经验、能力、多元化和员工成本等各个方面的一个综合反映。具体而言,在估计企业的人力供给时,人力资源计划的作用有以下几个方面:第一,检查现有员工填充企业中预计的岗位空缺的能力;第二,明确指出哪些岗位上的员工将被晋升、退休或者被辞退;第三,明确指出哪些工作的辞职率、开除率和缺勤率高得异常,或者存在绩效、劳动纪律等方面的问题;第四,对招聘、选择、培训和员工发展需求做出预测,以便及时地为工作岗位的空缺提供合格的人力补给。

预测内部人力资源供给的思路是:首先确定各个工作岗位上现有的员工数量,然后估计在下一个时期每个工作岗位上留存的员工数量,这就要估计有多少员工将会调离原来的岗位甚至离开组织。实际情况往往比较复杂,例如组织的职位安排可能会发生变化,员工的职位转换和离职的变化形式可能不同于以往,等等。因此,在进行内部人力资源供给预测时需要对人力资源计划人员的主观判断进行修正。常用的内部人力资源供给预测的方法有以下几种。

(一)人才盘点与技能清单

人才盘点也称全面人才评价。首先,明确组织需要什么样的人才,统一企业内部对人才标准的确定。其次,在此基础上,清晰地了解企业人才队伍的现状,了解企业是否有充分的人才储备,发掘企业各个岗位继任的高潜人才。最后,根据组织需要和目前的人才现状,人才盘点能够有针对性地拟定一系列的人才规划,包括人才的引进、晋升、流动、培养、激励等,形成人才管理的行动纲领。人才盘点是公司人才战略制定的重要环节,有助于把人力资源系统性地整合起来,使胜任力与任职资格、绩效考核与能力评价形成一体,使人才选拔和人才培养无缝对接,形成一个系统化的整体。

人才盘点的主要流程包括:(1)组织与岗位盘点。主要是从公司战略角度出发,梳理分析当前的组织架构,包括职位设计、职责划分是否合理,需不需要调整,分析组织内哪些岗位是关键岗位。通常,关键岗位的人才(包括后备人才)是人才盘点的重点。(2)开展人才盘点。主要是对关键岗位的人才进行测评,包括能力和潜力等方面,并与绩效结合进行分析,从而形成本公司的人才地图。需要强调的是,进行人才测评的前提是明确本公司的人才标准,主要包括设定模型、绩效指标。(3)拟定人才盘点之后的行动计划。人才盘点是一个起点而不是终点,是一项基础性的工作,人才盘点的结果应当转化为具体的、可操作的人才发展规划。

人才盘点涉及的工具有很多。例如,在进行组织分析时需要组织架构图;在进行人才测评时需要心理测验、360度评估、评价中心等;人才盘点结果的呈现方式是展现被盘点个人信息的技能清单,展现团队或组织人才分布的人才地图或九宫格等。

技能清单是一张用来反映员工工作能力特征的列表,这些特征包括培训背景、经历、持有的证书、已通过的考试、主管的能力评价等。技能清单是对员工竞争力的一个反映,可以用来帮助人力资源计划人员估计现有员工调换工作岗位的可能性,决定哪些员工可以补充企业当前的空缺。企业的人力资源计划不仅要保证为企业中空缺的工作岗位提供相应数量的员工,还要保证每个空缺都有合适的人员来填充。因此,有必要建立员工的工作能力记录,包括基层操作员工的技能和管理人员的管理能力的种类及其达到的水平。表 3-5 是一个技能清单的示例。

表 3-5　人事资料登记表

姓名:		部门:	科室:	工作地点:		填表日期:	
到职日期:			出生年月:	婚姻状况:		工作职称:	
教育背景	类别	学位种类	毕业日期	学校		主修科目	
	高中						
	大学						
	硕士						
	博士						
培训背景		培训主题		培训机构		培训时间	
技能		技能种类			证书		
工作意愿	你是否愿意担任其他类型的工作?				是		否
	你是否愿意调到其他部门去工作?				是		否
	你是否愿意接受工作轮调以丰富工作经验?				是		否
	如果可能,你愿意承担哪种工作?						
你认为自己需要接受何种训练?		改善目前的技能和绩效:					
		提高晋升所需要的经验和能力:					
你认为自己现在就可以接受哪种工作指派:							

技能清单的一般作用是服务于确定晋升人选、管理人员接续计划、对特殊项目的工作分配、工作调动、培训、工资奖励计划、职业生涯规划和组织结构分析。对于要求成员频繁调动或者经常组建临时性团队或项目组的组织,其技术档案中应该包括所有的雇员。而对于那些主要使用技能清单制订管理人员接续计划的组织,技能清单可以只包括管理人员。

根据技能清单编制的员工情况报告可以分为三类:第一,工作性报告。它包括总的工作岗位空缺情况、新雇员招聘情况、辞职情况、退休情况、晋升情况和工资情况。其中,工资情况应该包括资历、工资等级、等级内的工资档次等。工作性报告服务于组织的日常管理。第二,规定性报告。这是政府有关部门规定组织提交的报告。第三,研究性报告。这种报告不定期地偶尔编制一次,是对组织内部人力资源状况的研究,为日后改进人力资源管理服务。

当企业人才较多时,人才盘点通过九宫格就可以绘制出一张企业人才地图(见图3-3),让企业的人才分布变得一目了然。要绘制九宫格,需要先对企业人才进行测评,在得出最终能力和绩效的成绩后,再根据企业对人才的分类把每个人才放到合适的位置。通过这张人才地图,能够比较显性地展现公司最重要的、最值得发展和关注、最值得投入资源的人才。对于不同的人群,企业要采取不同的发展定位(见图3-4)。

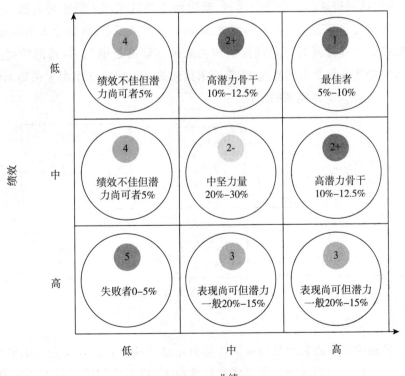

图3-3 人才九宫格

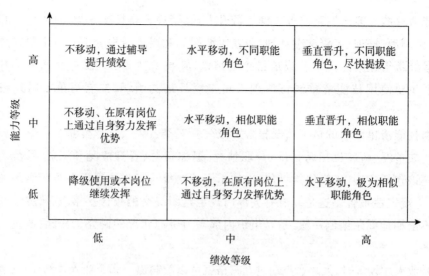

图 3-4　不同类型人才的发展定位

(二) 管理人员置换图

管理人员置换图也称职位置换卡,它记录各个管理人员的工作绩效、晋升的可能性和所需要的培训等内容,据此决定哪些人员可以补充企业的重要职位空缺。制订这一计划的过程是:确定计划包括的工作岗位范围,确定每个关键职位上的接替人选,评价接替人选目前的工作情况和是否达到提升的要求,确定职业发展需要,并将个人的职业目标与组织目标相互结合。其最终目标是确保组织在未来能够有足够的、合格的管理人员供给。前面技能清单描述的是个人的技能,而置换图描述的是可以胜任组织中关键岗位的个人。图 3-5 是一个管理人员置换图的示例。

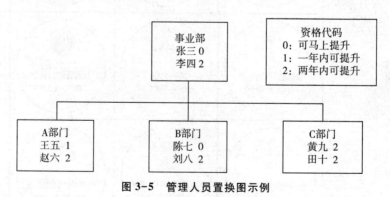

图 3-5　管理人员置换图示例

(三) 人力接续计划

人力资源接续计划的关键是根据工作分析信息明确工作岗位对员工的具体要求,然后确定一位显然可以达到这一工作要求的候选员工,或者确定哪位员工有潜力经培训后可以胜任这一工作。对于企业中各个工作岗位上普通员工的供给预测,我们可以使用下面的方法确定企业中某一具体工作岗位上的内部人力供给,如图 3-6 所示。

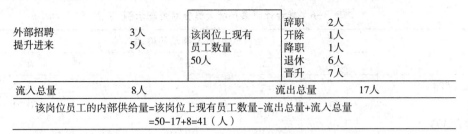

图 3-6 人力接续计划示例

如果我们用横轴代表时间（年份），用纵轴代表职位的级别，然后将企业中各个工作岗位采用上述方法得到的分析综合在一起，就可以得到一个人员接续预测模型。图 3-7 所示的是年份与职位级别交叉点上的情况。

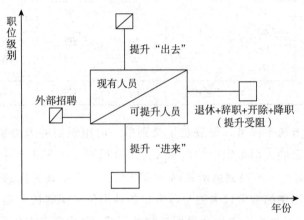

图 3-7 人力接续预测模型

（四）转换矩阵

转换矩阵（Transitional Matrices）方法也称马尔可夫（Markov）方法。马尔可夫方法是一种可以用来组织内部人力资源供给预测的方法，它的基本思想是找出过去人事变动的规律，以此推测未来的人事变动趋势。由于组织通常对根据判断进行的预测不满意，因此它们越来越强调运用统计技术来预测未来人力资源变化的趋势。转换矩阵实际上指的是转换概率矩阵，这一矩阵描述的是组织中员工流入、流出和内部流动的整体形式，我们可以把它作为预测内部人力资源供给的基础。

这种方法的第一步是绘制一张人员变动矩阵表，表中的每一个元素表示从一个时期到另一个时期在两个工作之间调动的员工数量的历史平均百分比。这些数据实际上反映的是每一种工作中人员变动的概率，一般以 5—10 年的长度为一个周期估计年平均百分比。周期越长，这一百分比的准确性就越高。将计划期初每种工作的人员数量与每一种工作的人员变动概率相乘，然后纵向相加，就可以得到组织内部未来人力资源的净供给量。不过需要指出的是，尽管马尔可夫方法得到了广泛的应用，但是关于这种方法的准确性和可行性还没有定论。表 3-6 中假设某会计师事务所各个层级员工的流动概率矩阵，将该会计师事务所的期初员工数量与该员工流动矩阵相乘就可以得到员工流动的绝对数量的预测值，并可以在此基础上确定事务所在计划期的内部人力供给（见表 3-7）。

表 3-6　某会计师事务所人员变动矩阵示例

	员工调动的概率				
	P	M	S	J	离职
合伙人(P)					0.20
经理(M)	0.80	0.70	0.80	0.05	0.20
高级会计师(S)	0.10	0.05	0.15	0.65	0.10
会计员(J)					0.20

表 3-7　某会计师事务所人员变动数量示例　　　　　　　　　　　　单位：人

	期初人员数量	P	M	S	J	离职
合伙人(P)	40					8
经理(M)	80	32	56	96	6	16
高级会计师(S)	120	8	6	24	104	12
会计员(J)	160					32
预计的人员供给量		40	62	120	110	68

转换矩阵预测方法不仅可以处理员工类别单一的组织中的人力供给预测问题，还可以解决员工类别复杂的大型组织中的内部人力供给预测。在表 3-8 中，A 到 J 代表 10 种工作，其中 A 到 D 是一个由高到低的系列，E 到 I 是另一个由高到低的系列，J 是一个单独的系列。各个单元格中的数字代表的是员工在各种岗位之间转换的概率。在转换矩阵方法中，工作状态是为了对员工进行分类所选择的标准，它的含义有很强的灵活性，既可以是工作岗位的类别，也可以是工资级别，还可以是员工绩效考核的等级，甚至是员工的性别等。

表 3-8　大型组织内部人力供给预测示例

工作状态		目标状态（时期2）										离职	总量
		A	B	C	D	E	F	G	H	I	J		1.00
原来状态（时期1）	A	1.00										—	1.00
	B	0.15	0.80									0.05	1.00
	C		0.16	0.76	0.04	⇐组织前程方向Ⅰ						0.04	1.00
	D		0.01	0.23	0.73							0.03	1.00
	E					0.85	0.05					0.10	1.00
	F					0.25	0.65	0.05				0.05	1.00
	G		组织前程Ⅱ⇒				0.04	0.05	0.03			0.07	1.00
	H							0.02	0.15	0.75		0.08	1.00
	I								0.20	0.50		0.30	1.00
	J							组织前程Ⅲ⇒			0.50	0.50	1.00

资料来源：Milkovich, G. T. and Boudreau, J. W., *Human Resource Management*, Richard D. Irwin, 1994：234.

在使用这种预测技术时,转换矩阵的列代表分析的起点,它可以是过去的某一时期,也可以是现期,还可以是未来的某一时期;转换矩阵的行代表分析的目的时期。时期间隔的长度可以是日,可以是月度,也可以是年度,甚至可以是商业周期。总之,这取决于人力资源计划者进行供给预测时的选择。转换矩阵的单元中的数字表示的是在时期1承担相应的行所表示的工作的员工在时期2承担相应的列所表示的工作的概率或比率。因此,转换矩阵对角线的数字代表在时期2仍然承担在时期1的工作的员工的比例。"离职"列中的数字描述的是各种工作岗位上在分析期间离开组织的员工比率。用时期1各种工作岗位上员工的数量与转换矩阵相乘,就可以得到时期2各种工作岗位上员工供给的预测值。由于时期1表示的时期可以是过去、现在或未来,因此这种转换矩阵中的数字描述的既可以是过去或现在的实际情况,也可以是对未来情况的模拟。由此可见,这种转换矩阵可以用来进行多期分析,其方法是把目的时期所得出的人力资源供给数据作为分析的起点,然后重复上述过程。

转换矩阵方法在 GM、IBM、AT&T 等公司都得到广泛的应用。显然,转换矩阵中的概率与预测期的实际情况可能有差距,使用这种方法得到的内部人力资源供给预测的结果可能不精确。因此,在实际应用中,一般采取弹性化的方法,估计出几种概率矩阵,然后得出几种预测结果。转换矩阵的最大价值在于它为组织提供了一种理解人力资源流动形式的分析框架。

(五)人力资源信息系统

人力资源信息系统为收集、汇总和分析与人力资源管理有关的信息提供了一种方法。系统是指为了实现特定的目标而将各种分散活动组合为合理的、有意义的整体的过程。人力资源信息系统是组织进行有关人和工作信息的收集、保存、分析和报告的过程。在小型组织中,人工的档案管理和索引卡形式的人力资源信息系统比较有效。对于规模很大的企业,很难用人工的方式管理人事资料,需要使用计算机信息系统,记录工作经验代码、产品知识、行业工作经验、培训课程、外语能力、调职意愿、前程抱负和绩效考核结果等。

人力资源信息系统的一个重要用途是为人力资源计划建立人事档案。在执行具体的行动计划之前,完整的人力资源计划系统需要以下两种信息:一是人事档案,用来估计目前人力资源的知识、技术、能力、经验和职业抱负;二是对组织未来的人力资源需求的预测。这两种信息互相补充:一方面,如果目前的人事档案不能用来对未来的人力资源需求进行分析,那么它对计划就毫无意义;另一方面,如果不根据组织内部现有的人力数量和未来的人力估计量评价人力资源需求预测,那么这种预测也是没有意义的。只有对未来组织所需要的员工数量和他们应具备的技术或经验有充分的了解,才能制订出切实可行的行动计划解决预计的问题。建立人力资源信息系统,事先要进行周密的筹划,包括清楚地阐明目标,全面分析系统的要求,认真研究细节,特别是应该帮助管理者和员工了解人力资源信息系统的内容、作用及意义。

(六)外部人力资源供给

当企业内部的人力供给无法满足需要时,企业才需要了解外部的人力供给情况。这包括三个主要方面:第一,宏观经济形势,主要了解人力资源市场的供求状况,判断预期失业率。一般地,失业率越低,人力资源供给越紧张,招聘员工会越难。这些信息可以参考政府机构和金融部门的公开出版物。第二,当地人力资源市场的供求状况。第三,行业人力资源市场的供求状况,据此可以了解招聘某种专业人员的潜在可能性。

外部供给是组织在人力资源市场上采取的宣传活动引起的。与内部供给预测分析一样,外部供给分析也要研究潜在员工的数量、能力等因素。与内部供给预测的区别在于:外部供给分析的对象是在组织按照以往方式宣传和遴选时,计划从外部招入组织的人力资源。组织根据过去的录用经验可以了解那些可能进入组织的员工的数量,新进员工的工作能力、经验、性别和成本等方面的特征,以及新进员工能够承担组织中的哪些工作。当然,外部人力资源供给预测也不可能十分精确,但是这种分析的主要意义在于为组织提供一个研究新员工的来源及其进入组织的方式的分析框架。

第三节 人力资源计划的控制与评价

一、人力资源供给与需求的协调

当我们把人力资源的供给预测和需求预测结果相互比照,就有三种可能的结果:第一,需求和供给彼此适应;第二,需求超过供给,这意味着组织在人力方面存在短缺;第三,需求小于供给,这意味着组织在人力方面存在过剩。需要注意的是,在供给与需求的比较中,人们往往只注意到数量方面的协调;但实际上,还应该包括员工的竞争力、多元化以及成本水平方面的协调。这时,就需要考虑哪一方面的差距是关键的缺口,并以此建立弥补标准和工作目标。

如果计划的人力资源需求超过供给,有两种解决方法:一是增加录用的数量,这通常借助寻找新的员工招聘来源、增加对求职者的吸引强度、降低录用标准、增加临时性员工和使用退休员工等办法解决;二是提高每位员工的生产率或延长他们的工作时间,这就需要提高员工的工作能力并增强他们的工作动力,可借助培训、新的工作设计、采用补偿政策或福利措施、调整管理人员与员工的关系等办法解决。一旦组织的人力供给超过需求,组织将面临非常困难的境地。应该说,员工对组织的人力过剩没有责任,而且他们还要承担由此产生的一系列消极影响。在人力过剩的情况下,组织可以选择的策略有减少加班数量或工作时间、鼓励员工提前退休、减少新进员工的数量等,还可以让组织的供货商等上游合作伙伴以比较低廉的费率使用自己闲置的人力资源和生产设备。在没有其他选择的时候,组织只好采用辞退的办法。

人力的短缺或过剩可以出现在组织层面上,也可以出现在组织中部门层面上,甚至可以出现在工作岗位层面上。如果一个组织中有些部门或岗位出现人力过剩,而另一些部门或岗位存在人力短缺,可以考虑对过剩的员工进行培训,使他们能够转移到员工不足的岗位上。例如,IBM 公司就曾经通过技术培训把公司中过剩的管理人员和生产员工转移到员工短缺的程序设计和销售岗位。组织一般在是否增加新的工作岗位上采取十分谨慎的政策。美国一家公司在增加一个新员工之前都要考虑下列问题①：第一，这一工作岗位的设立出于什么目的？第二，达到同一目的有哪些替代方法？第三，如果增加这一工作岗位，预计今后五年中成本将增加多少？第四，这一工作岗位将对销售额、收益或改进人力资源的利用有什么影响？

无论是人员过剩还是人员短缺，协调这种矛盾都有很多种方法可供选择。但是，需要注意的是，在选择一种方法时，不仅要看到其有利的一面，还要关注采取这种方法可能带来的问题。表 3-9 和表 3-10 列出了这些方法的见效快慢和可能产生的问题。

表 3-9 减少预期出现人力资源过剩的方法

方法	速度	员工受伤害的程度
1. 裁员	快	高
2. 降薪	快	高
3. 降级	快	高
4. 职业调动	快	中等
5. 工作分享	快	中等
6. 冻结雇用	慢	低
7. 自然减员	慢	低
8. 提前退休	慢	低
9. 重新培训	慢	低

资料来源：〔美〕雷蒙德·A. 诺伊，《人力资源管理：赢得竞争优势》（第五版），刘昕译，中国人民大学出版社，2005，第 202 页。

表 3-10 避免预期出现人力资源短缺的方法

方法	速度	可撤回程度
1. 加班加点	快	高
2. 雇用临时工	快	高
3. 外包	快	高
4. 再培训后转岗	慢	高
5. 降低流动率	慢	中等
6. 从外部雇用新人	慢	低
7. 技术创新	慢	低

资料来源：〔美〕雷蒙德·A. 诺伊，《人力资源管理：赢得竞争优势》（第五版），刘昕译，中国人民大学出版社，2005，第 202 页。

以企业裁员为例，从大多数企业的裁员理由看，裁员主要存在以下一些潜在的预期收益：降低人工成本和企业运营成本；优化人岗匹配关系，提高企业员工素质；对所有的从业人员施加就业压力，激发从业人员的自我提高意愿。但是，结果并不是大家想象的那么好，De Meuse 等学者在 2004 年进行的一项实证研究认为，裁员与企业的财务指标没有显

---

① Milkovich, G. T., and Boudreau, J. W., *Human Resource Management*, Richard D. Irwin, 1994: 237.

著的正相关性,除非裁员的规模过于庞大(裁员人数占员工数的10%以上)。① 西班牙学者 Suarez-Gonzalez(2001)对西班牙和英国的若干家大型企业也做了类似的调查与实证研究,结果发现大多数寄希望于裁员来缩小组织规模、提高组织竞争力的企业最终并没有达到预期目标。② 美国学者 Crandall and Wallace Jr.(2001)则发现企业裁员有可能导致巨大的知识损失,主要表现为:错误地裁掉了掌握稀缺技术或技能的员工;损失了通过培训而形成的公司专有知识;容易挫伤留职员工的积极性;影响组织内部的知识与技术共享。③ 裁员也会对幸存者的心理产生影响,形成所谓的"幸存者综合征"。裁员的幸存者会因能留下来而觉得幸运,但比起沉重得多的消极情绪,这种积极情绪只是零星的几点,人们想到的更多是也许事情还远未结束和不幸也可能发生在自己身上,从而留下的员工可能出现情绪低落、焦虑、恐惧、消极怠工等情绪,影响工作效率。

二、人力资源计划的整体性

人力资源计划应该具有整体性,这是指人事规划活动必须做到企业内部和企业外部各个方面的协调一致。企业内部的一致性是指招聘、选才、安置、培训和绩效考核等人事管理工作必须相互配合。企业外部的一致性是指人事规划应该服从企业的整体规划,要考虑进入或退出某一行业、增盖厂房、购置新设备等对招聘和培训等活动的影响。整体性的人力资源计划应该包括三个部分:一是供给报表,指明每个重要员工在今后五年内晋升的可能性;二是需求报表,指明各个部门由于调遣、离职和新职位的产生等引起的今后五年中需要补充的职位;三是人力报表,是将供给报表和需求报表结合在一起得到的实际人事计划方案。表3-11是一个人力报表的示例,表中的员工姓名代表的是各年可以胜任相应工作岗位的员工,差额反映的是企业内部人力供给无法满足而必须实行外部招聘的员工数量。

表 3-11 经纬公司人力供求报表

(2018年12月12日制)

	2019年		2020年		2021年	
	需求	差额	需求	差额	需求	差额
职位A	0	0	1 王莫非	0	0	0
职位B	0	0	0	0	2 李少白	1
职位C	2 张道宽	1	0	0	0	0
职位D	0	0	0	0	3	3

---

① De Meuse, K. P., Bergmann, T. J., and Vanderheiden, P. A., New evidence regarding organizational downsizing and a firm's financial performance: A long term analysis, *Journal of Managerial Issues*, 2004, 16(2): 155—177.

② Suarez-Gonzalez, I., Downsizing Strategy: Does it really improve organizational performance, *International Journal of Management*, 2001, 18(3): 301—307.

③ Crandall, F., and Wallace Jr., M. J., Downsized but not out, *Workspan*, 2001, 434(11): 30—35.

（续表）

	2019 年		2020 年		2021 年	
	需求	差额	需求	差额	需求	差额
职位 E	3 赵无忌 欧阳展	1	0	0	0	0
职位 F	0	0	4 刘博 许品森	2	0	0

三、人力资源计划的评价

在对人力资源计划进行评价时,首先需要考虑人力资源计划目标本身的合理性问题。对目标本身的评价是一个非常困难的课题,不过在评价人力资源计划目标的合理性时,认真考虑以下几个方面是非常有帮助的:第一,人力资源计划者熟悉人事问题的程度以及对其重视程度。计划者对人力资源问题的熟悉、重视程度越高,那么他制订的人力资源计划就越可能合理。第二,人力资源计划者与提供数据以及使用人力资源计划的管理人员之间的工作关系。这三者之间的关系越好,制订的人力资源计划的目标就可能越合理。第三,人力资源计划者与相关部门进行信息交流的难易程度。这种信息交流越容易,越可能得到比较合理的人力资源计划目标。第四,管理人员对人力资源计划中提出的预测结果、行动方案和建议的重视与利用程度。这种重视和利用的程度越高,越可能得到比较好的人力资源计划。第五,人力资源计划在管理人员心目中的地位和价值。管理人员越重视人力资源计划,人力资源计划者也就越重视人力资源计划的制订过程,得到的结果才可能客观合理。

在评价人力资源计划的时候,还需要将行动结果与人力资源计划进行比照,目的是发现计划与现实之间的差距,指导以后的人力资源计划活动。主要的工作是进行以下比较:第一,实际的人员招聘数量与预测的人员需求量;第二,劳动生产率的实际水平与预测水平;第三,实际的和预测的人员流动率;第四,实际执行的行动方案与计划的行动方案;第五,实施计划的行动方案的实际结果与预期结果;第六,人力费用的实际成本与人力费用预算;第七,行动方案的实际成本与行动方案的预算;第八,行动方案的成本与收益。上述这些项目之间的差距越小,说明人力资源计划越符合实际。

四、人力资源计划的跟踪与审核

很多情况下,公司只是把人力资源管理部门看作一个只花钱不赚钱的部门,总是自觉或不自觉地赋予人力资源管理部门一个成本中心的形象,极力地压缩这一部门的开支预算。例如,当公司实施了一个培训计划以后,它常常会强调公司已经为培训每一位员工付出了多少费用;但是如果与同行业的其他企业比较一下,它很可能发现自己的人均培训费用还很低。从人力资源管理的角度看,公司应该建立一个更加全面的预算,以反映人力资源管理活动对资源的使用情况。把人力资源审计和人力资源预算结合起来,我们可以得到许多有益的人均指标来反映公司的人力资源管理状况。典型的人均指标包括员工总数与人力资源管理员工的比率、每位员工的培训费用、每位新员工的招聘成本、每位员工的绩效奖金,以及填补空缺的平均天数等。在市场经济发达国家,一些人力资源管理方面的协会组织经常向各类企业调查上述内容,然后按照行业汇总并公开发布,供企业参考。如果一个公司发现自己的人力资源管理员工数目与员工总数的比率明显高于同类企业,那么一种可能是该公司的人力资源管理部门存在人员浪费的现象,或者该公司发现人力资源管理部门的独特作用。

我们知道公司经常要进行财务或税务方面的审计;同样,在人力资源管理活动中也存在审计的需要。人力资源审计主要是指考察人力资源管理活动是否按照原来的计划执行。例如,是否在规定的期限内完成了对全体员工的工作绩效考核,是否对每一位辞职的员工都进行了离职面谈,是否在员工加入组织时都建立了规定的保障计划等。需要指出的是,人力资源审计只是考察人力资源活动是否按计划执行,但是它不一定能够告诉我们这些活动是否有效,彼此之间是否相互配合,以及是否有助于组织目标的实现。要回答这些问题涉及人力资源计划本身的合理性问题。

一个公司的人力资源管理部门应该把员工的感受作为制订人力资源计划的基础,并把公司的人力资源观念灌输给组织的员工。员工的观点、人力资源管理部门主管的观点、业务部门主管的观点,甚至社区和政府部门的看法都可以作为衡量公司人力资源计划是否适当的标准,这种思路有时被称作声誉方法。在了解上述各方的观点时,考察的主要项目包括人力资源部门的反应,如回答咨询的速度、合作性、客观性和中立性;人力资源部门的主动性和创新性,如是否提供了具有创造性的人力资源管理政策,评估目标的达成程度等;总体的有效性。对声誉的考察有助于发现各方不满的根源。

复习思考题

1. 人力资源战略有哪些类型,具有什么特征?如何实现人力资源战略和企业战略的匹配?
2. 如何进行企业人才盘点?
3. 试分析接班人计划在民营企业中的特殊作用。
4. 在经济萧条时期,企业人力资源管理如何应对员工过剩问题?

案例

互联网时代商业银行转型对人力资源规划的影响[①]

面对利率市场化、金融脱媒、互联网金融快速发展以及境外风险因素等方面的挑战,

---

① 本案例材料根据王祖继的《商业银行发展的六大趋势和七点转型建议》,《清华金融评论》,2017年第6期整理而得。

银行从业者都在思考:如何弥补自身的薄弱环节,提高竞争力?如何更好地服务实体经济,体现金融的核心作用?"明者因时而变,知者随时而制",商业银行必须准确把握趋势,未雨绸缪,积极应对。

1. 关注银行业发展的六大趋势

趋势一:行业格局已发生显著变化。目前同业竞争日益白热化,国内银行业法人机构超过4 000家,各类金融机构超过2万家,产品同质化竞争严重。新兴金融科技企业跨界进入支付结算领域并从事实质性的存贷款业务,撬动客户关系。目前互联网金融的市场渗透率已接近40%,"搬家"至互联网金融公司的存款规模超过2万亿元,网络贷款交易规模超过1万亿元。同时,利率市场化导致银行利差收窄,传统盈利模式难以为继。2016年银行业净息差降至2.22%,为历史最低水平;尽管净利润增速企稳回升至3.5%,较上年提升1.1个百分点,但是盈利中枢水平已大幅下降,与高速增长的黄金十年早已不可同日而语。为了应对竞争、获得新的利润增长点,各商业银行纷纷转向综合化经营,凭借多元化的产品和服务重塑市场竞争力。

趋势二:风险防控高压态势持续。国内经济仍处于新旧动能转换节点,区域、行业和企业分化加剧,市场主体高杠杆率和高负债率潜藏系统性风险。去产能、清理"僵尸企业"和变相"逃废债"等带来的金融风险不容忽视,银行业信贷资产质量管控形势依然严峻。同时,股市、债市、汇市联动,跨市场、跨行业交叉风险增多,金融市场波动加剧,对银行流动性风险管理和市场风险管控提出更高要求。随着海外布局加快,中资银行面临更大的海外合规风险;近期,国际大型银行和中资银行受到监管处罚的事件频发,也对银行利润和声誉产生严重影响。

趋势三:客户行为模式发生深刻转变。随着金融市场的不断完善、利率市场化的深入推进和移动互联网等技术进步,金融脱媒加剧。对公客户融资选择日益多元化,传统信贷需求下降,直接融资快速发展,且"轻资本、轻资产"的客户转向模块化、定制化、综合化服务,要求银行提供更加符合行业特征的解决方案。在个人客户方面,投资渠道日益多元化,理财需求强烈,促使资管类等高收益产品快速发展的同时,对传统的存款业务造成很大的冲击。年轻客户对移动化、场景化和人性化的期望与要求日益增加,11亿移动互联网用户利用数字化渠道获取金融服务成为主流。客户行为分化和忠诚度下降,倒逼各家银行拿出差异化的客户定位和营销服务方案。只有找到客户"痛点",用创新的产品和服务解决"痛点",才能留住客户,实现可持续发展。

趋势四:新技术带来重大机遇与挑战。大数据、云计算、区块链、人工智能等新技术快速发展,推动金融科技公司迅速崛起。"他山之石,可以攻玉",银行业需要尽快吸收、应用并提升科技转化能力和经营效率。例如,借助大数据分析,更加精准地判断客户需求,从"盲人摸象"灌输营销转向"数据驱动"精准营销,提高销售服务效率,深挖客户价值;利用云计算提供更低成本、高效率的财务和运营支持等。同时,新技术应用也带来数据风险和系统安全等问题,商业银行亟须提高对数据的整合、挖掘和管理能力,不断夯实IT基础,严防泄密风险,确保信息系统安全稳定运行。

趋势五：新经济要求银行不断创新服务模式。 消费对我国经济增长贡献度已逐步提升至65%，战略性新兴产业和共享经济等领域快速发展，文体娱乐、教育医疗等新业态蓬勃兴起，经济新旧动力切换、新旧模式转换加快。银行业在告别过去普遍性、总量增长机会的同时，也迎来了细分领域、结构性机会的发展商机。其实，业务转型处处可见，获客活客多种多样，商业模式改变也是实实在在。例如，商户作为支付环境的重要组成部分，成为金融机构竞相追逐的目标客户群体。小微企业、三农、民生等领域的金融需求还远未得到满足，二维码支付、消费金融、直销银行等成为创新服务的有效方式。银行要避免变成"21世纪的恐龙"，唯有加快转型步伐，变得更有张力和活力。

趋势六：金融监管标准更加严格。 2017年监管部门把防控金融风险和抑制资产泡沫摆在更加突出的位置，对资管、理财、同业等交叉性产品实行穿透原则，严防金融机构加长企业融资链条、增加融资成本、加剧资金脱实向虚等问题，做实并表监管，防止监管套利。宏观审慎评估体系（MPA）持续升级，房地产调控措施密集出台，对银行资产配置和风险管控形成挑战。同时，(Ⅲ)《巴塞尔协议》，对资本管理、流动性风险管理等方面提出更高要求，四大行已入选全球系统重要性银行，必须满足更高的资本充足率要求和总损失吸收能力，银行业资本内生增长能力已难以支持规模快速扩张的粗放式发展模式。

2. 理顺银行转型发展内在机理

面对内外部因素的不断变化，商业银行转型是永恒不变的主题，转型永远在路上。"凡事预则立，不预则废"，转型发展最重要的问题就是把握大方向，做好"往哪去，如何去"的顶层设计和总体布局。商业银行应在以下五个方面做好转型的重点谋划：

一是完善综合化经营。 客户需求日益多样化，金融领域越来越融合，综合化经营转型是大势所趋，商业银行不仅要健全"银行+非银行"牌照，更重要的是做好自身资源配置、考核机制、营销模式、收益结构的综合化，实现以银行业为主、非银行金融为辅、综合业务战略协同发展的目标。

二是提供多功能服务。 未来银行一定是个平台，将服务、产品在平台上统一组织、展示和提供，因此构建全方位、一揽子的金融产品和服务体系，为客户创造价值的同时实现银行自身价值至关重要。

三是实现集约化发展。 大象起舞首先要克服"大企业病"，想变得身轻如燕，就必须走集约化发展道路，集中生产要素，整合优化流程，做好前后台分离，提高运营效率，优化资源配置，实现低投入、高回报。

四是转型创新型银行。 创新对国家、企业都是第一生产力，银行也必须强化自主研发和创新能力，做好产品创新规划，实施清单式管理，实现由规模驱动向创新驱动转型。

五是争做智慧型银行。 新技术的蓬勃发展令人眼花缭乱，打造智慧型银行，实现服务管理、产品渠道和数据应用的智能化，是商业银行能否赢得未来的关键所在。

毕马威认为，到了2030年，银行业将成为一个"看不见"的行业，由三部分组成：第一部分是平台（如APP），把所有与金融服务相关的智能技术整合到一起；第二部分是银行传统的具体业务，如转账、取现等；第三部分是银行基础的业务构架，如银行的结算系统、风险控制系统等。虽然银行的内核并不会改变(即第二、第三部分),但在与消费者的互动方式上(即第一部分)会发生质的改变。未来十年,银行不再是一个"场所",而是一种"行为"。无处不在又无形无踪,在任何时间和地点都能满足客户的需要。

问题:
1. 互联网时代,商业银行的业务转型包括哪些方面?
2. 这些业务转型对商业银行的人力资源规划和人力资源管理带来哪些变化?

21世纪经济与管理规划教材
工商管理系列

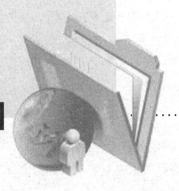

第四章

员工招聘与录用

学习目标

1. 了解企业招聘的主要流程
2. 掌握内部招聘和外部招聘的差异
3. 掌握不同招聘渠道、录用方法的特点和差异,以及互联网时代下的新变化
4. 掌握企业招聘效果评估方法
5. 掌握面试的程序,了解面试的技巧
6. 掌握基础比率、挑选率和有效系数的关系,以及员工录用决策的改进

开篇案例

要应聘先玩游戏？人工智能带给联合利华的人才选拔革命[①]

据西班牙《先锋报》网站 2017 年 9 月 16 日报道，在英国、爱尔兰等地的测试获得成功后，全球消费品巨头联合利华将完全数字化的人工智能人才选拔系统带到了西班牙。这套系统能够利用游戏化的测试和人工智能技术，为企业挑选合适的未来员工。这套全数字化的应届毕业生招聘流程被简化为四个简单的步骤。

第一步，应聘者可以通过职场社交平台领英网（LinkedIn）等了解职位信息，并通过联合利华官方网站或领英网提交个人资料。

第二步，被确定为候选人之后，他们需要花 20 分钟玩 12 个科学游戏，让系统评估他们解决问题、分析思考、学习和再学习、决策、行动以及适应新环境等方面的能力，同时了解他们的情感特征和敏捷度。根据测试结果，人工智能程序能掌握每名候选人的能力信息，并从中挑选更适合特定职位的人选。

第三步，如果最终的测试结果与空缺职位的要求相符，应聘者还需要通过一个在线面试环节，同时一个人工智能程序将记录应聘者对预设面试问题的回答及反应。该程序可以分析应聘者的措辞、语调和肢体语言等。整个在线面试过程都可以在智能手机或平板电脑上完成。

第四步，如果顺利通过在线面试，应聘者将会被邀请到名为"发现中心"的应聘现场，在真实的办公室中体验一整天联合利华的工作状态。在这一天中，他们会接触公司高管、部门团队以及不同类型的员工。

报道称，联合利华已在使用 15 种语言的 68 个国家和地区应用了人工智能人才选拔系统。联合利华自豪地在官网上宣布其应届毕业生招聘流程的转型："对应届毕业生来说这是好消息——您花费在"挖矿世界"和"魔兽世界"中的时间实际上是非常值得的"。联合利华已将招聘流程数字化，而且 20 分钟的游戏目前是招聘组合中的一部分。在原有实施规则下，招聘人员需要从每 6 位候选人中筛选出 1 位进入招聘流程；现如今，招聘人员只需要从每 2 位候选人中筛选出 1 位进入以上四个步骤即可。

人力资源是企业最重要的资源，而招聘是企业与潜在的员工接触的第一步。人们通过招聘环节了解企业，并最终决定是否愿意为它服务。从企业的角度看，只有对招聘环节进行有效的设计和良好的管理，才能得到高质量的员工，否则只能得到平庸之辈。但是，如果高素质的员工不知道企业的人力需求信息，或者虽然知道但对这一信息不感兴趣，或者虽然有些兴趣但还没有达到愿意申请的程度，那么企业就没有机会选择这些有价值的员工。

[①] 根据网络有关素材整理而得。

第一节 员工招聘的过程

一、招聘与甄选的重要性

员工的招聘与甄选环节之所以非常重要,是因为:第一,组织的绩效是由员工来实现的,一定要争取招聘到合格的员工。做好员工进入企业前的选拔工作,可以避免日后的调职或解聘。第二,员工的雇用成本是很高的,通常包括人力资源市场的搜索费用、面试费用、体检费用、测评费用、旅行费用、安家费用、迁移费用和红利保证等。一般而言,招聘的职位越高,招聘费用就越大。例如在美国,秘书的雇用成本是其年薪的1/5,中层经理人的雇用成本是其年薪的1/2以上。第三,员工的选拔工作还可能受到劳动就业法规的约束,使得招聘程序变得特别重要。第四,员工测评不仅能够帮助企业制定员工雇用的决策,也能够帮助企业制定晋升决策。通常,公司的规模越大,应征者的数目也越多,就越需要采用有效率的、标准化的程序进行筛选。因此,员工测评技术对于大公司就显得特别重要。因此,一定程度上,招聘工作实际上决定着组织今后的发展与成长。

从人力资源管理的角度看,招聘活动与组织中的晋升或调动在性质上是一样的,都要根据不完全的信息做出人力使用的决策。二者之间的差别是在制定晋升或调动等决策时,由于员工已经在组织中服务了一段时间,对他们的情况了解得比较多;而制定招聘决策所依据的信息要少一些。在招聘环节,企业与工作申请人之间各自所需要的信息和所发送的信息的配比关系如表4-1所示。因此,招聘过程中的遴选工作就变得十分重要。

表 4-1 工作申请人与组织之间的信息配比

工作申请人		组织	
需要的信息	发送的信息	发送的信息	需要的信息
工作任务 工作安全性 工作条件 主管 同事 职业前程 薪酬 福利 公正性	简历 申请 背景情况 推荐人 面试表现 着装 待人热情程度 对公司的了解 对职位兴趣的陈述 测试成绩	广告 公司形象 薪酬 背景调查 面试 对申请人的兴趣 测试	知识 技能 忠诚度 创造力 适合程度 绩效 灵活性 培训潜力 晋升潜力 离职可能性

资料来源:Milkovich, G. T. and Boudreau, J. W., *Human Resource Management*, Richard D. Irwin, 1994:337.

二、员工招聘的过程

为了保证招聘工作科学规范,提高招聘效果,招聘活动一般要按照下面几个步骤进行。

(一) 招聘计划的制订

在员工招聘开始之前,组织需要确定工作职位空缺的性质,并在此基础上确定人力资源需求,包括需求数量、技术组合、等级和时间要求等。在这一环节,人力资源计划有助于我们了解所需要的工作申请人的类型和数量,而工作分析和任务分析有助于我们了解所需要的工作行为与申请人的个人特征。

招聘计划则是用人部门在企业发展战略的指导下,根据部门的发展需要,在人力资源规划和工作分析的基础上,对招聘的岗位、人员数量、素质要求、能力要求以及时间限制等因素做出的详细计划。招聘计划是招聘的主要依据。制订招聘计划的目的在于使招聘更合理化、更科学化。招聘计划的内容大致包括:(1)招聘的岗位、人员需求量、每个岗位的具体要求;(2)招聘信息发布的时间、方式、渠道与范围;(3)招募对象的来源与范围;(4)招聘方法;(5)招聘测试的实施部门;(6)招聘预算;(7)招聘结束时间与新员工到位时间。招聘计划由用人部门制订,然后由人力资源部门进行复核,特别是要对人员需求量、费用等项目进行严格复查,签署意见后交上级主管领导审批。

(二) 招聘信息的发布

招聘信息发布的时间、方式、渠道与范围是根据招聘计划来确定的。由于招聘的岗位、数量、任职者要求的不同,招募对象的来源与范围的不同,以及新员工到位时间和招聘预算的限制,招聘信息发布时间、方式、渠道与范围也是不同的。常用的招聘渠道有互联网、媒体广告、现场招聘会、校园招聘、人才中介机构、猎头公司、雇员推荐等。企业需要选择最适合本公司的招聘渠道。

(三) 应聘者申请

应聘者在获取招聘信息后,可向招聘单位提出应聘申请。企业可以建立应聘者数据库,保存符合当前招聘职位以及有可能以后会符合组织需要的应聘者资料,也便于在组织需要时,从候选者库里快速搜索出具备工作所需的技能、经验和个人品质的员工,可以大量节省组织用于鉴别候选人的时间。

(四) 人员甄选与录用

公司收到应聘者简历,从专业、工作经验等方面综合比较、初步筛选。初选是一种快速而粗略的挑选过程,可以只根据工作所要求的某一个关键性需要(如身体特征或教育背景)进行选择。随后的录用环节应该比较严格和规范,需要进行比较全面的考察,如测试、个人面试、背景调查等。公司通过不同的甄选方法和环节,筛选并确定符合企业需要的候选人,确定录取人员。

在录用新员工后要开展入职培训,向新员工介绍组织政策、各项规定和福利待遇等情况。为了使新员工有能力达到合格的工作绩效水准,还要进行技能培训工作。

(五) 招聘评估与反馈

完整的招聘流程还包括后续对本次招聘工作的评估与反馈。一般而言,招聘评估包括招聘周期、招聘完成率、招聘成本、用人单位满意率、录用人员评估等。工作绩效考核提供员工工作绩效水平的信息反馈，也是对招募和录用工作质量的最终检验，并在此基础上对未来的招聘工作进行必要的优化。

三、招聘收益金字塔

招聘从企业获得应征信函开始，经过笔试、面试等各个筛选环节，最后才能决定正式录用或试用。在这一过程中，应征者的人数变得越来越少，就像金字塔一样。这里所谓的招聘收益指的是经过招聘过程中各个环节筛选后留下的员工的数量，留下的数量大，招聘收益就大；反之，招聘的收益就小。企业中的工作岗位可以划分为许多种，在招聘过程中针对每种岗位空缺所要付出的努力程度是有差别的。到底为招聘到某种岗位上足够数量的合格员工应该付出多大的努力？这可以根据过去的经验数据确定，招聘收益金字塔就是这样一种经验分析工具。

如图4-1所示，假设根据企业过去的经验，每成功地录用到一个销售人员，需要对5个候选人进行试用；而要挑选到5个理想的候选人，需要15人参加招聘测试和面谈筛选程序；而挑选出15名合格的测试和筛选对象，又需要20人提出求职申请。那么，如果现在企业想最终能够招聘到10名合格的销售人员，就需要至少200人递交求职信和个人简历，而且企业发出的招聘信息必须有比200人多很多的人能够接收到。由此可见，招聘收益金字塔可以帮助企业人力资源部门对招聘的宣传计划和实施过程有一个准确的估计与有效的设计，可以帮助企业确定为了招聘到足够数量的合格员工需要吸引多少应征者。

图4-1　招聘收益金字塔

在确定工作申请资格时，组织有不同的策略可以选择。一种策略是把申请资格设定得比较高，于是符合标准的申请人就比较少，然后组织花费比较多的时间和金钱来仔细挑选最好的员工。另一种策略是把申请资格设定得比较低，于是符合标准的申请人就比较多，这时组织有比较充足的选择余地，招聘成本会比较低。一般而言，如果组织招聘的工作岗位对组织而言至关重要，员工质量是第一位的选择，就应该采取第一种策略。如果人力资源市场供给形势比较紧张，组织也缺乏足够的招聘费用，同时招聘的工作对组织而言不是十分重要，就应该采取第二种策略。

在招募新员工时，组织面临的问题是如何在众多的工作申请人中挑选出合格的、有工作热情的应征者。那些经营绩效出众的大公司,在招聘中面对的将是一个申请人的汪洋大海。组织的招聘是一个过滤器,它影响着什么样的员工能成为组织的一员。一个理想的录用过程的一个重要特征是被录用的人数相对于最初申请者的人数少得多。这种大浪淘沙式的录用可以保证录用到能力比较强的员工。而且能力强的员工在接受培训后的生产率提高幅度将大于能力差的员工经过相同的培训后的生产率提高幅度。

四、招聘人员的选择

组织在招聘的过程中,工作申请人是与组织的招聘组人员接触而不是与组织接触,而且招聘活动是工作申请人与组织的第一次接触。在对组织的特征了解甚少的情况下,申请人会根据组织的招聘人员在招聘活动中的表现来推断组织其他方面的情况。因此,招聘人员的选择是一项非常关键的人力资源管理决策。[1]

一般来说,招聘组成员除了应该包括组织人力资源部门的代表,还可以包括直线经理人、招聘的工作岗位未来的同事和下属。申请人会将这些招聘组成员作为组织的一个窗口,由此判断组织的特征。因此,招聘组成员的表现将直接影响到申请人是否愿意接受组织提供的工作岗位。那么,这些窗口人员什么样的表现能够增强申请人的求职意愿呢?有研究显示,招聘人员的个人风度是否优雅、知识是否丰富、办事作风是否干练等因素都直接影响申请人对组织的感受和评价。[2] 柯达公司在建立招聘组的时候,首先由经理人员指定人选,然后对他们进行培训。培训的方法是进行 20 分钟的模拟面试,同时进行录像,再给这些人回放。柯达公司在选择大学校园招聘人员时,使用的选择标准包括高水平的人际关系沟通技能、对公司的关注程度、对公司与工作的了解程度,以及被学生与同事信任的程度。

五、招募过程管理与招聘周期

企业的招募工作很容易出现失误,而且一旦招募过程中出现失误就可能损害组织的声誉,为此应该遵循以下原则:第一,申请书和个人简历必须按照规定的时间递交给招聘部门,以免丢失;第二,每个申请人在招聘过程中的某些重要活动(如来公司会面)必须按时记录;第三,组织应该及时对申请者的工作申请做出书面答复,否则会给申请人造成该组织工作不利或傲慢的印象;第四,申请人和雇主关于就业条件的讨价还价应该以公布的招聘规定为依据,并及时记录,否则如果同一个申请人在不同的时间或不同的部门得到的待遇许诺相差很大就必然会出现混乱;第五,没有接受组织提供的雇用条件的申请者的有关材料应该保存一段时间。

企业招聘周期的长度受到许多因素的影响。首先,不同的工作岗位空缺填补的时间

---

[1] Turban, Daniel B. and Thomas W., Dougherty.Influences of Campus Recruiting on Applicant Attraction to Firms, *Academy of Management Journal*, 1992, 35(4): 739-765.

[2] Uggerslev, Krista L., et al., Recruiting through the Stages: A Meta-Analytic Test of Predictors of Applicant Attraction at Different Stages of the Recruiting Process, *Personnel Psychology*, 2012, 65(3): 597-660.

会有所不同;其次,在不同的社会中,人力资源市场的发达程度不同,组织的招聘周期也不一样;最后,组织人力资源计划的质量对招聘周期也有影响。以美国为例,平均来说,经理人员和主管的招聘周期是6.8周,销售人员的招聘周期是4.9周,办公室文秘人员的招聘周期是2.7周,操作员工的招聘周期是2.1周。① 一般而言,组织中空缺持续的时间既反映发现申请人的难度,也反映组织招聘和选择过程的效率。

在当前互联网时代,企业招聘周期也发生了变化。互联网的信息传递不受容量、时间和空间的限制,它可以迅速、快速地传递和更新信息。它也不受服务周期和发行渠道的限制。互联网用户量之大,使得互联网的覆盖面是任何媒介都无法比拟的。网络招聘依托这个特征,使得招聘覆盖面得以大大拓宽。借助互联网技术和智能手机,使招聘从电脑端到移动端,使更多合适的工作申请者随时随地快速地了解到招聘信息;借助大数据,可以对应聘者的资料和行为数据等进行"画像",使目标受众匹配更加精准。招聘宣传、收集简历、简历自动筛选、网上测评等都可以通过标准化的网络程序完成,极大地简化了招聘流程。同时,互联网大数据可以提高人才精准匹配的速度和准确度,这些都大大地缩短了企业的招聘周期。

第二节 招聘渠道的类别及其选择

企业首先要确定自己的目标人力资源市场及其招聘收益的水平,然后选择最有效的吸引策略。招聘策略包括负责招聘的人员、招聘的来源和招聘方法三个主要方面。在设计外部招聘策略时可以按照以下步骤:第一,对组织总体的环境进行研究。这需要对组织的发展方向进行分析,然后进行工作分析。第二,在此基础上推断组织所需要的人力资源类型。这需要考虑员工的技术知识、工作技能、社会交往能力、需要、价值观念和情趣等各个方面。第三,设计信息沟通的方式,使组织和申请人双方能够彼此了解各自相互适应的程度。这需要对员工的人格、认知能力、工作动力和人际关系能力进行测试,由日后可能的同事进行面谈。在本节中,我们重点讨论企业外部招聘中的渠道选择策略。

一、应征者的内部来源

实际上,企业中绝大多数工作岗位的空缺是由公司现有员工填充的,因此公司内部是最大的招聘来源。在20世纪50年代的美国,有50%的管理职位由公司内部人员填补,目前这一比率已经上升到90%以上。在企业运用内部补充机制时,通常要在公司内部张贴工作告示,内容包括工作说明书和工作规范中的信息以及薪酬情况,说明工作机会的性质、任职资格、主管的情况、工作时间和待遇标准等相关因素。这样做的目的是让企业现有员工有机会将自己的技能、工作兴趣、资格、经验和职业目标与工作机会相互比较。工作告示是最经常使用的吸引内部申请人的方法,特别适用于非主管级别的职位。在这一

---

① Milkovich, G. T. and Boudreau, J. W., *Human Resource Management*, Richard D. Irwin, 1994:283.

过程中,人力资源部门必须承担全部的书面工作,以确保遴选出最好的申请人。对于主管级别的职位,则需要使用我们在上一章讲过的管理人员置换图方法。

内部补充机制有很多优点:第一,得到升迁的员工会认为自己的才干得到组织的承认,因此他的积极性和绩效都会提高;第二,内部员工比较了解组织的情况,为胜任新的工作岗位所需要的指导和训练比较少,离职的可能性也比较小;第三,提拔内部员工可以提高所有员工对组织的忠诚度,使他们在制定管理决策时能做比较长远的考虑;第四,上级对内部员工的能力比较了解,提拔内部员工比较保险。但是内部补充机制也有缺点:第一,那些没有得到提拔的应征者会不满,因此需要做解释和鼓励的工作;第二,当新主管从同级员工中产生时,工作集体可能会不满,这使新主管不容易建立领导声望;第三,很多公司的老板要求经理人张贴工作告示,并面试所有的内部应征者,但经理人往往早有中意人选,这就使得面试会浪费很多时间;第四,如果组织已经有了内部补充机制的惯例,当组织出现创新需要而急需从外部招聘人才时,可能会遇到现有员工的抵制,损害员工工作积极性。

长期以来,尽管人们很想知道哪一种员工来源最可能创造好的工作绩效,但是现有的研究还无法精确地回答到底哪种工作应该采用哪种招聘来源。不过一般而言,内部来源的员工一般比外部来源的员工的离职率要低,长期服务的可能性要大一些。当然,当内部补充机制不能满足企业对人力的需求时,就需要考虑在企业的外部人力资源市场进行招聘。

二、招聘广告

招聘广告是补充各种工作岗位都可以使用的宣传方法,使用最为普遍。阅读这些广告的不仅有工作申请人、潜在的工作申请人,还有客户和一般大众,所以公司的招聘广告代表着公司的形象,需要认真实施。企业使用广告作为宣传工具有很多优点:第一,工作空缺的信息发布迅速,能够在一两天之内就传达给外界;第二,与许多其他宣传方式相比,广告渠道的成本比较低;第三,在广告中可以同时发布多种类别工作岗位的招聘信息;第四,广告发布方式可以给企业保留许多操作上的优势,体现在企业可以要求申请人在特定的时间段内亲自来企业、打电话或者向企业人力资源部门邮寄自己的简历和工资要求等信息。此外,企业还可以利用广告渠道发布"遮蔽广告"(Blind Advertisements)。所谓的遮蔽广告指的是在招聘广告中不出现招聘企业名称的广告,通常要求申请人将自己的求职信和简历寄到一个特定的信箱。企业使用遮蔽广告的原因有时是它不愿意暴露自己的业务区域扩展计划,不想让竞争对手过早地发现自己在某一个地区开始招聘人力;也可能是由于招聘企业的员工正在罢工等使企业的名声不好;还有可能是由于企业不愿意让现有员工发现企业正准备用外部人员填充企业的某些职位空缺。

使用广告启事时要注意两点:第一,媒体的选择。广告媒体的选择取决于招聘工作岗位的类型。一般来说,低层次职位可以选择地方性报纸,高层次或专业化程度高的职位则要选择全国性或专业性的报刊。第二,广告的结构。广告的结构要遵循 AIDA 四个原则,即注意(Attention)、兴趣(Interesting)、欲望(Desire)和行动(Action)。换言之,好的招聘广告要能够引起读者的注意和兴趣,继而产生应聘的欲望并采取实际的应征行动。在招聘广告的内容方面,美国学者 J.Gordon、P. Wilson 和 H. Swann 在 1982 年通过对报纸读者的调查来了解企业招聘广告中各种信息的必要性,如表 4-2 所示,表中的数字是读者认为各种细节有必要的百分比。

表 4-2 广告的必要内容

细节	细节的必要性(%)
工作地点	69
任职资格	65
工资	57
职务	57
责任	47
公司	40
相关经历	40
个人素质	32
工作前景	8
公司班车	8
员工福利	6

资料来源:Crino, M. D. and Leap, T. L., *Personnel/ Human Resource Management*, Macmillan, 1989:193.

企业的招募宣传应该向合格的候选人传达企业的就业机会,并为本企业营造一个正面的形象,同时提供有关工作岗位的足够信息,以便那些潜在的申请人能够将工作岗位的需要同自己的资格和兴趣进行比照,并唤起那些最好的求职者的热情前来申请。这不仅适用于企业在外部人力资源市场进行招聘,也适用于企业在内部人力资源市场的招聘工作。

三、职业介绍机构

改革开放以来,我国出现了许多职业介绍机构。在美国,职业介绍机构有公立的也有私立的。公立职业介绍机构主要为蓝领员工服务,有时还兼管失业救济金的发放。私立职业介绍机构主要为高级专业人才服务,收取一定的服务费,费用可以由求职者支付,也可以由雇主支付,这往往取决于劳动市场的供求状况。但是实际上,由雇主付费的情况居多。

职业介绍所的作用是帮助雇主选拔人员,节省雇主的时间,特别是在企业没有设立人事部门或者需要立即填补空缺时,可以借助职业介绍所。但是,如果需要长期借助职业介绍所,就应该把工作说明书和有关要求告知职业介绍所,并委派专人同几家职业介绍所保持稳定的联系。Leap 和 Crino 认为,在下述情况下,适合采用就业中介机构的方式:第一,用人单位根据过去的经验发现难以吸引到足够数量的合格工作申请人;第二,用人单位只需要招聘很少数量的员工,或者是要为新的工作岗位招聘人力,因此设计和实施一个详尽的招聘方案是得不偿失的;第三,用人企业急于填充某一关键岗位的空缺;第四,用人单位试图招聘到那些现在正在就业的员工,在人力资源市场供给紧张的形势下就更是如此;第五,用人企业在目标人力资源市场上缺乏招聘经验。

四、猎头公司

　　猎头公司是一种与职业介绍机构类似的就业中介组织,但是由于它特殊的运作方式和服务对象的特殊性,经常被看作一种独立的招聘渠道。一个被人们广泛接受的看法是,那些最好的人才已经处于就业状态。猎头公司是一种专门为雇主"搜捕"并推荐高级主管人员和高级技术人员的公司,它们设法诱使这些人才离开正在服务的企业。猎头公司的联系面很广,而且特别擅长接触那些正在工作并且没有积极性更换工作的人。它可以帮助公司的最高管理层节省很多招聘和选拔高级主管等专门人才的时间。但是,借助于猎头公司的费用要由用人单位支付而且费用很高,一般为所推荐人才年薪的1/4—1/3。

　　无论是借助猎头公司寻找人才的企业还是被猎头公司推荐的个人,都需要注意许多问题。使用猎头公司的企业需要注意的是:第一,必须首先向猎头公司说明自己需要哪种人才及其理由。第二,了解猎头公司开展人才搜索工作的范围。美国猎头公司协会规定,猎头公司替客户推荐人才后的两年内,不能再为另一个客户把这位人才挖走。所以,在一定时期内,猎头公司只能在逐渐缩小的范围内搜索人才。第三,了解猎头公司直接负责指派任务的人员的能力,不要受其招牌人物的迷惑。第四,事先确定服务费用的水平和支付方式。第五,选择值得信任的人。这是因为猎头公司从事搜索人才工作的人不仅要了解本公司的长处,还要了解本公司的短处,所以一定要选择一个能够保密的人。第六,向这家猎头公司以前的客户了解这家猎头公司所提供服务的实际效果。那些希望借助猎头公司谋职的个人需要注意的是:第一,多数猎头公司不大注意主动应征者,而愿意自己去搜索;第二,猎头公司有时会先推荐一个不合格的应征者给客户,借以博得后来的应征者对这项工作的好感,激发其工作热情;第三,猎头公司及其客户对不急于更换工作的应征者更有兴趣,所以与他们接触时需要足够的耐心。

五、校园招聘

　　大学校园是专业人员与技术人员的重要来源。公司在设计校园招聘活动时,需要考虑学校的选择和工作申请人的关注两个问题。在选择学校时,组织需要根据自己的财务约束和所需要的员工类型进行决策。如果财务约束比较紧,组织可能只在当地的学校中进行选择;而实力雄厚的组织通常在全国范围内进行选择。美国的一家公司在选择学校时主要考虑以下标准:(1)在本公司关键技术领域的学术水平;(2)符合本公司技术要求的专业毕业生人数;(3)该校以前毕业生在本公司的绩效和服务年限;(4)本公司关键技术领域的师资水平;(5)该校毕业生过去录用数量与实际报到数量的比率;(6)学生的质量;(7)学校的地理位置。在大学校园招聘中,一个经验是最著名的学校并不总是最理想的招聘来源,其原因是这些学校的毕业生自视很高,不愿意承担具体而烦琐的工作,从而在很大程度上妨碍了他们对经营的理解和管理能力的进步。像百事可乐公司就很注意从二流学校中挖掘人才。

一般而言,组织总是要极力吸引最好的工作申请人进入自己的公司。组织要达到这一目的需要注意以下问题:一是进行校园招聘时要选派能力比较强的工作人员,因为他们在申请人面前代表着公司的形象;二是对工作申请人的答复要及时,否则会对申请人来公司服务的决心产生消极影响;三是新的大学毕业生总是感觉自己的能力强于公司现有的员工,因此他们希望公司的各项政策能够体现出公平、诚实和顾及他人的特征。IBM 等公司为了做好这一工作,确定了一定数量的重点学校,并委派高水平的经理人员与学校的教师和毕业分配办公室保持密切的联系,使学校方面及时了解公司现有空缺职位的要求以及最适合公司要求的学生的特征。现在,不少公司为学生提供利用假期来公司实习的机会,这可以使学生对公司的实际工作生活有切身的体会,同时也使公司有机会评价学生的潜质。在美国和日本,一些大公司常常在大学生还没有进入毕业年级时就展开吸引攻势。这些公司常用的手段包括向大学生邮寄卡片、赠送带有公司简介的纪念品、光盘等。摩托罗拉公司为了能够突出自己的吸引手段,曾经邮寄一种像网球罐一样的真空密封罐,里面装着一个手帕,手帕上印有宣传摩托罗拉公司的资料。

校园招聘的缺点是费钱费时,需要事先安排时间,印制宣传品,还要做面谈记录。表 4-3a 和表 4-3b 是两个校园招聘面谈记录表的示例,它们的结构化程度都比较高,基本上不需要招聘人员另外记录毕业生的信息。

表 4-3a 校园招聘面谈记录表

姓名:		时间:	
学校:		地点:	
将取得的学位及日期:	专业:		班级名次:
已取得的学位及日期:	专业:		班级名次:
申请职位:1.	2.	3.	
工作地点:1.	2.	3.	
考察因素		评分	
仪表言谈:外表、态度、言谈举止、语调、音色		1 2 3 4 5	
机智:反应灵敏、表达充分		1 2 3 4 5	
独立性:独立思考能力、情感成熟、影响他人		1 2 3 4 5	
激励方向:兴趣与职位符合、进取心、激励可能性		1 2 3 4 5	
教育:所学习的课程与工作的配合程度		1 2 3 4 5	
工作经验:以前工作经验对职位的价值		1 2 3 4 5	
家庭背景:家庭环境对工作的积极意义		1 2 3 4 5	
面谈考官评语:			
总体评价: 1 2 3 4 5			
面谈考官签字:	职称:	日期:	

表 4-3b　结构化面谈——校园招聘

| 申请人编号： | 姓名： | 性别： | 日期： |

学校名称：　　　　　专业：　　　　　学位：

1. 班级排名：○ 前5%　○ 前10%　○ 前20%　○ 前30%　○ 前50%　○ 其他

2. 态度—激励—目标：○ 不理想　○ 一般　○ 良好　○ 优秀
评语(是否向上、合作、活跃、目标导向)：

3. 沟通技巧：○ 不理想　○ 一般　○ 良好　○ 优秀
评语(是否诚恳、机智、人格力量、说服力、印象深刻)：

4. 智力：○ 不理想　○ 一般　○ 良好　○ 优秀
评语(是否有洞察力、创造力、想象力、推理能力)：

5. 执行能力：○ 不理想　○ 一般　○ 良好　○ 优秀
评语(是否从容不迫、有条不紊、表现突出)：

6. 决策能力：○ 不理想　○ 一般　○ 良好　○ 优秀
评语(是否思想成熟、独立思考、符合逻辑、常识丰富、果断)：

7. 领导能力：○ 不理想　○ 一般　○ 良好　○ 优秀
评语(是否自信、负责任、讲求效果、能够把握分寸)：

8. 总评：

9. 是否应该入选：

10. 推荐职位：1.　　　　2.　　　　3.

　　大学毕业生在选择申请面试的公司时考虑的主要问题是公司在行业中的名声、公司提供的发展机会和公司的整体增长潜力等。一般而言,受商业周期对人力资源供求形势的影响最明显的是大学毕业生申请人。在商业周期走向繁荣期间,他们是最大的受益者;而在商业周期走向衰退期间,他们是最大的受害者。因此,大学生应该重视招聘环节对自己就业机会的影响,特别是要想方设法给招聘者一个深刻的印象。不管大学毕业生申请哪种工作,对组织的招聘过程有一个充分的了解都将有助于其在人力资源市场上占据主动。

六、员工推荐与申请人自荐

　　过去,许多公司严格限制家庭成员在一起工作,以避免过于紧密的个人关系会危害人事决策的公正性。不过,现在已经有很多公司逐渐认识到,通过员工推荐的方法雇用现有员工的家属或者朋友有很多好处。这种方式可以节省招聘人才的广告费和付给职业介绍所的费用,还可以得到忠诚且可靠的员工。如果员工推荐的工作申请人的特征与组织的要求不匹配,不仅影响到自己在企业中的地位,还会危害到自己和被推荐者之间的关系。美国企业的经验表明,采用员工推荐方式最多的企业是员工数量在500—2 000人的企业,而采用员工推荐方式最少的企业是员工数量在10 000人以上的大型企业。

移动互联网技术的发展带动了"微招聘"的兴起,即用人单位通过微博、微信等平台进行人才招聘,求职者也通过微博、微信获取招聘信息并应聘的网络招聘新形式。微招聘扩展了传统招聘模式,让熟人介绍、内部推荐等传统招聘方式爆炸式扩散,促进了员工推荐渠道的有效性。企业招聘信息发布后,员工通过移动互联网在个人社交圈子内转发,得到信息的人必定是企业员工相对了解和熟悉的人,在员工推荐时能够更了解人岗匹配程度。

对于毛遂自荐的应征者,公司应该礼貌地接待,最好让人事部门安排简单的面谈。对于应征者的询问信,公司应该予以礼貌而及时的答复。这不仅是尊重自荐者的自尊心,还有利于树立公司声誉和今后开展业务。

七、网络招聘

伴随着网络技术的发展,网络招聘日益成为用人单位招聘人才的一种重要方式。它打破了传统的求职方式,应聘者省去了奔波的劳累,依靠电脑即可获取工作机会的详细资料。企业只要有人才需求,随时可以发到网上。求职者能很快捕获到企业招聘信息,在最短的时间内做出响应。企业招聘工作时间由此大大缩短,这将有利于招聘工作效率的提高和招聘费用成本的节省。企业对求职者的处理结果、信息也能及时反馈给对方,减少求职者的等待时间。同时,网络招聘使招聘单位能够比较容易地获取全球人力资源市场的供求信息。一直以来,网络招聘被认为是未来人才市场发展的一个强势方向,其方便快捷的求职方式和招聘模式越来越成为求职者和企业的首选。

企业使用网络招聘主要有以下三种方式:企业网站、第三方招聘网站和社交媒体。企业自建网站招聘的优点在于企业对自身人力资源需求的理解比外部网站更加深刻,同时有能力和意愿完善对求职者的反馈及配套服务。第三方招聘网站以数据的形式记录、储存企业的招聘信息和求职者的个人信息,企业在上面发布、搜集信息可以节省精力,扩大受众面。社交媒体是近几年蓬勃兴起的交流方式,并逐渐由电脑端转向移动端,利用应聘者的零碎时间可以更高效、更快速地进行招聘,微信、微博等社交平台迅速成为拓展职场人脉、寻求商业合作、进行招聘求职等活动的重要平台。在社交招聘网络中,企业和应聘者可以进行多角度互动,双方联系更加紧密,从而更有利于双方的需求和要求达成一致。美国人力资源管理学会2011年的调查结果显示,56%的人力资源管理从业者表示他们正在使用社交网络进行招聘,与2008年的34%相比有大幅提升。2011年《Kelly Service全球雇员指数调研》显示,80%的中国雇员每天都使用社交网络,21%的中国雇员通过社交网络找工作。辐射范围如此之广的社交网络,毫无疑问地成为了企业招揽人才的新渠道。社交媒体渠道最大的优点就是社交网络是以信任为基础的,在朋友、行业及专业等群组中传播的各类信息可信度高。同时,相比于简历的平面信息,社交网络展现了求职者更全面的信息,包含职业发展背景、观点、经验、风格、人脉、喜好等。不过,在网络招聘盛行的时代,招聘人员也需要进一步提高识别简历和甄选人才的网络技术,工作申请者需要警惕各类网络招聘陷阱,加强个人信息保护意识。

网络招聘还出现了新兴的视频招聘(Video Recruitment)方法,就是通过远程网络的视频来完成招聘过程。这其中包括应聘者提供视频简历,招聘企业或组织直接与应聘者通过远程视频传送双方图像、声音进行沟通面试等不同于传统招聘途径的方法。视频简历可以把个人情况和特长技能录制成视频影像提供给招聘者。视频简历最大的特点在于图像和声音的结合,动态地展现工作申请人的综合素质、言谈举止和真实形象。它可以与传统的文字简历"动静结合",让企业更直观、更全面地获取申请人信息。需要注意的是,不是所有企业和岗位都适用视频简历。对于一些公关类、广告创意类等岗位,视频简历可以彰显更多的个人魅力;但是对于技术类等岗位,视频简历的作用就不突出。

八、临时性雇员

随着市场竞争的加剧,企业面临的市场需求常常会发生波动,而且企业还要应付经济周期的上升和下降。在这种情况下,企业往往需要在保持比较低的人工成本的同时,使企业的运营具有很高的适应性和灵活性。为此,企业可以把核心的关键员工数量限制在一个最低水平上,同时建立一种临时员工计划。这种计划可以有以下四种选择:第一种,内部临时工储备。企业可以专门向外部进行招聘,也可以把以前雇用过的员工作为储备,这些员工随叫随到。第二种,通过中介机构临时雇用。企业可以与那些保留和管理人力资源储备的就业服务机构签订合同,临时性地使用这些人力。第三种,利用自由职业者,如与自由撰稿人和担当顾问的教授专家签订短期服务合同。第四种,短期雇用,即在业务繁忙时期或者一个特定项目实施期间招聘一些短期服务人员。临时性雇员计划的缺点是:第一,增加招聘的成本;第二,增加培训成本;第三,产品质量的稳定性下降;第四,需要管理人员加强对临时性员工进行激励。

九、招聘渠道的比较

组织在进行招聘时必须使潜在的工作申请人能够得到潜在的工作机会。在现实的招聘实践中,组织有多种招聘渠道可以选择,而具体选择哪种招聘方式在很大程度上取决于组织的传统做法和过去的经验。原则上,组织所选择的招聘渠道应该能够保证组织以合理的成本吸引到足够数量的高质量的工作申请人。美国人力资源管理学界一个主流的看法是:招聘专业人员的最有效的三个途径依次是员工推荐、广告和就业机构,招聘管理人员的三个最有效途径依次是员工推荐、猎头公司和广告。20世纪80年代末,美国曾经公布过一个包括245个样本组织的调查结果,显示了这些组织对不同的招聘渠道有效性的评价,如表4-4所示。

表4-4 各种招聘渠道的有效性评价

有效性	行政办公人员	生产作业人员	专业技术人员	佣金销售人员	经理人员
第一	报纸招聘(84)	报纸招聘(77)	报纸招聘(94)	报纸招聘(84)	内部晋升(95)

(续表)

有效性	行政办公人员	生产作业人员	专业技术人员	佣金销售人员	经理人员
第二	内部晋升(94)	申请人自荐(87)	内部晋升(89)	员工推荐(76)	报纸招聘(85)
第三	申请人自荐(86)	内部晋升(86)	校园招聘(81)	内部晋升(75)	私人就业服务机构(60)
第四	员工推荐(87)	员工推荐(83)	员工推荐(78)	私人就业服务机构(44)	猎头公司(63)
第五	政府就业机构(66)	政府就业机构(68)	申请人自荐(64)	申请人自荐(52)	员工推荐(64)

注：表中括号内数字是调查样本组织中采取该种招聘渠道的百分比。

资料来源：Milkovich, G. T. and Boudreau, J. W., *Human Resource Management*, Richard D. Irwin, 1994：292.

  由此可见，一个基本的结论应该成立，即不同的工作岗位应该有不同的招聘渠道。对于行政办公人员，被认为最有效的招聘渠道依次是报纸招聘、内部晋升、申请人自荐、员工推荐和政府就业机构。对于生产作业人员，被认为最有效的招聘渠道依次是报纸招聘、申请人自荐、内部晋升、员工推荐和政府就业机构。对于专业技术人员，被认为最有效的招聘渠道依次是报纸招聘、内部晋升、校园招聘、员工推荐和申请人自荐。对于获取佣金的销售人员，被认为最有效的招聘渠道依次是报纸招聘、员工推荐、内部晋升、私人就业服务机构和申请人自荐。对于经理人员，被认为最有效的招聘渠道依次是内部晋升、报纸招聘、私人就业服务机构、猎头公司和员工推荐。值得注意的是，这次调查揭示出一个有趣的现象，即各个组织对招聘来源的选择和使用与其有效性评价存在很大程度的不一致。例如，对于行政办公人员和生产作业人员，被认为最有效的招聘渠道都是报纸，但是分别只有84%和77%的组织采用这种方法；对于获取佣金的销售人员，被认为最无效的招聘渠道是申请人毛遂自荐，却有52%的组织采用这种方式；对于经理人员，被认为最无效的招聘渠道是员工推荐，但是仍然有64%的组织采用这种方法。只有专业技术人员的招聘渠道的使用频率与有效性的评价次序是一致的。

  各种招聘渠道吸引来的员工的工作前程可能具有不同的特征。一项研究表明，通过员工推荐进入组织的员工通常不会在很短的时间内离职。其原因可能有以下三个方面：一是推荐者已经事先向被推荐者详细介绍了组织的情况，以致他进入组织后没有产生强烈的意外和失望；二是被推荐者已经通过了推荐者按照组织需要进行的筛选；三是推荐者可能对被推荐者施加了某种压力，使其比较稳定地工作。还有研究表明，被推荐进入组织的员工在开始获得的薪酬水平比较高，但是在随后的晋级中，薪酬增长得比较缓慢。其原因可能是开始组织对被推荐者的资格比较确信，但是他们的长期表现说明开始时对他们的评价存在高估。

第三节 员工录用方法

员工录用过程包括对工作申请人进行测评、制定录用决策和对录用结果做出评价。在人力资源管理中,之所以要谨慎地进行招聘遴选,是因为招聘工作不仅关系到今后组织人力资源队伍的质量,而且花费巨大。表面上看,组织招聘活动的花费是一次性的;但是实际上,在这些员工的工作过程中,组织要对他们支付工资、福利和其他各种费用。因此,招聘所隐含的实际支付对组织来说是巨大的。目前,我国的企业在招聘过程中过于强调员工能否胜任所招聘的工作岗位。但是现在组织面临的经营环境处于快速变化之中,有远见的招聘不仅要使员工能够胜任第一个工作,还应该有发展的潜力,可以不断地接受培训,适应组织经营方向的变化,从而长期地服务于组织。

企业在招聘的录用环节需要开展许多具体工作来为录用决策寻找依据,最主要的筛选方法是申请表格、员工测评和录用面试。这些工作包括对工作申请人的背景材料进行调查,对工作申请人进行测试以及建立工作申请人录用取舍的标准。

一、推荐与背景调查

推荐与背景调查是企业在招聘中对外部工作申请人进行初选的常用方法。美国在1985年的一项调查发现,有30%的工作申请人的简历中至少有一处重大虚构。通常,这些虚假成分主要集中在夸大自己的学习成绩和过去工作责任方面。目前,在我国的许多城市中都已经发现有人在出售假学历证书,这给企业的员工招聘和选择过程带来了新的难题。读者可能记得小说《围城》中的方鸿渐是如何获得美国"克莱登"大学的哲学博士学位的。事实上,在美国有许多证书邮购工厂,它们在流行杂志上做广告,可以根据求购者的生活经历或者财力授予文凭。美国联邦情报局估计,美国有100多个这种工厂,每年出售的假文凭数量为 10 000—15 000 个。

背景调查是指企业通过打电话或要求工作申请人提供推荐信等方式对应征者的个人资料进行验证。推荐信和背景调查可以提供关于工作申请人的教育与工作履历、个人品质、人际交往能力、工作能力以及过去或现在的工作单位重新雇用申请人的意愿等信息。一般来说,只有当信息提供者具备下列条件时,推荐信和背景调查材料才有意义:第一,推荐者或被调查对象有适当的机会在工作状态下观察工作申请人;第二,推荐者或被调查对象有资格评价申请者的工作情况;第三,能够用调查单位可以理解的方式陈述对申请人的评价。这里需要注意的是,在推荐信可以被工作申请人查阅的情况下,它可能不反映真实的情况。

根据美国企业的经验,背景调查有时并不能取得很好的效果,其原因是:第一,美国的法律禁止诋毁他人。美国曾经有一个雇主在接受对自己的前员工的背景调查时说这名员工是一个怪人,结果这名员工没有得到新的工作。事后这名员工起诉了自己原来的老板,获得了 56 000 美元的赔偿。1989 年,美国 John Hancock 共同生命保险公司因诽谤前雇员

Cliffod Zalay 而被起诉,结果法院判决补偿这名员工 2 500 万美元。不过如果企业一味地拒绝提供前雇员的信息也不是最好的方法,因为隐瞒前员工诸如暴力等重要的事实也可能招致查询公司的起诉,在这个棘手的问题上,美国企业界认为诚实是最好的办法。第二,美国的很多雇主有时故意过高地评价自己从前的下属。出于这些原因,背景调查的有效性会受到很大的影响。克服这一缺点的一种方法是请求员工的原工作单位对员工的工作态度、出勤情况、与同事合作的情况进行量化评级。

招聘企业在使用背景调查了解工作申请者的信息时应该遵循以下原则:第一,只调查与工作有关的情况,并以书面的形式记录,以证明将来的录用或拒绝是有依据的;第二,在进行背景调查以前,应该征得工作申请人的书面同意;第三,忽视申请人的性格等方面的主观评价内容;第四,估计背景调查材料的可靠程度,一般来说,申请人的直接上司的评价要比人力资源管理人员的评价更可信;第五,要求对方尽可能使用公开记录来评价员工的工作情况和个人品行。在背景调查过程中,常见的问题如表 4-5 所示。

表 4-5 背景调查常见问题

我希望核实×××先生(女士)的以下情况,他(她)在应征本公司。
1. 请问他在贵公司服务期间是从什么时间到什么时间?
2. 他在贵公司的工作性质是什么?
3. 他自称离职前的待遇是×××,请问是否正确?
4. 他是否担任过主管? 如果是,是否胜任?
5. 他工作是否认真?
6. 他上下班缺勤的情况怎样?
7. 他为什么要离开贵公司?
8. 贵公司是否愿意再雇用他? 为什么?
9. 他最突出的优点是什么?
10. 他最主要的缺点是什么?

在背景调查中,被要求提供证明材料的企业应该遵循以下原则:第一,首先了解对方的姓名、职务、公司名称、调查的性质和目的;第二,在提供证明材料之前,必须征得被调查员工的书面同意;第三,保存所有已经提供的信息的书面材料;第四,不做主观性的评价,尽可能使用事实进行具体陈述;第五,不提供任何对方不要求的情况,也不谈细节。美国有些公司在员工辞职或被辞退时签署一份协议,或者放弃被推荐的资格,或者放弃查阅自己的背景调查资料的权利。这样做的目的是减少可能出现的因被其他公司要求提供员工情况所引起的麻烦。

二、录用测试方法

员工录用测试的类型有很多,我们可以将它们归纳为以下几类。

(一)能力测试

常用的能力测试方法包括一般智力测试、语言能力测试、非语言能力测试、算术能力测试、空间感判断能力(对物体位置改变效果的想象力)测试、运动能力(速度和协调性)测试、机械记忆能力测试、推理和理解能力测试、反应速度测试和逻辑归纳能力测试。需要指出的是,智商测验虽然可以用来衡量一个人的智商水平,但是对员工录用的作用很有限。智商测试只适合非成年人,其方法是用测试对象的智能年龄除以实际年龄,再乘以100所得到的结果就是这个人的智商水平。而成年人由于后天的学习和实践经验,即使测试成年人的智商也只能是一个推算的结果,用来衡量其智商是高于还是低于平均水平。在招聘经理人员时,智力素质测试一般包括谈吐的流利程度和空间想象能力,可以通过他们从文字或数字资料中归纳结论的能力来判断未来经理人员的才能。

(二)操作能力与身体技能测试

操作能力测试指身体的协调性与灵敏度测试,身体技能测试指力量与耐力测试。这些测试包括手指灵敏度、手艺灵巧度、手臂移动速度、力量持续的时间、静态的力气(如举重物)、动态的力气(如推拉)和身体的协调性(如跳绳)等。对于大多数工作而言,身体技能可以通过技术训练来培养。操作能力与身体技能测试可以用来判断应征者是否适合接受训练,估计应征者需要多长时间才能学会这些技能,以及决定应征者能否胜任这项工作。操作能力与身体技能测试有助于筛选掉那些永远也无法胜任这项工作的应征者。

(三)人格与兴趣测试

员工的工作绩效不仅取决于心智能力和身体能力,还决定于心理状态和人际沟通技巧等其他一些不大客观的因素。人格测试用来衡量受试者的内省性和情绪的稳定性等方面的基本状况。主要的人格测试法是影射法,即让应试者看一个不明显的刺激物(比如图片),然后让受试者在不受约束的条件下做出反应,如根据自己对图片的理解叙述一个故事。由于刺激物很模糊,受试者的解释实际上是他们的内心状态、情感态度以及对生活的理解的准确反应,考官可以根据这一故事来了解受试者的想象推测方式和性格结构。人格测试应该在人格特征与在职的工作绩效之间存在显著关系时采用,而且人事专家必须推断受试者在回答中掩饰了多少本性。兴趣测试是将受试者的兴趣同各种职业成功员工的兴趣做比较,以判断应试者适合做什么工作,并作为员工前程规划的参考。另外还可以同时向受试者提供一个明确的刺激物(如一个关于对哪种行为方式更感兴趣的陈述)和一套可供选择的答案,分析受试者的回答从而判断他们的性格和兴趣。[①] 招聘测试中的客观考察类方法和想象力测试刚好相反:在客观测试中,受试者总是在猜测考官的想法;而在想象力测试中,则是考官在猜测应试者的想法。

(四)成就测试

成就测试是了解受试者已经掌握了的知识与能力,最常见的学历要求就属于成就测试。以工作申请人的教育水平为选择的重要依据的做法在日本、韩国、新加坡和中国台湾等亚太地区非常流行。在日本,最好的企业只在最好的大学的毕业生中进行招聘。在

---

① 有兴趣的读者可以参见《财富》(中文版)1998年第8期第24—26页,那里有一套职业兴趣测试的问卷。

新加坡,企业不仅在招聘录用环节非常重视工作申请人的教育程度,甚至在确定员工薪酬和晋升时也非常重视员工的教育水平。在韩国,现代、三星、大宇和LG等跨国大企业在录用员工时非常重视"SKY大学"的毕业生,而所谓的SKY大学实际上是首尔大学、高丽大学和延世大学的总称——这三所大学的英文名称的字头分别是S、K和Y。

(五)工作样本法

前面我们讲过的能力测试、人格测试和兴趣测试等都是对工作绩效进行预测,而工作样本法则强调直接衡量工作绩效。工作样本法的主要目的是测试员工的实际动手能力,而不是理论上的学习能力。工作样本法的测试可以是操作性的,也可以是口头表达的,如对管理人员的情景测试。实施工作样本法的程序是:第一,选择基本的工作任务作为测试样本;第二,让受试者执行这些任务,并由专人观察和打分;第三,求出各项工作任务的完成情况的加权分值;第四,确定工作样本法的评估结果与实际工作表现之间的相关关系,以此决定是否选择这个测试作为员工选拔的工具。工作样本法的优点是:第一,让受试者实际执行工作中的一些基本任务,效果直接而客观,受试者很难伪装;第二,工作样本法不涉及受试者的人格和心理状态,不可能侵犯受试者的隐私权;第三,测试内容与工作任务明显相关,不会引起公平就业方面的忧虑。但是,工作样本法的缺点是需要对每个受试者单独进行测试,成本可能比较高。

(六)测谎器法

测谎器的工作原理是通过衡量受试者的心跳速度、呼吸强度、体温和出汗量等方面微小的生理变化来判断他是否在说谎,因此测谎器的准确率可以达到70%—90%的水平。在提问的过程中,一般应该先问姓名和住址等中性的问题,然后再问实质性的问题。美国的零售商店、赌场、证券交易所、银行机构和其他金融机构以及政府的情报机关,在录用员工之前都愿意使用测谎器。因为这些组织的员工或者需要掌握大量的现金,或者工作内容涉及机密文件,所以员工对组织的忠诚度非常重要。不过,目前美国很多州的地方法律都禁止使用测谎器,即使可以使用,也不能强迫受试者接受。应该说,测谎器在一般企业员工录用中的作用是很有限的,除了可能受到法律的限制,测谎器对那些有表演才能的人和容易紧张的人也不大适用。

(七)笔迹判定法

目前,笔迹判定法在员工录用中的应用呈现一种上升的趋势。笔迹判定专家可以根据工作申请人的写字习惯判断他是否倾向于忽视细节、是否在行为上前后保持一贯、是否是一个循规蹈矩的人、有没有创造力、是否讲求逻辑、办事是否谨慎、重视理论还是重视事实、对他人的批评是否敏感、是否容易与人相处、情绪是否稳定等。此外,笔迹专家还可以通过笔迹分析工作申请人的需要、欲望及伪装的程度等特征。有资料显示,85%的欧洲公司愿意使用笔迹分析法作为录用工具之一,在美国也有不少公司聘请笔迹分析专家作为人事顾问。但是,由于这种方法还缺乏有效性的证据,因此我们一般不提倡使用笔迹分析方法。

（八）体检

在员工录用测试中,体检是一项重要的工作。对工作申请人进行体检的目的是检查应征者身体的健康状况是否符合职位的要求,发现应征者在工作职位方面是否存在限制,同时也有助于建立保险和福利措施。

三、自我甄选与真实工作预览

上述的录用测试方法,共同点都是由用人单位利用不同方法来更多地了解候选人的能力、特质,然后根据本企业的需要进行选择。这是由企业主导的甄选方式。实践中,候选人自己也会根据对企业的进一步了解,根据自己的各种偏好,自我判断自己和企业是否合适,从而调整对企业最初的求职预期,甚至是求职意愿。这种方式,也可以称为候选人的自我甄选。在招聘过程中,企业对外公布的很多信息,都在一定程度上影响员工的自我甄选,产生分选效应(Sorting Effect)。例如,薪酬制度的分选效应是指不同的薪酬安排作为一种甄选手段,可以吸引、留住与组织匹配的员工,淘汰与组织不匹配的员工(Lazear,1986)。① 向员工提供薪酬制度的自我选择机会,可以根据员工的实际选择所传递的信号来甄别员工特征,从而更好地配置人力资源。从员工角度来说,不同特征的个体通过选择能够给自己带来更高效用的薪酬制度,可以更好地满足自己的需求,实现个人与薪酬制度的更佳匹配。②

企业招聘过程中采用的工作现实预览方法在很大程度上也是推动应聘者进行自我甄选的一种方式。工作现实预览(Realistic Job Preview),是指企业在招聘过程中给求职者(尤其是潜在的员工)以真实的、准确的、完整的有关企业和招聘职位的信息。这些真实的信息可以通过小册子、电影、录像带、面谈、上司和其他员工的介绍等多种方式提供。真实工作预览的优点是:第一,展示真实的未来工作情景,使工作申请人可以先进行一次自我筛选,判断自己与这家公司的要求是否匹配。另外,还可以进一步决定自己可以申请哪些职位,不申请哪些职位,这就为日后减少离职奠定了良好的基础。第二,实际工作预览可以使工作申请人清楚什么是可以在这个组织中期望的,什么是不可以期望的。这样,一旦他们加入组织后,就不会产生强烈的失望感,反而提高工作的满意程度、投入程度和长期服务的可能性。第三,这些真实的未来工作情景可以使工作申请人及早做好思想准备,即使日后的工作中出现困难,他们也不会回避难题,而是积极设法解决。第四,公司向工作申请人全面展示未来的工作情景,会使工作申请人感到组织是真诚的、可信赖的。实际工作预览有助于企业招聘产生一个好的匹配效果,提高员工的满足感并使员工对企业的忠诚度更高,从而使员工流失率较低。

在互联网时代,实际工作预览的方式也产生了新变化,工作申请者可以远程参观办公室、与工作人员对话等。例如,德勤会计师事务所中国子公司新浪官方微博推出了一个活

---

① Lazear, E. P., Salaries and piece rates, *Journal of Business*, 1986, 59(3): 405-431.
② 丁明智、张正堂、程德俊:"薪酬制度分选效应研究综述",《外国经济与管理》,2013, 35(7): 54—62.

动——"德勤在线之旅"。参与者可以亲身体验一次线上旅行,旅行从"机场"开始,旅客可以在这里选择自己想要去的地方是北京、上海还是香港,"飞"抵目的地后,旅客可以参观德勤在当地的虚拟办公室,并与里面的员工交谈。每参观一个地方,旅客就能收到一个绿点,集齐六个绿点后,旅行完成。德勤在数小时之内就收到了足够多的工作申请。最后统计发现,有超过 1.7 万人参与到这个在线游戏中,其中许多人在游戏中与德勤频繁互动。

公司在准备实际工作预览的内容时,应该注意以下五个方面:第一,真实性。第二,详细程度。公司不应该仅仅只给出休假政策和公司的总体特征这样一些宽泛的信息,还应该对诸如日常的工作环境等细节问题也给出详细的介绍。第三,全面性。公司应该逐一介绍员工的晋升机会、工作过程中的监控程度和各个部门的情况。第四,可信性。第五,工作申请人关心的要点。一个公司的有些方面是申请人从公开渠道可以了解的,因此这不应该成为实际工作预览的重点,真实工作预览应该着重说明那些申请人关心的但又很难从其他渠道获得的信息。

四、工作申请表的设计和使用

工作申请表一般是由组织设计的由工作申请人填写并由组织人力资源部门保存的信息记录,它可以在组织出现职位空缺时用来选择员工。工作申请表除记录工作申请人的姓名、地址、联系电话等基本信息以外,还有一系列问题来了解申请人的个人特征与组织的空缺工作相互匹配的情况,包括年龄、性别、身体特征、婚姻状况、教育情况、培训背景等。有的组织还根据专家的意见或经验研究结果对每个因素赋予不同的权重,由此可以计算出每位申请人的总分,在制定录用决策时参考使用。我们这里重点介绍如何运用工作申请表的信息选择企业最需要的员工。首先需要知道的是,工作申请表中各个项目的重要性是不同的。假设目前企业中男性员工与女性员工的工作绩效没有显著的差别,那么工作申请表上性别一项的重要性就很小。那么到底工作申请表中哪些信息对企业的员工录用决策是关键的,则需要结合企业人力资源的统计资料,运用项目加权方法进行检测。通过检测,可以确定申请表中各个项目的重要性,由此可以决定员工录用的取舍标准。下面,我们结合一个数字的例子说明这种检测技术的步骤,如表 4-6 所示。

表 4-6 工作申请表项目权重检测

项目	长期(%)	短期(%)	差异(%)	权重
1. 性别				
男	20	70	-50	-5
女	80	30	50	5
2. 年龄				
25 岁以下	10	40	-30	-3
25—35 岁	20	30	-10	-1
36—45 岁	30	20	10	1
45 岁以上	40	10	30	3

（续表）

项目	长期(%)	短期(%)	差异(%)	权重
3.住址				
市内	70	20	50	5
郊区	30	80	-50	-5
4.配偶工作				
上班	60	40	20	2
在家	40	60	-20	-2

第一，决定检测的目标准则，即决定企业衡量理想员工的标准，如在本企业服务期的长短、工作绩效水平等。

第二，收集有关资料。收集本公司历史上的员工资料，员工样本越多越好。例如，企业的招聘目标是录用到那些最可能在企业长期服务的员工，并且以服务满一年以上的作为长期服务者，以服务不满一年的作为短期离职者。

第三，计算历史上员工在工作申请表中各个项目上分布的百分比。如长期服务的男性员工的比例，长期服务的女性员工的比例；短期服务的男性员工的比例，短期服务的女性员工的比例；等等。

第四，计算占比差异，并将占比的差异转换成权重。例如在本例中，在长期服务的员工中，男性占20%；在短期服务的员工中，男性占70%。二者相差-50%，那么可以就将"男性"这一项目的权重确定为-5。

第五，按照上述方法得到工作申请表中每个项目的权重之后，计算研究样本中的每个员工在这些项目上的总分；然后将各个员工的总分由高到低排序，分别计算长期服务者和短期服务者的累计百分比。长期服务者与短期服务者的累计百分比的差异就是差异指数，如表4-7所示。

表4-7　差异指数计算表

总分	长期(A)	短期(B)	差异指数(A-B)
18	10	0	10
17	15	0	15
16	19	2	17
15	24	5	19
14	28	8	20
13	31	10	21
12	32	11	21
11	35	12	23
10	38	15	23
9	43	17	26
8	48	20	28

(续表)

总分	长期(A)	短期(B)	差异指数($A-B$)
7	51	25	26
6	56	33	23
5	61	39	22
4	65	46	19
3	70	54	16
2	74	59	15
1	76	61	15
0	78	64	14
-1	82	68	14
-2	88	72	16
-3	90	76	14
-4	96	79	17
-5	99	84	15
-6	99	89	10
-7	100	92	8
-8	100	97	3
-9	100	100	0

我们可以发现，随着员工总分数的下降，差异指数呈现先上升而后下降的趋势。当员工的总分为8时，差异指数达到最大值28。这一临界水平就应该作为企业在员工录用中区分长期服务者和短期服务者的最低标准。这一分析过程的统计学含义是，如果工作申请人在工作申请表中各个项目上得到的总分是18，那么根据历史经验，该员工肯定是一个长期服务者。但是如果企业只招聘总分为18的工作申请人，很可能无法满足企业招聘的数量要求，或者要耗费过高的成本。如果企业对工作申请人的总分要求降到15，那么根据过去的经验，能够得到15分及以上的工作申请人中成为长期服务者比成为短期服务者的概率高19个百分点。如果企业对工作申请人的总分要求降到10，那么根据过去的经验，能够得到10分及以上的工作申请人中成为长期服务者比成为短期服务者的概率高23个百分点；而且，随着总分要求的降低，这一可能性还在增大，直到总分降到临界水平8为止。

工作申请表项目检测技术具有一个很重要的优点，因为大多数工作申请人愿意填写受试表格，但是不愿意接受直接的员工检测，所以人力资源部门运用受试表格进行隐蔽的检测能够达到更准确、更易行的效果。需要指出的是，可以作为工作申请表检测的项目很多，包括年龄、居住地点、性别、工龄、配偶是否工作、教育程度、配偶的受教育程度、在校成绩、最低薪酬要求、专业对口程度等，几乎所有工作申请人的个人特征都可以用来进行检测。

五、录用的原则

在招聘录用过程中,组织往往需要将多种测评工具结合在一起使用。在使用多元选择方法时,一般可以有三种原则:

(一)补偿性原则

所谓的补偿性原则是指工作申请人在招聘测评中成绩高的项目可以补偿成绩低的项目,因此在评价时可以对不同项目设置不同的权重。例如:

$$未来工作绩效预测值 = 0.6 + 0.4 \times 工龄 + 0.3 \times IQ 成绩 + 0.5 \times 学历分值$$

这种补偿性原则适用于对申请人没有某种最低要求而是强调申请人综合素质的情况。

(二)多元最低限制原则

所谓的多元最低限制方法是指申请人在测评的每个方面都必须达到某个最低标准。在运用这种方法时,申请人依次经过各种测试,只有在测试中没有被淘汰的才有资格参加下一种测试。为了进一步降低成本,在测试手段的安排上,应该首先选择成本较低的测试手段,成本越高的手段越应该安排在后面。

(三)混合原则

组织在招聘员工时经常遇到这样的问题,即在某几个方面对员工有最低的要求,但是在其他几个方面对员工没有最低的要求,这时就可以使用混合方法。具体的步骤是首先对申请人使用多元最低限制方法淘汰一部分,然后依据补偿性原则对申请人进行综合评价。

第四节 招聘面试

尽管申请表格和录用测评都是非常有用的选拔工具,但是最经常被使用的选拔工具还是面试。面试之所以最受重视,原因有以下几点:第一,面试人员有机会直接判断应征者,并随时解决各种疑问,这是申请表格和测评无法做到的;第二,面试可以判断应征者是否具有热诚和才智,还可以评估应征者的面部表情、仪表及情绪控制能力等;第三,许多主管人员认为在录用员工之前必须与申请人面试一次,否则难以做出最终的录用决策。虽然面试是企业在招聘中最经常使用的遴选手段,但是并没有证据支持它对员工未来工作绩效的预测能力。面试的缺点是面试人员容易情绪化,使得面试原有的优点无法充分发挥。许多企业并没有系统地研究过面试方式的效果,并不知道面试的这一缺点。录用面试在下列条件下比较有效:第一,面试仅仅限于与工作要求有关的内容;第二,面试者经过训练,能够客观地评价工作申请人的表现;第三,面试按照一系列具体规则进行。

一、面试的程序

（一）面试前的准备

在开展面试以前，首先要明确面试的目的。面试的目的可以是在申请人中间进行选择，也可以是只要求达到对申请人具有吸引的目的，或者收集申请人能够做什么事情和申请人愿意做什么工作的信息，或者检验申请人与组织要求的匹配程度，或者是向申请人提供组织的信息。因此，面试考官需要通过工作分析资料了解所招聘的工作岗位的要求，确定主要的工作职责，并严格根据工作分析结果编写设定的工作情景作为面试问题，设计并组织面试的程序以便实现面试的目的。

面试考官的工作是根据工作申请人对面试问题的回答，在脑海中刻画一个申请人的形象，同时将这一形象与企业需要的合格员工的形象进行对照，得到对申请人录用与否的评价。我们知道，工作申请人很有可能不愿意将自己的真实情况在面试中完全暴露出来，为此，面试考官必须精心设计面试问题。在准备面试问题时，一种方法是了解申请人过去的实际工作表现，其依据是过去的行为是未来的最佳预测。另一种方法是依据动机与未来的工作表现密切相关，可以用设计的工作情景进行测试。一般应该设计申请人各种回答的评分标准，在面试结束后对申请人的表现做出一个量化的评价。

面试人员应该事先认真阅读应征者的申请表和简历，若发现不明确的地方则应该在面试中澄清。面试考官要形成一个合格员工的形象也不是轻而易举的，这要求面试考官充分了解企业层面和工作岗位层面的信息，而且还要具备适宜的管理理念和价值取向。企业还要为面试安排合适的场所，最好选择比较僻静的房间，排除电话等各种可能的干扰因素。

（二）实施面试

面试开始时先营造一个轻松的气氛，可以从一些轻松的话题开始，如谈谈关于组织和工作的一般情况，消除申请人的紧张情绪。这样，即使最后不录用，也可以给应征者留下一个好印象。

面试的重点是通过与工作申请人的讨论和使用事先设计的情景问题，发现申请人的工作能力，工作申请人与未来的工作岗位相关的经验、教育和培训，以及申请人的工作兴趣和职业目标，据此对申请人的工作意愿和工作能力做出评价。面试考官在面试中不仅要注意申请人回答的内容，还要关注申请人回答问题的方式。在面试过程中，面试考官要注意申请人的面部表情并保持目光接触，这类因素可能反映申请人对工作的兴趣和工作能力。面试中应该避免那些回答"是"与"不是"等过于直接的问题，而应该提出需要应征者仔细回答的问题。在应征者回答之前不要做提示，在应征者回答之后应该不置可否。

在结束面试之前，应该留出时间容许应征者提问，然后以尽可能诚实礼貌的方式结束面试。如果认为应征者可以录用，就告诉他大概什么时间可以得到录用通知；对于不准备录用的应征者，也告诉他如果录用会发通知给他。

(三) 评估面试结果

在应征者离开后,面试人员应该仔细检查面试记录的所有要点,这有助于避免过早下结论和强调应征者的负面信息。面试考官应该根据申请人现有的技能和兴趣评价申请人能够做什么,根据申请人的兴趣和职业目标评价申请人愿意做什么,并在申请人评价表上记录对面试对象的满意程度。录用面试的程序与内容可以概括如表4-8所示。

表 4-8 录用面试程序与内容

场面	申请人	面试考官
准备活动	检查着装和仪表、到达面试地点、报到、等待	查阅简历、温习面试规程、准备问题、准备面试环境
问候和建立联系	握手、被邀请后落座、在闲谈中留下好印象	握手、请坐、通过闲谈使申请人放松
问与工作有关的问题	提供教育背景、提供工作经历的细节、详细说明个人的能力与技术水平、展现恰当的求职动机	询问教育背景、询问与职位有关的工作经历细节、讨论相关的技能和工作能力、了解申请人的求职动机
解答申请人的问题	询问工资和福利情况、询问晋升的机会、询问组织文化	以组织的立场回答申请人的问题、尽力为组织树立积极的形象
告别	等待考官暗示面试结束、讨论下一步骤、起立并握手、退场	表明面试即将结束、建议下一步活动、起立并握手、送申请人

资料来源:Milkovich, G. T. and Boudreau, J. W., *Human Resource Management*, Richard D. Irwin, 1994:351。

二、录用面试的种类

按照面试问题的结构化程度,可以将招聘面试分为以下几种类型:

第一,非结构化面试,其特点是面试考官完全任意地与申请人讨论各种话题。面试人员可以即兴提出问题,不依据任何固定的线索,因此对于不同的应征者,可能会提出不同的问题。非结构化面试方法可以帮助企业全面了解工作申请人的兴趣。

第二,半结构化面试。所谓的半结构化面试其实有两种含义:一种是考官提前准备重要的问题,但是不要求按照固定的次序提问,而且可以讨论那些似乎需要进一步调查的题目;另一种是面试人员依据事先规划的一系列问题对应征者进行提问,一般是根据管理人员、业务人员和技术人员等不同的工作类型设计不同的问题表格,在表格上要留出空白以记录应征者的反应以及面试人员的主要问题。这种半结构化面试可以帮助企业了解工作申请人的技术能力、人格类型和对激励的态度。最后,面试人员要在表格上给出评估和建议。

第三,结构化面试,即提前准备好问题和各种可能的答案,要求工作申请人在问卷上选择答案。结构化程度最高的面试方法是设计一个计算机程序来提问,并记录工作申请人的回答,然后进行数量分析,给出录用决策的程序化结果。结构化面试与半结构化面试最主要的区别在于:结构化面试不但要在工作分析的基础上提出与工作有关的问题,而且还要设计出工作申请人可能给出的各种答案。面试人员可以根据应征者的回答,迅速对应征者做出不理想、一般、良好或优异等各种简洁的结论。因此结构化面试是一种比较规范的面试方式。下面我们给出一个结构化面试的实施程序,如表4-9所示。

表4-9 结构化面试实施程序

1. 工作分析
   根据工作职责、必备知识、技术和能力,拟定工作说明书
2. 评估各项工作职责
   根据完成各项工作职责所需的时间长短等因素评估各项职责的相对重要性,目的是发现最主要的工作职责
3. 设计面试问题
   根据各项工作职责的内容及其重要性设计面试问卷,问题包括工作常识问题、意愿问题和情景问题
4. 设想问题可能的答案,并进行事先评分
5. 确定面试小组,开展面试
   面试小组一般由3—6人组成,应该包括参加工作分析和问卷设计的人员、人力资源部门的代表、招聘职位的直属上司和招聘职位的同事
6. 根据面试问卷表格上的项目进行评分,据此评价申请人

一般而言,结构化面试可以减少面试中的随意性,得到系统结果以评估申请人的适合程度。但是,好的面试考官应该能够灵活运用结构化面试问卷以发现重要的问题。

录用面试除了从面试问题的结构化程度的角度进行划分,还可以根据面试的组织方式将录用面试划分为其他几种类型:第一,系列式面试。这是指招聘企业要求应征者接受公司各个不同层次的管理人员的面试,方式一般是非结构化面试。各级面试人员独立做出评估意见,然后再进行比较和讨论,共同决定是否录用应征者。第二,陪审团式面试。这是指由多个面试人员同时与应征者进行面试,目的是更加全面地了解应征者的情况。第三,集体面试。这种方法是由陪审团式面试发展出来的,是由多个面试人员和多个应征者同时进行面试。面试人员分别提出问题,然后让各个应征者分别回答。第四,压力面试。这是指用穷追不舍的方法对某一主题进行提问,问题逐步深入,详细而彻底,直至应征者无法回答。这种方法的目的是测试应征者如何应付工作中的压力,了解应征者的机智和应变能力,探测应征者在适度的批评下是否会恼怒和意气用事。如果应征者对面试的提问表现出愤怒和怀疑,则说明他容忍工作压力的能力有限。使用这种方法时,面试人员需要具备一定技巧和控制能力,对应征者施加的压力应该是实际工作中真实存在的。

三、远程视频面试

依托多媒体技术和远程视频传输技术,企业可以通过远程视频进行面试。通过视频面试,求职招聘双方在系统中进行人与人、面对面的语音即时交流及影像的在线审视,短

时间内便可完成整个面试过程,解决多人的时间和地点协同的问题。远程视频面试最大的优点就是能够在异地招聘中节省大量的面试成本,如交通成本、食宿等差旅费用,使招聘人员和工作申请人无需奔波于城市之间就能达到面对面交流和双向沟通的效果。这也扩大了企业的招聘范围,节省了企业参加现场招聘的费用和时间。

远程视频面试和传统面试的程序类似,在面试前需要根据工作分析结果确定要考察的内容并设计相关问题,选择合适的场所,并检测所选场所电脑设备和网络是否正常运行。实施视频面试时,双方还可以利用网上的"空间"提供信息,如工作申请人可以提供自己的视频简历等视频材料、企业可以上传企业 LOGO 或者企业形象视频。

在运用视频面试时需要注意以下几点问题:第一,招聘人员应该提前浏览简历以确认提问内容,且题目的设置要符合情境。考虑到远程面试镜头所显示场景和缺乏见面接触的局限性,应该避免使用肢体语言的问题而尽量采用描述性问题。第二,在远程视频面试中,面试题目的设计应该是清晰简洁的,信息过大或者篇幅过长的问题会使视频面试的效果大打折扣。第三,招聘人员应该适当地引导申请人。由于视频面试方式普及度不高,一些工作申请人在镜头前常常无所适从,这时就需要招聘人员创造一种融洽的气氛让申请人恢复常态,以便更真实地表现自己。第四,视频面试的形式在链接后就能看清申请人的面部表情和模样,这使招聘人员容易受首因效应的影响而造成判断误差。所以,招聘人员在面试过程中需要考虑这个因素,尽量做到公平、客观地评价申请者。

视频面试作为一个新的招聘方式,丰富了现有招聘方式。但目前网络视频面试的受众有限,主要针对中高端人才和大学生,而对一些中低层求职者和劳动密集型企业,招人主要还是侧重于报纸招聘或现场招聘。

四、面试人员容易出现的问题

通常,在企业的录用面试过程中,面试考官可能会提出以下几个方面的问题,从而影响录用面试工作的效果,因此在面试中应该有意识地努力克服。

第一,第一印象效应。这是指面试人员经常在见到工作申请人的几分钟之内就已经根据应征表格和申请人的外貌做出录用判断,而且即使延长面试时间也无济于事。如果面试人员在面试之前就已经得到应征者的负面资料,尤其如此。

第二,强调工作申请人的负面资料。这是指面试人员比较容易受到应征者负面资料的影响。这包括两方面的含义:一是面试人员对应征者的印象容易由好变坏,但不容易由坏变好;二是对于工作申请人同样程度的优点和缺点,面试考官会强调缺点而忽视优点。这种负面效应存在的原因是:公司对面试考官招聘到合格的员工通常没有奖励,而对招聘到不合格的员工却会进行批评或表示不满。这种只有惩罚没有奖励的奖惩不对称使得面试考官一般倾向于比较保守,不愿承担风险。因此,面试经常被用来搜寻应征者的不利信息,结果大部分面试对应征者不利。

第三,考官不熟悉工作要求。这是指面试人员经常不了解工作内容,不清楚哪一种人才能胜任工作。在这种情况下,面试考官无法依据与工作岗位要求密切相关的信息做出录用决策。经验表明，在选拔标准不明确的情况下，面试人员经常给应征者一个偏高的评价。

第四，权重错置。在招聘面试中，考官一般要考察申请人的多个方面，并根据每个申请人在这些方面的表现综合考虑决定录用人选。但是在实践中，面试考官个体或全体会自觉或不自觉地不恰当地强调某些方面而忽视另外一些方面，导致录用决策产生偏差。

第五，招聘规模的压力。如果面试人员接到上级增加雇用人员的指示，往往会过高评价应征者，因而做出错误的决定。

第六，对比效应。这是指工作申请人的面试次序会影响面试人员的评价。一位中等的应征者在连续几位不理想的应征者之后接受面试常常会得到过高的评价，而同样这位申请人如果在连续几位很理想的工作申请人之后接受面试又会得到过低的评价。

第七，肢体语言和性别的影响。面试人员对应征者的评价会无意识地受到应征者的点头、坐姿、微笑、专注的神情等肢体语言的影响。另外，面试人员对应征者的评价还会受到应征者的性别的影响。在美国，如果男性申请人寻找白领工作，或者女性申请人寻找非管理类工作时，性别经常会有助于应征者得到工作。但是当一位富有魅力的女性寻找管理类工作时，这种魅力往往对她有不利的影响，因为她的吸引力常常被面试人员联想到阴柔娇气，而面试人员认为管理职位是一种阳刚型的工作。在这种情况下，面试人员往往并不重视她的实际工作能力。

五、影响录用面试结果的因素

研究表明，影响招聘的进行及其结果的因素包括以下三个方面，如表 4-10 所示。这三个方面的因素共同作用，决定着招聘面试的过程及其结果。

表 4-10 决定录用面试结果的因素

申请人方面的因素	面试考官方面的因素	其他因素
1. 年龄、性别和种族等因素	1. 年龄、性别和种族等因素	1. 组织内部和社会上的政治因素、经济形势和法律条款
2. 相貌、身高等身体特征	2. 相貌、身高等身体特征	2. 在招聘选择过程中面试的作用
3. 教育和工作背景	3. 心理特征：态度、智力和动机等	3. 筛选比率
4. 工作兴趣和职业抱负	4. 作为面试考官的经验和准备	4. 面试环境，包括舒适程度、隐私保护和面试考官的数量
5. 心理特征：态度、智力和动机等	5. 事先对工作要求的理解	5. 面试的结构
6. 作为面试对象的经验和准备	6. 面试的目标	
7. 对面试考官、工作和公司的理解	7. 语言和非语言行为	
8. 语言和非语言行为		

资料来源：George T. Milkovich, G. T. and Boudreau, J. W., *Human Resource Management*, Richard D. Irwin, 1994：352。

第五节 招聘效果评估

从闭环管理的角度看,某项招聘工作完成之后,企业需要对该项工作的效果进行评估。招聘效果的评估可以从总体效果进行评估,也可以从特定的角度进行评估。根据评估结果,企业对招聘工作进行必要的优化和改进。

一、招聘总体效果的评估

在实际的招聘评估过程中,可以使用一些客观因素,包括不同渠道申请人的招聘成本、不同渠道申请人的素质、不同渠道新员工的绩效、不同渠道员工的留职率以及不同的招聘者招聘来的员工绩效差异等指标。一个比较详细的招聘评价指标体系如表4-11所示:

表4-11 招聘评价指标体系

一般评价指标	1. 补充空缺的数量或比例 2. 及时地补充空缺的数量或比例 3. 平均每位新员工的招聘成本 4. 绩效优良的新员工的数量或比例 5. 留职至少一年以上的新员工的数量或比例 6. 对新工作满意的新员工的数量或比例
基于招聘者的评价标准	1. 从事面试的数量 2. 应试者对面试质量的评级 3. 职业前景介绍的数量和质量等级 4. 推荐的候选人被录用的比例 5. 推荐的候选人被录用而且绩效突出的员工的比例 6. 平均每次面试的成本
基于招聘方法的评价指标	1. 引发的申请的数量 2. 引发的合格申请的数量 3. 平均每个申请的成本 4. 从方法实施到接到申请的时间 5. 平均每个被录用的员工的招聘成本 6. 招聘的员工的质量(绩效、出勤等)

资料来源:Milkovich, G. T. and Boudreau, J. W., *Human Resource Management*, Richard D. Irwin, 1994:311.

从企业的角度看,招聘工作的成绩可以用多种方法检验。但是归根结底,所有的评价方法都要落实到在花费的资源既定的条件下,为工作岗位招到的申请人的适用性。这种适用性可以用全部申请人中合格的数量所占的比例、合格申请人的数量与工作空缺的比率、实际录用到的数量与计划招聘数量的比率、录用后新员工的绩效水平、新员工总体的辞职率以及各种招聘渠道得到的新员工的辞职率等指标来衡量。当然,不管采用什么方法,都需要考虑招聘成本,其中包括整个招聘工作的成本和所使用的各种招聘方式的成本,不仅要计算各种招聘方式的总成本,还要计算各种招聘方式招聘到的每位新员工的平均成本。此外,企业还应该对那些面谈后拒绝所提供的工作的申请人进行调查分析,特别是要对所提供的工资的接受与拒绝情况进行调查分析,企业从中可以发现许多关于当时人力资源市场工资行情的重要信息。

当前,常用的招聘效果主要从招聘周期、用人部门满意度、招聘成功率、招聘达成率、招聘成本五个方面进行评估。(1)招聘周期是指完成一个职位所需要的招聘时间。对于企业来论,职位一旦发布,就说明这个岗位是企业所需要的,如果长时间招不到合适的人才,就会给企业的运营带来直接影响。即使这个岗位不是急缺的,招聘周期越长,企业花费在上面的人力、物力、财力会越多。(2)用人部门满意度是指用人部门领导对所招员工的满意程度。招聘到的员工是直接听从用人部门的安排,由用人部门使用的,如果用人部门严重不满意就很可能重新启动该职位的招聘程序。(3)招聘成功率是指实际上岗人数和面试人数的比例。很多企业发布职位后会收到很多投递来的简历,与企业也会根据需要自主下载一些求职简历,经过筛选,对其中一部分求职者发出面试邀请。招聘成功率与用人单位的知名度有直接的联系。(4)招聘达成率是指实际上岗人数与计划招聘人数的比率。特别是基层岗位,需要的员工人数较多,招聘量大,但往往因为各种因素的干扰,实际能上岗的人数不能达到计划人数,这一比率与公司岗位设置有必然的关系。(5)招聘成本是指一个职位招聘需要花费的总费用,包括显性成本和隐性成本。企业对显性成本比较敏感,对隐性成本则认识不足。招聘成本的核算取决于多个因素,除了招聘广告费用、招聘员工成本、内部推荐奖励资金,不可忽视的还有内部沟通、内部协商等隐性成本。另外,试用期离职率、人才库建立、新员工满意度、入职办理速效性、外部渠道依赖性等方面也应纳入招聘效果的评估范畴。

招聘中对申请人进行选拔实际上是组织谋求最大化效用的结果。如果组织的目标是招聘到申请人中最优秀的员工,那么该组织的方法不仅是简单的,而且也是唯一的,即接受所有工作申请人的申请,然后根据他们在工作中的实际表现再决定留用哪些员工。但是由于这种方法的成本过高,还需要有足够多的工作设备和其他条件,容易发生事故,而且工作申请人也未必接受这样的安排,这实际上是不可行的。因此,对工作申请人的选择实际上是企业在招聘成本与招聘效果之间平衡的结果。

二、选择工具的可靠性与有效性

(一)员工测评的可靠性

在对工作申请人进行选择的过程中,组织与申请人处于信息非对称的地位。因此企业通常要使用一些挑选工具来做出录用决策。在招聘员工的过程中,选择方式实际上隐含着以下假设:

第一,企业采集到的关于申请人的工作经验和态度等特征方面的信息是精确的。一一般而言,存在三种情况使采集到的信息可能不精确:一是信息来源不知道准确的信息,例如工作申请人不知道自己的健康状况。通常的情况是当人们对需要提供的信息没有把握的时候,就会大胆而自信地按照自己最好的估计来提供。二是信息提供者故意提供虚假信息,这种情形不仅发生在工作申请人身上,有时也会发生在推荐人、面试考官和申请人以前的雇主身上。三是采集信息的方法本身妨碍了企业获得准确的信息,当报名表格设计得不好或者概念模糊时就可能发生这种情况。

第二,采集的信息与未来可能的工作绩效之间存在密切的联系,可以用来对每个申请人未来的工作绩效水平做出精确的预测。要做到这一点,就应该只采集与工作规范中出现的项目有关的信息。

员工录用测评的可靠性是指测评的稳定性和一致性,即用两项类似的测试去衡量同一个人,得到的结果应该基本相同;在不同的时间,用相同的测试去衡量同一个人,得到的结果应该基本相同。员工录用测评的可靠性是非常重要的。我们知道,录用过程的目标实际上是发现在录用测试中得到高分的工作申请人。在人员录用决策中,有两类可能发生的错误:录用了本该淘汰的人,即错误的录用,淘汰了本该录用的人,即错误的淘汰。没有产生错误或者在可能产生错误的不同条件下产生稳定结果的测试是可靠的测试。所谓的错误是指导致一个人得到的分数与其真实分数不一致的任何因素,这些因素包括进行测试的时间、所选择的样本和评价者的差异等。当然,所有的测试都在一定程度上存在错误。在录用过程中,申请人只经过一次评价,所以评价过程必须在内容、管理和评分标准方面标准化。只有这样,才能使评价对一个人的能力给出最真实、最准确的描述。在美国,录用测试过程可靠性的证据可以用来反击测试过程在法律上受到的指控。

可靠性是对任何测试过程的一个基本要求。如果一项测试不可靠,它就不可能是有效的。这是因为如果一项测试无法得到一致而稳定的分数,我们就不可能根据应试者在测试中得到的分数高低来预测他们在未来的工作绩效。测试的可靠性估计需要计算独立获得的两组分数之间的相关系数,相关系数越大,测试越可靠。这两组分数的取得有以下四种方法:第一,从同一次测试的两套试卷中获得,这要求每个应试者做两套试卷;第二,在不同的时间进行相同的测试以获得两组测试成绩;第三,从两个不同的评价者对同一测试的独立评分中得到;第四,在测试只能进行一次的情况下,可以将测试项目按照奇数项和偶数项分为两个部分,以此得出两组分数。最理想的情况是测试过程能够经过上述各种检验。还需要注意的是,测试过程的可靠性会随着样本的增加而增大。

(二)员工测评的有效性

组织招聘工作的有效性是指根据工作申请人在进入组织之前的特征,对申请人进入组织之后的工作表现进行预测成功的程度。有效性的研究可以帮助组织选择正确的指标遴选工作申请人,一个好的录用过程必须具有高度的有效性。其实所有的招聘活动都基于一种预测,都是建立在这样的一个假设之上,即在招聘中被认为好的人选将会成为日后实际工作中的优秀员工。在统计上,员工测评的有效性是通过检验测评工作与测评目标之间的相关程度进行的。如果在录用测评中成绩最好的人也是最可能在工作中取得成功的人,同时在录用测评中成绩最差的人也是不可能胜任工作的人,就说明这一录用过程具有高度的有效性。测评有效性的估计需要研究两个问题:第一,测评的目的;第二,测评的效果,即测试过程中得分的高低与实际工作绩效之间的关系。

员工测评的有效性包括准则有效性和内容有效性。准则有效性是指测评的结果和测评目标准则之间的相关程度。假定测评的目标准则是在职时的工作表现,如果测评成绩好的人日后的工作表现也好,而测评成绩差的人日后的工作表现也差,那么这项测评就具有准则有效性。内容有效性是指测评的内容与测评目标的相关程度。如果测评的目标是预测打字员的工作表现,那么用打字来进行测评就具有内容有效性。大多数情况下,测评应该同时具有准则有效性和内容有效性。

1. 准则有效性的论证

在选择预测工具时需要注意的是,具有有效性的选择指标应该是组织在实际选择过程中可以使用的手段,这些选择手段的衡量结果应该是有差异的,而且这些差异是可以客观衡量的。我们把选择指标要预测的目的称为准则。在准则的选择中,要注意以下五个方面:第一,这些行为或结果是由员工个人决定的,不是由技术或他人决定的,也不应该是员工在工作中学习到的或发展出来的;第二,这些准则与组织的主要目标相互一致;第三,衡量方法简单实用,质量可靠同时衡量成本合理;第四,这些准则是受到由选择指标反映的个人差异影响的;第五;这些准则随着时间变化能够保持稳定。

准则有效性的检验通常是由工业心理学家和公司人事部门来配合完成,直线经理人的任务是清楚地描述工作及其必备条件以及工作的绩效标准。准则有效性的论证有两种主要方法,即预测检验法和同步检验法。

(1)预测检验法。预测检验法的工作步骤是:第一,开展工作分析,收集有关工作的信息,编写工作说明书和工作规范,确定与工作绩效密切相关的个人属性和工作技能以及绩效标准。第二,选择测评的形式,一般是把几种测试结合起来进行综合测试,同时确定绩效考核的方向与标准,这也是组织对员工的期望。第三,对工作申请人进行实际测试。第四,不考虑测评结果,而是根据过去的招聘方法做出录用决策。第五,新员工在企业的工作时间已经到了可以根据目前绩效预测长期绩效的时候。这些工作绩效的测量项目取决于企业要预测的员工表现的项目,可以是员工的安全记录、员工的缺勤率、工作知识测试成绩或者主管人员对员工的绩效考核评级。第六,把员工在招聘测评中显示的成绩与他们的绩效考核结果进行比照,判断测评工具有效性的高低。

(2)同步检验法。同步检验法是首先选择一组在职员工,对他们进行录用测试,然后计算他们的工作绩效成绩与测试成绩之间的相关系数。同步检验法的第一、第二个步骤与预测检验法的相同。第三,对组织现有的员工进行测评,同时衡量这些员工的工作绩效。第四,将招聘测评的成绩与绩效考核的成绩进行比较,判断招聘测评技术的有效性。两组成绩之间的相关程度越高,测评的有效性也就越高。同步检验法和预测检验法的实施程序可以概括如图4-2所示。

第四章　员工招聘与录用　　123

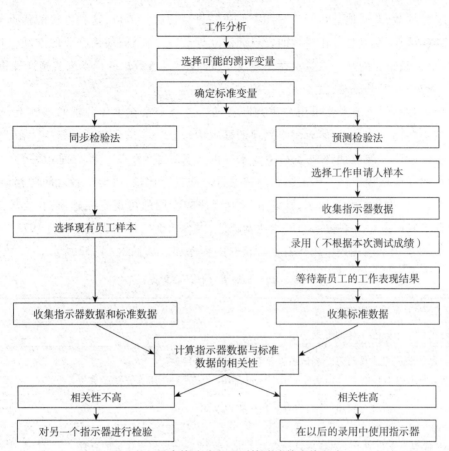

图 4-2　同步检验法和预测检验法的实施程序

资料来源：Fisher, C. D., Schoenfeldt, L. F. and Shaw, J. B., *Human Resource Management*, Houghton Mifflin Company, 3th edition, 1997：282.

不难发现，同步检验法和预侧检验法各有不同的特点。预测检验法的特点是使用工作申请人作为样本，而同步检验法的特点是把企业的现有员工作为样本。因此在对现有员工进行选用测试时，可以使用同步检验法；而在对外来的工作申请人进行录用测试时，可以使用预测检验法。预测检验法与同步检验法的最主要区别是在继续采用目前实行的录用方法的同时，增加一套新的录用测试方法；但是，在做录用决策时不考虑这种新录用方法的测试结果。经过一段时间，等到对新录用的员工进行绩效评价之后，计算他们的工作绩效与他们在新录用测试中取得的分数之间的相关系数，再决定在以后的录用过程中是否采用新的录用测评工具。

同步检验法的优点是可以迅速取得员工工作绩效的资料，缺点是这些员工已经接受过在职培训，而且已经通过了公司现有的选拔工具的筛选，因此他们并不是公司应征者的最佳代表。由于这些员工在工作中的学习和培训已经改变了他们在测评中的成绩，而且如果那些表现优秀的员工已经得到晋升而不合格的员工已经被辞退，那么使用同步检验法的有效性将与预测检验法的结果相去甚远。预测检验法是选择尚未进入公司的应征者进行测试，然后用公司原有的选拔工具决定是否雇用；在这些人工作一段时间之后，衡量他们的工作绩效,并同他们在当初测评中的成绩进行比较。所以,这种方法的优点是检验的样本准确可靠,缺点是工作绩效的资料无法立即获得。而且,如果企业的空缺工作的数量有限,那么新招聘的员工数量也就比较少,可能没有足够数量的样本来实施这种检验。

2. 内容有效性的论证

内容有效性的论证主要采用专家判断方法。这些专家在工作分析的基础上,确定承担工作所必备的工作行为,然后决定测评的样本内容能否准确代表这些行为。由此可见,内容效度的检验不涉及测评成绩和绩效水平的计算,也不涉及二者之间相关性的计算。内容效度的检验依赖于在工作内容和测评工具之间进行比较,决定二者之间的相似程度。工作行为、工作中所需要的知识、技能和能力测评的作用的可观察性越强,在比较工作内容和测评工具时发生主观错误的可能性就越低,内容效度的作用也就越好。1975 年,C.H. Lawshe 提出员工录用测评中内容有效性检验的程序和方法,如表 4-12 所示。

表 4-12 内容有效性检验程序

第一步:进行全面的工作分析
第二步:组建一个熟悉工作的专家小组
第三步:每位专家组成员对每个测试项目是否有效进行评价 0 = 对于工作来说不必要　　1 = 对于工作来说有用　　2 = 对于工作来说必要
第四步:对于每个测试项目,计算内容有效性比率(CVR) $CVR = (2NE - N)/N$ 其中,NE 代表专家组成员中对该项目评级为 2 的人数,N 代表专家组成员的总数
第五步:计算录用测试的内容有效性指数 内容有效性指数是测试中包含的所有测试项目的有效性比率(CVR)的平均值

资料来源:Fisher, C. D., Schoenfeldt, L. F. and Shaw, J. B., *Human Resource Management*, Houghton Mifflin Company, 3th edition, 1997: 277.

1990 年,Robet D. Gatewood 和 Hubert S. Feild 等人出版的《人力资源选择》一书中公布了一些工作岗位在招聘员工时,员工录用工具有效性的研究结果,如表 4-13 所示。在对员工的未来工作绩效进行预测时,对于新员工和现有员工应当采用不同的方法。预测新员工的未来工作绩效的依据是他在录用测评中的成绩和录用后的培训情况,而预测现有员工的未来工作绩效则需要依据他的当前工作绩效。两种情况下各种预测方法的有效性系数如表 4-14 所示。

表 4-13 录用测评工具的有效性

工作	能力	有效性
生产一线主管	一般心智能力	0.64
	机械能力	0.48
	空间感判断力	0.43

（续表）

工作	能力	有效性
机械维修员	机械原理	0.78
警官和侦探	数量能力 推理 空间感和机械能力	0.26 0.17 0.17
计算机程序员	数字类比 算术推理	0.46 0.57

资料来源：Gatewood, R. D., Feild, H. S. and Barrick, M., *Human Resource Selection*, Cengage Learning, 1990：125.

表 4-14 员工未来工作绩效预测方法的有效性系数

招聘新员工并进行培训时的预测方法		根据当前绩效预测未来绩效时的方法	
智力测验	0.53	工作实例测试	0.54
工作试用	0.44	智力测验	0.53
个人简历	0.37	同事评价	0.49
背景调查	0.26	以往工作绩效评价	0.49
实际工作	0.18	专业知识测验	0.48
面试	0.14	评价中心	0.43
培训和实际工作成绩	0.13		
学术成果	0.11		
教育背景	0.10		
兴趣	0.10		
年龄	-0.01		

资料来源：Casio, W. F., *Managing Human Resources*, McGraw-Hill, 1986：173.

三、员工录用决策的改进

现在我们讨论使用新的测评工具为什么有可能改进招聘质量。组织招聘的质量既受到工作申请人数量和前面提到的招聘测评有效性的影响，也受到基础比率和挑选率的影响。所谓的基础比率是指不使用新的测评工具，在使用原有测评工具的情况下，招聘成功的比率。换言之，基础比率是使用原有测评工具录用的工作申请人中绩效符合标准的人数所占的比例。如果基础比率比较高，那么新的测评工具的改进空间就比较小；反之，如果基础比率比较低，那么新的测评工具的改进空间就比较大。挑选率是指在一定的申请人中，招聘测评分数的要求高到某一程度时被录用部分所占的比例。显然，所设置的标准越低，挑选率越高；所设置的标准越高，挑选率就越低。在其他条件既定的情况下，如果挑选率比较高,那么新的测评工具改进的空间就比较小;反之,挑选率越低,那么新的测评工具改进的空间就比较大。

当我们把以上因素结合在一起,就可以对改进招聘决策的质量得到一些有益的启示。如图4-3所示,在招聘测评有效性既定的情况下,基础比率水平线与挑选率垂直线把工作申请人在测评成绩和绩效空间上的分布划分成四个区域。其中,右上方A区域中的申请人是被录用的,对这部分申请人的录用对组织来说是正确的肯定;左上方B区域中的申请人是没有被录用的,对这部分申请人的否定对组织来说是错误的否定;左下方C区域中的申请人是没有被录用的,对这部分申请人的否定对组织来说是正确的否定;右下方D区域中的申请人是被录用的,对这部分申请人的录用对组织来说是错误的肯定。

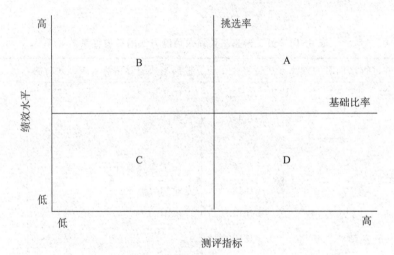

图4-3 员工录用决策的效率

在企业使用某一种员工选择系统的情况下,就会存在一个取舍率标准。企业在员工录用中的成功录用比率是指在录用的申请人中表现达到标准的人数所占的比例,即 $A/(A+D)$ 的数值。正确选择比率是指在所有工作申请人中被正确地录用与被正确地否定的人数总和所占的比例,即 $(A+C)/(A+B+C+D)$ 的数值。如果企业在员工录用过程中没有使用任何选择系统,只是随机性地招聘员工,那么成功录用比率就是招聘到的绩效合格的员工在全部工作申请人中所占的比例,即 $(A+B)/(A+B+C+D)$ 的数值。因此,企业所使用的选择系统的效率可以用下式衡量:

选择系统的效率=使用选择系统的成功录用比率-不使用选择系统的成功录用比率

$$=A/(A+D)-(A+B)/(A+B+C+D)$$

显然,选择系统的效率衡量的是企业所使用的选择系统能够提高成功录用比率的程度,它隐含的前提条件是企业过去没有使用任何选择系统。但是,如果企业事实上已经采用某一员工录用选择方法,那么新的录用选择系统的效率就应该是两种选择系统的成功录用比率的差额。在这种情况下,员工录用系统的效率的提高只受到录用中正确的肯定和错误的肯定两者之间相对关系的影响,而不涉及错误的否定因素。

虽然高的挑选率有助于避免错误的录用,但是这需要企业花费比较大的成本才能吸引到足够数量的工作申请人,否则就无法录用到足够数量的合格员工,同时也会使组织的竞争对手有可能录用到更多的优秀的人才。一般而言,新的选择系统在以下条件下的作用比较大:选择系统的成本低,需要使用这一系统招聘大量员工,而且他们将在组织中工作很长时间;原有的基础比率在50%左右,有效性高,挑选率低,申请人价值的变差大。

在员工录用测评的过程中,企业的人力资源管理部门需要注意以下问题:第一,不应该把测评成绩作为唯一的选拔工具,而应把它作为面试等录用方法的参考。这样做的理由:一是测评虽然能够筛选掉不合格的应征者,但是不能保证筛选出合格的应征者;二是测评和实际工作毕竟有很多区别,即使是最好的测评成绩也只能反映实际工作绩效一部分。第二,即使公司在规模等方面非常相近,对于直接套用其他公司的测评技术也需要采取谨慎的态度。过去有许多测试专家认为测试的有效性是因情况不同而变化的。换言之,在一种情况下被证明是有效的测试在另一个相似的环境中可能并不有效。但是,现在有人开始怀疑这一假设。一些研究表明,不同情况下测定有效性的相关系数的差别主要是样本的大小,消除抽样误差的影响后,在不同情况下相似的工作和相似的测试得出的有效性的差别并不大。因此,只要两种情况下的工作是相似的,特别是研究所使用的测评技术与绩效衡量的标准是近似的,那么在一种情况下得到的有效性研究结果就可以推广到另一种情况。第三,及早进行测评的有效性论证,并且尽可能采用预测检验法。第四,测评成绩要对工作申请人严格保密。

四、基础比率、挑选率和有效系数之间的关系

研究表明,在基础比率、挑选率和选择工具的有效系数之间存在稳定的关系,可以帮助企业确定自己所选择指标的有效程度。这些研究成果表现为一系列的表格,各种表格都是在企业目前的基础比率既定的情况下设计测算出来的,不同的基础比率对应不同的表格。因此,企业在选用这些表格之前首先需要确定本企业的基础比率水平。表4-15是著名的Taylor Russell表的一部分。

从表4-15中可以知道,如果企业招聘的基础比率是0.70,挑选率是0.30,挑选工具的有效系数为0.50,那么新招聘的员工中将有89%的工作绩效让企业满意;如果挑选工具的有效系数达到0.75,0.30的挑选率就可以使新招聘的员工中有97%的工作绩效让企业满意。不难发现,在挑选率既定的情况下,随着测评工具有效系数的提高,新员工的基础比率不断上升,挑选率越低,新员工基础比率上升的速度越快。在测评工具的有效系数既定的情况下,随着挑选率的降低,新员工的基础比率不断上升,有效系数越高,新员工基础比率的上升速度越快。在企业设计和选择新的招聘测评工具的过程中,需要对新工具的成本与收益进行比较,如果新的测评工具能够明显提高员工的基础比率但成本过高,也是不应该采用的。

表 4-15 Taylor Russell 表（部分）

基础比率	有效系数	挑选率									
0.30		0.05	0.10	0.20	0.30	0.40	0.50	0.60	0.70	0.80	0.90	0.95
	0.00	0.30	0.30	0.30	0.30	0.30	0.30	0.30	0.30	0.30	0.30	0.30
	0.25	0.50	0.47	0.43	0.41	0.39	0.37	0.36	0.34	0.33	0032	0.31
	0.50	0.72	0.65	0.58	0.52	0.48	0.44	0.41	0.38	0.35	0.33	0.31
	0.75	0.93	0.86	0.76	0.67	0.59	0.52	0.47	0.42	0.37	0.33	0.32
0.50		0.05	0.10	0.20	0.30	0.40	0.50	0.60	0.70	0.80	0.90	0.95
	0.00	0.50	0.50	0.50	0.50	0.50	0.50	0.50	0.50	0.50	0.50	0.50
	0.25	0.70	0.67	0.64	0.62	0.60	0.58	0.56	0.55	0.54	0.52	0.51
	0.50	0.88	0.84	0.78	0.74	0.70	0.67	0.63	0.60	0.57	0.54	0.52
	0.75	0.99	0.97	0.92	0.87	0.82	0.77	0.72	0.66	0.61	0.55	0.53
0.70		0.05	0.10	0.20	0.30	0.40	0.50	0.60	0.70	0.80	0.90	0.95
	0.00	0.70	0.70	0.70	0.70	0.70	0.70	0.70	0.70	0.70	0.70	0.70
	0.25	0.86	0.84	0.81	0.80	0.78	0.77	0.76	0.75	0.73	0.72	0.71
	0.50	0.96	0.94	0.91	0.89	0.87	0.84	0.82	0.80	0.77	0.74	0.72
	0.75	1.00	1.00	0.98	0.97	0.95	0.92	0.89	0.86	0.81	0.76	0.73

资料来源：Fisher, C. D., Schoenfeldt, L. F., and Shaw, J. B., *Human Resource Management*, 3th edition, Houghton Mifflin Company, 1997: 295.

Taylor Russell 表虽然可以帮助我们确定在各种有效系数和挑选率组合情况下的新员工基础比率，但是不能在工作申请人个人层面上应用，只能帮助我们了解申请人的总体情况。这一缺点可以使用 Lawshe 期望表（见表 4-16）加以克服。从表 4-16 可以知道，如果企业的挑选工具的有效系数为 0.50，某个工作申请人的测评成绩属于最高的 20%，那么这个员工在未来工作中的工作绩效让企业满意的可能性为 91%。只要企业的挑选工具的有效系数达到 0.95，即使某个工作申请人的测评成绩只处于前 40%，那么新招聘员工的工作绩效也将有 100% 的可靠性让企业满意。不难发现，在申请人的测评成绩比较高的情况下，随着测评工具有效系数提高，新员工的基础比率不断上升；在申请人的测评成绩比较低的情况下，随着测评工具有效系数降低，新员工的基础比率不断上升。在测评工具的有效系数既定的情况下，随着工作申请人测评成绩降低，新员工基础比率不断下降；而且有效系数越高，测评成绩高的员工未来的工作绩效让企业满意的可能性越大，而测评成绩越低的员工未来的工作绩效让企业满意的可能性越小。

表 4-16　Lawshe 期望表（部分）

目前基础比率 = 0.70

有效系数	最高 20% 的	次高 20% 的	中间 20% 的	次低 20% 的	最低 20% 的
0.15	0.77	0.73	0.69	0.69	0.62
0.50	0.91	0.82	0.73	0.62	0.42
0.75	0.98	0.91	0.78	0.57	0.25
0.95	1.00	1.00	0.93	0.52	0.04

资料来源：Crino, M. D., and Leap, T. L., *Personnel/ Human Resource Management*, Macmillan, 1989: 235.

不论录用测试工具有效性的高低,人力资源管理部门都应该重视录用比例。如果录用比例比较低,那么只有非常优秀的申请者才有可能被录用,因此这时就可以使用有效性比较低同时成本也比较低的测试方法。在两种测试方法的有效性基本相同的情况下,我们应该选择成本比较低的方法。但是应该强调的是,在权衡成本与有效性时,我们应该更强调有效性,因为错误的录用或错误的提升可能给组织带来更大的损失。

复习思考题

1. 在企业招聘过程中使用内部补充机制有哪些优点和缺点?
2. 移动互联网时代下,企业招聘流程和员工录用甄选方法产生了哪些新变化?
3. 了解一些跨国公司在我国开展的校园招聘情况,分析为什么这些跨国公司对校园招聘特别重视?
4. 在录用面试中,企业的人力资源部门应该注意哪些问题?
5. 企业在员工录用过程中提高挑选率,对成功比率会产生什么影响?为什么?

案例

阿里巴巴公司的早期招聘①

在阿里巴巴公司上市的第一天,时任副总裁卫哲说过:"我们的挑战不是来自市场前景,不是来自宏观政策和法则限制,也不是来自我们的发展战略。我们唯一的挑战来自人才。"因为在早期,阿里巴巴公司人才流失率高达120%。副总裁卫哲对其原因的回答是:人力资源的源头——招聘出现了问题。面对销售人员和工程师每个月近10%的离职率,阿里巴巴公司当时也采取了将流失率作为各级干部 KPI 考核的指标,但是并没有解决人才流失问题,早期的阿里巴巴公司仍走了许多弯路。

---

① 作者根据网络二手资料整理,主要包括:《卫哲:人才留不住,是招聘出了问题》,来自公众号"一森管理案例",2017-10-18;《揭秘你不全知道的阿里巴巴人力资源》,来自公众号"互联网分析沙龙",2016-03-10。

首先，阿里巴巴公司过早地下放招聘的权力。在阿里巴巴公司刚创建的时候，公司规模为400—500人，公司招聘任何人马云都要亲自面试，包括前台接待、保安，导致今天阿里巴巴公司诞生了一些传奇性的人物、励志的人物。比如，这个前台接待是行政经理面试的，那么她的出路则是行政经理；如果这个前台接待是马云面试的，她就有可能成为副总裁。主持面试创造了很多奇迹，但随着公司规模的扩大，下放招聘的权力也带来了很大的问题。阿里巴巴公司有很多极端的例子。比如有许多经理自己才入职一个多月就可以去招聘，此时他们还不了解公司的文化和价值观，甚至对这个岗位有什么要求也不清楚，因此招来的员工质量十分不理想。大多数跨国公司坚持至多跨两级招人，而阿里巴巴公司曾经跨四级招人，比如广东大区的总经理，下面有城市经理，接下来还有业务主管和普通的销售或者客服人员，也就是一个广东大区总经理要直接面试销售和客服人员，而广东大区有1 000人左右，每年200—300人流动，可想而知他要招聘多少人。这恰恰说明没有招到对的人，不得不把更多的精力花在招聘上，从而形成恶性循环。

其次，早期的阿里巴巴公司过度强调业务技能因素，而忽略非技能因素。例如招聘销售人员，在面试时提出的主要问题是：以前业绩多少？卖什么产品？做主管，以前管多少人？再如招聘工程师的问题则是：以前写Java还是写其他语言？编过什么程序？都是这样类似的问题，致使最后选拔出来的人只有业务技能突出，但忽略许多非专业技能。

针对阿里巴巴公司存在的这些问题，后期的改进就从"招聘"这个源头开始。而招聘源头的第一件事，就是不轻易下放招聘的权力。卫哲会亲自参与当时的许多校园招聘活动，而不是仅仅将其视为人力资源部门的任务而全权交给人力资源部门或者项目经理。马云反复强调招人的权力——这个人能否进来要老板自己决策。其次，改变招聘甄选标准，不再单一地重视专业技能。现在的阿里巴巴公司招聘常常"闻味道"。阿里巴巴公司招聘的最后一关一般是一位五年以上的老阿里人与应聘者聊天，聊什么无所谓，这个老阿里人被称为"闻味道官"。"闻味道"就是辨别应聘者与现在阿里巴巴公司的人是不是同一类人，即需要共事的人在一起只有心情愉快，才能提高工作效率。关于非业务技能因素的识别，现在阿里巴巴公司的面试题目多为开放性的。例如需要招聘大气一点的员工，则招聘时的问题是："同学，你能不能讲讲你这辈子吃过的最大的亏是什么？"如果需要招聘能吃苦的员工，则会问："同学，你能不能描述一下你吃过的最大的苦是什么？"曾经有个面试者回答说："那时候没有动车，从上海到无锡我没有买到坐票，是站着到无锡的。"可想而知，如果这已经是最大的苦，那么该应聘者的能力很弱，不符合招聘需求。

最后，阿里巴巴公司还采用跨级招聘人才的方法留住人才。公司采用降1—2级聘用人才的方式。降级指的是若想招到一个企业愿意给1万元薪酬的人，那么则从3 000—4 000元收入的人里面去找。以前阿里巴巴公司会在8 000—10 000元这个范围里面挑选，但是招来之后流失率很高，因为这部分人认为我原来挣8 000元跳槽到收入10 000元的岗位很正常。但是当他们从3 000—4 000元收入的人群中去招聘员工的时候，就会发现流失率大大地降低。因为当这些人进入阿里巴巴公司之后，他们会很有成就感，特别感谢公司给他们机会，而在外面他们是没有这样的机会的。阿里巴巴公司很少到清华大学招聘工程师,公司优秀的工程师大多来自武汉邮电大学、华中科技大学等,而不是人们心目中北大、清华这样的名校。很多优秀的人才当年因为高考的几分之差就与名校擦肩而过,只要把他们挖掘出来,就可以把他们培养为给付 8 000—10 000 元薪资水平的人才,这就是人才异级差。在清华大学、北京大学的学子心中,他们很容易找到比阿里巴巴公司更好的公司;但是到了武汉邮电大学、华中科技大学,阿里巴巴公司就是学子们最好的机会,所以他们进入阿里巴巴公司会十分努力和珍惜机会。这就是阿里巴巴公司的跨级选人才。现在,阿里巴巴公司有句口号,"平凡的人做非凡的事情,我们不追求精英文化"。

问题:
如何评价阿里巴巴公司早期招聘活动的特殊做法,分析其中的利弊。

21世纪经济与管理规划教材
工商管理系列

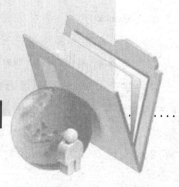

第五章

员工培训

学习目标

1. 了解入职培训的重要性和内容
2. 掌握员工培训需求的评估方法
3. 学会设计并实施企业培训方案
4. 掌握培训效果的评估方法
5. 了解培训迁移及其影响因素

开篇案例

去哪儿网员工的有趣英语培训[①]

去哪儿网(Qunar.com)是中国领先的在线旅游平台,其网站上线于2005年5月,公司总部位于北京。2017年3月起,在去哪儿网办公室内发生了一些奇怪的变化:午休时间,同事扎堆聊天的情景变少了,抱着手机玩游戏、看视频的情况变少了,对着手机自言自语的变多了,而且还都说的是英语。原来,这一切不寻常的举动都源自一场叫作"趣学英语排位赛"的集团活动。

当前国际化转型趋势对国际化人才的需求显得尤为迫切,语言国际化是其中的重要一环,企业实施英语培训势在必行。在国际化大趋势下,去哪儿网的人力资源部门也在思考如何有效地帮助员工提升英语水平,同时在技能增长之余更好地营造内部学习氛围,组建学习型创新组织。

人力资源部门为此开始策划一次短期高效英语集训。线下面授这种培训方式在最初调研时就被"毙"掉了,去哪儿网人力资源部门将眼光聚焦到在线学习方式上。他们了解后发现,线上培训水平参差不齐:线上录播课不能满足不同水平的学习、真人外教课价格平均1万元/人以上……经过多方面权衡,在对比多家课程和产品后,最终,一款APP和其核心AI(Artificial Intelligence,人工智能)英语老师课程脱颖而出。AI技术的应用实现了学习体验个性化。在开启学习计划前,参与者都会用5—15分钟进行一项听、说、读、写全维度英语定级测评,系统依此推荐给用户合适的学习路径和内容,真正做到学习体验的"千人千面"。该APP上的游戏闯关、录音配音、学时排名等方式配合公司国际化发展需求,激发全员学英语的兴趣。而且,以线上人工智能课程为主的学习方式,使得培训成本大大降低。在了解英语流利说产品之后,聪明的去哪儿网的人力资源部门选择了"组合拳"的培训方式:全员学习打卡,每日在企业专属页面对学习时长打榜展示。比拼结束后,对学习质量高、学习时间长的员工奖励人工智能课程"懂你英语"。综合下来,5万元的培训采购费用可以满足800余名"去哪儿"人的个性化提升需求。

于是,一场名为"趣学英语排位榜"的英语培训项目上线了。去哪儿网人力资源部门动员所有员工自愿报名参加,参加员工自行下载APP并在指定时间内自行选择英语流利说APP上的免费课程练习英语。"小驼"们(去哪儿网员工自称)曾经背单词、记语法的痛苦记忆被"智能趣学"方式颠覆。同时,员工的碎片时间被集中利用,在纯英语环境的浸泡下,培训收到了良好的反馈和结果,在每次学习行为结束,后台都会对学习情况、质量、效率进行实时全面的反馈。据去哪儿网员工反映,经过这段时间的学习能切身地感受到英语应用水平的提升。学英语成了去哪儿网办公室的新风尚。

在为期31天的"趣学英语排位赛"中,每人每天的学习时长都会在APP专属企业页面进行排名展示。竞争机制更激发了大家十足的学习动力。最终,793名参与者坚持了每

[①] 作者根据公众号HRoot,2017-07-06整理而得。

日打卡学习,排名前列的学员每人平均学习时长超过 1 400 分钟。人力资源部门的选择既让公司领导层看到了员工的学习热情,也通过学习数据直观地展现了全员英语水平的提高,而"小驼"们则在有趣的学习和竞赛中不知不觉告别了"懒癌"。

企业的不断发展对员工技能的要求越来越高,越来越多的企业更加重视员工培训。员工培训指的是创造一个环境,使员工能够在这一环境中获得或学习特定的与工作要求密切相关的知识、技能、能力和态度。培训的目的是按具体的工作要求塑造员工的行为方式,使员工可能的行为方式类别减少的过程。随着互联网竞争的不断加剧,员工对培训的需求也在不断变化。从挤出时间学习到碎片时间培训,灵活的学习机制和高效的学习产出已经成为市场对企业级培训的新要求。员工培训是一个系统的过程,它能够提高员工的技能水平,增强员工对组织的规则和理念的理解,改进员工的工作态度,旨在提高员工特征和工作要求之间的配合程度。

第一节 培训概述

一、员工培训的必要性

从根本上讲,员工培训是技术进步和员工发展的必然要求。技术的不断进步要求企业对员工进行培训和再培训,而员工在企业中的发展也需要企业开展培训工作。这是因为员工在企业中要工作四十年左右的时间,期间工作岗位要经历一些变化,而每次工作岗位的变动都对员工的知识和技能提出一些新的要求。此外,目前全球性的企业收购和兼并浪潮也对许多企业的员工培训工作提出了越来越高的要求。

长期以来,国际上许多著名企业都非常重视员工培训工作。20 世纪 90 年代初,摩托罗拉公司每年在员工培训上的花费达到 1.2 亿美元,这一数额占公司工资总额的 3.6%,每位员工每年参加培训的时间平均为 36 小时。美国《财富》杂志曾经把摩托罗拉公司称为公司培训的"金本位"。有资料显示,美国 100 名员工以上的组织在 1992 年的培训开支总额为 450 亿美元,相比 1988 年增长 12%。美国联邦快递(Federal Express)公司每年花费 2.25 亿美元用于员工培训,这一费用占公司总开支的 3%。同时,该公司创建了一种根据知识对员工付酬的薪酬系统,每两年对员工的工作知识进行一次测试,并把测试结果与薪酬增长幅度联系起来。在美国前总统克林顿在任期间,政府要求美国企业至少把工资总额的1.5%用于培训。法国企业的员工培训费用在 1990 年的平均水平为工资总额的3%,2 000 人以上组织的这一比例达到 5%。法国政府要求 100 名员工以上的公司将工资总额的1.5%用于培训,或者把这一额度与实际费用之间的差额注入培训基金。根据美国培训与开发协会(American Society for Training and Development)的统计,全美企业 2010 年用在培训和开发上的资金约为 1 715 亿美元,2015 年增长到 3 560 亿美元。通用电气每年的员工培训和教育项目开支为 10 亿美元,IBM 将 2%的营业额用于培训,国内著名企业

(如华为、腾讯等)每年的员工培训费用都高达数亿元。

二、培训原理

社会学习理论认为,如果人们只能通过直接经验来学习,人类的发展就会停止。人们基于信息处理、理解行为与结果之间的联系来学习。因此,通过让受训者观察好坏绩效产生的不同模式,并让他们对自己运用这些技能的能力有信心是培训成功的重要方面。在人力资源管理中,学习是指由经验引起的在知识、技能、理念、态度或行为方面发生的相对持久的变化,而不仅仅是指能够陈述事实或知识。因此,学习的发生需要一些先决条件,包括学习确立目标、行为示范、事实材料、学习者的实践和效果反馈等方面。

(一)确立目标

首先,激励被培训的员工在培训过程中取得成功是保证培训成功的一个关键环节。培训项目要想取得理想的效果,就必须要求员工在参加培训之前怀有一种改进自己工作中的行为和结果的强烈愿望。影响受训者动机的因素主要包括目标设置、强化和期待。

目标设置理论认为个人的、有意识的目标规范有着一定的行为方式。培训对象的动机在培训中具有重要作用,而强化受训者的动机的有效途径就是确立目标,因为一个人自觉的目标将会约束他的行为,而且高标准的目标总是比低标准的目标和尽力而为这样的笼统目标更容易产生高水平工作绩效。在这一点上,培训者的任务就是使受训者采纳或者认同培训项目的目标。要实现这一目的的基本技巧包括:第一,在培训开始和整个培训的各个关键时刻,向受训者传达学习的目标。第二,要使目标有一定的难度,使受训者感到具有挑战性,这样,受训者在达到既定目标时就会产生满足感。应该注意的是,不要使目标高到受训者难以达到而产生挫折感的程度。第三,把整体目标分解为各个子目标,通过小测验或样本工作任务的实施,使员工不断保持成就感。

培训目标不仅影响受训者的动机,也影响培训者的期望。而培训者对受训者的期望越高,受训者的表现也就越好;反之,期望越低,受训者的表现也就越差。在这个问题上,人力资源管理经常使用一个神话故事来说明这个问题。故事讲的是,皮格马力翁(Pygmalion)是希腊神话中的塞浦路斯国王,他用象牙雕塑了一位名叫加拉蒂亚(Ga latea)的少女,不久皮格马力翁陷入了对少女雕像的热恋。由于他虔诚的祈祷,爱和美的神赋予了加拉蒂亚真正的生命。皮格马力翁的热切愿望使他的期望变成了现实。培训者对受训者的期望所产生的积极效果被称为培训的皮格马力翁效应。

强化理论认为一种行为发生的频率受到结果的影响。积极的强化可以使行为逐渐接近理想的目标,当理想的行为发生后应该及时地加以强化。期待理论认为个人有动力去选择最可能产生理想结果的行为方式。因此,受训者必须相信培训中包括的知识、技能和其他收获会产生理想的结果,而且参加培训能够学习到这些知识和技能。由此可见,培训需求分析非常重要,因为它说明培训内容将如何使员工和组织从中受益。

(二) 行为示范

榜样的行为被认为是理想的和恰当的行为模式。如果榜样人物能够因他们的行为而得到补偿(晋升、提薪和扩大个人影响等),而这种补偿又是别人所期望的,那么与榜样相同的行为就会增加。在员工培训中,为了增加受训者与榜样的认同感,应该注意以下几个方面:第一,所树立的榜样应该在年龄、性别等方面与观察者相近,否则他们不会效仿;第二,应该结合关键行为表对榜样的行为进行清楚和详细的描述;第三,示范的行为应该从易到难,对每一行为要有一定的重复率;第四,各种行为应该由多个示范者示范。

(三) 事实材料

员工培训设计的基本原则是:第一,确定培训任务总体的各个组成部分;第二,保证各项子任务都圆满完成;第三,合理安排培训项目之间的顺序,以保证各个子任务之间的逻辑联系。事实材料应该能够使受训者产生丰富的联想,从而便于理解和接受。因此,首先应该简要阐述培训内容,使受训者理解各个培训项目之间的联系;然后使用受训者熟悉的事例、概念来讲授材料,以使学习要点更鲜明和生动。另外,复杂的技能都是由比较简单的技能组成的,因此在学习复杂技能之前应该先掌握简单的技能。

(四) 亲身实践

积极的实践是掌握所学知识和技能的重要环节。只有通过充分的实践,员工应用所学的内容才能够成为一种自然的反应,而不再是一种有意识的活动。因此,即使员工已经能够达到要求,也要给他们提供机会来进一步实践。虽然这种做法会增加培训项目的成本,但这是确保受训对象真正掌握所学内容所需要的。受训者的实践过程应该包括积极的实践、习惯成自然和实习期长度三个方面。在培训的初期,培训者应该直接监督受训者的实践活动,及时纠正受训者的偏差,防止其错误行为之固定化。对于一些偶尔发生的却必须在很大的心理压力下完成的工作,做到一种近乎本能的熟练是很必要的。通过实践使技能成为一种条件反射,这对受训者实现从培训到实际工作情景的转换是很有意义的。

实践可以分为分散实践和集中实践。一般而言,集中学习与分散学习的区别取决于学习内容的难度和各个部分之间联系的紧密程度。如果各个组成部分是密切相关的,那么内容越复杂,集中学习方案越好;反之,如果各个组成部分的相关程度比较低,那么内容越复杂,分散学习方案越好。另外,在训练数量一定的条件下,分散实践的效果比集中实践的效果好,原因是持续的学习很容易引起疲劳,无法充分表现所掌握的技能。如果在学习期间有间隔,那些错误的动作就容易被遗忘,因为错误的动作做起来应该更困难。

(五) 学习效果的反馈

反馈也是提高培训效果的重要一环。不知道行为的后果,员工就很难改进行为方式。员工应该在行为发生后及时知道后果,使其将行为与结果紧密地联系起来。反馈过多也有消极效果,因为这样会使员工感到自己改进不明显而失去信心,或者怀疑反馈渠道的精确性。反馈的重点应该是告诉受训者在何时何地以何种正确的方式完成了何种工作。反馈的作用方式是:第一,直接给受训者有关其行为正确性的信息,使他们能够自动调整以后的行为;第二,别人密切关注自己的成功会使受训者增强学习的愿望;第三,反馈应该及时,以防止受训者混淆实际的行为和被评价的行为。正向的反馈是给予补偿,对受训者有强化作用,而且最有效的补偿应该来自受训者的直接上司。而负向的反馈是惩罚,它只会导致对某种行为暂时的抑制。在培训过程中,惩罚常常会引起培训对象严重的挫折感。

(六)学习效果曲线

根据心理学第一定律,不同个体间在心理方面存在很大差异。在培训过程中,由于培训对象在个人能力、学习动机和学习习惯等方面的差异,培训效果肯定会因人而异。但是,受训者的整个学习过程具有明显的共性,这就是所谓的学习效果曲线所描述的特征。在实践的初期,受训者进步明显;但是一段时间之后,就会出现学习效果停滞不前的现象;然后,学习效果还是呈现进步的态势,因此中间这一停滞阶段被称为学习的高原平台现象,如图5-1所示。

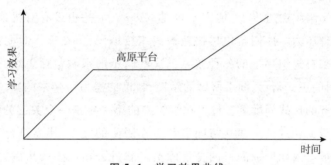

图5-1 学习效果曲线

出现这一现象的原因是:第一,学习的过程遵循收益递减规律,使受训者的积极性减弱;第二,随着学习的进行,受训者正在经历一个将各种不同的技能结合在一起的一体化过程,由此变得比较复杂;第三,受训者学习的深化需要一种与原来不同的指导方式。在培训过程中,认识到这一阶段存在的客观必然性,并在这一现象出现之后继续对受训者进行鼓励和有效的指导,不但易使受训者顺利度过这一困难阶段,而且对提高培训效果也具有重要意义。

三、员工培训的基本程序

员工培训是指将执行工作的各种基本技能提供给新进员工或现有员工,包括一系列有计划的活动。这些活动的目的是改进员工的知识、技能、工作态度和社会行为,为提高组织效益而服务。员工培训的四个基本步骤是:

第一,评估企业开展员工培训的需要,确定企业绩效方面的偏差是否可以通过员工培训来弥补。

第二,设定员工培训的目标。在确定培训目标的过程中,需要注意的是目标的设立与评价标准的确定密切相关,因此培训目标应该是可以衡量的。由于组织面临的问题会不断变化,培训项目在实施过程中会暴露出新的问题,因此培训目标也将不断变化。

第三,设计培训项目。对培训项目的设计涉及培训开展的很多方面,例如培训师的选择、培训地点的布置、培训方法的设计、培训教材的确定等。

第四，培训的实施和评估。在评估过程中要比较员工接受培训前后的绩效差异，以此考核培训计划的效果。培训的评估阶段是整个培训工作的基础。在评估企业员工的培训需求的问题上，人们已经开发出几个著名的模型。

四、培训的类型

（一）入职培训

入职培训是使新进员工熟悉组织、适应环境和形势的过程。新进员工进入组织会面临"文化冲击"，入职培训意味着员工必须放弃某些理念、价值观念和行为方式，要适应新组织的要求和目标，学习新的工作准则和有效的工作行为。有效的入职培训可以减少这种冲击的负面影响。新进员工在组织中最初阶段的经历对其职业生活具有极其重要的影响。新进员工处于组织的边界上，他们不再是局外人，但是也没有有机地融入组织，因此会感到很大的心理压力。他们希望尽快地被组织接纳，员工在这一时期比以后的任何时期都更容易接受来自组织环境的各种暗示。这些暗示的来源包括组织的正式文件、上司所做的示范、上司的正式指示、同事所做的示范、自己的努力所带来的奖惩、自己的问题所得到的回答和任务的挑战程度等。员工在组织中的第一年是一个关键的时期。公司在这一阶段的工作要帮助新进员工建立与同事和工作团队的关系，建立符合实际的期望和形成积极的态度。员工入职培训的目的是消除员工新进公司产生的焦虑，而入职培训有助于消除这些焦虑。员工应尽力使自己与组织的要求相适应，这可以产生积极的工作态度和高的工作标准。

（二）员工在职培训

员工在职培训方法主要包括入职培训、教练法（让有经验的员工或直接上司进行培训）、助理制（培养公司的未来高级管理人才）和工作轮调（让未来的管理人员有计划地熟悉各种职位）。事实上，大多数培训特别是非管理工作的培训都采取在职培训的形式，因此在职培训是最常用、最必要的培训方法。在职培训能够为员工提供一个真实的工作环境、线索和回报。在美国，政府为了鼓励公司实施在职培训，对那些向不经过培训就无法胜任工作的人提供在职培训的公司提供资助。

在职培训的优点是：第一，节约培训成本，不需要在工作场所以外再安排仿真教室，也不需要准备培训器材和教材；第二，受训者迅速得到工作绩效反馈，学习效果明显。它的缺点是经理人员对待在职培训的态度不够重视，常常没有很好地设计在职培训，不明确在职培训的目标，在实施过程中也不指派训练有素的教员，结果是员工在经过在职培训之后收获甚微。虽然很多人相信在职培训的成本比较低，因为它几乎不发生任何直接成本，但是在职培训的潜在风险在于新员工可能损坏机器设备，生产出不合格产品，浪费原材料。在职培训的实施程序如表5-1所示。

表 5-1　在职培训的实施程序

步骤	内容要点
第一步： 培训的准备工作	• 确定为了使受训者能够有效、安全、经济和聪明地完成工作必须掌握的知识 • 准备好必要的工具、设备、原材料 • 安排好工作场所
第二步： 受训者的准备	• 让受训者身心放松 • 明确受训者对于工作要求的了解程度 • 使受训者有兴趣和愿望学习做这一工作
第三步： 示范与展示	• 说明新知识和操作程序 • 慢速、完整、清晰、耐心地讲解，每次只解释一个要点 • 检查学习效果，对受训者提问，并重复受训者不清楚的地方 • 确保受训者确实掌握所学内容
第四步： 实际演练	• 尝试着让受训者进行实际操作 • 用为什么、怎样、什么时候和什么地方这样的问题对受训者进行提问 • 观察受训者的操作，纠正错误，必要时重复指导内容 • 继续上述过程，直到培训者确信受训者已经掌握所学内容
第五步： 巩固阶段	• 经常性检查，确保受训者遵循了学习内容 • 逐渐减少监督的频率和近身指导，直到受训者能够在正常的监督条件下胜任工作

第二节　员工培训内容与需求评估

一、入职培训的内容

（一）入职培训的内容和程序

一般来说，新员工所需要的信息包括以下几个方面：第一，公司的标准、行为规范、期望、传统与政策，包括领薪的手续、证件的取得方法和工作时数等。第二，新员工需要被社会化，即需要学习整个公司和管理层所期望的态度、价值观和行为规范。这主要是人际交往，包括允许的交往、工作气氛、与上司和同事的交往方式。换言之，他们需要了解在这个公司中应该如何待人处事，如何在工作中表现自己。社会化过程在减少新进员工的焦虑的同时，对组织也很有好处，可以使新进员工与原有员工的价值观念和行为规范协调一致，可以使制定政策和规定的必要性降至最低，还可以增进员工对组织的认同感，鼓舞员工士气以提高工作绩效。第三，工作中技术方面的问题。这些信息需要公司和部门两个层面上的入职培训活动予以解决。人力资源部门对入职培训活动的计划和追踪负有总体责任，而人力资源部门和直线经理人应该明确各自的职责，以免发生信息传达的重复和遗漏。入职培训的形式有简单的口头介绍，也有手册形式的正式计划。

员工入职培训活动由三个部分组成：第一，入职培训开始时，高层经理人员应该向新进员工介绍公司的信念和期望，以及员工可以对公司怀有的期望和公司对员工的要求。然后由人力资源部门进行一般性的指导，在这一过程中，人力资源部门的代表应该和新进员工讨论一些共同性的问题，包括公司概况、各种政策与规定、薪酬制度、工作时数和员工福利等。公司概况应该包括公司领导的欢迎词、公司的历史和现状、公司的发展趋势与目标、组织具备的优势和面临的问题、公司的传统、规范与标准、公司的组织指挥系统等。所需要介绍的各种政策与规定包括加班制度、轮班制度、工作费用报销规定、节日工资标准、发薪方式、纳税方法和企业扣留等。第二，由新进员工的直属上司执行特定性的指导，包括介绍部门的功能、新进员工的工作职责、工作的地点、安全规定、绩效检查标准以及一起合作的同事等。工作上还可以建立辅导关系，即让新进员工的直属上司和同事成为新进员工的师傅，指导其工作。另外，通过正式或非正式的方式，新进员工的工作绩效主动，有助于新进员工有所依据，减少他们的焦虑感。第三，举行新进员工座谈会，鼓励新进员工尽量提问，进一步使员工了解关于公司和工作的各种信息。这一过程在促进新进员工的社会化方面具有重要作用。

（二）入职培训的控制与评价

有效的入职培训应当事先制订完整的计划。在入职培训计划阶段，人力资源部门需要明确的关键问题包括入职培训活动的目的、需要考虑的问题及其范围和开展入职培训的时间等细节问题。对公司层面、部门层面和工作层面的主题要做出合理的划分，并合理规划入职培训中的技术类内容和社交类内容。在方法上，教育方案的灵活性应该能够适应不同教育程度、不同智力水平和不同工作经历的员工，保证能够鼓励新进员工在学习过程中积极参与讨论和活动，并获得信息反馈。为了评估入职培训的效果，人力资源部门要设计跟踪入职培训工作所使用的审查清单，还要编写员工手册。

在入职培训的过程中，正式的和系统的入职培训跟踪很有必要。跟踪内容是对每一个新进员工进行全面的复查，以了解入职培训的内容是否已经被真正领会和掌握，必要时应该简单重复一遍。一般来说，员工的直接上司应该在新进员工工作一天和一周之后进行跟踪调查，而人事部门则应在员工工作一个比较长的时期（如一个月）之后进行调查。一般的调查方法是由新进员工代表和主管人员举行座谈，或者以问卷的方式普查所有新进员工。调查内容可以包括：第一，入职培训活动是否适当，教育场所、文件资料和表达方式等是否使新进员工得到了关于公司的正确印象。第二，教育内容是否容易理解。如各种职业和各种背景的新进员工在一起接受入职培训，那么就需要了解入职培训活动的内容和风格是否普遍适用、是否容易理解和接受。第三，教育活动是否有趣，教育活动的灵活性如何，入职培训的内容是否有助于员工与他人的沟通，教育的内容能否适应公司经营规模的变动。第四，入职培训是否有激励效果，教育活动是否强调员工对于公司的重要性，接受入职培训后员工能否感到公司关心他们的事业和家庭。第五，入职培训活动的成本大小。美国企业关于入职培训成本的一般看法是：一个有效的入职培训活动的设计和实施成本应该不高于一个中等水平的员工的年薪。如果入职培训的结果达到了预期的目的,入职培训的主管人员、人力资源部门的代表和新进员工的上司就在完成清单上签字,然后存入员工的人事档案。

在入职培训中容易出现的问题有:第一,入职培训仅仅限于为新进员工填表造册,让新进员工在人力资源部门填写大量表格、参加一个简单的欢迎会后就上岗工作;第二,浮光掠影式的入职培训,时间很短,没有办法给新进员工留下深刻的印象;第三,填鸭式的入职培训给新进员工的信息太多太快,使其产生负荷感,同样无法达到入职培训的目的。

二、培训需求的循环评估模型

所谓的循环评估模型,是指针对员工培训需求提供一个连续的反馈信息流,以便周而复始地估计培训需求。在每个循环中,都需要依次从组织整体层面、作业层面和员工个人层面进行分析。具体而言,循环评估模型需要解决以下三个层面的问题:

(一)组织分析

组织分析是指确定组织范围内的培训需求,以保证培训计划符合组织的整体目标与战略要求。组织层面的分析目的是辨析培训活动开展的背景,确定在给定组织经营战略的前提下培训如何支持特定战略的实施,组织又如何为培训活动提供可利用的资源和支持。组织层面的分析重点是企业的战略目标分析、资源分析及氛围分析,通过分析准确找出组织中存在的问题,明确培训是不是正确解决问题的手段。

第一,企业的战略目标分析。企业或组织开展的一切活动都是以战略目标为导向的,企业的战略目标决定了培训目标,对企业的战略目标进行分析可以明确要实现战略目标所必需的知识、技能和能力,以及企业现有的知识、技能和能力状况。表 5-2 表明培训主题因企业经营战略的不同而存在非常大的差异。

表 5-2 经营战略对培训的影响

战略	强调的重点	达成途径	关键点	对培训的需要
集中战略	• 增加市场份额 • 降低运营成本 • 建立并维护市场地位	• 改善产品质量 • 提高生产率或进行技术流程创新 • 产品和服务的客户化	• 技能的先进性 • 现有员工队伍的开发	• 团队建设 • 跨职能培训 • 专业化的培训计划 • 人际关系能力培训 • 在职培训
内部成长战略	• 市场开发 • 产品开发 • 创新 • 合资	• 现有产品的市场影响或增加分销渠道 • 全球市场扩张 • 修正现有的产品 • 创造新的产品或者不同的产品 • 通过合资进行扩张	• 创造新的职位和工作任务 • 创新	• 支持或促进关于产品价值的高质量沟通 • 文化培训 • 建立一种鼓励创造性思考和分析的组织文化 • 职位的技术能力要求 • 对管理者进行反馈与沟通方面的培训 • 冲突谈判技能

(续表)

战略	强调的重点	达成途径	关键点	对培训的需要
外部成长战略	• 横向一体化 • 纵向一体化 • 集中多元化	• 兼并在产品市场链条上与本企业处在相同阶段的企业 • 兼并能够为本企业供应原材料或购买本企业产品的企业 • 兼并与本企业毫无关系的其他企业	• 整合 • 精简冗员 • 重组	• 确定被兼并企业中员工的能力 • 整合两家企业的培训系统 • 被合并后企业中的各种工作方法和程序 • 团队建设培训
投资抽回战略	• 缩减规模 • 转向 • 剥离 • 清算	• 降低成本 • 减少资产规模 • 获取收入 • 重新确定目标 • 出售所有资产	• 效率	• 激励、目标设定、时间管理、压力管理、跨职能培训 • 领导能力培训 • 人际沟通培训 • 重新求职帮助 • 求职技巧培训

资料来源：〔美〕雷蒙德·A.诺伊等，《人力资源管理：赢得竞争优势》（第五版），刘昕译，中国人民大学出版社，2005，第289页。

第二，企业内部资源分析。企业的资源分析应该包括对企业人力、物力、财力、时间等资源的描述。这些资源都是有限的，如何运用有限的资源创造最大的价值是企业追求的最终目标。企业需求分析的一个重要方面就是要确定企业可以为培训投入的资源，包括可以为培训活动配备多少人员、现有的培训设施状况，以及为培训活动投入的资金。这些决定了企业培训的目标、规模和频率。一个培训方案设计得再好，企业没有实施培训方案所需的资源，那也只是纸上谈兵，落不到实处。所以在确定培训目标之前，必须先确定可以被利用的资源。如果可以被利用的资源比较充裕，那么培训活动的范围就可以扩大一些，频率高一些。反之亦然。

第三，企业氛围分析。企业的氛围是决定培训活动开展成功与否的关键因素。如果企业内部存在对培训活动的友好和支持的氛围，那么培训活动的开展就能获得广泛的参与和大力支持；反之，培训活动的设计和实施就变得非常困难。

（二）绩效分析

所谓的绩效分析是考察员工目前的实际绩效与理想的目标绩效之间是否存在偏差，然后决定是否可以通过培训来矫正偏差。在这一过程中，需要完成以下三项工作：第一，开展绩效评估，发现绩效偏差；第二，进行成本—价值分析，即确定投入时间和努力弥补这一绩效偏差是否值得;第三,认定"能不能"和"肯不肯"的问题。这需要回答以下三个问题:(1)员工是否了解工作的内容和绩效标准?(2)员工是否肯做?(3)如果员工肯做,能否胜任?

员工培训的主要作用是提高员工的工作能力以改进工作绩效,因此培训能够解决员工能力方面的问题,而要改变员工的工作态度就需要改变奖励和惩罚等薪酬政策,采取工作设计等方法。如果员工不知道自己的绩效差异,就应先考虑"能不能"的问题,再考虑"肯不肯"的问题。如果员工知道自己的绩效差异,那就是"肯不肯"的问题。

其实,对员工的绩效进行分析可以揭示许多问题。如果员工缺乏完成工作任务所应该具备的知识和技能,就应该实施培训。但是,如果企业的员工招聘和挑选程序发生了问题,招聘来的员工不仅无法胜任所安排的工作,甚至也不具有通过培训提高的潜力,那么这种难题就不是仅仅依靠技能培训可以解决的。同时,这也可能说明工作设计得不合理,或者是管理人员监督不力。不管怎样,企业都需要决定培训能否解决存在的问题。

(三)任务分析

任务分析的目的在于分析员工达到理想的工作绩效所必须掌握的技能和能力,从而确定培训的内容。这一层面的分析包括系统地收集反映工作特性的数据,并以这些数据为依据,拟定每个岗位的工作标准,还要明确员工有效的工作行为所需要的知识、技能和其他特性。对任务进行分析的最终结果就是形成工作活动的详细描述,包括员工执行的任务和完成任务所需要的知识、技能和能力等的描述。任务分析通常包括四个步骤:

第一步,选择待分析的工作岗位。企业是一个复杂的组织,内部工作具有不同的层次性,这就决定了各种职务的重要程度具有一定的差异性。理想状态是对每一种职务都进行培训,但是这样做会浪费大量的资源,还会干扰组织的正常运行,不大现实。因此,通常只是对某些关键职务(对组织绩效影响重大的任务)、亟待解决问题的职务(存在问题比较严重的任务)进行培训。

第二步,描述任务及清单。采用访问并观察熟练工和经理的工作,或者与其他进行任务分析的人员共同讨论等方法确定三个层次的任务:职能或职责层次、主任务层次、子任务与关键任务层次。在这三个层次中,第三个层次是关键,重要的是鉴别出关键任务而非全部任务。这些关键任务就是那些重要的、经常执行的和难度较大的任务,而对那些不重要的又不经常执行的任务则无须进行培训。

在任务分析过程中,我们除了可以使用工作说明书和工作规范,还可以使用工作任务分析记录表,它记录了工作中的任务以及所需的技能。工作任务分析记录表通常包括工作的主要任务和子任务、各项工作的执行频率、绩效标准、执行工作任务的环境、所需的技能和知识,以及学习技能的场所。工作盘点法是一种比较有名的工作任务分析法,它列出员工需要从事的各项活动内容、各项工作的重要性,以及执行所需要花费的时间。这些信息可以帮助负责培训的人员安排各项训练活动的先后次序。Kenneth Wexley 和 Gary Latham 在 1981 年设计的一个轮胎商店主管的工作盘点表就是这种方法的一个实例,如表 5-3 所示。

表5-3 轮胎商店主管的工作盘点表

说明:根据每个工作活动,选择代表其重要程度和花费时间的代码	重要程度 1——不重要 2——有点重要 3——相当重要 4——很重要 5——极其重要	与其他工作比较而言所花费的时间 0——从未做过 1——很少 2——少一点 3——差不多 4——多一些 5——多很多
1. 为所有新进员工分配工作任务	1 2 3 4 5	0 1 2 3 4 5
2. 每月盘点仓库的库存	1 2 3 4 5	0 1 2 3 4 5
3. 指定各个业务员到供货商处进货	1 2 3 4 5	0 1 2 3 4 5
4. 监督加班费支领情况	1 2 3 4 5	0 1 2 3 4 5
5. 在报纸和电台安排广告事宜	1 2 3 4 5	0 1 2 3 4 5
6. 维护建筑物内外的整洁	1 2 3 4 5	0 1 2 3 4 5
7. 客户上门时做礼节性招待	1 2 3 4 5	0 1 2 3 4 5
8. 安排新进员工的实习训练并定期考核绩效	1 2 3 4 5	0 1 2 3 4 5
9. 指导会计人员申请赔偿损失	1 2 3 4 5	0 1 2 3 4 5
10. 必要时签发支票到客户的银行	1 2 3 4 5	0 1 2 3 4 5
11. 安排卡车的最佳运输路线	1 2 3 4 5	0 1 2 3 4 5
12. 召开安全会议	1 2 3 4 5	0 1 2 3 4 5
13. 打电话给客户招揽生意	1 2 3 4 5	0 1 2 3 4 5
14. 确保广告上的产品能够及时供货	1 2 3 4 5	0 1 2 3 4 5
15. 与员工讨论前途问题	1 2 3 4 5	0 1 2 3 4 5

资料来源:加里·德斯勒,《人事管理》,李茂兴译,台北:晓园出版社,1987,第211页。

第三步,确保任务基本清单的可靠性和有效性。可以通过专门项目专家(在职人员、经理人员等)对一系列问题的回答确保任务清单的可靠性和有效性。如执行该任务的频率,该任务对取得良好工作绩效的重要性,学习各项任务的难度,完成各项任务需要的时间,该任务对新进员工的要求标准,然后在以上问题的基础上编制任务调查问卷。

第四步,分析由关键任务引出的知识、技能或能力。通过任务调查问卷可以收集到任务分析所需要的相关信息,根据这些信息可以确定工作任务。在工作任务确定之后,就可以明确完成该任务所需要的知识、技能和能力等的要求;从中可以分析出哪些知识、技能和能力是最重要的,应该首先培训;哪些知识、技能和能力是可以在工作中积累的;哪些是需要通过专门的培训活动来改善的。

三、前瞻性培训需求分析模型

随着技术的不断进步和员工在组织中个人成长的需要,即使员工目前的工作绩效是令人满意的,也可能需要为工作调动做准备、为员工职位的晋升做准备或者适应工作内容要求的变化等而提出培训的要求。前瞻性培训需求分析模型为这种情况提供了良好的分析框架,如图5-2所示。基于组织的职业发展通道,利用学习地图、领导梯队模型这样的工具进行前瞻性培训需求分析,是非常有效的途径。

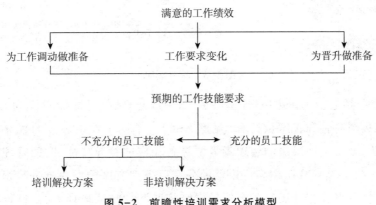

图5-2 前瞻性培训需求分析模型

资料来源:Crino, M. D. and Leap, T. L., *Personnel/Human Resource Management*, Macmillan Publishing, 1989:283.

学习地图(Learning Maps)是指以职业规划为主轴而设计能力提升路径的一系列学习活动,是员工在企业内学习发展路径的直接体现。通过学习地图,员工可以找到从一名最底层的新员工进入企业开始,直至成为公司最高领导者的学习发展路径。根据职业发展的业务和管理两条不同路径,学习地图中拥有不同的学习路径,如业务线学习路径、管理线学习路径等。如图5-3所示,在学习地图中,除了给不同层级、不同岗位的员工提供有针对性的学习内容,需要特别关注的是晋级包和轮岗包这两个关键要素:(1)晋级包是职业生涯纵向跃迁的晋级学习包。当员工的职业发展走向更高层级时,为了帮助员工更快、更好地适应新的工作,为员工提供晋级学习与发展课程。例如,当基层员工需要晋级成为管理人员时,将得到从专业到管理的学习内容,帮助员工提升专业能力、管理能力、学习管理技巧及工具等。(2)轮岗包是职业生涯横向转换的轮岗学习包。当员工在不同岗位、不同部门之间发生职业生涯转换时,为其提供转换目标所必要的学习和发展内容,以便在较短的时间内快速掌握新岗位的工作内容。

Ram Charan and Stephen Drotter(2011)提出的领导梯队模型[①]是用于管理人员前瞻性培训需求分析的一个工具。该模型认为大多数企业存在天然的工作层级,在大型的、分权

---

① Ram Charan, and Stephen Drotter, *The Leadership Pipeline: How to Build the Leadership Powered Company*, John Wiley & Sons, Inc., 2011.

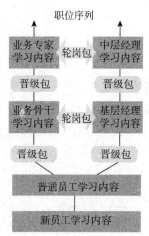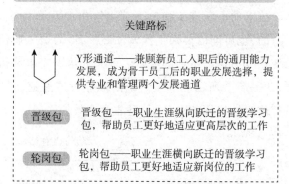

图 5-3　学习地图

管理的企业中包括七个工作层级,即基层员工、一线经理、部门总监、事业部副总经理、事业部总经理、集团高管和首席执行官(见图 5-4)。不同工作层级上的领导者组成了企业的领导梯队,处于不同层级的管理者需要具备相应的领导技能、时间管理能力和工作理念(见表 5-4)。领导梯队模型可以帮助公司以条理有序的方式推进组织中的职责配置,帮助企业将重点放在开展与各个领导层级相匹配的技能培训上,是进行领导梯队建设、继任计划、人才分层分级培养方案设计、人才盘点方案设计、岗位评估等工作的重要根据。

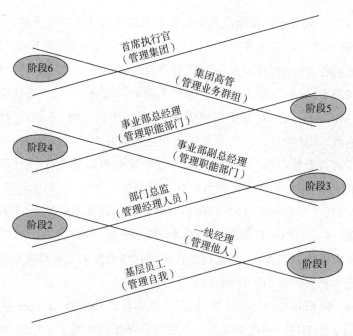

图 5-4　领导梯队模型

表 5-4 领导梯队各层级的能力维度与要求

管理层级	能力维度与要求		
	领导技能	时间管理	工作理念
一线经理(管理他人)	工作计划/知人善任/分配任务/激励员工/教练式辅导/绩效评估	部分时间用在管理工作上	重视管理而不是亲力亲为/通过他人完成任务
部门总监(管理经理人员)	选拔人才担任一线经理/为一线经理分配管理工作/教练式辅导/评估一线经理的进步/超越部门,全局性考虑问题并有效协作	主要精力用于管理工作上	管理工作比个人贡献重要/重视其他部门的价值和公司整体利益
事业部副总经理(管理职能部门)	管理自己专业外的其他工作/新的沟通技巧/与其他部门协作、争夺资源/制订业务战略实施计划	花时间学习本专业以外的知识	大局意识,长远思考/开阔视野,重视未知领域
事业部总经理(管理事业部)	制订业务战略规划/管理不同职能部门/熟练地与各方面的人共同工作/敏锐地意识到部门利益点、顺畅沟通/兼顾长远目标与近期目标/对支持性部门的欣赏和支持	花更多时间分析、思考和沟通	从盈利的角度考虑问题/从长远的角度考虑问题
集团高管(管理业务群组)	评估财务预算和人员配置的战略规划/教练辅导事业部经理/评估业务的投资组合策略/冷静客观地评估管理的资源和核心能力/发现和管理新的业务	花大量时间和事业部班子人员沟通	开放和善于学习的思维/关于他人的成功/重视选育事业部班子成员
首席执行官(管理全集团)	善于平衡短期与长期利益,实现可持续发展/设定公司发展方向/培训公司的软实力,激发全体员工的潜能/确保执行到位/管理全球化背景下的公司	不能忙于外部应酬而忽视内部管理/要在公司软实力建设方面投入时间	耐心细致地推动公司循序渐进地变革与转型/在长期目标与短期目标之间寻找平衡点,并有效执行/保持与董事会的密切沟通与协作/倾听利益相关方的意见

基于学习地图、领导梯队模型构建公司的人才培养体系,是很多企业采用的方法。例如,"西门子卓越领导"(Siemens Leadership Excellence)管理培训是西门子公司人才培养体

系中最有特色的一部分。该项目是在学习地图方法的指引下,以领导力模型为基础,以职业生涯发展规划为主轴,为管理人员设计开发了与发展节点相对应的学习活动。该项目由 S1 到 S5 五个级别组成,每个级别的管理培训课程与受训员工的职能级别一一对应,例如接受 MC 课程的一个,其职能级别也在 S1 级以上。对管理培训课程的效果评估与考察该员工是否符合晋升标准的工作是同步进行的。如果员工得到晋升,其职能级别得到提升,自然也就进入下一级别管理培训课程的培训,各级均以参加前一级所获得的技能为基础,如表 5-5 所示。如 S5 面向具有潜在管理才能的员工,目的是提高受训者的自我管理和团队建设能力,培训内容包括企业文化、职业规划、自我管理、客户服务与协调技能;S4 面向高潜力的初级管理人员,培训目的是使受训者具备初级管理的能力,内容包括质量与生产效率管理、金融管理、流程管理、组织建设及团队行为等。从 S1 到 S5,所有的学习活动是混合式的,包括研讨会、远程教学、多媒体教学及参与实际项目等多种形式,持续时间为 5—10 个月。

表 5-5　西门子管理者学习地图

课程组	目标对象	目标	地点
管理公司层课程 CMC	关键职位的高级管理人才 S5	全球战略	总部
管理高层课程 TMC	对全球业务有影响的总经理 S4	高级领导力	总部
综合管理课程 GMC	刚承担全面管理的管理者 S3	企业家潜能开发	区域
管理高级课程 AMC	管理经理人的管理者 S2	西门子思维	区域
管理基础课程 MC	新提拔的初级经理 S1	自我管理团队开发	区域

四、培训需求评估方法的比较

除了上述比较著名的培训需求评估模型,实际上还存在许多其他的培训需求评估方法,如企业顾问委员会研讨、员工态度调查、管理人员调查和直接观察员工的工作行为等。这些不同的培训需求评估方法对培训的效果都具有不同的影响,而培训效果可以从受训者的参与程度、管理人员的参与程度、培训所需要的时间和成本以及用量化指标衡量培训结果的难易程度等方面来衡量。受训者的参与有助于提高他们的内在动力和参加培训的责任感,是培训计划成功的重要基础。管理阶层的投入能够支持和鼓励受训者在回到自己的工作岗位后应用自己在培训中学习到的新的技能。在其他情况相同的条件下,花费的时间少、成本低,并且结果容易用数字衡量的培训当然是组织所需要的。表 5-6 是对各种培训需求评估技术的特点的比较。

表 5-6 培训评估技术比较

培训需求评估技术	受训者的参与程度	管理层的参与程度	所需要的时间	成本	可用数字衡量的程度
顾问委员会	低	中	中	低	低
评估中心	高	低	低①	高	高
态度调查	中	低	中	中	低
集体讨论	高	中	中	中	中
面谈候选培训者	高	低	高	高	中
调查管理层	低	高	低	低	低
员工行为观察	中	低	高	高	中
绩效考核	中	高	中	低	高
关键事件法	高	低	中	低	高
问卷调查与清单	高	高	中	中	高
技能测试	高	低	高	高	高
评估过去项目	中	低	中	低	高
绩效档案	低	中	低	低	中

资料来源:Milkovich, G. T. and Boudreau, J. T., *Human Resource Management*, Richard D. Irwin, 1994:497.

第三节 员工培训方法

在设计人才培养方案时,"721"法则常常被认为是基本原则。该法则认为成人的学习70%来自真实生活经验、工作经验、工作任务与问题解决,20%来自反馈以及与其他角色榜样一起工作并观察和学习该榜样,10%来自正规培训。"721"学习法则重点强调了四点,即学习主体非常重要、学习的根基是实践、反馈是不可或缺的环节、同伴是重要的学习资源。传统的培训模式已经难以满足企业对人才培养的全面需求,而混合式学习是培训发展的必然趋势。通常讲的企业培训大多是脱产的正规培训。

一、员工脱产培训方法

员工培训的方法可以划分为脱产培训和在职培训两个基本类别。我们首先说明脱产培训中可以选择的培训手段,然后再说明在职培训的做法。各种脱产培训又可以划分为

---

① Crino, M. D., and Leap, T. L., *Personnel/Human Resource Management*, Macmillan Publishing, 1989, 第287页表8-4中,该项目为"高"。

信息传达类的脱产培训和模拟方法类的脱产培训。培训的信息传达技术包括演讲、会议、函授课程、电影、阅读清单、闭路电视和录像、行为示范和计算机辅助教学等。培训的模拟方法包括案例教学法、角色扮演法、循序渐进的群体练习、分内工作方法和商业游戏等。如果让受训者在工作现场学习的成本过高或者过于危险的话，那么模拟训练就将成为唯一的选择，例如训练飞机驾驶员就是这样一种情况。不难发现，脱产培训的手段有很多种类，它们在组织中应用的广泛程度也有一定的差别。表5-7是美国100名员工以上的组织使用的培训手段的调查结果。

表5-7 培训手段及其应用程度

培训方法	使用这种方法的组织所占的比例(%)
录像带	92
演讲	90
一对一教学	79
角色扮演	62
游戏/模拟	54
录音带	51
幻灯片	46
电影	43
案例研究	41
自我评价/自我测试	41
非计算机化的自学	27
多媒体	17
远程电话会议	11
远程可视会议	10
计算机联网会议	3

资料来源：Milkovich, G. T. and Boudreau, J. W., *Human Resource Management*, Richard D. Irwin, 1994：510.

各种培训方法的特点有很大的差别。采用讲师演讲方法进行培训可以迅速而有效地传达知识，但是它的缺点是容易产生单向沟通，这意味着如果讲师不能注意到受训者在学习方式、能力和兴趣等方面的差异，不重视受训者的反馈，就很难取得很好的培训效果。为了克服这种缺点，讲师应该在讲授过程中穿插适当的讨论。近年来，视听技术在培训中的作用日益显现。远程电话会议的特点是教学双方无法看到对方，但是可以通过声音进行交流。而远程可视会议的特点是受训者和教师配备电视及话筒，学员可以和远方的教员进行交流，不仅能够听到对方的声音，还可以看到对方的表情和演示。可视电话的出现将为这种培训提供良好的基础。通过电影、闭路电视、录像带等方法进行远程培训适用于下述情况：第一，培训中需要示范各个步骤的衔接；第二，用讲解的方法无法说清的时候，如脑外科手术技术的培训;第三,公司业务分布广,让受训者实地受训成本过高的情况。

二、"做中学"与行动学习

(一)"做中学"

所谓的"做中学"(Learn by Doing)是约翰·杜威在对知与行的关系进行论述时提出的著名原则,他认为"做中学"就是从经验中学、从实践中学,把学到的知识与生活中的活动联系起来,最终达到知与行的统一。成人是通过"做"来学习的,在培训期间完成实际任务的人总比只完成了虚拟任务的人收获大,所以训练内容越真实效果就越好。

"做中学"的培训方法包括模拟、商业游戏、案例研究、角色扮演和行为塑造。"做中学"类型的培训是复制现实工作中的主要成分,让受训者在这种环境中扮演一个角色或者制定有关这一环境的决策,然后得到反馈以判断其行为或决策的有效性。模拟方法经常在飞机驾驶员的培训中使用。商业游戏由几个员工或员工小组一起参加,各个小组根据其面临的经济环境对有关的经济变量做出决策。商业游戏一般要使用计算机系统跟踪和计算竞争结果。案例研究一般提供给受训者一个现实的问题,然后由受训者进行分析,并给出自己的解决方案。角色扮演让受训者扮演另一种身份的角色,并与其他人模拟这种角色所面临的环境,使受训者理解和体会别人的切身感受。在培训理论中,经常把商业游戏、案例研究和角色扮演合并在一起的方法称为行动学习。但是行动学习中的游戏、案例和所扮演的角色是公司面临的真实问题或职位。行为塑造的理论依据是人们能够形成适当行为的心理模式,这一方法的目标是发掘受训者在看到某一行为之后模仿的能力。行为塑造首先要介绍所要学习的技能,然后受训者观察完成所培训技能的成功的行为,集体讨论这一行为的有效性,然后每个受训者在其他受训者面前实际操作,最后得到自己行为有效性的反馈。

(二)行动学习的源起和基本步骤

传统学习模式由于脱离"行动"和情景,因此未能产生令人满意的学习效果,无法应对日益动荡变革的商业环境。学习不应停留在简单的"发送"和"接收"上,而应主动去建构实践。行动学习(Action Learning)是一个具有影响力的工具,可在短时期内促使人们进行大量的、相关的和持久的学习,进而取得显著的学习效果。在实践层面,早在20世纪20年代,行动学习就已渐渐盛行,不断地被应用于组织学习活动中,尤其被广泛应用于人员培训领域;在理论层面,直到20世纪80年代,Revans才首次提出"行动学习"概念。[①]

不同的问题对应不同的行动学习方法,不同的学习方法对应多种不同的实施步骤。但不论哪一种行动学习方法,基本都包括以下六个最基本的步骤:聚焦问题、组建小组、分析问题、制订方案、行动实施、总结推广。

---

① Revans, R. W., *Action Learning: New Techniques for Management*, London: Anchor Press, 1980。1985年《管理发展杂志》(*Journal of Mangement Development*)第一次将行动学习列为研究专题,也激发了学者对行动学习的研究兴趣。2004年《行动学习:研究和实践》(*Action Learning: Research and Practice*)期刊创办,掀起了行动学习研究的热潮。

（1）聚焦问题。行动学习强调集体成员在组织正常运作过程中面对突然出现的问题时，在采取行动处理问题的同时获得学习机会。这些问题的解决就是行动学习的原始出发点。国际行动学习协会发起人马奎科总结了组织出现的、适合行动学习的问题的性质：①具有突出重要性；②复杂而紧迫；③困难，具有挑战性；④具有可实行性，且在集体成员的权利和责任范围内；⑤问题解决过程中能提供学习机会。

（2）组建小组。行动学习依靠的并非成员个人智慧而是集体能力的交互作用，需要包含一个多样性的学习团队。① 多样性的学习团队具有不同背景，有助于利用各自的专业知识和经验知识，从更多视角看待和思考问题，进而碰撞出更多的思想火花，实现智慧的交融，带来更多的创新点子，这有助于创新性地解决问题，又能加强集体成员的创新思维。小组成员规模一般为4—8人。

（3）分析问题。参与者需要借助有关分析工具，反思问题背后的根本原因。

（4）制订方案。参与者根据组织的目标和问题原因，制订解决问题的可行方案。

（5）行动实施。行动学习的最终目的是解决有突出重要性的复杂问题，以促进组织顺畅运作。如果行动学习成员没有权利采取行动或无法确保学习成果被组织执行，行动学习的效果就会大打折扣。只有赋予行动学习成员采取行动的权利，才能将行动学习的结果应用于实践并得到检验，也才能促使最有价值的学习发生。

（6）总结推广。企业需要对方案实施的阶段性成果进行反思，并为下一阶段的实施工作积累经验，提高未来学习的效果。

行动学习的基本步骤如图5-5所示：

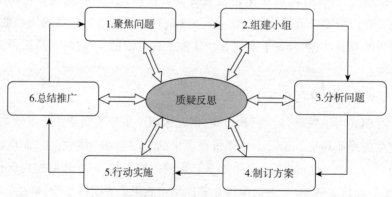

图5-5　行动学习的基本步骤

质疑和反思贯穿于行动学习过程的始末。行动学习关注正确的问题而非正确的答案。适合进行行动学习的问题通常是无现成答案的，需要成员齐心协力地寻找方案，此时需要通过质疑和反思形成一个共同目标，强化倾听、团结集体成员、促进学习交流。因此，行动学习过程中的每一个步骤都离不开质疑和反思。

此外，行动学习过程中需要一个行动学习催化师。所谓当局者迷、旁观者清，催化师

---

① Leskiw, S. L., Singh, P., Leadership development: learning from best practices, *Leadership & Organization Development Journal*, 2007, 28(5): 444—464.

既是问题的发现者,也是解决问题的指导者,充当"旁观者",及时扭转行动学习的错误方向,促进问题解决和团队互动变得更有效率。催化师需要拥有丰富而全面的专业知识和实践经验、深邃的洞察力和较强的协调力,要能营造一个安全、信任、开放和相互尊重的环境。

三、基于网络技术的培训方法

随着网络通信技术的飞速发展,特别是移动设备(如智能手机、Pad 等)的普及,企业学习与培训方式也发生了变化,学习模式从 D-learning(Distance Learning,远程学习)到 E-learning(Electronic Learning,电子学习),再到 M-learning(Mobile Learning,移动学习)。当然,三种模式也会并存于企业培训之中。

(1) D-learning 的特点是实现了教师与学生的时空分离,教与学的活动不再是同步的,主要是使用印刷材料、录音带、磁盘、实验箱等媒体技术,一般可以通过邮件、电话进行师生间的联系。

(2) E-learning 的特点是实现了远程的面授教学(Teaching Face to Face at a Distance),弥补了远程学习的一些天生不足,主要使用卫星电视、视频会议系统、计算机网络等技术。

(3) M-learning 的特点是可以随时、随地进行自由的学习。"任何学习如果不是在固定的、预设的地点进行,或是利用移动技术所提供的学习机会进行"的都是移动学习(O'Malley et al., 2003)。① 这个定义体现了移动学习的两个要素——学习的移动性和使用便携式技术学习。

随着互联网和信息技术的飞速发展,还涌现出微课、慕课(Massive Open Online Course,即大规模开放的在线课程,简称 MOOC)、翻转课堂、微信培训和网络直播培训等各种各样的培训方式。企业培训采用的典型在线课程方式是微课(Microlecture),是指围绕单一知识点(技能、问题等),为达成特定的教学目标,通过教学设计,由多媒体形式(动画、视频、声音、图文等)呈现的教学方式。一般而言,每门微课具有短(几分钟甚至几十秒,清晰阐述问题)、小(文件体积小,易于传播、加载)、精(聚焦单个知识点、问题,形式新颖、精炼干货)、悍(自成完整个体,组合更长体系)等特点,适用于移动学习平台、微信平台,可以为培训对象提供移动化、便捷化的学习体验。

此外,利用虚拟现实技术进行培训也是未来的一种趋势。虚拟现实(Virtual Reality,VR)是利用多种技术复制全部的实际工作环境,而不是仅仅模拟其中的几个方面。虚拟现实使得参与者置身于电脑生成的虚拟环境中,并可以根据头部和身体的移动改变虚拟环境的内容。在这种三维的立体环境里,使用者可以互动并实时操控虚拟物体。军队采用虚拟现实培训人员,并持续投资这方面的技术。将战士们置于战场上可能会遇到的情境中对他们来说是非常有价值的经历,可以帮助他们更好地为战争做准备。另外,虚拟现

---

① O'Malley, C., Vavoula, G., Glew, J. P., Taylor, J., Sharples, M., & Lefrere, P., Guidelines for learning/teaching/tutoring in a mobile environment. MOBIlearn project report, D4. 1, 2003. Available online at http://www.mobilearn.org/download/results/guidelines.pdf.

实可能会向军队人员灌输压力观念,使他们在真正到战场上时不容易产生心理问题。一般而言,需要不断练习、远程执行的工作或者平常不易看到或接触的物体或流程,都适合以虚拟现实方式进行培训。虚拟现实也非常适用于极易对设备造成损害或对员工造成伤害的工作。例如,虚拟现实培训正成为训练内科医生开展冠脉支架置入手术的不二之选。在虚拟现实培训中,内科医生通过人工循环系统来穿过导管,观察人体模型的血影造影片。虚拟现实技术可以提高内科医生的专业技能,避免把患者置于危险之中。

总体而言,这些运用计算机和多媒体等高科技手段开展的培训,计算机辅助训练可以进行高度的仿真模拟。在美国联邦快递公司的高科技培训中,每位投递员和客户服务代理使用一个具有互动特点的计算机程序来测试他们的工作知识、记录他们的技能水平,并利用这些资料帮助公司规划员工的前程,促进员工的个人发展。这一计算机程序的辅助教材是一套包括 25 张光盘的互动式教学内容的课程。在这种课程中,计算机会根据每位受训者的水平显示不同的动画内容。这种培训在联邦速递公司每年都进行一次。联邦速递公司已经建立了 1 200 多个这种培训场所。

这种以计算机和互联网为基础的培训方式有很多优点:一是便于根据受训者的不同要求对培训内容进行剪裁;二是生动的界面容易提高受训者的参与程度;三是声音和图像便于说明学习要点。当然,这种培训手段的开发成本比较高,但是由于它不需要受训者进行空间转移,也会减少脱产培训的时间和公司旅行费用。

四、培训方法的有效性比较

虽然我们无法笼统地讲哪一种培训方法比其他的方法更优越,但是根据既定的培训项目的目标,我们可以发现存在一些比较有效的方法。1972 年,美国学者 S. J. Carroll, Jr. 和 F. T. Paine 以及 J. J. Ivancevich 发表的一项针对人事专家的调查结果为我们提供了许多启示,如表 5-8 所示。这次调查的方法是让这些人事专家评价各种培训方法在帮助员工获得知识、改变员工态度、发展员工解决问题的能力、发展员工的人际关系技巧、获得参与许可和员工保持获得的知识等方面的有效性。排列的次序越高,反映人事专家认为这种方法越有效。

表 5-8 培训方法有效性比较

培训方法	获得知识	改变态度	解决难题技巧	人际沟通技能	参与许可	知识保持
案例研究	2	4	1	4	2	2
讨论会	3	3	4	3	1	5
讲课(带讨论)	9	8	9	8	8	8
商业游戏	6	5	2	5	3	6
电影	4	6	7	6	5	7
程序化教学	1	7	6	7	7	1
角色扮演	7	2	3	2	4	4

(续表)

培训方法	获得知识	改变态度	解决难题技巧	人际沟通技能	参与许可	知识保持
敏感性训练	8	1	5	1	6	3
电视教学	5	9	8	9	9	9

资料来源：Crino, M. D. and Leap, T. L., *Personnel/Human Resource Management*, Macmillan, 1989: 291.

第四节 培训效果评估与培训迁移

一、培训效果的评估

目前，中国很多公司很重视员工和管理人员的培训，但是现阶段的许多培训工作缺乏针对性。很多公司都在一定程度上存在为培训而培训的现象，培训活动很少与其他人力资源管理活动相互配合，或者缺少明确的目标。在这种情况下，培训只是一种活动，而不是一种战略。中国企业经常用参加培训的人数来衡量培训的结果，却很少研究培训的真实效果。作为活动的培训的特征是没有明确的目标，没有培训原因和培训结果有效性的评估，没有支持培训的工作环境准备过程，没有对培训结果的衡量。而作为战略的培训的特征是与客户合作，与企业自身的业务需要相联系，有培训结果有效性和培训原因的评估，有支持培训的工作环境准备，有对培训结果的衡量。

培训效果是指在培训过程中受训者所获得的知识、技能、才干和其他特性应用于工作的程度。培训效果可能是积极的，这时工作绩效得到提高；也可能是消极的，这时工作绩效恶化；还可能是中性的，即培训对工作绩效没有明显的影响。

在对培训项目的结果进行评估时，需要研究以下问题：第一，员工的工作行为是否发生了变化？第二，这些变化是不是培训引起的？第三，这些变化是否有助于组织目标的实现？第四，下一批受训者在完成相同的培训后是否会发生相似的变化？对变化的衡量涉及以下四个方面：

第一，反应，即受训者对这一培训项目的反应。受训者是否感到培训项目有好处，包括受训者对培训科目、培训教员和自身收获的感觉。

第二，学习效果，即受训者对所教授的内容的掌握程度，受训者能否回忆起和理解所培训的概念和技能。这可以用培训后的闭卷考试或实际操作测试来考察。需要牢牢记住的是，如果受训者没有学会，那么培训者就没有发挥作用。

第三，行为变化，即员工因参加这一培训所引起的与工作有关的行为发生的变化，受训者是否在行为上应用了学到的这些概念和技能。需要注意的是，工作经历的逐渐丰富、监督和工作奖励方式的变化都可能对员工的行为产生影响。为了克服这种干扰，可以使用控制组方法，即将员工分为培训组和未受培训的控制组。在实施培训之前，衡量各组的工作绩效；在实施培训之后，再衡量各组的工作绩效，通过比较发现培训的效果。在这个问题上,应该注意培训组的绩效变化在培训结束后经过一段时间的实践才能体现出来,了解这一性质对正确评估培训项目的效果很重要。

第四,培训后果,即受训者行为的变化是否对组织的结果有积极的影响,有多少与成本有关的积极后果(如生产率的提高、质量的改进、离职率的下降和事故的减少)是由培训引起的,受训者在经过培训之后是否对组织或他们的工作产生了更加积极的态度。其中,对反应和学习效果的衡量主要是主观感受,所以有时称为内部标准;而对行为和培训后果的衡量主要是客观结果,所以有时称为外部标准。

20世纪70年代,美国学者K. Brethower和G. Rummler对培训项目的评价标准和衡量方法进行了研究,总结出来的方法现在仍然具有很大的影响。他们的贡献如表5-9所示。

表5-9 培训项目的评价方法

我们想知道什么	衡量什么	衡量项目	获取数据的方法	获取数据的替代方法
Ⅰ.受训者是否满意?如果不是,为什么? 1. 概念不相关 2. 培训场所设计 3. 受训者安排得不合适	培训期间受训者的反应	联系 胁迫 学习的轻松程度	受训者的评论 对教员的评论 对练习的问题 对练习的行为方式	观察 面谈 问卷
	培训之后受训者的反应	"值不值" 相关程度或者学习动力	对项目的行为方式 关于项目概念的问题	观察 面谈 问卷
Ⅱ.教学素材是否教会了概念?如果没有,为什么? 1. 培训教室的结构 2. 课程 　表述 　例子 　练习	培训期间受训者的表现	理解 应用 表达	学习时间 做练习的成绩	观察 文件检查
	培训结束时受训者的表现	理解 应用 设施 内容的衔接	对未来的行动方案 做练习时所使用的工具 表达	观察 文件检查 面谈 问卷
Ⅲ.所学习的概念是否被应用?如果没有,为什么? 1. 概念 　不相关 　太复杂 　太含糊 2. 工具不适合 3. 环境不支持	绩效改进计划	分析 行动计划 结果	讨论 文件 结果	观察 面谈 文件检查 问卷(关键事件)
	解决难题技术	提出的问题 计划的行动 采取的行动	讨论 文件 结果	观察 面谈 文件检查 问卷(关键事件)
	完善管理方法	语言 人员管理程序	讨论 会议 文件	观察 面谈 文件检查 问卷(关键事件)

（续表）

我们想知道什么	衡量什么	衡量项目	获取数据的方法	获取数据的替代方法
Ⅳ. 概念的应用对组织是否有积极的影响？如果不是，为什么？	难题解决	问题的识别 分析 行动 结果	讨论 文件 结果	面谈 文件检查 问卷（关键事件）
	危机的预测和预防	潜在危机的识别、分析和行动	讨论 文件 结果	面谈 文件检查 问卷（关键事件）
	绩效衡量 具体到一个特定的培训项目	产出的衡量 过渡的方法或者诊断的方法	绩效数据	文件检查

资料来源：Milkovich, G. T. and Boudreau, J. W., *Human Resource Management*, Richard D. Irwin, 1994: 516—517.

公司在评价培训项目的效果时所使用的评价项目很重要，而进行评估的时间和所使用的评估方法也很重要。假如公司的销售收入在实施一个培训项目之后比实施之前上升了20%，我们并不能断言这都应该归功于这次培训。很多人力资源管理专家认为，最合适的评价培训项目的方法应该是以合理的成本就能够采集到数据，同时这些数据对关键决策的制定者最有意义。

二、培训效果评估方法的设计

在了解了培训效果的四个维度后，培训者需要设计具体的方法进行培训效果的评价。具体进行培训效果评价时必须回答两个基本问题：(1)受训者是否真的发生了变化？(2)变化的原因是否由培训导致？对于第一个问题的回答可以对比受训者参加培训前的行为/绩效（称为"前测"）和参加培训后的行为/绩效（称为"后测"）来实现。而回答第二个问题需要通过实验设计来实现，即与没有接受培训的员工（作为"控制组"）相比较，参加培训的员工（作为"实验组"）发生了哪些变化。因此，根据"是否有控制组"及"是否做前测、后测"，培训效果评价方法的设计可分为以下几类，如表5-10所示。一般而言，研究设计通常会使用有控制组的前测、后测设计，这样的设计可以降低评估错误的风险，可以增强培训者使用评估结果做决策的信心。

表5-10 培训效果评估方法的比较

研究设计	分组	前测	后测
后测法	培训组	无	有
前测、后测法	培训组	有	有
具有控制组的后测法	培训组、控制组	无	有

(续表)

研究设计	分组	前测	后测
具有控制组的前测、后测法	培训组、控制组	有	有
时间序列法	培训组	有,数次	有,数次
所罗门四组设计	培训组 A	有	有
	培训组 B	无	有
	控制组 A	有	有
	控制组 B	无	有

资料来源:Noe, R. A., *Employee Training and Development*, Irwin/McGraw-Hill, 1998: 145.

1. 后测法

后测法只是单纯以培训后的成果来衡量培训效果。这种方法由于缺少事前的测验,因此无法了解培训对事后测验所呈现效果的影响程度。后测法比较适用于受训者在培训前的知识、行为与绩效都很相似的情形,可利用增加一个控制组的方式来增强。

$$X \longrightarrow O_2 (X:培训; O_2:事后测验)$$

2. 前测、后测法

前测、后测法是以评估培训前、后的表现差异来衡量培训效果。要求受训者接受培训前与培训后的测验,并比较二者之间的差异,以了解培训对学员影响的效果。由于这种设计缺乏控制组作为比较,因此无法排除在两次测验之间其他因素对培训效果造成的影响。

$$O_1 \longrightarrow O_2 (O_1:事前测验; X:培训; O_2:事后测验)$$

3. 具有控制组的后测法

选取两组背景类似的员工,对实验组实施培训并进行后测,对控制组仅仅进行后则,比较两组后测的结果来了解培训的效果如何。

$$实验组 \quad X \rightarrow O_2$$
$$控制组 \quad O_2 (X:培训, O_2:事后测验)$$

4. 具有控制组的前测、后测法

选取两组背景类似的员工,并同时接受事前与事后的测验,但只让实验组的员工接受培训,比较两组事前与事后测验的结果来了解培训的效果如何。这样的研究设计包含了被培训的实验组及未被培训的控制组,评估资料的收集包含了两组的培训前测、后测表现。如果培训组的行为/绩效改变优于控制组,则可判断受过培训者较好的表现有可能来自培训。不过,由于这种设计下的两组都经过了前测,无法排除前测可能对后测产生的影响。

$$实验组 \quad O_1 \longrightarrow X \longrightarrow O_2$$
$$控制组 \quad O_1 \longrightarrow \quad O_2 (O_1:事前测验; X:培训; O_2:事后测验)$$

5. 时间序列法

时间序列的设计与前测、后测的设计类似,只是增加了前测与后测的次数。由于在组织中将员工分为多组进行培训效果评估存在一定的困难,而这种方式只需一组学员。通过四次前测分析,可了解前测对分数的影响程度;在培训后立即测验,便可了解培训的效果,并排除测验的学习效果。在不同时间的持续后测,是为了了解培训效果的维持程度。长时间稳定的持续后测,通常适用于能持续观察的培训效果,如生产率、缺席率等。

$$O_1 \longrightarrow O_2 \longrightarrow O_3 \longrightarrow O_4 \longrightarrow X \longrightarrow O_5 \longrightarrow O_6 \longrightarrow O_7 \longrightarrow O_8$$

(O_1—O_4:事前测验;X:培训;O_5—O_8:事后测验)

6. 所罗门四组设计

所罗门认为培训前的"前测"可能会对受训者的态度及行为产生影响,干扰了实际培训效果,这被称为前测的敏感性(Pretest Sensitization)。而传统的两组设计方法,无法衡量和控制"前测的敏感性"。因此,所罗门建议以四组设计来控制前测对培训效果的影响(Wexley and Latham, 1991)。这种设计方法是根据类似的背景把员工分成四组,全部的员工都接受事后测验,但只有第一组与第二组接受事前测验,第一组与第三组接受培训的安排,通过这样的研究设计可了解培训效果是否受前测的影响。

第一组　　$O_1 \longrightarrow X \longrightarrow O_2$

第二组　　$O_1 \longrightarrow O_2$

第三组　　$X \longrightarrow O_2$

第四组　　O_2 (O_1:事前测验;X:培训;O_2:事后测验)

三、受训者的选择

员工学习和培训潜力的估计是设计员工培训方案中非常重要的问题。这是因为提供培训的组织愿意对那些最具培训潜力的员工进行培训,而员工也希望培训课程既符合自己的兴趣又能够帮助自己提高能力。培训成本中最大的一项是在培训期间支付给受训者的工资,因此缩短培训周期是降低培训成本的重要途径。为了达到培训的目的、提升培训效果,就必须选择那些学习能力最强的员工进行培训。

在选择培训对象时必须考虑员工掌握培训内容的能力,以及他们回到工作岗位以后应用所学内容的能力。这不仅是一个重要的员工激励问题,也是一个重要的效率问题。如果员工在培训过程中没有获得应有的收获或者他们回到工作岗位无法应用所学内容,那么这不仅在员工个人心理上会产生强烈的挫折感,同时也会浪费组织所花费的培训资源。

员工在进入培训过程时,他们的经历、体力、智力和对材料的熟悉程度都不同,这些构成受训者不同的学习能力的基础。培训项目的设计要确保培训要求与受训者的学习能力相匹配。如果受训者感到培训内容过于简单或者过于复杂,都会损害培训的效果。因此,许多公司在遴选培训对象之前要对培训候选人进行测试。研究表明,工作样本法对员工的可培训性,特别是短期的可培训性有很好的预测作用。在选择培训对象时,美国海军使用的预测方法是设计一组样本任务对参加培训项目的候选人进行培训,然后检验这些候选人的学习效果。如果一个候选人掌握样本任务的效率比较高,那就说明他以后学习全部任务的效率也会比较高。这种遴选培训对象的方法的一个变形是美国贝尔公司的"贝尔系统"（Bell System），即让培训项目的候选人自己掌握学习进度，然后用学员在最初的时间内所掌握内容的多少来预测他学完全部内容所需要的时间，那些预计所需要的时间将严重超过规定时间的学员将被终止培训。

在选择培训对象的过程中，除了从培训候选人的学习能力进行甄别，还可以从员工的学习动力的角度进行考察。美国海军学校在选择蛙人的受训者时所采用的一种"信心衡量表"，被证明能够相当准确地预测一个人能否从10个星期的水下呼吸器和深海气压训练班中结业。在这个信息衡量表中，要求培训候选人对以下7个问题进行评价，对于每一个陈述，自己"强烈反对"的给1分，以此类推，"强烈支持"的给6分。

第一，"我比其他人有更好的条件通过这一训练"。

第二，"只要我能够，我会自愿接受这一训练"。

第三，"在这项训练中获得的知识和经验对我未来的生涯将有很大的好处"。

第四，"即使我不能通过，这次训练对我也是一次有价值的经历"。

第五，"在训练中我将比大多数人学到更多的东西"。

第六，"如果我在训练中遇到麻烦，我将付出更大的努力"。

第七，"我的身体条件比这里的大多数人更适合这种训练"。

四、培训迁移

（一）基本内涵

所谓培训迁移，主要是指受训者将在培训的环境中学到的知识、技能、态度等，有效地运用到工作中的程度。培训迁移包括近迁移和远迁移两种类型。近转移指几乎不用任何调整或修改就把培训中所学内容直接应用于工作中的能力。远转移指把培训中所学内容加以扩展或应用于一种新的方式中的能力。① 工作环境中的培训迁移是确保培训活动取得成功的关键因素。

（二）促进培训迁移的因素

企业都想通过培训改进员工绩效，提高组织的生产率。通过培训获得的新知识、技能、行为和态度如果没有或不能迁移到工作中或在一定时间内不能维持，那么培训的价值是很小的。培训迁移重点关注的是知识、技能和态度能否转变为行为和结果，所以在人力资源开发领域，研究者更关心的是在什么条件下更容易出现培训迁移。

Baldwin and Ford(1988)提出了一个培训迁移过程模型（见图5-6）。这个模型指出培训输入——包括受训者特征（Trainee Characteristics）、培训设计（Training Design）和工作环境（Work Environment）——会影响学习、保存和迁移，并且受训者特征和工作环境将直接影响迁移效果。受训者特征包括影响学习的各种能力和动机。如果受训者不具备学习的基本技能（如认知能力、阅读技能），缺乏学习动机，不相信自己能掌握所学技能（自我效能

---

① 谢晋宇：《人力资源开发概论》，清华大学出版社，2005，第103页。

程度低),那么学习行为与培训迁移能否发生就令人怀疑了。培训设计指学习环境的重要特点,包括有意义的材料、实践机会、反馈、学习目的、项目组织协调,以及培训场地的自然环境特征。工作环境指能够影响培训迁移的所有工作上的因素,包括管理者和同事支持、技术支持、转化氛围和在工作中应用新技能的机会。Tracy et al.(1995)概括了有利于培训迁移的各种工作环境特征,如表5-11所示。

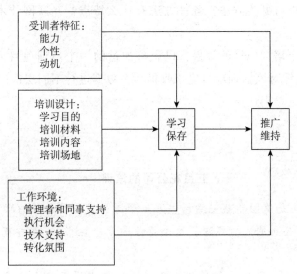

图5-6 培训迁移过程模型

资料来源:Baldwin, T. T. and Ford, J. K., Transfer of training: A review and direction for future research, *Personnel Psychology*, 1988, 41: 63—103.

表5-11 促进培训迁移的工作环境特征

特征	举例
直接主管:鼓励受训者使用培训中获得的新技能和行为方式并为其设定目标	刚接受过培训的管理者与主管人员和其他管理者共同讨论如何将培训成果应用到工作中
任务线索:受训者的工作特点会督促或提醒其应用培训过程中获得的新技能和行为方式	刚接受过培训的管理者的工作就是按照使用新技能的方式来设计的
反馈结果:直接主管支持应用培训中获得的新技能和行为方式	直接主管应关注那些应用培训内容的刚刚受过培训的管理者
不轻易惩罚:对使用从培训中获得的新技能和行为方式的受训者不会公开责难	当刚受过培训的管理者在应用培训内容出现失误时,不会受到惩罚
外部强化:受训者会因应用从培训中获得的新技能和行为方式而受到外在奖励	刚受过培训的管理者若成功应用了培训内容,他们的薪水会增加
内部强化:受训者会因应用从培训中获得的新技能和行为方式而受到内部奖励	直接主管和其他管理者应表扬刚受过培训就将培训所教内容应用于工作中的管理者

资料来源:Tracy, J. B., Tannenbaum, S. I. and Kavavagh, M. J., Applying trained skills on the job: The importance of the work environment, *Journal of Applied Psychology*, 1995, 88(2): 239-252.

复习思考题

1. 企业应该如何设计入职培训活动？
2. 如何进行培训需求评估？
3. 在职培训有哪些特点？
4. 脱产员工培训有哪些方法？各种方法有什么特点？互联网技术下，如何变革企业的培训方法？
5. 如何评估一个培训项目的效果？以您参加过的一个培训项目为例，针对培训效果评估的四方面内容，针对该培训项目应该收集什么数据进行不同层次的评估。
6. 企业如何促进培训迁移？

案例

五月花公司的培训①

五月花制造公司是美国印第安纳州一家生产厨具和壁炉设备的小型企业，大约有150名员工，博比是这家公司的人力经理。这个行业的竞争性很强，五月花公司努力使成本保持在最低水平上。

在过去的几个月中，公司因为产品不合格已经失去了三个主要客户。经过深入的调查，发现次品率为12%，而行业平均水平为6%。副总裁提米和总经理考森一起讨论后认为问题不是出在工程技术上，而是因为操作员工缺少适当的质量控制培训。考森让提米相信实施一个质量控制的培训项目将使次品率降到一个可以接受的水平，然后接受提米的授权负责设计和实施操作培训这一项目。提米很担心培训课程可能会引起生产进度问题，考森强调说培训项目花费的时间不会超过8个工时，并且分解为4个单元、每个单元2小时来进行，每周实施一个单元。

然后，考森向所有一线主管发出一个通知，要求他们检查工作记录，确定哪些员工存在生产质量方面的问题，并安排他们参加培训项目。通知还附有一份讲授课程的大纲。在培训设计方案的最后，考森为培训项目设定了培训目标：将次品率在6个月内降到6%。

培训计划包括讲课、讨论、案例研讨和一部分电影。在准备课程时，教员把讲义中的大部分内容印发给每个学员，便于学员准备每一章的内容。在培训过程中，学员花费相当多的时间讨论教材中每章后面的案例。

由于缺少场所，培训被安排在公司的餐厅中进行，时间安排在早餐与午餐之间，也就是餐厅工作人员清洗早餐餐具和准备午餐的时间。

本来每个培训单元应该有大约50名员工参加，但是平均只有30名左右出席。在培训过程中，很多主管人员向考森强调生产的重要性。有些学员对考森抱怨说，那些真正需要

---

① 作者根据 Michael R. Carrell, Frank E. Kuzmits, and Norbert F. Elbert, *Personnel/Human Resource Management* (Merrill Publishing Company, 1989)相关材料编写而成。

在这里参加培训的人已经回到车间去了。

考森认为评估这次培训最好的方法是看在培训项目结束后培训的目标能否达成。结果,产品的次品率在培训前后没有明显的变化。考森对培训没有能够实现预定目标感到非常失望。培训结束6个月之后,次品率与培训项目实施前一样。考森感到压力很大,他很不愿意与提米一起检查培训评估的结果。

问题:

1. 考森的培训项目的设计有哪些缺点?培训项目的各个阶段存在哪些问题?
2. 应该如何评估培训的需求?
3. 请你重新为培训项目设定一个目标。
4. 可以使用哪些其他的培训方法和培训技术?
5. 培训评价方法可以做哪些改变?

21世纪经济与管理规划教材
工商管理系列

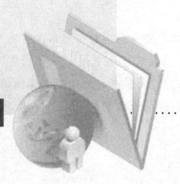

第六章

绩效考核与管理

学习目标

1. 理解绩效考核与绩效管理之间的区别
2. 掌握绩效考核常见的方法以及应用
3. 了解绩效考核方法的新发展
4. 懂得如何进行绩效反馈和制订绩效改进计划

开篇案例

海底捞在 KPI 方面走过的弯路①

无论企业名气大小,"惶恐的是,内部都有问题"。比如,在 KPI(Key Performance Indicator,关键绩效指标)方面,海底捞就走过很多弯路。海底捞董事长张勇还用几个故事来举例说明,引人发笑,又发人深省。

KPI 并非越细越好。当有了管理和被管理,有了 KPI 之后,人的行为会失常。在 KPI 这件事上,我们是走过弯路的。比如我们曾经尝试把 KPI 细化。有人说你们火锅店服务真好,我有个眼镜,他就给我块眼镜布;我杯子里的水还没喝完,他就又给我加满了。所以我们就写了一条:杯子里的水不能低于多少,客人戴眼镜一定要给眼镜布,否则扣 0.05 分。这下完蛋了,来一个人都送眼镜布。客户说"豆浆我不喝了,不用加了",不行,必须给你加上。最好笑的是手机套。有的客人说不用,服务员说我给你套上吧;客人说真不用,结果他趁你不注意的时候,把手机抓过去给你套上。这是干嘛呢?因为不这么干要扣分啊!后来我就发现,老师早就讲过,每一个 KPI 背后,都有一个复仇的女神在某个地方等着你。

考核翻台率的坑。后来我自作聪明地认为,那我就不考核这些具体的事情了,我考核一些间接指标。我不考核你赚多少钱,我就考核你的翻台率是多少。因为翻台率高就证明你的服务满意度高啊,翻台率高不就意味着赚钱多了嘛。结果有一天,我在北京一家店,电梯间里,听到一个四川人跟另外几个四川人讲:"我要让你们见识一下北京的四川火锅有多牛逼,你不订是绝对没位置的!你订了座晚去几分钟,也是没位置的!"我就纳闷了,怎么晚几分钟就没位置了?这不是侵犯客户利益了吗?客户不满意了还怎么做生意啊?后来从内部一问才知道,原来问题出在考核指标。因为预定客人不一定准点来,但现场还有客人在排队,空台等你的话,翻台率就少了一轮。这下我就崩溃了,我找不到考核的指标了。

去掉所有 KPI,只考核一个柔性指标。后来我发现,一家餐厅好不好,我们其实非常清楚。我们都吃过饭,都传递过这样的信息:这家餐厅不错啊。很多人根据这个"不错"去吃了,然后说"确实不错"啊,于是这个"不错"就形成了。没有什么指标,但是传递得非常准。我发现,在餐饮行业里,柔性指标起决定性的作用。顾客满意度可能没办法用指标去描述,但是我们可以感知。人的努力程度也没有办法用指标去证明,但是我们的顾客、同事、去检查的人,都可以感知到。所以我就决定,把所谓的 KPI 全部去掉,就只考核这一个指标。怎么考核呢?一个副总组织一堆神秘人去考核。后来发现这非常准。这样店长也没话可说了,你不能把差的说成好的。我把所有的店分成 ABC 三级,A 级是要表彰的,B 级你就在这儿待着,C 级需要辅导。但是,我不会扣你钱,会给你一定的辅导期,超过这个辅导期依然干不好,这个店长就要被淘汰了。

---

① 作者根据有关网络资料整理得到。

彼得·德鲁克认为,"如果你不能评价,你就无法管理"。但是,考核不当,也会种瓜得豆,产生负面作用。如何实现对员工和组织绩效的评价、管理,这是绩效管理的重要任务。人力资源管理是获取企业竞争优势的有力工具,绩效管理则是人力资源管理的核心,目的在于将部门及员工的工作与企业的战略目标联系在一起,为人力资源的开发、录用、培训、晋升、薪酬和整体激励等方面提供支持,促进经营管理目标的实现。有关员工绩效考核问题存在很大的争议。有人认为员工绩效考核由于受到员工自身无法控制的随机因素等方面的影响,缺乏客观的依据,不仅没有任何好处,反而还会对组织目标产生损害。① 完全客观和精确的绩效考核几乎是不可能的,主要原因有两个方面:第一,人们处理信息的能力是有限的,不可能毫无错误地处理员工绩效考核过程中所需处理的信息;第二,企业和任何其他组织一样,不可避免地包含许多政治因素,因此那些负责对员工的绩效进行评价的主管人员很可能不愿意提供员工负面的绩效信息,而更愿意设法激励他们以后更加努力工作。

第一节 绩效考核与管理的基础

一、绩效管理的内涵

(一) 绩效管理的定义

绩效管理被定义为管理者为确保员工的工作活动和产出与组织目标保持一致而实施的管理过程。绩效管理是对绩效实现过程中各要素进行全面系统的管理,制定企业战略、确定目标、考核绩效,在持续不断的沟通过程中激励员工持续改进绩效,从而实现组织的战略规划和远景目标。正确理解绩效管理需要注意:

(1) 绩效管理是一个完整的系统,而不是一个简单的步骤。无论是理论阐述还是管理实践,都会遇到这样一个误区:绩效管理=绩效考核,做绩效管理就是做绩效考核表。这种误区使得许多企业在实施绩效管理时省略了极为重要的目标制定、沟通管理等过程,忽略了绩效管理中需要掌握和使用的技巧与技能,因此在实施绩效管理时遇到了很多的困难和障碍,企业的绩效管理水平也在低层次徘徊。

(2) 绩效管理强调目标管理,"目标+沟通"的绩效管理模式被广泛提倡和使用。只有绩效管理的目标明确,经理和员工的努力才会有方向,才会共同致力于绩效目标的实现,共同提高绩效能力,更好地服务于企业的战略规划和远景目标。

(3) 沟通在绩效管理中起着决定性的作用。制定绩效目标要沟通,帮助员工实现目标要沟通,年终评估要沟通,分析原因寻求进步要沟通。总之,绩效管理的过程就是员工和管理者持续不断沟通的过程。离开了沟通,企业的绩效管理将流于形式。

(二) 绩效管理的循环过程

绩效管理作为一个管理循环系统,分为四个环节,即绩效计划、绩效实施与监控、绩效

---

① 例如,质量问题专家 W. E. Deming 就持这种观点,他认为应该彻底消除员工的绩效考核。

考核和绩效反馈面谈,如图 6-1 所示。

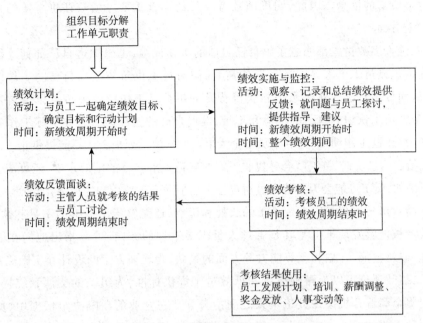

图 6-1　绩效管理的循环过程

（1）绩效计划。绩效计划是绩效目标确立的过程,包括两个方面的内容:做什么和如何做。它是指在企业战略的领导下,通过员工的参与并结合员工的意愿,管理者与员工共同制定和完善员工的工作目标及计划。绩效计划通常分三个阶段进行,即收集信息、确定关键工作领域与关键绩效指标、绩效计划讨论与确定。

（2）绩效实施与监控。绩效实施与监控贯穿于绩效管理的全过程。管理者在员工工作的过程中,给予指导、激励、协调和支持,帮助员工克服工作障碍,创造条件,促进其完成工作目标。

（3）绩效考核。绩效考核贯穿于绩效管理的全过程,重点在绩效周期结束后的一段时间内。绩效考核活动的内容包括制定科学合理的考核标准,对员工的日常表现进行记录,以便进行经常性的考核。绩效考核中要把员工的自评与管理者的考核相结合。绩效考核的关键是员工参与,考核与员工发展相结合。

（4）绩效反馈面谈。绩效反馈面谈在绩效考核结束时进行。绩效反馈面谈指管理者就上一绩效管理周期中的员工的表现和绩效评价结果与员工进行正式的面谈。通过绩效反馈面谈,将考核结果及时反馈给员工,取得认同,以促进员工不断完善工作方式,并修订考核标准。绩效反馈面谈主要有四个目的:对绩效考核的结果达成共识,使员工认识到自己在本阶段工作中取得的进步和存在的缺点,制订绩效改进计划,修订或协商下一个绩效管理周期的绩效目标和绩效计划。

二、绩效考核与管理的目的

企业要实施员工绩效考核与管理,有必要先理解绩效考核与管理的必要性。员工绩效考核体系的设计和实施必须与考核信息的目的相一致。不同的考核目的需要用不同的方法来收集所需的信息。因此，明确绩效考核目的非常重要。绩效评价系统的目的主要有以下三个方面：

第一，绝大多数员工都愿意了解自己目前的工作成绩，也想知道自己如何才能工作得更好。这不仅是员工个人寻求满足感的需要，同时员工也希望提高自己的工作绩效和工作能力，从而提高自己的薪酬水平和获得晋升的机会。工作绩效评价可以为员工提供反馈信息，帮助员工认识到自己的优势和不足，发现自己的潜在能力并在实际工作中充分发挥这种能力，改进工作绩效，有利于员工个人事业的发展。如果企业不能提供正式的关于员工工作成绩的信息反馈，员工就会寻找非正式的渠道了解自己的绩效水平，还可能会变得非常敏感。例如，员工可能会因主管人员对自己不热情而产生猜忌和挫折感，结果影响工作。

由于绩效考核不仅可以发现员工的长处和优点，还能够指出员工的不足和缺点，因此员工绩效考核能够发现员工尤其是管理人员需要培训的方向，可以指出他们在诸如人际冲突管理、监督技能、计划和预算能力等方面的欠缺，为培训方案的设计和实施奠定基础。

第二，绩效评价可以为甄别高效和低效员工提供标准，为组织的奖惩系统提供依据，从而确定奖金和晋升机会在员工个人之间的分配。在企业的薪酬决定依据中，员工绩效水平是一种重要的因素。事实上，一个组织中不同的员工在绩效上可能存在很大的差别。只有实行客观公正的绩效考核体系，不同工作岗位上员工的工作成绩才能得到合理的比较，在员工之间分配的奖金才能起到真正的激励作用。在晋升、调动和下岗决定中，员工过去的工作表现是一个非常有说服力的根据，这也要求实施有效的绩效考核。

第三，建立员工绩效的档案材料，以便将来帮助组织进行人事决策，包括提升优秀员工、剔除不合格员工、为工资调整提供理由、为员工培训确定内容、为员工调动确定方向，并确定招聘员工时应该重点考察的知识、能力、技能和其他品质。总之，工作绩效评价有利于人们发现组织中存在的问题，工作评价的信息可以被用来确定员工和团队的工作情况与组织目标之间的关系，以及改进组织的效率和改进员工的工作。因此，工作绩效评价既是一个过程的结束，又是一个新阶段的开始。需要指出的是，无论一个绩效评价系统多么完美，也只有最终受其影响的人接受才能发挥作用。在美国，员工绩效考核的具体作用途径及其重要性如表 6-1 所示。

表 6-1 绩效考核信息最主要的 20 种用途

用途类别	具体项目	评分	排序
个人之间的评价	薪酬管理	5.6	2
	确定个人绩效	5.0	5
	识别不合格绩效	5.0	5
	晋升决策	4.8	8
	留用/解聘决策	4.8	8
	下岗	3.5	13

（续表）

用途类别	具体项目	评分	排序
员工个人发展	绩效反馈	5.7	1
	确定员工优点和缺点	5.4	3
	转岗和任务安排决策	3.7	12
	确定个人培训需要	3.4	14
系统维护	个人组织在目标的发展	4.9	7
	评价个人、团队和业务部门工作成绩	4.7	10
	人力资源计划	2.7	15
	评估组织培训需求	2.7	15
	加强管理结构	2.6	17
	确定组织发展需要	2.6	17
	监控人力资源系统	2.0	20
文件备案	人力资源管理文件档案	5.2	4
	遵守人力资源管理的法律要求	4.6	11
	有效性研究的标准	2.3	19

注：评分采用 7 分制衡量员工绩效考核对各种组织决策和行动的影响。1＝没有影响,4＝中度影响,7＝重要影响。

资料来源：Schuler, R. S. and Huber, V. L., *Personnel and Human Resource Management*, West Publishing Company, 1993：283.

三、有效绩效考核系统的标准

在美国进行的一项针对全美范围内 3 500 家公司的调查显示,最经常被提及的人力资源管理功能是员工的绩效考核,但是却有 30%—50% 的员工认为企业正规的绩效考核体系是无效的。因此,建立一个有效的绩效考核体系非常重要,而有效的绩效考核体系应该同时具备敏感性、可靠性、准确性、实用性和可接受性五个特征。

第一,敏感性。敏感性指的是工作绩效评价系统具有区分工作效率高的员工和工作效率低的员工的能力,否则既不利于企业进行管理决策,也不利于员工自身的发展,而只能挫伤主管人员和员工的积极性。如果工作评价的目的是升迁、推荐等人事管理决策,评价系统需要收集关于员工之间工作情况差别的信息;如果工作评价的目的是促进员工个人的成长发展,评价系统就需要收集员工在不同的阶段自身工作情况差别的信息。

第二,可靠性。绩效考核体系的可靠性指的是评价者判定评价的一致性,不同的评价者对同一个员工所做的评价应该基本相同。当然,评价者应该有足够的机会观察工作者的工作情况和工作条件。研究结果表明,只有来自组织中相同级别的评价者才可能对同一名员工的工作绩效得出一致性的评价结果。H. R. Rothstein 针对 79 个企业将近 10 000

名员工的调查显示,两个评价者观察同一个员工做出的评价结论的相关性高达 0.65—0.73。

第三,准确性。绩效评价的准确性指的是应该把工作标准和组织目标联系起来,把工作要素和评价内容联系起来,以明确一项工作成败的界限。工作绩效标准是根据一项工作的数量和质量要求,具体规定员工行为是否可接受的界限。我们知道,工作分析描述一项工作的要求和对员工的素质要求,工作绩效标准规定工作绩效合格与不合格的标准,实际的工作绩效评价则是具体描述员工工作中的优缺点。绩效考核的准确性要求对工作分析、工作标准和工作绩效评价系统进行周期性的调整与修改。

第四,实用性。绩效考核体系的实用性指的是评价系统的设计、实施和信息利用都需要付出时间、努力和金钱,组织使用绩效考核系统的收益必须大于成本。美国的一项研究表明,设计和实施绩效考核体系的成本是平均每位员工 700 美元。

第五,可接受性。绩效考核体系只有得到管理人员和员工的支持才能推行。因此,绩效考核体系经常需要员工的参与。绩效评价中技术方法的正确性和员工对评价系统的态度都很重要。

以上是对绩效评价系统的五项基本要求,前三项被称为技术项目,后两项被称为社会项目。一般来说,只要绩效评价系统符合科学和法律的要求,具有准确性、敏感性和可靠性,就可以认为它是有效的。

四、员工绩效考核体系容易出现的问题

在员工绩效考核体系的设计和实施过程中,有可能出现以下这样一些问题,从而损害绩效考核的效果。

第一,只要求员工的直接上司对员工进行评价,但是实际上经理人员与直接下属的接触很少,而且通常是在正式会议等场合,对员工工作情况了解的信息有限。因此,在实际评价过程中,主管人员经常会把员工工作知识的多寡作为评价的标准,而不是根据员工完成任务的情况。另外,有时经理人员不清楚对员工工作的要求,使得员工常常不明确绩效评价的标准,或者是员工对主管人员的要求感到不满。

第二,工作绩效评价的标准不稳定,有的评价者非常严格,而有的评价者则非常宽松。一些部门人才济济,竞争激烈,员工获得一个高等级的评价很不容易;而另一些部门员工普遍水平一般,同样会有人得到很高的评价等级,这就很不公正。

第三,评价者个人的价值观和偏见影响工作评价标准的执行情况,或者主管人员为了保持部门内部的一团和气,结果使得工作出色的员工的成绩在评价中受到压制,而工作平庸的员工却得到偏袒。例如,作者在调查中发现,一些主管人员为了减少部门中的矛盾,在员工绩效考核过程中采取"轮流坐庄"的办法,即让各个员工轮流获得最高等级的评价。结果从长期看,各个员工的绩效考核结果都相差不多,从而损害了那些优秀员工的工作积极性。

第四,在工作绩效评价过程中,有些主管人员处于高人一等的评判员的位置,结果降

低了员工对绩效考核系统的接受和认同的程度,也妨碍主管人员与下属的"教—学关系"的发展。为了克服这类现象造成的不利影响,一个比较好的方法是把帮助员工发展的面谈与关于员工工资和工作安排的面谈分开进行。

第五,经理人员不重视利用工作绩效评价信息,很少向员工提供绩效评价信息的反馈,不利于员工工作绩效水平的提高。这在很大程度上浪费了企业开展员工绩效考核的资源。

第二节　绩效考核体系的设计

在绩效管理的过程中,绩效考核是最引人关注的一个环节,是对员工在一个既定时期内对组织的贡献做出评价的过程。员工绩效考核要从员工工作成绩的数量和质量两个方面,对员工在工作中的优缺点进行系统的描述。工作绩效考核涉及观察、判断、反馈、度量、组织介入以及人们的感情因素,是一个复杂的过程。与很多管理学的问题一样,在员工绩效考核问题上,我们首先应该采用 4W 方法来明确绩效考核中的关键问题:第一,Why,即为什么要进行员工绩效考核;第二,What,即在绩效考核中我们应该评估什么;第三,How,我们应该怎样实施绩效考核;第四,Who,应该由谁评估员工的工作绩效;第五,When,应该在什么时候或者说间隔多长时间进行绩效考核。

在员工工作绩效考核体系的设计过程中,既要根据绩效考核的目的确定合适的评价者和评价标准以及评价者的培训等问题,也要选择适合企业自身情况的具体考核方法。员工绩效考核的标准可能是员工的行为表现,也可能是员工工作的结果,还可能是员工的个人特征。员工的工作绩效考核方法有很多种类,又可以划分为客观类的评价方法和主观类的评价方法。另外,在考核体系设计过程中,还要决定员工绩效考核周期的长短。

一、评价者的选择

在员工绩效考核过程中,对评价者的基本要求有以下几个方面:第一,评价者应该有足够长的时间和足够多的机会观察员工的工作情况;第二,评价者有能力将观察结果转化为有用的评价信息,并且能够最小化绩效考核系统可能出现的偏差;第三,评价者有动力提供真实的员工绩效评价结果。不管选择谁作为评价者,如果评价结果的质量与评价者的奖励能够结合在一起,那么评价者会更有动力去做出精确和客观的评价。一个值得注意的现象是,对评价者的激励与评价系统的设计和选择同样重要。一般而言,员工在组织中的关系是上有上司、下有下属、周围有自己的同事,组织外部还可能有客户,因此可能对员工工作绩效进行评价的候选人有以下几种类型:

第一,员工的直接上司。在某些情况下,直接上司常常熟悉员工工作,而且也有机会观察员工的工作情况。此外,直接上司能够比较好地将员工的工作与部门或整个组织的目标联系起来,也对员工进行奖惩决策。因此,直接上司是最常见的评价者。但是这种评价者的一个缺点是:如果单纯依赖直接上司的评价结果,那么直接上司的个人偏见、个人之间的冲突和友情关系将可能损害评价结果的客观公正性。为了克服这一缺陷，许多实行直接上司评价的企业要求直接上司的上司检查和补充评价者的考核结果，这对保证评价结果的准确性有很大作用。有些企业采取的是矩阵式的组织结构，一个员工需要向多个主管报告工作；或者即使在非矩阵式的组织结构中，一个员工也可能与几个主管人员有一定程度的工作联系。在这种情况下，综合几个主管人员对一个员工的评价结果能够改进员工绩效考核的质量。

第二，员工的同事。一般而言，员工的同事能够观察到员工的直接上司无法观察到的某些方面。特别是在员工的工作指派经常变动，或者员工的工作场所与主管的工作场所相分离的时候，主管人员通常很难直接观察到员工的工作情况，例如推销工作。这时既可以通过书面报告的方式了解员工的工作绩效，也可以采用同事评价。在采用工作团队的组织中，同事评价显得尤为重要。当然，由于一个团队的员工彼此之间在奖金分配和职位晋升中存在竞争关系，因此为了减少偏见，应该规定同事评价的工作内容。尽管很多人认为同事评价只能作为整个评价系统的一部分，但是1984年韦克斯利（K. N. Wexley）和克里姆斯基（R. Klimoski）的一项研究表明同事评价可能是对员工绩效的最精确的评价。研究结果还表明，同事评价非常适合员工发展计划的制订，但对人力资源管理决策似乎不适合。

第三，员工的下级职员。下级职员的评价有助于主管人员的个人发展，因为下级职员直接了解主管人员的实际工作情况、信息交流能力、领导风格、解决个人矛盾的能力与计划组织能力。在使用下级评价时，上下级之间的相互信任和开诚布公是非常重要的。通常情况下，下级评价方法只是作为整个评价系统的一部分。在美国克莱斯勒公司，管理人员的工作绩效由其下属匿名地评价，评价内容包括工作团队的组织、沟通、产品质量、领导风格、计划和员工的发展情况。被评价的上司在汇总这些匿名报告以后再与下属讨论如何改进。一般而言，由于下属和同事能够从与主管人员不同的角度观察员工的行为，因此他们能够提供更多的关于员工工作表现的信息。但是，需要注意的是，如果员工认为自己的主管有可能了解每个人的具体评价结果，那么他们就可能给予自己的上司过高的评价。

第四，员工的自我评价。关于员工自我评价的作用长期以来一直有争议。这一方法能够减少员工在评价过程中的抵触情绪，当工作评价和员工个人工作目标结合在一起时很有意义。但是，自我评价的问题是自我宽容，常常与他人的评价结果不一致，因此比较适合于个人发展的评价，而不适合于人事决策。不难发现，有效的工作规范和员工与主管人员之间良好的沟通是员工自我评价发挥积极作用的前提。此外，经验表明，员工和主管人员双方关于工作绩效衡量标准的看法的一致性越高，双方对评价结果的结论的一致性也就越高。

第五，客户的评价。在某些情况下，客户可以为个人与组织提供重要的工作情况反馈信息。虽然客户评价的目的与组织的目标可能不完全一致，但是客户评价结果有助于为晋升、工作调动和培训等人事决策提供依据。表6-2是一个客户评价表的实例。

表 6-2　客户评价表

姓名：_____　日期：___年__月__日
地址：
您的事业成功和满意对我们非常重要。为了确保安装和服务质量,我们非常感谢您填写这张评价表并将它寄回我们商店。下列每一个陈述是用来描述合格安装的事项。您填写这张表格可以得到我们免费清洗两个房间地毯的服务,该项服务在本次安装一年之内有效。如果安装工人符合陈述,请您选"是";如果安装工人不符合陈述,请您选"否"。
1. 是　否　安装者事先与顾客商量接缝的位置,并将它们安排在最理想的位置。
2. 是　否　所有的接缝都安排在行走少的地方而不是门厅里。
3. 是　否　看不见接缝。
4. 是　否　接缝很牢固。
5. 是　否　安装时没有损坏物品。
6. 是　否　安装者将地毯拉得足够紧,没有出现褶皱和波纹。
7. 是　否　安装者将地毯的边缘修剪得与墙壁齐整贴合。
8. 是　否　安装者清理了整个区域,没有留下碎片。
9. 是　否　安装者与顾客一起检查并确保顾客满意。
其他评论(如果需要请用该表的背面)：

仅供办公室使用。分数：____(是 = 3,否 = 0)

资料来源：Schuler, R. S. and Huber, V. L., *Personnel and Human Resource Management*, West Publishing Company, 5th edition, 1993：295.

近年来,美国的很多企业开始实行所谓的360度评价,即综合员工自己、上司、下属和同事的评价结果对员工的工作绩效做出最终的评价。这些绩效考核的信息来源在评价员工绩效的不同侧面时具有不同的效力,将它们综合起来可以得到一个全面的结论。但是,对于360度评价的效果存在争论,如表6-3所示。实践证明,360度绩效考核方法只有在那些开放性高、员工参与气氛浓和具备活跃的员工职业发展体系的组织中才能够取得理想的效果。

表 6-3　关于360度评价的争论

支持理由	反对理由
• 由于信息是从多方面收集的,因此这种方法比较全面 • 信息的质量比较好 • 由于这种方法更重视内外部客户和工作小组的因素,因此它有助于质量管理的改进 • 由于信息反馈来自多人而不是单个人,因此减少了存在偏见的可能性 • 来自同事和其他方面的反馈信息有助于员工的自我发展	• 综合各方面信息增大了评估系统的复杂性 • 如果员工感到参与评价者是联合起来对付他,参与评价者可能会受到威胁 • 有可能产生相互冲突的评价 • 需要经过培训才能使评价系统有效工作 • 员工会做出不准确的评价

资料来源：Edwards, M. R. and Ewen, A. L., How to manage performance and pay with 360-degree feedback, *Compensation and Benefits Review*, 1996,28(3)：41-46；Milliman, J. F., Zawacki, R. A., Norman, C. A. and Powell, L. et al., Companies evaluate employees from all perspectives, *Personnel Journal*, 1994, 73(11)：99-103.

二、评价信息来源的选择

员工绩效考核的标准和执行方法取决于开展绩效考核的目的。因此,在确定评价信息的来源以前,应该先明确绩效考核的结果是为谁服务的,以及他们用这些绩效考核信息做什么。评价信息的来源与评价目的之间的配合关系可以从两个方面加以认识:第一,不同评价者提供的信息来源对人力资源管理中的各种目标具有不同的意义,二者之间的组合关系如表6-4所示;第二,根据不同的评价标准得到的员工绩效考核信息对人力资源管理中的各种目标具有不同的意义。如果为了给奖金的合理发放建立一个依据,就应该选择反映员工工作结果的标准进行评价。如果为了安排员工参加培训或者帮助他们进行职业前程规划,就应该选择工作知识等员工的个人特征作为评价标准。如果要剔除最没有价值的员工,那么就应该选择违反操作规程的行为或产生的不良后果作为评价标准。

表6-4 评价信息的来源与用途

用途	考核信息来源				
	直接上司	同事	下级职员	自己	客户
人事决策	适合	适合	不适合	不适合	适合
自我发展	适合	适合	适合	适合	适合
人事研究	适合	适合	不适合	不适合	适合

资料来源:〔美〕韦恩·卡肖,《人:活的资源——人力资源管理》,张续超等译,煤炭工业出版社,1989,第285页。

三、评价者的准备

一个好的评价者同时应该起到一个教练的作用,能够激励员工。在工作绩效评价过程中,评价者容易出现的错误有对员工过分宽容或者过分严厉、评价结果聚中、出现光环效应和产生对比误差等。其中,光环效应是指评价者根据自己对员工的基本印象进行评价,而不是把他们的工作表现与客观的工作标准进行比较。为了最大限度地减少绩效评价错误,应该在每次开展绩效考核以前对评价者进行培训。在培训评价者的过程中,提高工作绩效评价的可靠性和有效性的关键是应用最基本的学习原理,这就要求鼓励评价者对具体的评价行为进行记录,给评价者提供实践的机会,组织培训的主管人员要为评价者提供反馈信息,并适时地给予鼓励。此外,还要进行温习训练,巩固理想的评价行为。表6-5是美国学者韦恩·F.卡肖(Wayne F. Casio)推荐的培训绩效考核者的一个具体程序。

表6-5 培训评价者的程序

1. 受训者首先看一部反映一位员工工作情景的录像带。
2. 受训者根据确定的评价方法对这位员工进行评价,并把评语写在卡片上。
3. 教员引导受训者针对不同的评价及其原因进行讨论。
4. 受训者就工作标准和有效与无效工作行为的界限达成一致。

(续表)

5. 重新播放录像带。
6. 受训者在看录像时记录典型的工作行为,然后重新对该员工进行评价。
7. 根据上一批受训者最终达成的共同的评价结果,对这一批受训者的评价进行衡量。
8. 给每位受训者具体的反馈。

在培训负责员工绩效考核的管理人员时,应当使他们在整个绩效考核流程中能够做到以下三个方面:第一,在绩效评价前经常与员工交换工作意见,参加企业组织的关于员工绩效评价的面谈技巧的培训,学会在与员工的面谈中采用"问题—处理"的方式,而不是"我说—你听"的方式;同时,还应当鼓励员工为参加评价和鉴定面谈做好准备。第二,在绩效评价中,主管人员要鼓励员工积极参与评价员工工作的过程,不评论员工个人的性格与习惯,注意倾听员工的意见,最后要能够使双方为今后的工作目标改进达成一致的意见。第三,在绩效评价后,主管人员要经常与员工交换工作意见,定期检查工作改进的进程,并根据员工的表现及时给予奖励。

四、绩效评价标准的确定

在选择和确定员工工作绩效评价标准的过程中,我们需要注意以下几个方面:第一,员工绩效考核评价标准应该与工作要求密切相关,而且是员工能够影响和控制的。这意味着我们不能选择员工无法控制的指标作为员工绩效的衡量标准。第二,一般而言,我们不能单纯根据某个单一的标准对员工进行评价。第三,一旦我们确定了员工绩效考核标准,就要寻找能够精确衡量这些标准的方法。在这个问题上需要注意的是,员工绩效的某些方面,包括生产或销售的数量、出现错误的个数以及所服务的客户的数目等指标是比较容易衡量的;而员工行为的其他方面,包括工作的主动性、工作的可靠性以及有效沟通的能力等方面的衡量就需要克服比较多的困难。

客观和可观察是员工绩效考核标准的两个基本要求。实际上,在对员工的工作绩效进行考核时,有很多种评价标准可供选择,其中包括员工的特征、员工的行为和员工的工作结果。员工的特征是员工行为的原因,员工的行为可以帮助我们了解员工是否在努力完成工作任务,员工的工作结果则可被用来证实员工的行为和组织目标之间的联系。表6-6展示的是可以作为绩效考核评价标准的项目。一个值得注意的倾向是,负责员工绩效考核的主管人员经常采用自己最熟悉或者自己最有把握的标准对员工进行评价。

表6-6 绩效考核评价标准的项目

员工特征	员工行为	工作结果
工作知识	完成任务	销售额
力气	服从指令	生产水平
眼—手协调能力	报告难题	生产质量
证书	维护设备	浪费

(续表)

员工特征	员工行为	工作结果
商业知识	维护记录	事故
成就欲	遵守规则	设备修理
社会需要	按时出勤	服务的客户数量
可靠性	提交建议	客户的满意程度
忠诚	不吸烟	
诚实	不吸毒	
创造性		
领导能力		

资料来源：Milkovich, G. T. and Boudreau, J. W., *Human Resource Management*, Richard D. Irwin, 1994：170.

五、绩效评价方法的类型

根据上述对绩效考核标准类型的划分，我们可以从这种分析角度将员工绩效考核方法划分为员工特征导向的评价方法、员工行为导向的评价方法和员工工作结果导向的评价方法。表6-7是这三类评价方法的实例。

表6-7 评价方法实例

A. 员工特征导向的评价方法
根据下述特征对员工进行评级

1. 对公司的忠诚	很低	低	平均	高	很高
2. 沟通能力	很低	低	平均	高	很高
3. 合作精神	很低	低	平均	高	很高

B. 员工行为导向的评价方法
根据下述量级，评定员工表现各种行为的频率
1＝从来没有 2＝极少 3＝有时 4＝经常 5＝几乎总是
（　）1. 以愉悦和友好的方式欢迎顾客
（　）2. 没有能力向顾客解释产品的技术问题
（　）3. 正确填写收费卡片

C. 员工工作结果导向的评价方法
根据生产记录和员工档案，提供员工的下述信息
1. 本月生产的产量数目
2. 质检部门拒绝通过并销毁的产量数目
3. 质检部门拒绝通过并退回返修的产量数目
4. 本月员工没有正式医院诊断情况下的缺勤天数

资料来源：Fisher, C. D., Schoenfeldt, L. F. and Shaw, J. B., *Human Resource Management*, 6th edition, Houghton Mifflin Company, 2005：470.

（一）员工特征导向的评价方法

以员工特征为基础的绩效评价方法衡量的是员工个人特性，如决策能力、对公司的忠诚、人际沟通技巧和工作的主动性等方面。这种评价方法主要回答员工"人"怎么样，而不重视员工的"事"做得如何。这类评价方法最主要的优点是简便易行，但是存在严重的缺陷。首先，以员工特征为导向的评价方法的有效性差，评价过程中所衡量的员工特性与其工作行为和工作结果之间缺乏确定的联系。例如，一名性情非常暴戾的员工在对待顾客的态度上可能非常温和。其次，以员工特征为导向的评价方法缺乏稳定性，特别是不同的评价者对同一名员工的评价结果可能相差很大。最后，以员工特征为导向的绩效考核方法无法为员工提供有益的反馈信息。

（二）员工行为导向的评价方法

在工作完成的方式对于组织目标的实现非常重要的情况下，以员工行为为导向的绩效考核方法显得特别有效。例如，一名售货员在顾客进入商店时应该向顾客问好，帮助顾客寻找他们需要的商品，及时地开票和收款，在顾客离开时礼貌地道谢和告别。这种评价方法能够为员工提供有助于改进工作绩效的反馈信息，但是这种评价方法的缺点是无法涵盖员工达成理想工作绩效的全部行为。例如，一名保险推销员可能用积极的、煽动性很强的方法在一个月内实现100万元的保费收入，而另一名保险推销员可能用非常谨慎的、以事实讲话的方式也在一个月内实现100万元的保费收入。在这种情况下，如果员工的绩效考核体系认为前一种方法是有效的，那么对第二个员工就很不公平。

（三）员工工作结果导向的评价方法

以员工的工作结果为导向的评价方法是为员工设定一个最低的工作成绩标准，然后将员工的工作结果与这一明确的标准相比较。当员工的工作任务的具体完成方法不重要，而且存在多种完成任务的方法时，这种结果导向的评价方法就非常适用。工作标准越明确，绩效评价就越准确。工作标准应该包括两种信息：一是员工应该做什么，包括工作任务量、工作职责和工作的关键因素等；二是员工应该做到什么程度，即工作标准。每一项工作标准都应该清楚明确，使管理者和员工都了解工作的要求，了解是否已经满足这些要求。而且，工作要求应该有书面的工作标准。其实，任何工作都有数量和质量两个方面，只不过二者的比例不同。由于数量化的工作结果标准便于应用，因此应该尽可能把最低工作要求数量化。

结果导向的评价方法的缺点包括以下几个方面：第一，在很多情况下，员工最终的工作结果不仅取决于员工个人的努力和能力因素，也取决于经济环境、原材料质量等其他因素。因此，这些工作的绩效考核很难使用员工工作的结果来评价，即使勉强使用也缺乏有效性。第二，结果导向的绩效评价方法有可能强化员工不择手段的倾向。例如，提供电话购物服务的公司如果用员工的销售额评价员工的绩效，那么员工就可能中途挂断顾客要求退货的电话，结果会损害顾客的满意程度，减少重复购买率，这显然不利于组织的长期绩效提升。第三，在实行团队工作的组织中，把员工个人的工作结果作为绩效考核的依据会加剧员工个人之间的不良竞争，妨碍彼此之间的协作和相互帮助，不利于整个组织的工作绩效。第四，结果导向的绩效评价方法在为员工提供绩效反馈方面的作用不大。尽管这种方法可以告诉员工其工作成绩低于可接受的最低标准，但无法提供如何改进工作绩效的明确信息。

在为具体的工作设计绩效考核方法时，需要谨慎地在这些类别中进行选择。除非员工的行为特征与工作绩效之间存在确定的联系，否则就不应该选择这种简便的方法。一般而言，行为导向的评价方法和结果导向的评价方法的有效性比较高，这两类方法的某种结合可以胜任对绝大多数工作的评价。

六、工作绩效评价周期

工作绩效评价周期是指员工接受工作绩效考核的间隔时间。员工绩效考核周期的长短受到以下几个因素的影响：第一，根据奖金发放的周期决定员工绩效考核周期。例如，在公共部门，每半年或者每年分配一次奖金，因此对员工的绩效考核也要间隔半年或一年，在奖金发放之前进行一次。第二，根据工作任务的完成周期决定绩效考核周期。第三，根据员工工作的性质决定绩效考核周期。对于基层的员工，他们的工作绩效可以在比较短的时间内得到一个好或者不好的评价结果，因此评价周期可以相对短一些；而对于管理人员和专业技术人员，只有在比较长的时间内才能看到他们的工作成绩，因此对于他们的绩效考核周期就应该相对长一些。第四，如果每个管理人员负责考核的员工数量比较多，那么每次的绩效考核对这些管理人员来说工作负担就比较重，甚至可能影响到绩效考核的质量。因此，企业也可以采取离散的形式进行员工绩效考核，即当每名员工在本部门工作满一个评价周期（如半年或一年）时对这名员工实施绩效考核。这样可以把员工绩效考核工作的负担分散到平时的工作中，如惠普中国公司就采取这种做法。

很多情况下，企业在员工进入组织满一年时会对他们的工作绩效进行一次评价。但是一年一次或两次的绩效评价可能太少，因为评价者很难记住员工在长时间中的表现，容易发生错觉归类（Faulty Categorilation）。这种心理现象是指人们往往忘记他们观察过的事物的细节，而是根据脑海中已经存在的心理类别，重新建立他们认为是真实的细节。例如，在美国曾经做过一个实验：让人看一张图片，上面是挥舞着剃刀的白人和头戴礼帽的黑人。过一段时间，人们回忆说他们见到的是挥舞着剃刀的黑人和头戴礼帽的白人。工作绩效评价要求经常化，每当一个项目取得重大成果时就应该进行。这可以及时地为人事决策提供准确的信息，也可以使员工及时地了解自己的工作情况。当然，过于频繁的绩效考核也有问题，因为这要花费许多时间，产生许多麻烦。所以，人力资源管理对绩效考核频率的一个重要的观点：是在一个重要的项目或者任务结束之后，或在关键性的结果出现的时候应该进行绩效考核。

第三节　员工绩效考核方法

各种员工绩效评价法各有优点和缺点，应该根据实际情况进行选择。应该强调的是，绩效评价方法在整个绩效评价体系中只是一个基本条件,而有关各方在绩效评价过程中的相互信任、管理人员和员工的态度、评价的目的和频率、评价的信息来源以及评价人员的培训等各种因素对于绩效考核体系的成败都是非常关键的。根据上述讨论,本节重点研究员工的工作行为评价法和工作成果评价法。员工的工作行为评价方法又包括两类:主观评价体系,即将员工之间的工作情况进行相互比较,得出对每个员工的评价结论;客观评价体系,即将员工的工作与工作标准进行比较。

一、工作行为评价法之一:主观评价

根据员工的工作行为对员工进行主观评价的一般做法是:在对员工进行相互比较的基础上对员工进行排序,提供一个员工工作的相对优劣的评价结果。排序的主要方法包括简单排序法、交错排序法、成对比较法和强制分布法。

(一) 简单排序法

在实行简单排序法的情况下,评价者将员工按照工作情况的总体情况从最好到最差进行排序。这种方法所需要的时间成本很少,简便易行,一般适用于员工数量比较少的评价需求。在员工的数量比较多的情况下,就需要选择其他的排序方法。

(二) 交错排序法

交错排序法是简单排序法的一个变形。人们对简单排序法的一个批评是它过于粗糙,很难得到一个比较合理的考核结果。根据心理学的观点,人们比较容易发现极端的情况,而不容易发现中间的情况。于是,人们利用该原理提出了交错排序法来克服简单排序法的缺点。在实行交错排序法的情况下,评价者在所有需要评价的员工中首先挑选最好的员工,然后选择最差的员工,将他们分别列为第一名和最后一名;然后在余下的员工中再选择最好的员工作为整个序列的第二名,选择最差的员工作为整个序列的倒数第二名;以此类推,直到将所有员工排列完毕,就可以得到对所有员工的一个完整的排序。直觉上,人们相信交错排序法优于简单排序法。

(三) 成对比较法

成对比较法是评价者根据某一标准将每个员工与其他员工进行逐一比较,并将每一次比较中的优胜者选出……最后,根据每个员工净胜的次数由高到低进行排序。这一方法的比较标准往往较笼统,不是具体的工作行为或者工作成果,而是员工评价者对员工的整体印象。一般认为,成对排序法比较适合工资管理。下面,我们结合一个假设的例子说明成对比较法的应用。假设现在有张三、李四、王五、赵六、陈七五个员工需要进行考核,如果使用成对比较法,我们首先可以按照表6-8a所示的方法进行考核。首先将所有需要考核的员工的姓名分别按照行和列写好,将每个员工和部门内所有其他员工进行相互比较,将绩效水平比较高的员工的姓名或者代号写在二者交叉的空格内。然后我们就可以按照每位员工"胜出"的次数对他们进行排序,得到另一个排名表,如表6-8b所示。

表 6-8a　成对比较法的评价过程

	张三	李四	王五	赵六	陈七
张三	—	李四	王五	赵六	陈七
李四		—	王五	李四	陈七
王五			—	王五	陈七
赵六				—	陈七
陈七					—

表 6-8b　成对比较法的评价结果

员工	胜出的次数	排名
陈七	4	1
王五	3	2
李四	2	3
赵六	1	4
张三	0	5

（四）强制分布法

强制分布实际上也是将员工进行相互比较的一种员工排序方法，只不过它是将员工按照组别进行排序，而不是针对员工个人进行排序。强制分布法的理论依据是数理统计中的正态分布概念，认为员工的绩效水平遵从正态分布，因此可以将所有员工分为杰出的、高于一般的、一般的、低于一般的和不合格的五种情况，分布的典型形式如图 6-2 所示。在实践中，实行强制分布的企业通常对设定的分布形式做一定程度的变通，使员工绩效水平的分布形式呈现某种偏态分布。强制分布法的优点是可以克服评价者过分宽容或过分严厉的结果，也可以克服所有员工不分优劣的平均主义。强制分布法的缺点是如果员工的绩效水平事实上不遵从所设定的分布样式，那么按照评价者的设想对员工进行强制区别容易引起员工不满。一般而言，当被评价的员工人数比较多，而且评价者又不止一人时，使用强制分布法可能比较有效。

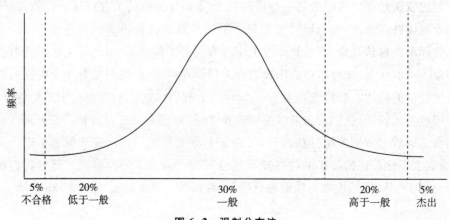

图 6-2　强制分布法

为了克服强制分布评价方法的缺陷，同时也将员工的个人激励与集体激励更好地结合起来，可以使用团体评价制度来改进强制分布的效果。实施这种评价方法的基本步骤是：

第一，确定 A、B、C、D 和 E 各个评定等级的奖金分配的点数，各个等级之间点数的差别应该具有充分的激励效果。

第二，由每个部门的每个员工根据绩效考核的标准，对自己以外的所有其他员工进行 0—100 分的评分。

第三，对称地去掉若干个最高分和最低分，求出每个员工的平均分。

第四，将部门中所有员工的平均分加总，再除以部门的员工人数，计算出部门所有员工的绩效考核平均分。

第五，用每个员工的平均分除以部门的平均分，就可以得到一个标准化的评价得分。那些评价的标准分为 1 及其附近的员工应该得到 C 等级的评价，那些评价的标准分明显高于 1 的员工应该得到 B 等级甚至 A 等级的评价，那些评价的标准分明显低于 1 的员工应该得到 D 等级甚至 E 等级的评价。在某些企业中，为了强化管理人员的权威，可以将员工团体评价结果与管理人员评价结果的加权平均值作为员工最终的考核结果；但是需要注意的是，管理人员的权重不应过大。各个评价等级之间的数值界限可以由管理人员根据过去员工绩效考核结果的离散程度来确定。这种计算标准分的方法可以合理地确定被考核员工的绩效评价结果的分布形式。

第六，根据每个员工的评价等级所对应的奖金分配点数，计算部门的奖金总点数，然后结合可以分配的奖金总额，计算每个奖金点数对应的数额，并得出每个员工应该得到的奖金数额。其中，各个部门的奖金分配总额是根据各个部门的主要管理人员相互评价的结果来确定的。

为了鼓励每个员工客观、准确地评价自己的同事，那些对同事的评价排列次序与最终结果的排列次序最接近的若干名员工应该得到提升评价等级等形式的奖励。另外，员工的评价结果在评价的当期应当严格保密，同时奖金的发放应当采取秘密给付的方式，以保护员工的情绪。但是，各个部门的评价结果应该是公开的，以促进部门之间的良性竞争。

以上四种评价技术都属于员工比较类的评价方法，著名的英特尔公司的员工绩效考核体系就采用排序法。英特尔公司的评价周期是一年，员工的评价记录载入档案。对员工排序的方式是主管人员在一起开会，对于承担相同工作的员工，根据他们各自对部门或组织的贡献大小进行排序。该公司的经验是一个考核单位中包括的员工数目最好在 10—30 人。过去，英特尔公司将员工区分为常见的 A、B、C、D、E 五个等级，结果被评价为 C 的员工最多，但是他们并不被视作有成就的员工，这严重影响了员工的心理。现在，英特尔公司已经将评价结果的五个等级简化为"杰出""成功"和"有待改进"三个层次，有效地克服了这一问题。在英特尔公司，员工评价工作由一位"排序经理"（Ranking Manager）负责组织和实施，直到最后生成一个员工名次的"龙虎榜"。

二、工作行为评价法之二：客观评价

根据客观标准对员工的行为进行评价的方法包括关键事件法、行为对照表法、等级鉴定法、行为锚定评价法和行为观察评价法。其中的大多数方法在实质上都是对员工的行为按照评价标准给出一个量化的分数或程度判断，再加总员工在各个方面的得分，得到员工绩效的一个综合评价结果。

（一）关键事件法

关键事件法是客观评价体系中最简单的一种形式。在应用这种评价方法时，负责评价的主管人员把员工在完成工作任务时所表现出来的特别有效的行为和特别无效的行为记录下来，形成一份书面报告。评价者在对员工的优点、缺点和潜在能力进行评价的基础上提出改进工作绩效的意见。如果评价者能够长期观察员工的工作行为，对员工的工作情况十分了解，同时也很公正和坦率，那么这种评价报告是很有效的。这一方法有助于为培训工作提供基础，也有助于评价鉴定面谈。但是，由于书面报告是针对不同员工的不同工作侧面进行描述，无法在员工之间、团队之间和部门之间进行工作情况的比较，而且评价者用自己制定的标准衡量员工但员工没有参与的机会，因此不适用于人事决策。关键事件法可以与绝大多数绩效考核方法结合使用。关键事件法的缺点可以使用下面的各种图表评价法予以克服。

（二）行为对照表法

行为对照表是最常用的绩效评价技术之一。在运用这种评价方法时，人力资源管理部门给评价者提供一份描述员工规范的工作行为的表格，评价者将员工的工作行为与表中的描述进行对照，找出准确地描述员工行为的陈述。这一方法得到的评价结果比较真实可靠。在某些情况下，行为对照表对于每一个反映员工工作行为的陈述都给出一系列相关的程度判断，每一判断被赋予不同的分数。评价者根据员工的行为表现进行选择后，将员工在各项上的得分加总就是该员工的总分。

行为对照表法的一个改进是所谓的强制选择系统，即设计一个行为对照表，其中的评价项目分组排列，但是每个评价项目并不列出对应的分数。评价者从行为对照表中挑选出他认为最能够描述和最不能够描述员工的工作的陈述，然后汇总到人事部门，由人事部门根据不公开的评分标准计算每个员工的总分。这种方法可以减少评价者对员工的宽容成分，建立更加客观的评价体系；但是设计和制作强制选择表需要花费大量的时间和费用，而且由于评价者自己也不知道他所选择的项目代表什么样的工作水平，因此强制选择系统无助于在评价鉴定的面谈过程中为员工指出改进工作绩效的具体建议。

（三）等级鉴定法

等级鉴定法是一种历史最悠久也是应用最广泛的员工绩效考核技术。在运用这种评价方法时，评价者首先确定绩效考核的标准，然后针对每个评价项目列出几种行为程度供评价者选择，如表6-9所示。具体而言，等级鉴定法有三个方面的要素：一是各项选择含义的明确程度;二是上层管理人员在分析评价结果时分辨理想答案的清晰程度;三是对评价者来说各个评价项目含义的清晰程度。这种方法所要花费的成本比较低,容易使用。假定优秀等于 5 分,良好等于 4 分,满意等于 3 分,尚可等于 2 分,不满意等于 1 分,于是在对各个评价标准设定了权重之后,员工绩效的评价结果可以加总为用数字表示的结果,从而可以进行员工之间的横向比较。等级鉴定法在评价内容的深度方面不如关键事件法,其主要优点是适应性较强、相对较容易操作和成本较低。

表 6-9 等级鉴定法示例

员工姓名:		工作部门:		评价者:		日期:		
评价标准	权重(%)	优秀(5分)	良好(4分)	满意(3分)	尚可(2分)	不满意(1分)	得分	
工作质量	25							
评语								
工作知识	15							
评语								
合作精神	20							
评语								
可靠性	15							
评语								
创造性	15							
评语								
工作纪律	10							
评语								
得分:								

(四) 行为锚定评价法

行为锚定评价法是由等级鉴定法演变而来的。行为锚定评价法的最大优点是明确定义每一评价项目,同时使用关键事件法对不同水平的工作要求进行描述。因此,行为锚定评价法为评价者提供了明确而客观的评价标准。其主要缺点是设计和实施成本比较高,经常需要聘请人力资源管理专家帮助设计,而且在实施以前要进行多次测试和修改,需要花费许多时间和金钱。

设计行为锚定评价法的步骤是:第一步,主管人员确定工作所包含的活动类别或者绩效指标;第二步,主管人员为各种绩效指标撰写一组关键事件;第三步,由一组处于中间立场的管理人员为每一个评价指标选择关键事件,并确定每一个绩效等级与关键事件的对应关系;第四步,将每个评价指标中包含的关键事件从好到坏进行排列,建立行为锚定法考核体系。表 6-10 是为一个学生宿舍的舍监老师建立的行为锚定评价法中"关心学生"指标的评价标准实例。

表 6-10　行为锚定评价法的范例

评价指标：关心学生
指标定义：积极结识住宿的学生，发现他们的需要并真诚地对他们的需要做出反应
评价等级：

最好(1)	较好(2)	好(3)	较差(4)	最差(5)
当学生面有难色时上前询问对方是否有问题需要一起讨论	为住宿学生提供一些关于所修课程的学习方法上的建议	发现住宿学生时上前打招呼	友好地对待住宿学生，与他们讨论困难，但是不能跟踪解决困难	批评住宿学生不能解决自己遇到的困难

资料来源：George T. Milkovich and John W. Boudreau, *Human Resource Management*, Richard D. Irwin, 1994：177.

（五）行为观察评价法

行为观察评价法与行为锚定评价法有一些相似，但它在工作绩效评价的角度方面相比后者能提供更加明确的标准。在使用这种评价方法时，需要首先确定衡量绩效水平的角度，如工作的质量、人际沟通技能、工作的可靠性等。每个角度都细分为若干个具体的标准，并设计一张评价表。评价者将员工的工作行为与评价标准进行比照，每个衡量角度的所有具体细目的得分构成员工在这一方面的得分，将员工在所有评价方面的得分加总，就可以得到员工的评价总分。表 6-11 是根据行为观察评价方法为项目工程师工作可靠性设计的评价细目及分数标准。按照这种评价方法，如果一位项目工程师在 5 个评价细目上都被评为"几乎总是"，那么他就可以得到 25 分，从而在工作可靠性上得到"很好"的评价。行为观察评价法的主要优点是设计和实施时所需要花费的时间与金钱都比较少；而主要缺点是不同的评价者对"几乎没有"和"几乎总是"的理解上有差异，结果导致绩效考核的稳定性下降。

表 6-11　行为观察法示例

工作的可靠性（项目工程师）						
1. 有效地管理工作时间						
几乎没有	1	2	3	4	5	几乎总是
2. 能够及时符合项目的截止期限要求						
几乎没有	1	2	3	4	5	几乎总是
3. 必要时帮助其他员工工作以符合项目的期限要求						
几乎没有	1	2	3	4	5	几乎总是
4. 必要时情愿推迟下班和周末加班工作						
几乎没有	1	2	3	4	5	几乎总是

(续表)

5. 预测并试图解决可能阻碍项目按期完成的问题

几乎没有	1	2	3	4	5	几乎总是
13 分及以下	14—16 分		17—19 分	20—22 分		23—25 分
很差	差		满意	好		很好

三、工作成果评价法

工作成果评价法依据的是著名的目标管理过程,因此也被称为目标管理评价法。实施这种评价方法的过程非常类似于主管人员与员工签订一份合同,双方规定在某一个具体的时间达到某一个特定的目标。员工的绩效水平就根据届时这一目标的实现程度来评定。

实施工作成果评价法的关键是目标制定,即分别为组织、组织内的各个部门、各个部门的主管人员以及每一位员工制定具体的工作目标。目标管理评价法不是用来衡量员工的工作行为,而是用来衡量每位员工为组织的成功所做贡献的大小。因此,这一目标必须是可以衡量和可以观测的。目标管理中的目标制定要符合所谓的 SMART 原则:S(Specific Results),即规定一个具体的目标。M(Measurable),即目标可以用数量、质量和影响等标准来衡量。A(Accepted),即设定的目标应该被管理人员和员工双方接受。这意味着目标水平不能过高,应该让员工能够接受;同时,目标水平也不能过低,应该让管理人员也能够接受。换言之,对于员工而言,这一目标应该具有挑战性,同时又是经过努力能够达到的。R(Relevant),即设定的目标应该是与工作单位的需要和员工前程的发展相关的。T(Time),即目标中包含一个合理的时间约束,预计届时可以出现相应的结果。

在目标管理过程中,应该经常检查进度,直至达到目标。在达到阶段性目标后,已经完成既定任务的员工汇集在一起对工作成果进行评价,同时为下一阶段的工作制定目标。目标管理是一整套计划和控制系统,同时也是一套完整的管理哲学系统。理论上,只有每位员工成功,才可能有主管人员的成功、各个部门的成功和整个组织的成功,因此目标管理评价法鼓励每一位员工的成功。但是目标管理的前提是个人、部门和组织的目标要协调一致。经验研究表明,这一方法不但有助于改进工作效率,而且能够使公司的管理当局根据迅速变化的竞争环境及时引导员工。

目标管理评价法也有一些缺点。第一,这种评价方法没有为管理人员提供在员工之间进行相互比较的依据。第二,目标设定本身是一个非常困难的问题。如果员工在本期完成了设定的目标,管理人员在下一期就会倾向于提高目标水平。如果员工在本期没有完成目标,管理人员在下一期就会倾向于将目标设定为原来的目标水平,从而产生所谓的"棘轮效应"。第三,当市场环境在目标设定后发生意外的变动,将影响员工目标的完成情况。如果出现的是有利变化,受益者是员工;如果出现的是不利变化,受益者是企业。

此外,还有一种与目标管理评价法类似的工作计划与检查法。这种评价方法特别强调主管人员及其下属对工作计划的实施情况进行检查,以确定计划的完成程度、找出存在的问题、明确训练的需要。在使用工作计划与检查法时,了解工作目标是否已经达到主要依靠主管人员的个人判断,而在目标管理中则依靠更为客观的可度量的证据。在实际操作中,这两种方法很难严格区分。理论上讲,目标管理评价法更强调结果,而工作计划与检查法更强调过程。

四、影响绩效考核方法选择的因素

一般而言,在其他方面相同的情况下,企业应该选择那些比较容易实施的绩效考核体系。这样不仅可以减少考核的误差,还可以减少培训考核者的时间和管理考核体系的难度。前面我们之所以讨论了许多种员工绩效考核方法,是因为事实上不存在一种绝对好的评价方法。各种方法都有各自的适应性,关键是企业应该选择适合自己特点的评价方法。我们知道,员工的工作可以从不同的角度划分出许多特征。从工作环境来看,可以有非常稳定的工作环境一直到变动性很强的工作环境。从工作内容的程序性来看,可以有非常程序化的事务性工作内容一直到非常不确定的工作内容。从员工工作的独立性程度来看,可以有非常低的独立性要求到非常高的独立性要求。实际上,每个员工的工作都是这三种因素的某种组合;相应地,对员工工作绩效的评价就要有不同的方法。

如图 6-3 所示,横轴代表工作内容的程序性,纵轴代表员工工作的独立性,第三轴代表工作环境的稳定性。这个"箱子"中的每个点都对应上述三种因素的某一组合。例如,箱子左下角反映的是工作环境稳定、工作内容的程序性强和员工工作的独立性低的情形。在这种情况下,工作绩效标准的客观性很强,应该选择将员工的行为与工作标准进行对照的评价方法,如等级鉴定法等。箱子右上角反映的是工作环境不稳定、工作内容的程序性弱和员工工作的独立性高的情形。在这种情况下,工作绩效标准的客观性很弱,应该选择非结构化的评价方法,如书面报告方法等。箱子正中心反映的是工作环境稳定程度居中、工作内容的程序性居中和员工工作的独立性也居中的情形。在这种情况下,工作绩效的客观性也居中,对员工工作结果的考察要比对员工工作过程的考察重要,可以选择目标管理评价法。

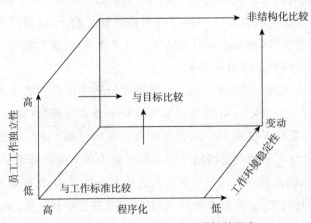

图 6-3 影响绩效考核方法选择的因素

五、绩效考核方法的比较

除上述的各种因素会影响企业对员工绩效考核方法的选择以外,员工绩效评价方法的选择实际上还与各种评价技术本身作用的特点有关。有的评价技术可能非常适合员工奖金的分配,但是可能不适合为员工提供反馈和指导;有的评价技术可能非常适合于降低评价体系的成本,但是也可能产生评价误差。下面我们对各种主要的绩效考核方法进行比较。

(一) 员工比较评价法

对于排序和强制分布等员工比较类的评价法:第一,由于它评价的基础是整体的印象,而不是具体的比较因素,很难发现问题存在的领域,因此不适合用来对员工提供建议、反馈和辅导;第二,使用这种评价技术时即使可以在员工之间给出一个用来相互比较的量化分数,但是在员工提出异议的情况下,评价者很难为自己的结论提出有力的证据,因此在为奖金的分配提供依据方面的作用有限;第三,设计和应用员工比较评价法的成本很低,这是这种评价技术突出的优点;第四,这类评价技术在大多数情况下可以保持评价尺度的一致性,但是很容易发生光环效应和武断评价。

(二) 关键事件法

对于采用工作报告进行评价的关键事件法:第一,它是否有助于向员工提供建议、反馈和辅导在很大程度上取决于评价者在撰写工作报告时所选择的主题,但对此没有一个明确的结果;第二,由于这种评价技术没有对员工评定一个综合的分数,因此无法在员工之间进行横向的比较,也就不适合为员工的奖金分配提供依据;第三,与行为对照表法和等级鉴定法刚好相反,关键事件法的设计成本很低,但是应用成本很高,这是这种评价技术的突出特点;第四,在采用这种评价技术时,如果评价者对员工的观察是充分而准确的,就能够减少评价误差。但是,由于工作报告是非结构化的,在衡量指标上缺乏一组统一的规范,因此很容易发生评价误差。

(三) 行为对照表法

对于行为对照表法:第一,由于它能够发现一般性的问题,但是无法对今后员工工作绩效的改进提供具体而明确的指导,因此不是特别适合用来向员工提供建议反馈和辅导;第二,由于这种评价技术可以通过对各项评价指标的重要性设置权重,从而得到在员工之间进行相互比较的分数,因此能够比较好地为奖金和发展机会的分配提供依据;第三,设计行为对照表要花费很大的成本,但是执行成本很小,因此同其他的评价技术相比,成本水平居中;第四,这种评价技术的评价标准与员工的工作内容的相关性很高,因此评价误差比较小。

(四) 等级鉴定法

对于等级鉴定评价法:第一,它能够发现问题出现的领域,能够发现需要改进的员工行为或工作结果方面的部分信息,因此在一定程度上适合用来向员工提供建议、反馈和辅导;第二,这种评价技术虽然可以得出在员工之间相互比较的量化分数,但是在员工提出异议的情况下,评价者很难为自己的结论提出有力的证据,因此在为奖金的分配提供依据方面的作用是有限的;第三,设计和应用等级鉴定法的成本都很低,这是这种评价技术的突出优点;第四,虽然这种评价技术的评价指标在形式上非常明确,但是指标定义方面的欠缺和执行中的不同理解都可能造成评价误差。

（五）行为锚定评价法

对于行为锚定评价法:第一,它能够明确指出导致问题出现的行为欠缺,适合用来向员工提供建议、反馈和辅导;第二,这种评价技术可以得出在员工之间进行相互比较的量化分数,而且在员工提出异议的情况下,评价者能够明确地依据员工的行为为自己的结论提出有力的证据,因此适合用来为奖金的分配提供依据;第三,设计行为锚定评价法的成本很高,但是应用这种评价技术的成本很低,这一点与行为对照表法相同;第四,这种评价技术依据的是员工的行为,能够有效地避免评价误差。

（六）目标管理评价法

对于目标管理评价法:第一,它能够发现具体的问题和差距,便于制订下一步的工作计划,因此非常适合用来向员工提供建议反馈和辅导;第二,这种评价技术没有在员工之间和工作部门之间建立统一的目标,不便于对员工和各个工作部门的工作绩效进行横向的比较,也不便于为奖金的分配提供依据,更不便于为日后的晋升决策提供支持;第三,设计目标管理评价体系要花费很多的资金和时间,因此成本很高;第四,这种评价技术的评价标准直接反映员工的工作内容,结果也易于观测,因此很少出现评价误差。

我们可以将上述分析结果总结为表 6-12。

表 6-12 绩效考核方法的比较

评价技术	提供反馈和指导	分配奖金和机会	最小化成本	避免评价误差
排序和强制分布法	不好	不好或一般	好	一般
工作报告法	不确定	不好	一般	不确定
行为对照表法	一般	好或一般	一般	好
等级鉴定法	一般	一般	好	一般
行为锚定评价法	好	好	一般	好
目标管理评价法	非常好	不好	不好	好

通过上述的比较分析,我们可以得到一些选择员工绩效评价方法的启示。一般而言,如果可以获得客观的工作情况资料,那么目标管理评价法就是最佳选择。但是,如果企业

进行绩效考核是为了进行重大的人事决策(如晋升和提薪等),那么评价者就必须对员工进行相互比较,这时关键事件法和工作计划与检查方法就不适用了。不过在有关工资和晋升决策方面,几乎没有任何一种评价方法能够百分之百地成功。如果在绩效评价过程中有关各方缺乏相互信任,而且评价又涉及重大人事决策,就应该使用强制选择系统,因为这种方法更能够避免评价中的蓄意夸张。如果使用行为锚定评价法,就应该做工作记录。这能够使评价更准确,同时也有助于主管人员分辨效率高和效率低的员工。一般而言,侧重描述工作行为而不是评论工作行为的评价方法所产生的评价结果最容易被评价人员理解。那些最有效的评价方法往往也是最难使用和维持的方法。但是从根本上讲,所有的评价方法都在衡量同样的事物,而且统计结果也表明不同评价结果之间的相关性很高。

六、绩效考核方法的发展

(一)关键绩效指标法

关键绩效指标(Key Performance Indicator,KPI)是指衡量组织战略实施效果的关键指标,其目的是建立一种能将组织战略转化为内部过程和活动,以保持持续高效益和不断增强组织核心竞争力的机制。KPI 使绩效考核体系在发挥激励约束作用的同时,成为组织战略实施的工具。企业通过关键绩效指标的建立,可以不断地落实企业不同层面的目标和业务重点,传递企业的价值导向,有效激励员工为企业战略目标而共同努力。

1. 关键绩效指标的特征

关键绩效指标是企业战略目标经层层分解而产生的可操作的战术目标,是对企业运作过程中的关键成功要素的提炼和归纳。KPI 一般用来反映战略执行的效果,是战略决策执行效果的监测表。建立明确的、切实可行的 KPI 指标体系是做好绩效管理的关键,也是公司价值创造的驱动因素。我们可以从以下三个方面对 KPI 做深入了解。首先,关键绩效指标必须具备可量化或可行为化的基本特征。在 KPI 体系中,被考核者的绩效必须是可量化或可行为化的;如果难以量化,则必须是可行为化的。如果两个条件都不能满足,则不能作为关键绩效指标。其次,只有对企业经营战略目标有增值作用的绩效指标才是关键绩效指标。基于关键绩效指标进行的绩效管理才可以保证真正对企业有贡献的员工的工作行为受到奖励和鼓励。最后,关键绩效指标也是企业主管人员和员工沟通的要点,主管和员工如果在关键绩效指标上达成的共识,就可以很好地在工作期望和未来表现上进行有效的沟通。

2. 建立 KPI 指标的要点与方法

用 KPI 设计绩效考核体系通常分为企业总绩效、部门绩效和员工绩效三个体系,因此 KPI 按照考核主体的不同可分为企业级 KPI、部门级 KPI、个人级 KPI(或具体岗位 KPI)。企业级 KPI 是由企业的战略目标演化而来的;部门级 KPI 根据企业级 KPI 和部门职责确定;个人级 KPI 是落实到具体岗位(或子部门)的绩效衡量指标。这三个层面之间的关系是"环环相扣"的。

建立 KPI 的要点在于流程性、计划性和系统性。

（1）明确企业的战略目标，并在企业会议上利用头脑风暴法和鱼骨分析法找出企业的业务重点，即企业价值评估的重点；再用头脑风暴法找出关键业务领域的关键绩效指标，即企业级 KPI。

（2）各部门主管要依据企业级 KPI 建立部门级 KPI，并对相应部门的 KPI 进行分解，确定相关的要素目标，分析绩效驱动因素（技术、组织、人），确定实现目标的工作流程，分解各部门级 KPI，以便确定评价指标体系。

（3）各部门主管和部门员工一起进一步细分 KPI，分解为更细的 KPI 及各职位的绩效衡量指标。这些绩效衡量指标就是员工考核的要素和依据。这种建立和测评 KPI 体系的过程本身就是统一全体员工的认识，朝着企业战略目标努力的过程。

（4）KPI 体系确立之后，还要设定评价标准。一般来说，指标指的是从哪些方面衡量或评价工作，解决"评价什么"的问题；而标准指的是在各个指标上分别应该达到什么样的水平，解决"被评价者怎样做，做多少"的问题。

（5）审核 KPI。比如审核这样一些问题：多个评价者对同一个绩效指标进行评价，结果能否取得一致；这些指标的总和是否可以解释被评估者 80% 以上的工作目标；跟踪和监控 KPI 是否可以操作；等等。审核主要是为了确保 KPI 能够全面、客观地反映被评价对象的绩效。

企业建立 KPI 的常见分析工具包括关键成功要素分析法、标杆基准法、目标分解法等。

（1）关键成功要素分析法的实质就是寻找企业成功的关键因素，并对这些因素进行重点监控。它的主要思路是对比企业的过去、现在和未来，分析企业过去成功或未来取得行业领先地位的关键因素，提炼、归纳出导致成功的关键绩效模块（KPI 维度）；再把 KPI 维度层层分解为关键成功要素，最后细分为各项 KPI。

（2）标杆基准法是企业将自身的关键绩效行为与竞争力强的企业或在同行业中居领先地位、最有声望的企业的关键绩效行为标准进行比较和评价，并分析这些企业的绩效的形成原因，以此为基础建立本企业可持续发展的关键绩效标准及改进绩效的最优策略的程序与方法。

（3）运用目标分解法一般采用平衡计分卡的基本思想，即建立财务与非财务指标的综合指标体系，对企业的绩效水平进行监控。主要步骤为确定企业战略经营目标，然后进行业务价值树分析。业务价值树实际上是一种因果关系链分析工具，是指在指标之间寻找对应的逻辑关系，在业务价值树模型图上分别列出所在组织的战略目标、对应的 KPI、驱动这些指标的关键驱动流程，以及可能与该指标相关联的部门。

（二）平衡计分卡与战略地图

1. 平衡计分卡

1992 年，哈佛商学院罗伯特·卡普兰（Robert Kaplan）和复兴国际方案总裁大卫·诺顿(David Norton)在《哈佛商业评论》上合作发表了一篇题为"平衡计分卡:企业绩效的驱动"的文章,引起各界对这一绩效管理工具的广泛关注。平衡计分卡是一个将公司使命和发展战略落实到可行的目标、可衡量的指标和目标值上的战略实施工具。它以公司经营战略为基础,有效地跟踪财务指标,同时关注关键能力成长,以期合理有效地开发对未来发展有利的无形资产。它既是一个战略规划工具,又是一个绩效管理系统,能够帮助企业贯彻落实企业愿景与战略。它通过财务、顾客、内部流程、学习成长四个维度来衡量企业绩效(见图6-4),这四个维度不但能够对企业当前绩效进行有效监控,而且能够捕捉企业未来表现的信息,克服了传统绩效考核的单一财务指标的局限性。

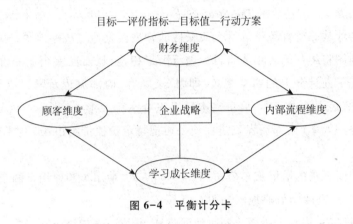

图6-4 平衡计分卡

(1)财务维度:我们怎样满足股东?财务目标是所有目标考核的焦点。财务类指标的选择取决于企业经营战略目标中对财务绩效的要求,常用的指标有营业收入增长率、权益报酬率、现金流量和经济增加值等。

(2)顾客维度:我们需要向顾客展示什么?顾客如何看待我们?顾客维度的目标可包括市场份额、顾客保留率、顾客满意度、新顾客开发率及服务应达到的目标,然后将这些目标转换成具体评价指标。顾客服务指标可分为两类:结果指标和过程指标。结果指标是指对战略目标的实现具有重要意义的指标体系,如顾客满意度、市场份额等;过程指标则是指对结果指标起推动作用的指标,如新顾客的开发率和老顾客的维系率等。

(3)内部流程维度:我们擅长什么?这一尺度指向企业的内部运营,反馈给管理人员的信息是企业业务运转得如何,企业产品(服务)是否与市场需求相一致等。业务运营维度必须由非常熟悉企业流程的人员来设计。内部运作指标涉及三个过程:革新过程、营运过程和售后服务过程。革新过程指开发新产品或服务的过程,用以评价发现和满足客户需求的能力;营运过程是指从产品设计到送交客户为止的流程;售后服务过程指售后的未尽义务和资金的及时回收。典型的指标包括新产品(业务)推出能力、设计能力、员工生产率等。

(4)学习成长维度:我们能否继续提高并创造价值?这一尺度衡量的是员工培训,以及企业对待自身发展与员工成长的态度。卡普兰和诺顿强调"学习"不仅仅是"培训"那么简单。"学习"要求组织内部要有人员担任辅导员、顾问这样的角色,员工之间要有顺畅的沟通渠道,当员工在工作中遇到问题时能及时得到帮助。学习成长维度的目标包括新产品(业务)开发周期、流程改进效率等。常用的指标包括员工培训次数、员工流动率、员工生产力和员工满意度等。

尽管平衡计分卡从财务、顾客、内部流程及学习成长四个相对独立的角度对绩效进行系统的评价,但这四个维度之间具有内在的逻辑关系,包括结果和驱动指标、财务和非财务指标、内部和外部指标、短期指标和长期指标。平衡计分卡更像一个相互联系的指标形成的"神经网络",四个方面存在一定的因果关系。

2. 战略地图

卡普兰和诺顿于 2001 年在 The Strategy-Focused Organization 一书中进一步提出将平衡计分卡作为企业战略管理系统。这个飞跃性的转型就是通过战略地图(Strategy Map)来实现的。战略地图将组织的各项战略目标进行因果相连,从而反映企业的价值创造过程。战略地图采纳了平衡计分卡的四个视角,即财务、顾客、内部流程及学习成长。其核心内容包括:企业只有运用人力资本、信息资本和组织资本等无形资产(学习成长),才能创新和建立战略优势和效率(内部流程),进而使公司把特定价值带给市场(顾客),从而实现股东价值(财务)。

总部设在印度孟买的塔塔汽车公司(Tata Motors)由乘用车和商用车两个事业部组成,其中商用车 2003—2004 年战略地图如图 6-5 所示。

一般来说,可以采用六个步骤绘制企业战略地图①:

第一步,确定股东价值差距(财务层面)。比如说股东期望五年之后销售收入能够达到 5 亿元,但是现在只达到 1 亿元,距离股东的价值预期还差 4 亿元,这个预期差额就是企业的总体目标。

第二步,调整顾客价值主张(顾客层面)。为了弥补股东价值差距,实现 4 亿元销售额的增长,就必须对现有顾客进行分析,调整顾客价值主张。顾客价值主张主要有四种:第一种价值主张是总成本最低,第二种价值主张强调产品创新和领导,第三种价值主张强调提供全面顾客解决方案,第四种是系统锁定。

第三步,确定价值提升时间表。针对五年实现 4 亿元股东价值差距的目标,要确定时间表,第一年提升多少,第二年、第三年提升多少,将提升的时间表确定下来。

第四步,确定战略主题(内部流程层面)。找出关键的流程,确定企业短期、中期、长期做什么事。这其中有四个关键内部流程:运营管理流程、顾客管理流程、创新流程、社会流程。

第五步,提升战略准备度(学习成长层面)。分析企业现有无形资产的战略准备度,是否具备支撑关键流程的能力。如果不具备,找出解决办法。企业无形资产分为人力资本、信息资本和组织资本三类。

---

① 〔美〕罗伯特·卡普兰、大卫·诺顿:《战略地图——化无形资产为有形成果》,刘俊勇、孙薇译,广东经济出版社,2005,第 43 页。

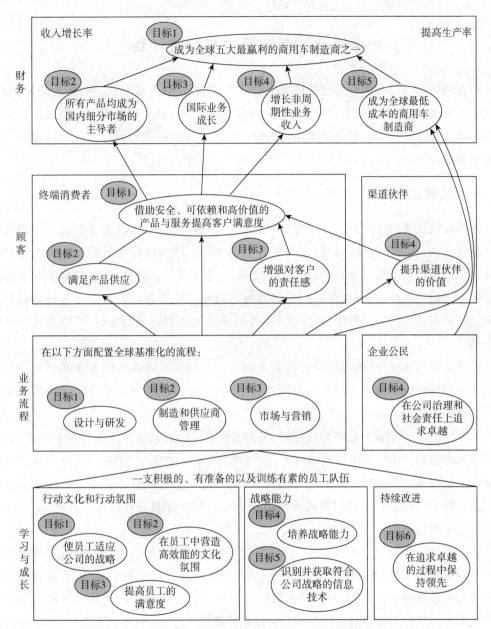

图6-5　塔塔汽车集团商用车2003—2004年战略地图

资料来源：〔美〕克里尔曼、马可贾尼，《成功的平衡计分卡》，吴德胜等译，格致出版社、上海人民出版社，2009，第15页。

第六步，形成行动方案。根据前面确定的战略地图以及对应的不同目标、指标和目标值，制订一系列的行动方案，配备资源，形成预算。

战略地图将股东价值创造、顾客管理、流程管理、质量管理、核心能力、创新、人力资源、信息技术、组织设计和组织学习等诸多战略内容及其相互关系在一张图上反映出来，能够高效地向企业管理人员及普通员工描述企业战略和行动方案。

第四节 绩效反馈与改进计划

传统绩效考核的目的是通过对员工绩效的考核,确定员工薪酬、奖惩、晋升或降级;在现代人力资源管理中,绩效考核的目的不限于此,员工能力的不断提高以及绩效的持续改进和发展才是根本目的。基于员工层面的绩效反馈与绩效改进计划是绩效管理过程一个非常重要的环节。

一、绩效反馈

绩效反馈主要通过考核者与被考核者之间的沟通,就被考核者在考核周期内的绩效情况进行面谈,在肯定成绩的同时找出工作中的不足。绩效反馈的目的是让员工了解自己在本绩效周期内的绩效是否达到所定的目标、行为态度是否合格,让管理者和员工方对评估结果达成一致的看法;双方共同探讨绩效未合格的原因并制订绩效改进计划;同时,管理者向员工传达组织的期望,双方对下一个绩效周期的目标进行探讨,最终形成一个绩效合约。

在绩效管理实践中,绩效反馈面谈有多种方式。绩效反馈面谈的方式在很大程度上取决于面谈的目的和面谈的对象。面谈的目的和面谈的对象不同,考核所选用的方法和面谈的组织形式也不同。[①]

(1)"谈与劝"面谈。在评估面谈时,管理者向员工告知评估的主要过程和结果,告诉员工正确有效的行为与错误无效的行为,并向员工提出一些新的、更高的工作目标。这种面谈可能会要求员工采取一种新的工作方式,而且要求上级能够熟练地使用激励员工的方法与手段。"谈与劝"面谈的方式比较适用于评估绩效计划目标的实现程度,适用于不适合目前工作的员工。

(2)"谈与听"面谈。这种方式是先"告知"后"聆听"的形式,在面谈时,管理者告知员工绩效考核的结果,然后听取员工的不同意见并缓解员工的抵触情绪,而不应反驳员工的陈述。采取这种方法,要求人力资源管理者具有与员工沟通工作优缺点的能力与良好的专业素养。该种方法相对来讲更具有人性化管理的特点,是一种一定程度的双向沟通。"谈与听"面谈比较适用于新的绩效目标达成的情况,适用于上进型的员工——工作成熟度和积极性都很高、工作表现突出的员工。

(3)"问题解决"面谈。在使用该方法时,管理者应该具备倾听、接受和回应员工感受的素质。这种方法并不仅仅关注员工的感受,它还通过谈论自上次反馈面谈后员工遇到的问题、需求、创新、满意与不满意之处,从而促进员工的成长和发展。"问题解决"面谈应当在反馈的基础上,帮助员工提出改进工作绩效的计划与目标,更适用于促进员工潜力的开发与提升以及员工的全面发展。

---

① 〔美〕迈克尔·比尔:《主持绩效考核谈话》,《哈佛商业评论》,1997年第1期。

(4)综合式绩效面谈。它是将"谈与劝"面谈、"谈与听"面谈、"问题解决"面谈三种常见的绩效面谈方式经过合理的搭配综合而成。它要求人力资源部门管理者十分熟练地掌握以上三种技能。组织要达成多种绩效面谈目的的时候,这种方法最适用。所以,综合式绩效面谈也就是在一次面谈中,采取灵活变通的方式,从一种面谈方式过渡到另一种面谈方式,从而有效地节省时间和精力,提高绩效面谈效率。

二、绩效改进计划

绩效改进是指确认组织或员工工作绩效的不足和差距,查明产生的原因,制定并实施有针对性的改进计划和策略,以不断提高企业员工绩效的过程。绩效改进也称绩效指导,是绩效考核的后续应用阶段,是连接绩效考核和下一循环计划目标制定的关键环节,也是促进员工人力资本增值的一种管理方式。绩效改进工作的成功与否,是绩效管理过程能否发挥效用的关键。

1. 绩效改进的步骤

绩效改进的形式多种多样,绩效改进过程大致上可以分为以下几个步骤:(1)分析员工的绩效考核结果,找出员工绩效中存在的问题;(2)针对存在的问题,制订合理的绩效改进方案,并确保能够有效实施,如个性化的培训等;(3)在下一阶段的绩效辅导过程中,实施已制订的绩效改进方案,尽可能为员工的绩效改进提供知识、技能等方面的帮助。表 6-13 是一个绩效改进计划表,贯穿于绩效改进过程的始终。

表 6-13 绩效改进计划表

部门/处				时间	年 月 日
被考核人	姓名:	职位:	直接上级	姓名: 职位:	
不良绩效描述(含绩效、行为表现和能力目标,请用数量、质量、时间、成本/费用、顾客满意度等标准进行描述)					
原因分析:					
绩效改进措施/计划: 直接上级: 被考核人: 年 月 日					
改进措施/计划实施记录: 直接上级: 被考核人: 年 月 日					
期末评价: □优秀:出色完成改进计划 □符合要求:完成改进计划 □尚待改进:与计划目标相比有差距					
评价说明: 直接上级: 被考核人: 年 月 日					

2. 员工工作绩效改进的策略

人力资源管理部门在查明绩效方面存在的差距及其产生的真正原因并确定需要改进

的部门与员工之后,在以后的绩效管理过程中,可以有针对性地采取相应的措施,以促进员工绩效的提升。

(1)预防性策略与制止性策略。预防性策略是指在企业部门或工作人员作业前明确告诉员工应该如何行动。由上级制定出详细的绩效考评标准,让员工知道什么是正确有效的行为,什么是错误无效的行为,并通过专业性、系统性的培养与训练,使员工掌握具体的步骤和操作方法,从而可以有效地防止和减少员工在工作中出现重复性错误。制止性策略是指及时跟踪员工的行为,及时发现问题并予以纠正,并通过各个管理层的管理人员实施全面、全员、全过程的监督与指导,使员工克服自己的缺点,发挥自己的优点,不断地提高自己的工作绩效。

(2)正向激励策略与负向激励策略。正向激励策略主要通过制定一系列行为标准,以及与之配套的人事激励政策(如奖励、晋升等),鼓励员工更加积极主动工作的策略。给予达到和实现目标的员工的正向激励,可以是物质的,也可以是精神性的、荣誉性的;可以采用货币的形式,也可以采用非货币的形式。负向激励策略主要是惩罚手段,对下属员工采取惩罚的手段,以防止和克服他们绩效低下的行为。

(3)组织变革策略与人事调整策略。企业员工绩效低下如果是由于组织制度不合理、运行机制不健全等因素造成的,企业应针对考核中反映的问题,及时调整组织结构、作业方式、人员配置等方面。

☐ 复习思考题

1. 绩效管理和绩效考核有哪些区别?
2. 有效的员工绩效考核系统应该具有哪些特征?
3. 影响企业员工绩效考核体系选择的因素有哪些?
4. 哪些人员可能成为员工绩效评价信息的提供者?如何选择绩效评价者?
5. 试比较关键事件法、行为对照表法、行为锚定评价法、员工比较评价法和目标管理评价法的特点。
6. 如何利用关键绩效指标法和平衡计分卡提升企业战略执行力?
7. 中国人之间的沟通具有高语境的特点,在这样的文化背景下,如何提升绩效反馈与面谈的效果?

☐ 案例

绩效主义毁了索尼①

2006年索尼公司迎来了创立六十年。过去它像钻石一样晶莹璀璨,而今却变得满身污垢、暗淡无光。因笔记本电脑锂电池着火事故,世界上使用索尼产锂电池的约960万台

---

① 原文刊登于日本《文艺春秋》2007年1月刊,作者天外伺郎为索尼公司前常务董事、作家。

笔记本电脑被召回,估计更换电池的费用将达 510 亿日元。

PS3 游戏机曾被视为索尼的"救星",上市当天就销售一空。但因为关键部件批量生产的速度跟不上,索尼被迫控制整机的生产数量。PS3 是尖端产品,生产成本很高,据说卖一台 PS3 就亏损 3.5 万日元。索尼的销售部门预计,在 2007 年 3 月进行年度结算时,游戏机部门的经营亏损将达 2 000 亿日元。

多数人觉察到索尼不正常恐怕是在 2003 年春天。当时据索尼公司公布,第一个季度就出现约 1 000 亿日元的亏损。市场上甚至出现了"索尼冲击",索尼公司股票连续两天跌停。坦率地说,作为索尼的旧员工,我当时也感到震惊。但回过头来仔细想想,从发生"索尼冲击"的两年前开始,公司内部的气氛就已经不正常了。身心疲惫的员工急剧增加。回想起来,索尼是长期内不知不觉、慢慢地退化的。

"激情集团"消失了

我是 1964 年以设计人员的身份进入索尼的。因半导体收音机和录音机的普及,索尼那时实现了奇迹般的发展。当时企业规模还不是很大,但是"索尼神话"受到社会的普遍关注。从进入公司到 2006 年离开,我在索尼愉快地度过了十四多年的岁月。

我 46 岁就当上索尼公司的董事,后来成为常务董事。因此,对索尼近年来发生的事情,我感到自己也有很大的责任。伟大的创业者井深大的影响为什么如今在索尼荡然无存了呢?索尼的辉煌时代与今天有什么区别呢?

首先,"激情集团"不存在了。所谓"激情集团",是指我参与开发 CD 技术时期,公司那些不知疲倦、全身心投入开发的集体。在创业初期,这样的"激情集团"接连开发出具有独创性的产品。索尼当初之所以能做到这一点,是因为有井深大这样的领导者。

井深大最让人佩服的一点是,他能点燃技术开发人员心中之火,让他们变成为技术献身的"狂人"。在刚刚进入公司时,我曾和井深大展开激烈争论。井深大对新人并不采取高压态度,他尊重我的意见。

为了不辜负他对我的信任,我当年也同样潜心于研发工作。比我进公司更早,也受到井深大影响的那些人,在井深大退出第一线后的很长一段时间,仍以井深大的作风影响着全公司。当这些人不在了,索尼也就开始逐渐衰败。

从事技术开发的团体进入开发的忘我状态,就成了"激情集团"。要进入这种状态,其中最重要的条件就是"基于自发的动机"的行动。比如"想通过自己的努力开发机器人",就是一种发自自身的冲动。

与此相反就是"外部的动机",比如想赚钱、升职或出名,即想得到来自外部回报的心理状态。如果没有发自内心的热情,而是出于"想赚钱或升职"的世俗动机,那是无法成为"开发狂人"的。

"挑战精神"消失了

今天的索尼员工好象没有了自发的动机。为什么呢?我认为是因为实行了绩效主义。绩效主义就是:"业务成果和金钱报酬直接挂钩,员工为了拿到更多报酬而努力工作。"如果外在的动机增强,那么自发的动机就会受到抑制。

如果总是说"你努力干我就给你加工资",那么以工作为乐趣这种内在的意识就会受到抑制。从 1995 年左右开始,索尼公司逐渐实行绩效主义,成立了专门机构,制定非常详细的评价标准,并根据对每个人的评价确定报酬。

但是井深大的想法与绩效主义恰恰相反,他有一句口头禅:"工作的报酬就是工作。"如果你干了件受到好评的工作,下次你还可以再干更好的工作。在井深大时代,许多人为追求工作的乐趣而埋头苦干。

但是,因实行绩效主义,员工逐渐失去工作热情,在这种情况下是无法产生"激情集团"的。为了衡量业绩,首先必须把各种工作要素量化,但工作是无法简单量化的。公司为统计业绩花费了大量的精力和时间,而在真正的工作上却敷衍了事,出现了本末倒置的倾向。

因为要考核业绩,几乎所有人都提出容易实现的低目标,可以说索尼精神的核心即"挑战精神"消失了。因实行绩效主义,索尼公司内追求眼前利益的风气蔓延。这样一来,短期内难见效益的工作,比如产品质量检验以及"老化处理"工序都受到轻视。

"老化处理"是保证电池质量的工序之一。电池制造出来之后不能立刻出厂,需要放置一段时间,再通过检查剔除不合格产品。这就是"老化处理"。至于"老化处理"程序上的问题是否上面提到的锂电池着火事故的直接原因,现在尚无法下定论。但我想指出的是,不管是什么样的企业,只要实行绩效主义,一些扎实细致的工作就容易被忽视。

索尼公司不仅对每个人进行考核,还对每个业务部门进行经济考核,由此决定整个业务部门的薪酬。最后导致的结果是,业务部门相互拆台,都想方设法从公司的整体利益中为本部门多捞取好处。

团队精神消失了

2004 年 2 月底,我在美国见到了"涌流理论"的代表人物奇凯岑特米哈伊教授,并聆听了他的讲演。讲演一开始,大屏幕上放映的一段话是我自进入索尼公司以来多次读过的,只不过被译成了英文。

"建立公司的目的:建设理想的工厂,在这个工厂里,应该有自由、豁达、愉快的气氛,让每个认真工作的技术人员最大限度地发挥技能。"这正是索尼公司的创建宗旨。索尼公司失去活力,就是因为实行了绩效主义。

没有想到,我是在绩效主义的发源地美国,聆听用索尼的创建宗旨来否定绩效主义的"涌流理论"。这使我深受触动。绩效主义企图把人的能力量化,以此做出客观、公正的评价。但我认为事实上做不到。它的最大弊端是搞坏了公司内的气氛。上司不把员工当作有感情的人看待,而是一切都看指标、用"评价的目光"审视员工。

不久前我在整理藏书时翻出一封信,那是我为开发天线到东北大学进修时给上司写信打的草稿。有一次我逃学跑去滑雪,刚好赶上索尼公司的部长来学校视察。我写那封信是为了向部长道歉。

实际上,在我身上不止一次发生过那类事情,但我从来没有受到上司的斥责。上司相信,虽然我贪玩,但对研究工作非常认真。当时我的上司不是用"评价的眼光"看我,而是把我当成自己的孩子。对企业员工来说，需要的就是这种温情和信任。

过去在一些日本企业，即便下属做得有点出格，上司也不那么苛求，工作失败了也敢于为下属承担责任。另外，尽管下属在喝酒的时候说上司的坏话，但在实际工作中仍非常支持上司。后来强化了管理，实行了看上去很合理的评价制度，于是大家都极力逃避责任。这样一来就不可能有团队精神。

创新先锋沦为落伍者

不单索尼，现在许多公司都花费大量人力、物力引进评价制度。但这些企业的业绩似乎都在下滑。

索尼公司是最早引进美国式合理主义经营理论的企业之一。而公司创始人井深大的经营理念谈不上所谓"合理"。1968年10月上市的单枪三束彩色显像管电视机的开发，就是最有代表性的例子。

当时索尼在电视机的市场竞争中处于劣势，几乎到了破产的边缘。即便如此，井深大仍坚持独自开发单枪三束彩色显像管电视机。这种彩色电视机画质好，一上市就大受好评。此后三十多年，这种电视机的销售一直是索尼公司的主要收入来源。

但是，"干别人不干的事情"这种追求独立开发的精神，恐怕不符合今天只看收益的企业管理理论。索尼当时如果采用和其他公司一样的技术，立刻就可以在市场上销售自己的产品，也许就不会有破产的担心了。

投入巨额费用和很多时间进行的技术开发取得成功后，为了制造产品，还需要更大规模的设备投资，也需要招募新员工。但是，从长期角度看，索尼公司积累了技术，培养了技术人员。此外，人们都认为"索尼是追求独特技术的公司"，这大大提升了索尼的品牌形象。

更重要的是，这种独立开发能给索尼员工带来荣誉感，他们都为自己是"最尖端企业的一员"而感到骄傲。单枪三束彩色显像管电视机之所以能长期成为索尼公司的收入来源，是因为技术开发人员怀着荣誉感和极大热情，不断地改良技术。

具有讽刺意味的是，因单枪三束彩色显像管电视机获得成功而沾沾自喜的索尼，却在液晶和等离子薄型电视机的开发方面落后了。实际上，井深大说过："我们必须自己开发出让单枪三束彩色显像管成为落伍产品的新技术。"包括我自己在内的索尼公司高管没有铭记井深大的话。

如今，索尼采取了极为"合理的"经营方针。不是自己开发新技术，而是同三星公司合作，成立了液晶显示屏制造公司。由这家合资公司提供零部件生产的液晶电视机"BRAVIA"非常畅销，从而使索尼公司暂时摆脱了困境。但对于我这个熟悉索尼成长史的人来说，总不免有一种怀旧感，因为索尼现在在基础开发能力方面与井深大时代相比差距很大。今天的索尼为避免危机采取了临时抱佛脚的做法。

高层主管是关键

今天的索尼与井深大时代的最大区别是什么呢？那就是在"自豪感"方面的差别。当年创始人井深大和公司员工都有一种自信心：努力争先，创造历史。

当时索尼并不在意其他公司在开发什么产品。某大型家电公司的产品曾被嘲讽为"照猫画虎",今天索尼也开始照猫画虎了。一味地左顾右盼,无法走在时代的前头。

在我开发"爱宝"机器狗的时候,索尼的实力已经开始衰落,公司不得不采取冒险一搏的做法,但是出现亏损后,又遭到公司内部的批评,结果不得不后退。

今天的索尼已经没有了向新目标挑战的"体力",也失去了把新技术拿出来让社会检验的胆识。在导致索尼受挫的几个因素中,公司最高领导者的态度是其中最根本的原因。

在索尼充满活力、蓬勃发展的时期,公司内流行这样的说法:"如果你真的有了新点子,来。"与其口头上说说,不如拿出真东西更直接。但是如果上司总是以冷漠的、"评价的眼光"看自己,恐怕没有人愿意主动干事情,那是自找麻烦。如果人们没有感受到信任,也就不会向新的、更高的目标发起挑战。过去,有些索尼员工根本不畏惧上司的权威,上司也欣赏和信任这样的下属。

所以,能否让职工焕发热情,关键要看最高领导者的姿态。索尼当年之所以取得被视为"神话"的业绩,也正是因为有井深大。但是,井深大的经营理念没有系统化,也没有传承下来。也许是因为井深大当时并没有意识到自己经营理念的重要性。

我尝试着把井深大等前辈的经营理念系统化、文字化,出版了《经营革命》一书。在这本书中,我把井深大等人的经营称为"长老型经营"。所谓"长老"是指德高望重的人。德高望重者为公司的最高领导者,整个集团会拧成一股绳,充满斗志地向目标迈进。

在今天的日本企业中,患抑郁症等疾病的人越来越多。这是因为公司内有不称职的上司,推行的是不负责任的合理主义经营方式,给员工带来了苦恼。

不论是在什么时代,也不论是在哪个国家,企业都应该注重调动员工的主观能动性。这也正是索尼在创立公司的宗旨中强调的"自由、豁达、愉快"。

过去人们都把索尼称为"21世纪型企业"。具有讽刺意味的是,进入21世纪后,索尼反而退化成了"20世纪型企业"。我殷切希望索尼能重现往日辉煌。

问题:

1. 试分析索尼公司绩效考核演变过程中存在的问题。
2. 如何评价"绩效主义毁了索尼"的说法?

21世纪经济与管理规划教材
工商管理系列

第七章

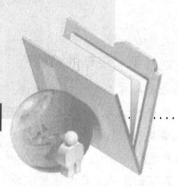

组织薪酬体系的设计

学习目标

1. 掌握激励理论及其对薪酬设计的启示
2. 了解薪酬体系的内容
3. 掌握工作评价各种方法的原理与应用
4. 了解薪酬等级结构的要素与设计方法

开篇案例

项目经理的烦恼①

"不公平!"某建设集团的项目经理李先生愤愤地说:"目前我的基本工资和别的项目经理一样多,可我们这个项目难度这么大、周期这么长,而且业主要求很高、很难对付,绩效风险这么大,奖金收入也很难得到保障。还不如做个小项目,容易完成,收入也高。我的下属也都有这样的抱怨,让我怎么去管理、激励他们?从另一个角度看,公司有任务,我也不好挑肥拣瘦的,但这样的薪酬制度确实让人感觉不公平。"

李经理就职的工程建设公司有着悠久的发展历史和骄人的绩效,修建了许多知名的工程项目,在业内有着良好的口碑和声誉。随着公司战略的重新定位和明晰,企业步入良性发展的轨道,目前进入二次创业成功后的高速发展期。

为了更好地应对市场竞争,提高资源配置能力,人力资源总监王敏根据公司业务特征,采取了项目矩阵式组织架构;同时,为了充分调动各个项目部员工的积极性、保留骨干员工,使薪酬具有激励性,王敏对公司的薪资体系做了较大变革。首先,通过岗位评估确立了公司岗位的价值,根据外部市场数据设立了合理的、有竞争力的薪酬水平和结构;其次,完善了绩效管理体系,所有员工的绩效工资与个人的当期绩效考核结果挂钩。项目经理部门还得到充分授权,在对项目经理部门总体考核的基础上,自主进行项目部二次考核分配。

新的薪酬制度在实施初期,极大地提高了各个项目部的积极性,使绩效得到有效提升。但一段时间后发现,尽管公司绩效得到了较大提高,基本实现了效益与收入挂钩的目的,但是项目部之间却因为薪酬分配问题出现了不和谐的声音,李经理这样的抱怨和困惑不断地传到王敏的耳朵里。王敏不禁自问:"我们的薪酬体系到底出了什么问题?"

"这种薪酬太不公平!"这是我们在企业中经常会听到的抱怨。薪酬的重要性不言而喻,员工对之也相当敏感。那么到底什么样的薪酬才是公平的?企业如何设计薪酬才能尽可能地实现公平呢?组织存在的目的是实现特定的组织目标,而在组织中工作的员工在为组织提供实现目标所需要的劳动时,作为回报得到货币收入、商品和服务,这些就构成了员工的薪酬。组织的薪酬体系在组织取得竞争优势和实现战略目标的过程中具有十分关键的作用。可以认为,薪酬制度的设计和实施是整个人力资源管理中最复杂的工作之一。本章讨论作为薪酬制度理论基础的员工激励理论和员工薪酬的公平性原理及其实现途径。

---

① 作者根据有关案例和实际调研的企业改编而成。

第一节　薪酬设计的理论基础和内容

薪酬是最主要的激励因素之一，各种激励理论构成了薪酬设计的理论基础。未来的人力资源管理政策不能建立在依赖员工改进工作绩效的责任感的基础上，而应该认真思考工作绩效和生产效率问题的成因，然后改进现行的人力资源管理政策中不能激励员工的部分。

一、有效激励系统的要求

激励是人力资源管理中一个重要的环节，它是最简单同时也是最复杂的工作。说它简单是因为人们实际上都是为了获得奖赏而努力工作，只要找到人们期望的事物，就可以把它作为工作的奖赏来激励员工努力工作。说它复杂有以下三个方面的原因：第一，每个人所期望的事物不同，组织很难找到能够普遍具有激励作用的事物；第二，每个人所期望的事物会随着年龄、生活和工作状况的变化而变化；第三，即使组织知道一项事物对某人很有激励作用，但这种激励作用也只有在这个人相信自己努力工作会获得这项奖赏时才会起作用。所以，Victor Vroom 的激励理论认为，只有当人们认为经过努力可以完成任务，而且完成任务可以实现一个对自己来说非常重要的结果时，激励作用才会发生。

企业经理人员在应用激励理论时应重点考虑以下三个方面：工作绩效的定义、提供创造绩效的条件和促进工作绩效。

（1）工作绩效的定义包括三个因素，即目标、度量和评估。确立目标是提高工作绩效的有效策略，因为目标使岗位责任更加明确，能够指明员工的努力方向。同时，目标的实现情况也必须便于经理人员进行度量，这是工作标准起决定性作用的方面。评估目标的完成程度可以促使员工不断提高工作绩效。

（2）企业为员工提供创造绩效的条件应该包括以下三个方面：第一，为工作绩效的提升清除障碍，包括避免设备维护不良、原材料供给及时并且质量合格、工作场所设计合理以及高效率的工作方法等；第二，为提升工作绩效提供手段和充足的资源，包括充分的财力、物力和人力资源；第三，精心确定人选，合理配置人员，这可以提高生产积极性，降低人力资源成本。

（3）促进工作绩效涉及以下问题：奖励的形式、奖励的数量、奖励的时间、对奖励的喜欢程度和奖励的公平性。经理人员应该选择对员工有价值的奖励形式，同时数额也应该能足以激励员工去努力争取。此外，对员工进行奖励的时间也要及时。

激励计划发生作用的心理学基础是：第一，强化工作动机可以改善工作绩效；第二，给予承认是一个重要的激励因素。这两点应该成为设计激励计划的基本依据。一个有效的激励计划应该具有以下特征：一是简明，即激励计划的规则简明扼要，容易理解；二是具体，可以衡量的目标是制订激励计划的基础；三是可以实现，每个员工都应该有一个合理的机会赢得他们希望得到的东西。

许多公司取得成功的经验是相信事在人为。为了在竞争中提高产品质量,有的企业每个月都召开一次全体员工参加的会议,在会议上表扬一名当月生产质量最好的员工,同时给予一定的奖金,并把其姓名登在一个光荣榜上,在公司的醒目位置长期展示。另外,在公司重新发行股票的时候,用折价或免费的方式让工作绩效突出的员工能够分享公司的所有权。甚至在招聘的时候,公司就特别注意挑选那些非常关心自己、关心自己的家庭和公司的候选人。公司的高层管理人员希望员工如何对待公司,那么他们就应该用同样的方式对待员工。不要责备员工在工作中的失败,否则员工就会因担心失败而放弃改进工作的尝试,从而阻碍公司的发展。

二、公平理论及应用

(一) 公平理论的基本内涵

在组织中工作的员工都希望自己被公平地对待。这里所谓的公平,指的是员工对自己在工作中的投入与自己从工作中得到的结果两者之间的平衡。员工的投入包括教育、工作经验、特殊技能、努力程度和花费的时间。员工得到的结果包括薪酬、福利、成就感、认同感、工作的挑战性、工作的名声和其他任何形式的报酬。根据公平理论,一个员工会估计自己的收益与投入的比率与别人的收益与投入的比率是否相等,以此确定自己是否被公平地对待。

人们希望自己的贡献和得到的补偿之间能够保持平衡状态。如果别人的收益—投入比高于自己的收益—投入比,这个员工就会觉得自己所获补偿不足。在这种情况下,有可能导致以下的结果:第一,员工有可能要求提高自己的薪酬水平。这也是很多公司愿意实行秘密给付制度,并要求员工之间不要彼此讨论薪酬多少的原因。第二,员工可能会减少自己的投入、降低努力程度,在极端的情况下将引发辞职。第三,员工也可能改变自己的参照对象,或者理性地认为这种不公平是不重要的。美国曾经做过的一项实验表明,当员工的工资水平被削减15%时,员工在企业中的偷窃行为明显增加。而当工资水平恢复到原来的水平时,员工的偷窃率也恢复到原来的水平。通常情况下,人们总是过高地估计自己的绩效和别人的待遇。换言之,大多数人都有认为自己受到不公正待遇的倾向。当然,也存在员工感到自己被过度补偿的情况。那些感到自己被过度补偿的员工可能会更加努力地工作,也可能会义务地承担自己任务以外的工作。美国的研究表明,那些长期被过度补偿的员工由于总是处于一种被高度激励的状态,他们的寿命也相对较短。[①]

(二) 公平的类型

当将公平理论应用于薪酬制度,我们可以得到三种公平的表现形式,即外部公平、内部公平和员工个人公平。

1. 外部公平

所谓的外部公平强调的是本企业薪酬水平与其他组织的薪酬水平相比时的竞争力。

---

① Cynthia D. Fisher, Lyle F. Schoenfeldt, and James B. Shaw, *Human Resource Management*, 6th edition, Houghton Mifflin Company, 2005, 508.

这种外部竞争力关注的是组织之间薪酬水平的相对高低,与其他公司比较的相对性质是外部竞争力概念的核心。在考虑了公司薪酬政策的外部竞争力时,公司的薪酬水平可以高于其他公司,可以与其他公司保持一致,也可以低于其他公司。让自己公司的薪酬水平高于竞争对手的目的是吸引和保留最优秀的员工为本公司服务,惠普公司就是如此。但是这里有一个前提:公司必须有办法和有能力从众多的工作申请人中甄别出那些真正优秀的员工,同时员工(相对于设备和其他技术条件)的差异对企业创造杰出绩效方面也有重要的作用。如果让本公司员工的薪酬标准低于竞争对手,也只能是自己公司员工固定的基本薪酬低于竞争对手,否则公司就难以避免人才流失和生存危机。如果采用这种低基本薪酬的策略,公司就必须向员工提供与此相配合的薪酬措施,包括高额的绩效奖金、良好的福利、方便的工作条件或者有吸引力的培训机会等。

需要指出的是,强调外部竞争力的薪酬政策对组织的目标具有双重影响。一方面,企业必须向员工支付足够高的薪酬,否则无法留住足够数量的合格员工,因此企业的薪酬水平不能太低;另一方面,企业支付给员工的薪酬构成企业所生产的产品或服务的成本的重要组成部分,过高的劳动报酬必然会提高产品的市场价格,从而降低企业的产品在市场上的竞争力,威胁企业的生存,所以企业的薪酬水平又不能太高。从这一角度来看,企业在确定员工薪酬的合适水平的时候,应该遵循最优化原则。

2. 内部公平

所谓的内部公平是指薪酬政策中的内部一致性,强调的是在一个组织内部不同的工作之间、不同的技能水平之间的薪酬水平应该相互协调。这意味着组织内部薪酬水平的相对高低应该以工作内容为基础,或者以工作所要求的技能的复杂程度为基础,当然也可以是工作内容或技能要求的某种组合。但是无论如何,内部一致性强调的重点都是根据各种工作对组织整体目标实现的相对贡献大小支付薪酬。

值得注意的是,我们所讲的决定薪酬的内部公平准则依据的不是从事这一工作的员工个人特征,不是他的学历或者技能水平的高低,而是工作本身,是真正的对事不对人。在实现薪酬政策的内部一致性时,公司有多种选择。公司既可以把职位高低等级划分得多一些,也可以划分得少一些。类似地,公司可以把工作类别划分得详细一些,也可以划分得粗略一些。同时,公司还可以使不同层次或类别工作的报酬差异大一些,或者小一些。不过所有这些方式的选择都应该与组织目标和企业所面临的竞争环境相配合。

3. 员工个人公平

员工个人公平指的是在对同一个组织中从事相同工作的员工的薪酬进行比较时,公平性是否成立。员工个人之间的公平性要求组织中每个员工得到的薪酬与他们各自对组织的贡献相匹配。薪酬政策中的员工贡献强调的是组织中员工个人的薪酬水平由以下几种因素所产生的差异的相对大小应该合理:一是员工个人的绩效差异,二是承担相同工作或者掌握相同技能的员工的资历差异。这种由员工的绩效水平或者资历等方面的差异引起的薪酬差异是否存在以及是否合理,对员工的工作态度和工作行为都有重要的影响。前面讲的内部一致性强调的是工作本身对薪酬决定的作用,而员工贡献因素强调的则是员工个人特征对薪酬决定的影响。

（三）公平理论与薪酬体系

在同一个组织中，两个员工的薪酬可能有很大的差异。造成这种员工薪酬差异的因素有很多，包括组织的差异、工作设计的差异、员工的差异、人力资源市场的差异和国家的差异。人力资源市场的差异反映工作地点的差异以及由此引起的各地生活费用支出的不同，从而使员工的工资不同。不同行业中的企业员工的收入有差异，而我们经常发现即使是相同的行业中，不同企业之间员工的薪酬也有明显的差异，这缘自企业组织在薪酬政策、竞争实力等方面的不同。组织内部工作之间的差异也是影响员工薪酬的重要方面。一个组织中存在很多种工作岗位，如总经理、工程师、部门经理、市场分析师、装配线工人、秘书、会计、门卫等。这些不同工作岗位的工作任务和职责不同，对承担这些工作的员工在技术和能力等方面的要求也就不同，从而在不同岗位上工作的员工对组织的贡献也就有差异。所以，从事不同工作的员工得到不同的报酬。不同的员工具有不同的特征。在影响工作报酬的因素中，不同的员工所接受的教育程度的差异是引起薪酬差异的一个重要因素。劳动力经济学中的人力资本理论表明，工作经验的增加和分析问题能力的改进也影响员工人力资本的水平，因此也会使员工的薪酬产生差异。

有效的薪酬体系必须满足公平性要求。外部公平性要求企业的薪酬标准与其他公司相比有竞争力，否则难以吸引或留住人才。内部公平性要求使内部员工感到自己与同事之间在付出和所得的关系上合理。薪酬政策不仅要考虑薪酬水平的外部竞争力和薪酬结构的内部一致性，还要研究在一个组织内部承担相同工作或者拥有相同技能水平的员工之间的薪酬关系问题。一般而言，在相同的组织中承担相同工作或拥有相同技能的员工在工作绩效方面可能存在差别，在经验方面也可能存在差异，因此绝大多数公司的薪酬政策反映了员工个人方面的差异在薪酬决定中的影响。外部公平性、内部公平性和员工个人因素在员工薪酬决定中的作用可以概括为图7-1所示。

三、员工薪酬的构成

员工在组织中工作所得到的报偿包括组织支付给员工的薪资和所有其他形式的奖励，内容非常复杂，既包括以货币收入形式表现的外在薪酬，也包括以非货币收入形式表现的内在薪酬。这种内在薪酬包括工作保障、身份标识、给员工更富有挑战性的工作、晋升、对突出工作成绩的承认、培训机会、弹性工作时间和优越的办公条件等。在人力资源管理中，我们把外在报酬作为员工薪酬的重点。

为了提高企业的生产率和组织的竞争优势，员工薪酬管理越来越强调激励效果。以美国的情况看，越来越多的企业改变了过去那种单纯根据工作的性质向员工支付固定报酬的做法，而实行根据员工的工作绩效支付报酬的方式。研究结果表明，绝大多数管理人员和很多员工认为工作绩效水平应该是决定工资增长的最重要的因素，而且按照工作绩效支付报酬的做法也确实起到改进员工工作绩效的作用。

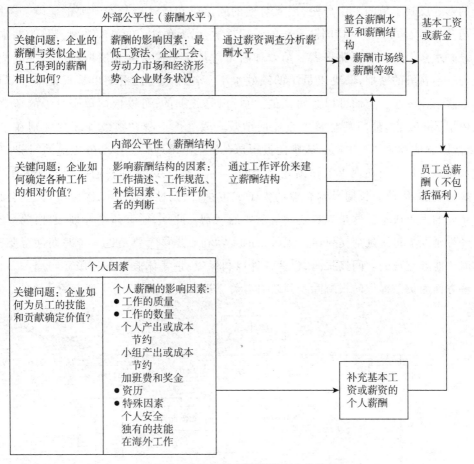

图 7-1 公平理论在薪酬决定中的作用

资料来源：Crino, M. D. and Leap, T. L., *Personnel/Human Resource Management*, Macmillan, 1989: 382.

员工薪酬构成的基本内容可以概括为图7-2。从概念上讲，员工的外在报酬指的是由于就业关系的存在，员工从企业得到的各种形式的财务收益、服务和福利。通常意义上的报酬指的是这种外在报酬，它可以分为直接报酬和间接报酬。直接报酬包括基本薪酬、绩效加薪（Merit Pay）、鼓励员工进一步提高生产效率的各种激励性报酬和各种延期支付性质的报酬。其中，基本薪酬在大多数情况下是企业根据员工工作的性质支付的基本现金报酬，它只反映工作本身的价值，不反映员工因经验或工作态度而引起的对企业贡献的差异。在有些情况下，例如在确定科技人员的基本薪酬时，企业也可以按照员工所拥有的技能或教育经历而不是员工所承担的工作的性质来决定基本工资。薪水和工资是基本薪酬的两种表现形式。在美国，薪水指的是那些免受公平劳动标准法案（Fair Labor Standards Act）管制的员工获得的报酬。这些员工主要是管理人员和专业技术人员，他们的薪酬采取年薪或月工资的形式，不采取小时工资制，也没有加班工作的报酬。工资指的是那些受公平劳动标准法案管制的员工获得的报酬。他们以小时工资率作为计算薪酬的基础，加班工作应该获得额外的报酬。应该指出的是，一个员工的基本薪酬是采取薪水还是采取工资的形式反映了他的工作身份,因此对他的满足感和成就感具有重要的影响。美国惠普公司和IBM公司为了支持团队合作的管理哲学,把所有员工的基本薪酬都称为薪水,而不区分薪水获得者和工资获得者。绩效加薪是对员工工作行为和所取得的成绩的奖励,表现为基本薪酬的增加,取决于员工的绩效水平。各种激励性报酬也是直接将报酬和员工绩效联系在一起。它们可以是短期的,也可以是长期的;可以依据单个员工的绩效,也可以依据员工小组、部门甚至整个企业的绩效。激励性报酬和绩效加薪的区别在于:第一,二者影响绩效的方式不同。激励性报酬是在员工出现理想工作绩效之前的"诱导";而绩效加薪是对员工出现理想工作绩效之后的奖励。第二,绩效加薪通常会转变为员工基本薪酬的增加,因此会长期影响企业的人工成本;而激励性报酬是一次性支付,不会长期影响企业的人工成本。这是二者之间最重要的区别。此外,还有储蓄计划、股票购买和年金等各种延期支付。延期支付给员工带来的实际利益是员工要经过一个时期甚至要等到退休时才能够兑现的。间接报酬,包括各种福利保障、带薪休假和各种服务与津贴。企业在这些方面为员工提供的报酬除受到政府有关法规的限制以外,还受到市场竞争的影响。

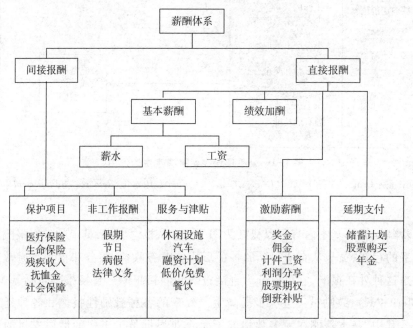

图7-2 员工薪酬构成的内容

资料来源:Fisher, C. D., Schoenfeldt, L. F. and Shaw, J. B., *Human Resource Management*, 6th edition, Houghton Mifflin Company, 2005:506.

四、薪酬体系设计的目标与流程

所谓薪酬体系,是指反映了一个组织中不同岗位(以及岗位上不同任职者)之间薪酬水平关系的薪酬架构体系。由于组织通常是科层式的等级架构,相应地也可以认为薪酬体系反映了组织中不同岗位之间薪酬水平关系的薪酬等级结构。

（一）薪酬体系设计的目标

一个好的薪酬体系应该同时考虑到上述外部竞争力、内部一致性和员工贡献因素。应该强调的是，尽管我们可以设计一套能够将以上三种因素结合在一起的薪酬体系，但是如果没有有效的管理工作，这套体系也不会发挥预想的作用。薪酬体系的管理工作包括确定这套体系的成本，了解员工对这套薪酬体系的感受，与员工保持沟通并让他们了解薪酬体系的作用方式，最后判断薪酬体系是否达到组织预期的目的。

薪酬政策是薪酬体系的基石，组织的目标、薪酬政策和报酬工具三者之间存在密切的联系。这一关系可以用 Milkovich 和 Newman 在 1993 年提出的一个薪酬决定模型加以说明。该模型表明，基本的薪酬政策工具包括外部竞争力、内部一致性、员工贡献和薪酬管理工作，如表 7-1 所示。我们将在本章接下来的部分研究企业在员工薪酬体系设计过程中是如何实现外部竞争力和内部一致性的，并将在下一章研究员工个人贡献在员工薪酬决定中的作用方式和整个薪酬体系的管理问题。

表 7-1 薪酬决定模型

薪酬政策	薪酬政策的内容	薪酬政策的目标
外部竞争力	市场定位、市场调查、政策界限、薪酬结构	有效性（绩效驱动、全面质量、客户导向、成本控制）
内部一致性	工作分析、工作描述、工作评价、工作结构	
员工贡献	资历基础、绩效基础、提薪指导、激励计划	公平
薪酬管理工作	计划、预算、沟通、评价	合法

资料来源：Milkovich, G. T. and Newman, J. M., *Compensation*, 4th edition, Homewood, IL.: Richard D. Irwin, 1993: 9.

（二）薪酬体系设计的流程

薪酬体系的主要任务是确定企业的基本薪酬的基础。目前情况下，国际上通行的薪酬体系有两类三种，即基于职位的薪酬体系和基于任职者的薪酬体系，后者又包括技能薪酬体系和能力薪酬体系。所谓职位薪酬体系、技能薪酬体系和能力薪酬体系，是指企业在确定员工的基本薪酬水平时依据的分别是员工所从事的工作自身的价值、员工所掌握的技能水平以及员工所具备的能力水平。三者的差别主要体现在确定薪酬的依据不同。不同的薪酬体系在确定薪酬的流程中所考察的要素也不同。无论薪酬结构的基础是什么，其共同的思路是：(1)收集有关工作信息；(2)整理、归纳这些信息；(3)评价什么对组织重要或具有价值；(4)评价工作中的异同。图 7-3 反映了它们的联系和区别。

职位薪酬体系是最为常见的，其设计流程可以用图 7-4 来描述，主要有四个步骤：第一步，收集关于特定工作性质的信息，即进行工作分析；第二步，按照工作的实际执行情况确认、界定及描述职位，即编写职位说明书；第三步，对工作进行价值评价，即工作评价；第四步，根据工作的内容和相对价值进行排序，即建立职位结构。

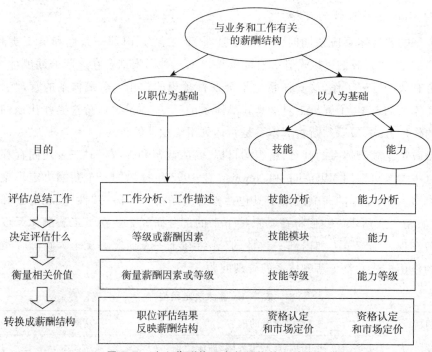

图 7-3 建立薪酬体系内部结构的多种途径

资料来源：Milkovich, G. T., Newman, J. M.,《薪酬管理》,董克用等译,中国人民大学出版社,2002,第 79 页。

图 7-4 职位薪酬体系的设计流程

第二节 工作评价

实现内部一致性的前提是明确组织中各种工作的相似性和差别性，以及这些工作对实现组织整体目标的相对贡献的大小，这些相似性和差别性就构成组织中工作关系的内部结构。在组织薪酬政策设计的过程中，我们以某一方面的依据为标准设计组织内部的薪酬结构。这些依据可以是工作本身、工作所需要的技能或者市场薪酬水平。在以工作为依据设计薪酬结构时，我们应当先进行工作评价。所谓的工作评价，是指根据各种工作所包括的技能要求、努力程度要求、岗位职责和工作环境等因素决定各种工作之间的相对价值。工作评价经常需要尽力用文字表达可感知的各种工作之间的差别，对各种工作的解释必须能够回答工作对员工的要求。工作评价的目的是对工作进行系统的和理性的评价，帮助我们确定工作结构，然后由工作结构决定薪酬结构，从而使组织薪酬制度符合内部一致性的要求。

一、工作评价及其方法

工作评价的内容包括评价工作的任务和责任、完成工作所需的技能，以及各种工作对组织整体目标实现的相对贡献大小。所以,工作评价与工作分析之间有着密切的联系,工作分析所得到的信息是对工作进行评价的重要基础。在工作分析中,我们可以对工作进行系统的研究,并由此对工作的性质做出评判,得出工作描述。工作描述中充分的信息应该使我们能够对工作的复杂性、难度、责任和价值做出恰当的评价,从而确定这些工作之间的相对价值,同时识别、确定和权衡对各种工作应该给予补偿的因素。所以说,工作分析是工作评价的起点。

虽然不同的组织在进行工作评价时所采用的标准不太相同,但是不管使用什么标准,最后总是要得到一个工作结构。需要指出的是,在人力资源管理中,我们所讲的工作结构实际上指的是由一个系列工作中的不同级别工作构成的体系。但实际上,组织中通常存在多个工作系列,因此应该存在多个工作结构。在确定这种结构时,不同的工作系列可能需要使用不同的方法和不同的评价标准来对待。

在实际工作中,工作评价一般是在公司外部顾问的指导下,由熟悉本公司各种工作的员工组成的工作评价委员会实施。工作评价委员会应该按照工作相对于公司的相对价值来确定各种工作之间的关系,防止代表各个部门的委员会成员的本位主义倾向。各种工作评价方法的最终目标相同,都是根据各种工作对于组织的相对价值分等排序,以便为每种工作确定公平合理的工资率。最主要的工作评价方法包括工作排序法、因素比较法、工作分类法、点数法和海氏系统法。从是否进行量化比较的角度看,工作排序法和工作分类法属于将整个工作看作一个整体的非量化评价方法;而因素比较法、点数法和海氏系统法属于按照工作要素进行量化比较的评价方法。从工作评价的比较标准看,工作排序法和因素比较法属于在不同的工作之间进行比较的工作评价方法;而工作分类法、点数法和海氏系统法属于将工作与既定标准进行比较的工作评价方法。于是,上述五种工作评价方法的特点可以概括如表7-2所示。

表7-2 工作评价方法的比较

工作结构的依据	非量化比较:工作整体	量化比较:工作要素
工作—工作比较	工作排序法	因素比较法
工作与量级比较	工作分类法	点数法 海氏系统法

资料来源:Fisher, C. D., Schoenfeldt, L. F. and Shaw, J. B., *Human Resource Management*, 6th edition, Houghton Mifflin Company, 2005:512.

二、工作排序法

工作排序法根据各种工作的相对价值或它们各自对组织的相对贡献由高到低地进行排列。工作评价中的排序法与员工绩效考核中的排序法在性质上非常相似,唯一的区别是员工绩效考核中的排序法关注的是员工的工作绩效,而工作评价的排序法的排列对象是工作本身。工作排序法的实施程序是:第一,选择工作评价者和需要评估的工作。一般情况下,评价者由一个管理人员委员会担当。第二,取得评价工作所需要的资料,通过工作分析,以工作说明书作为排列的依据。第三,进行评价排序,一种比较规范的方法是发给评估者一套索引卡,在每张卡片上标明工作的特点,然后让评估者进行排序。与员工绩效考核一样的是,工作排序法也可以使用交错排序法,即先选出价值最高的工作,再选出价值最低的工作,然后再选次高、次低,以此类推。其理由也是人们比较容易认定极端的情形。工作评价中的工作排序法还可以使用工作的成对比较法,而且研究结果表明这种方法的可靠性高于简单排序法和交错排序法。

工作排序法是各种工作评价方法中最简单的一种,主要的优点是简单方便,容易理解和应用,比较适合缺乏时间和金钱做规划工作同时结构稳定的小公司。但是,这种工作评价方法有很多缺点。首先,在运用这种方法时,对工作岗位进行排序时所使用的标准经常定义得比较宽泛,没有明确的报酬因素,所以在排序过程中很难避免主观因素;其次,工作排序法要求评估委员会的成员对每一个需要评价的工作的细节都非常熟悉;最后,虽然工作排序法能够排列各种工作相对价值的相对次序,但是无法回答相邻两个工作岗位之间的价值差距。例如,工作排序法可以告诉我们行政秘书的工作价值大于录入员小于系统分析师,但是它无法告诉我们行政秘书的工作价值比录入员的大多少,又比系统分析师的小多少。要解决这一问题,就需要采用量化的工作评价方法。

三、工作分类法

工作分类法是将各种工作与事先设定的一个标准进行比较,它能够克服工作排序法无法解决的问题。这种方法很像在书架的各个格子上贴标签的过程。工作分类法的操作步骤是:第一,工作评价者应该确定工作类别的数目,一般包括5—15种工作类别,典型的情况是8类左右。第二,为各种工作类别中的各个级别定义,这些定义为薪酬体系的建立提供了依据。表7-3是为办事员工作类别划分的5个等级的定义。第三,将各种工作与确定的标准进行比照,然后将它们定位在合适的工作类别中的合适级别上。

表7-3 办事员工作类别体系

第一级	简单工作,没有监督责任,不需要与公众交往
第二级	简单工作,没有监督责任,需要与公众交往
第三级	中度的工作复杂性,没有监督责任,需要与公众交往
第四级	中度的工作复杂性,有监督责任,需要与公众交往
第五级	复杂工作,监督责任,需要与公众交往

资料来源:Ivancevich, J. M., *Human Resource Management*, 7th edition, McGraw-Hill, 1998: 333.

工作分类法的优点是简单明了,很容易被员工理解和接受。在需要对大量的工作岗位进行评价,而且这些工作的任务内容、责任、工作环境和所需要的技能差别很大的情况下,工作分类法是一种非常实用的评价技术。这种方法还具有很高的灵活性,当组织中的工作数量增加时,那些新增加的工作可以很容易被定位在合适的位置上;当一种工作的要求变化以后,它就可能需要被重新划分到较高或者较低的工作级别中。工作分类法强调的是工作类别的差异,而不是单个工作的差异,因此非常适合应用在公共部门和大公司的管理人员与专业技术人员中。工作分类法的缺点是它实际上假定工作因素与工作价值存在稳定关系,因此有时工作岗位在分类体系中的定位有些牵强,会产生不公平感。另外,划分工作类别也有一定的难度,如果工作类别太少,就难以准确地区分工作的价值;如果工作类别太多,对各种工作等级进行定义就是一项非常复杂的工作。

四、点数法

点数法又称要素计点法,是指分解工作的构成因素,然后按照事先设计的结构化量表评估每种工作要素的价值。点数法是目前国外的公司使用得最普遍的一种工作评价方法,在开展工作评价的组织中有一半以上采用的都是点数法。应用点数法进行工作评价的步骤一般是:第一步,进行工作分析。第二步,准备工作说明书。第三步,选择报酬因素。所谓的报酬因素指的是能够为各种工作的相对价值的比较提供依据的工作特性。常见的报酬因素包括技能、责任、工作条件和努力程度等。一般地,工作评价委员会在确定报酬因素时,会根据其相对于工作的重要性来选择报酬因素。根据情况需要,所选择的报酬因素可能只有一个,也可能包含很多个。从美国企业的经验来看,报酬因素的数目一般为3—25种,典型的情况是10种左右。第四步,为各种报酬因素建立结构化量表,反映各个等级之间的程度差异。在这一过程中,评价委员会要把每种报酬因素在工作中的重要性分为若干等级,按照每种等级差异的大小分别赋予一个相应的点数。在各种等级中,应该给出工作岗位的若干例子,以此作为标尺性工作。

为了使设计出来的量表具有合理的结构,评价委员会首先要为各种报酬因素的重要性赋予一个权重,报酬因素的权重是与这种因素在工作中的重要性相一致的。假定工作评价委员会决定使用技能、努力、责任和工作条件四种报酬因素,并确定他们要使用的总点数,如1 000。然后根据各种报酬的相对重要性分配这些点数。假设技能的权重被定为20%,那么将有总共200点分配给技能。如果技能被划分为10个等级,每提高一个等级点数增加20点,那么一项要求掌握最低等级技能的工作在技能方面就应该得到20点,而一项要求掌握次低等级技能的工作在技能方面就应该得到40点,……如果一个工作需要最高等级的技能,那么它在技能方面就应该得到200点。按照类似的方法,我们可以对努力程度、责任和工作条件进行同样的处理。在设计结构化量表的过程中,按每种报酬因素划分的各个相邻级别之间的差距最好相等。表7-4是一个典型的点数法报酬因素的结构化量表。

表7-4 一个典型的点数法计划

报酬因素	第一级	第二级	第三级	第四级	第五级
技能					
1. 教育	14	28	42	56	70

(续表)

报酬因素	第一级	第二级	第三级	第四级	第五级
2. 经验	22	44	66	88	110
3. 知识	14	28	42	56	70
努力					
4. 体力要求	10	20	30	40	50
5. 心理要求	5	10	15	20	25
责任					
6. 设备/程序	5	10	15	20	25
7. 材料/产品	5	10	15	20	25
8. 他人安全	5	10	15	20	25
9. 他人工作	5	10	15	20	25
工作条件					
10. 工作条件	10	20	30	40	50
11. 危险	5	10	15	20	25

资料来源：Fisher, C. D., Schoenfeldt, L. F. and Shaw, J. B., *Human Resource Management*, 6th edition, Houghton Mifflin Company, 2005：517.

我们针对各项工作把它的各种报酬因素的分数加总就是这项工作的总分。当公司中所有工作岗位的总分数都被计算出来后，这个公司的薪酬结构也就建立起来了。虽然每种工作的点数可能不相同，但是组织出于便于管理的考虑，经常会将某一个点数范围内的所有工作确定为一个工作级别。在一个组织中，如果不同工作系列的报酬因素有差别，或者各个工作系列之间相同的报酬因素的差别程度不同，那么就要为不同的工作系列设计出不同的报酬因素点数的结构化量表。不难发现，点数法的设计比较复杂，但是一旦设计出来以后，其应用是十分方便的。

五、海氏系统法

海氏工作评价体系是由世界著名薪酬咨询公司合益咨询(Hay Group)在1984年开发出来的一套工作评价体系，特别适合于针对管理类和专业技术类工作岗位进行评价。实际上，海氏系统法也是一种点数法，它与点数法的主要区别在于海氏系统法所使用的报酬因素是确定的。该公司认为有三种应该给予报酬的因素：诀窍、解决问题的能力、岗位责任对公司成败的影响的大小。诀窍包括三个子因素，解决问题的能力包括两个子因素，责任包括三个子因素。但是在工作评价过程中只确定诀窍、能力和责任的点数，因此这三种因素也被称为海氏因素。

下面，我们以诀窍为例说明海氏工作评价体系的特点。诀窍是指使工作达到规定的标准所需要的，凭借任何方式所获得的各种技术、技巧的总和。诀窍包括三个子因素：第一,科学知识、专门技术和实践经验,用来反映工作对承担者的教育背景和工作经验的要求。第二,管理技巧要求,指的是在经营、辅助管理和直接管理领域中协调涉及管理情境的各种职能并使之一体化的诀窍。这种诀窍既可以执行性地运用,也可以商议性地运用,并涉及组织、计划、执行、控制和评价职能的综合运用。第三,人际关系技巧要求,指的是人际关系方面积极的、熟练的、面对面交往的技巧。诀窍的衡量包括广度(多样性)和深度(透彻性)两个方面。一种工作可能涉及大量事物的某一方面知识,也可能涉及少量事物的大量知识,因此诀窍是广度与深度的结合。这一概念可以使我们通过回答以下问题,与此比较和衡量不同工作的总体诀窍内容,即"涉及多少种事物、需要多少知识"?

在表7-5中,纵向反映的是科学知识、专业技术和实践经验;横向第一个层次反映的是管理诀窍,第二个层次反映的是人际关系技巧。在海氏系统中,科学知识被划分为八个等级:A——基本水平,达到基本的工作规则要求与工作训练;B——初等业务水平,熟悉不很深入的、标准的工作规则并使用简单的设备和机器;C——中等业务水平,精通整个过程或整个系统并熟练掌握某种专门设备的使用方法;D——高等业务水平,无论怎样获得的、能够给单一职能的工作提供额外的广度和深度的某种专门(一般是非技术性的)技巧;E——基本的专门技术,需要掌握深入的实践技能和惯例或科学知识或二者兼备的充分技术;F——适合且适用的专门技术,在一个专门的或技术领域中的广泛实践或经验获得,掌握深入的实践技能和惯例或科学理论或二者综合的精通的技术;G——精通的专门技术,通过广泛的、提高性的或专门性的训练而获得的对关键性技术、实践和理论的精通;H——精通的专业,对科学知识或某种学科特殊的、非常的精通。

表7-5 海氏系统的点数分配表:诀窍(部分)

	I			II			III			IV		
	1	2	3	1	2	3	1	2	3	1	2	3
A	50	57	66	66	76	87	87	100	115	115	132	152
	57	66	76	76	87	100	100	115	132	132	152	175
	66	76	87	87	100	115	115	132	152	152	175	200
B	66	76	87	87	100	115	115	132	152	152	175	200
	76	84	100	100	115	132	132	152	175	175	200	230
	87	100	115	115	132	152	152	175	200	200	230	264
C	87	100	115	115	132	152	152	175	200	200	230	264
	100	115	132	132	152	175	175	200	230	230	264	304
	115	132	152	152	175	200	200	230	264	264	304	350
D	115	132	152	152	175	200	200	230	264	264	304	350
	132	152	175	175	200	230	230	264	304	304	350	400
	152	175	200	200	230	264	264	304	350	350	400	460

（续表）

	I			II			III			IV		
E	152	175	200	200	230	264	264	304	350	350	400	460
	175	200	230	230	264	304	304	350	400	400	460	528
	200	230	264	264	304	350	350	400	460	460	528	608
F	200	230	264	264	304	350	350	400	460	460	528	608
	230	264	304	304	350	400	400	460	528	528	608	700
	264	304	350	350	400	460	460	528	608	608	700	800
G	264	304	350	350	400	460	460	528	608	608	700	800
	304	350	400	400	460	528	528	608	700	700	800	920
	350	400	460	460	528	608	608	700	800	800	920	1 056
H	350	400	460	460	528	608	608	700	800	800	920	1 056
	400	460	528	528	608	700	700	800	920	920	1 056	1 216
	460	528	608	608	700	800	800	920	1 056	1 056	1 216	1 400

资料来源：Milkovick, G. T. and Newman, J. M., *Compensation*, 4th edition, Homewood, IL.: Richard D. Irwin, 1993：152.

管理诀窍的广度被划分为五个等级：Ⅰ——最小或不相关，对一项活动的实施与管理对目的和内容具有高度特定性，仅需要对相关活动做一般性的了解；Ⅱ——相关的，对本质和目的相对一致的众多活动需要在概念或实施方面予以协调或一体化；Ⅲ——多样的，在重要的管理领域对性质和目的不同的众多活动在概念或实施方面予以协调或一体化；Ⅳ——广泛的，对一项复杂的经营业务的主要活动进行一体化或对显著影响企业总体计划或经营的战略性职能进行整个企业范围内的协调；Ⅴ——总体的诀窍。

人际关系技巧被划分为三个等级：1——基本的，在与他人的交往中，通过正常的接触，请求对方或向对方提供信息来表达普通的礼貌并给人以良好的印象；2——重要的，理解、影响和服务他人对于完成工作、促进他人采取行动或求得他人理解是需要考虑的重要问题；3——关键的，最大限度地理解、选择、发展和激励他人的某种或综合的技巧是非常重要的。

在运用海氏系统法评价各种工作时，工作评价委员会的任务是借助工作分析和海氏系统的点数分配表确定每种工作的各个报酬因素得到的分数，然后把这三个海氏因素的分数加总就是每种工作的总点数。

六、因素比较法

因素比较法是一种比较计量性的工作评价方法，与工作排序法比较相似，因此可以将它看作改进的工作排序法。因素比较法与工作排序法的第一个重要区别是：工作排序法只从一个综合的角度比较各种工作，而因素比较法则选择多种报酬因素，然后按照每种因素分别排列一次。因素比较法与工作排序法的第二个区别是：因素比较法根据每种报酬因素得到的评估结果设置一个具体的报酬金额，然后计算出每种工作在各种报酬因素上的报酬总额并作为这种工作的薪酬水平。

因素比较法的基本实施步骤是：

第一步，在每一类工作中选择标尺性工作作为比较的基础。所选择的标尺性工作应该是那些在很多组织中都普遍存在、工作内容相对稳定、市场流行工资率公开的工作。标尺性工作的基本工资是固定的，其他报酬根据基本工资的水平予以调整。

第二步，把一个工作类别中包括的各种工作的共同因素确定为报酬因素。这些报酬因素可能包括责任、工作环境、精力消耗、体力消耗、教育水平、技能和工作经验等。

第三步，根据标尺性工作所包括的各种报酬因素的规模确定各种标尺性工作在各种报酬因素上应该得到的基本工资，其水平应该参照市场标准，以保证企业薪酬体系外部公平性的实现。各种标尺性工作在各种报酬因素上应该得到的薪酬金额的总和就是这种标尺性工作的基本工资。

第四步，将非标尺性工作与标尺性工作的报酬因素逐个进行比较，确定各种非标尺性工作在各种报酬因素上应该得到的薪酬数额。这一步骤确保了各种工作之间的内部公平性。

第五步，将非标尺性工作在各种报酬因素上应该得到的报酬数额加总就是这些非标尺性工作的基本工资。表7-6是一个因素比较法的示例。

表7-6　因素比较法量表

小时工资率（元）	技能	努力	责任	工作条件
0.50			工作1	
1.00	工作1			工作2
1.50		工作2		
2.00		工作1	工作 X	
2.50	工作2			工作3
3.00	工作 X			
3.50		工作 X	工作3	工作 X
4.00	工作3			
4.50			工作2	
5.00		工作3		工作1

在本例中，工作的报酬因素包括技能、努力、责任和工作条件。工作1、工作2和工作3是标尺性工作。工作1的小时工资率为8.50元（1.00+2.00+0.50+5.00），工作2的小时工资率为9.50元，工作3的小时工资率为15.00元。如果现在要评价工作 X，它在各种报酬因素上的位置如表7-6中所示，从中可以知道 X 的小时工资率应该为12.00元。需要指出的是，因素比较法在应用上非常繁复，而且还要不断地根据人力资源市场的变化更新，因此它是应用最不普及的一种。

七、技能导向的薪酬结构

前面讲的工作评价方法都是根据工作内容建立薪酬结构，即以岗位价值确定岗位薪酬。近年来，技能导向的薪酬结构越来越受到人们的重视。技能导向的薪酬结构是根据员工掌握的技能来确定薪酬，而不是像工作导向的薪酬结构那样，按照员工所承担的工作来确定薪酬。技能导向的薪酬结构确定方法在中小型企业中的应用非常广泛。一般而言，技能导向的薪酬结构有两种表现形式：一种是以知识为基础的方法，另一种是以多重技能为基础的方法。前者根据员工所掌握的完成工作所需要的知识的深度来确定薪酬，后者则根据员工能够胜任的工作的种类数目或者说员工技能的广度来确定薪酬。由此可见，技能导向的薪酬结构确定原则与工作导向的薪酬结构确定原则的一个重要区别在于：技能导向的薪酬结构确定原则强调的是员工方面的特征，而工作导向的薪酬结构确定原则强调的是工作方面的特征。

以知识为基础的深度方法在薪酬结构确定中的作用方式可以用教师职业予以说明。两个教员可能正在承担相同的工作，比如为相同专业、相同年级的学生讲授相同的课程，但是他们中的一个只有本科文凭，另一个有硕士文凭。在接受教育过程中花费不同的时间意味着他们具有不同的知识深度。因此，拥有硕士文凭的教员的薪酬应该高于只有本科文凭的教员。其理论依据是有较高文凭的教员的工作效果更好，而且他可以承担更高要求的教学工作，即具有更大的灵活性。以多重技能为基础的广度方法确定薪酬结构时，员工掌握的技能的种类越多，得到的报酬也就越多。换言之，员工要想提高自己的薪酬水平，必须学习新的知识，而这些知识又是工作所需要的。假如公司的某一类别的工作包括七种任务，这些任务可以按照从简单到复杂的顺序排列为 A、B、C、D、E、F、G，能够完成 A、B 和 C 三种任务的技能是公司对员工的最低要求。我们可以将能够胜任 A 到 C 三种任务的技能合并为技能Ⅰ，将能够胜任 A 到 E 五种任务的技能合并为技能Ⅱ，将能够胜任 A 到 G 七种任务的技能合并为Ⅲ。于是，我们就可以按照已掌握技能的情况将员工划分为三个等级。已经掌握技能Ⅱ的员工可以胜任五种任务，而已经掌握技能Ⅲ的员工可以胜任所有的七种任务，同时还要承担员工的工作委派和团队监督的工作。由此可见，在以多重技能为基础的薪酬决定系统中，每个员工的薪酬标准都按照他已掌握的技能的最高水平来确定，这样员工就有积极性参加培训和自觉提高业务水平，从而在制度上鼓励员工学习承担多重任务的技能。因此，分配给各个员工的工作职责有可能在很短的时间内进行比较大的调整，从而使员工队伍的工作能力具有相当的灵活性，并促进组织绩效的不断提升。

建立以技能为基础的薪酬结构与建立以工作为基础的薪酬结构是两种平行的薪酬结构确定方法。就像工作导向的薪酬结构的确定从工作分析开始一样，技能导向的薪酬结构的确定将从技能分析开始。所谓的技能分析指的是一个系统采集完成组织工作所需要的知识和技能方面信息的方法。在技能分析中，首先要确定技能块和技能水平。这里所谓的技能块指的是完成工作所需要的不同类型的技能的一个集合，它的作用与工作分析中的报酬因素相似。技能块应该具备以下三个特征：第一，技能块必须是从所要完成的工作中提炼出来的;第二,技能块的根本目的是提高员工队伍的高度灵活性;第三,这些技能块必须能够被公司利益相关者理解和接受。在每一个技能块内部,又可划分为不同的等级,这就是技能水平。技能导向的薪酬计划的一种做法是:列举某一种职位所需要的所有技能,并在此基础上设计三种技能块,包括基础技能块、限制性选择技能块和自由选择技能块。其中,基础技能块是公司对这种职位员工的最低要求,不计算分数。限制性选择技能块中的每一种技能都对应一个分数,员工已掌握的限制性技能块中所有技能各项分数的加总就是员工在限制性技能块上的水平衡量。自由选择技能块的项目也不计算分数,而是直接按照种类计算。这样,公司就可以将这种职位划分为若干个级别,各个级别除了都要求掌握的全部基础技能,还要确定相应的按照分数计算的限制性选择技能块的水平和按照种类计算的自由选择技能块的水平。我们得到的结果应该是:随着技能级别的提高,限制性选择技能块的最低要求分数不断上升,自由选择技能块的最低要求种类也不断上升。与不同的技能水平级别相对应的是不同的薪酬水平。

八、工作导向与技能导向的比较

显然,技能导向的薪酬结构确定方法的主要优点有:第一,公司在员工调配方面有很大的灵活性;第二,公司可以保持一支比较精干的员工队伍,最大限度地避免人浮于事,这在公司业务不稳定的时期有重要意义;第三,国外已有的一些研究发现,技能导向的薪酬结构确定方法在提高生产效率、提高产品质量、提高员工的出勤率、增大员工的满意度和增加公司的营业额等方面有重要作用。当然,技能导向的薪酬结构确定方法也存在明显的缺陷。由于员工的薪酬水平是由他所掌握的技能水平所决定的,因此员工将积极要求参加技术培训以尽快达到最高级别的薪酬水平。而如果所有员工的薪酬水平都处于上限,那么公司的人工成本势必过高。结果,公司产品的价格水平也由此在市场上失去竞争力。解决这种问题的策略是将公司员工的起薪水平确定在略低于竞争对手的水平上,或者适当控制员工技能水平的提升速度。总之,一个技能导向的薪酬结构确定体系要发挥作用的前提是:比较高的平均薪酬水平必须能够被规模比较小的人力资源数量或者比较高的劳动生产率消化和吸收。

工作导向的薪酬结构确定方法与技能导向的薪酬结构确定方法之间的区别可以用表 7-7 来说明。

表 7-7 工作导向与技能导向的比较

	工作导向	技能导向
薪酬结构	以承担的工作为基础	以员工掌握的技能为基础
工作价值决定	以整个工作的价值为依据	以技能块的价值为依据
管理者的重点	工作对应工资,员工与工作匹配	员工对应工资,员工与技能相关联
员工的重点	追求工作晋升以获得更高薪酬	追求更多技能以获得更高薪酬
必要的步骤	评估工作内容,估值工作	评估技能,估值技能

（续表）

	工作导向	技能导向
绩效评估	绩效考核评定	能力测试
薪酬增长	以年资、绩效考核结果和实际产出为依据	以技能测试中表现出来的技能提高为依据
工作变动效果	工资随着工作变动	工资保持不变
培训的作用	是工作需要而不是员工意愿	是增强工作适应性和增加薪酬的基础
员工晋升	需要工作空缺	不需要空缺，只要通过能力测试
优点	薪酬以完成的工作的价值为基础	调配弹性，减少员工数量
局限性	潜在的人事官僚主义，缺乏弹性	潜在的人事官僚主义，需要成本控制

资料来源：Milkovich, G. T. and Boudreau, J. W., *Human Resource Management*, Richard D. Irwin, 1994：572；Randall S. Schuler, R. S. and Huber, V. L., *Personnel and Human Resource Management*, 5th edition, West Publishing Company, 1993：385.

九、市场导向的薪酬结构的确定

除了工作导向的薪酬结构和技能导向的薪酬结构，还有一种市场导向的薪酬结构。市场导向的薪酬结构的确定方法指的是根据市场上本公司的竞争对手的薪酬水平来决定本公司的内部薪酬结构。具体做法是：首先对本公司内部的所有工作岗位根据其对公司目标实现贡献的大小进行排序，然后调查市场上与本公司有竞争关系的若干家公司的薪酬情况。显然，在本公司的所有工作岗位中，有很大一部分将与外部公司的工作岗位相同，但是也有一部分工作岗位不同。在确定本公司的薪酬结构时，首先按照竞争对手公司与本公司相同的工作岗位的薪酬平均水平决定这些可比较的工作岗位的薪酬水平，然后参照这些可比较的岗位的薪酬水平决定那些不可比较的工作岗位相应的薪酬水平。表7-8是一个市场导向的薪酬结构确定方法的示例。

表7-8 薪酬结构确定的市场法

工资水平	本公司	公司Ⅰ	公司Ⅱ	公司Ⅲ	公司Ⅳ	外部平均水平
		A				
	工作A		A		A	A
		B		B		B
	工作B				B	
	工作C					
		C				
					C	C
	工作D		C			
			D	D	D	D

资料来源：Milkovich, G. T. and Newman, J. M., *Compensation*, 4th edition, Homewood, IL.：Richard D. Irwin, 1993：145.

市场导向的薪酬结构的确定方法实际上是以外部人力资源市场上的薪酬关系决定公司内部的薪酬结构,它强调的重点是公司人力成本的外部竞争力,而不是公司内部各种工作对公司整体目标贡献上的相对关系。换言之,市场导向的薪酬结构的确定方法是让竞争者来决定公司内部的薪酬结构,因此有可能使本公司的薪酬结构丧失内部一致性。

第三节 薪酬水平与薪酬等级结构

我们知道,企业的薪酬设计应同时实现内部公平和外部公平。工作评价能够保证在组织内部的各种工作之间保持合理的薪酬比例关系,从而实现薪酬制度的内部公平。实现薪酬政策外部公平的关键是为企业的各种工作确定一个与市场水平相一致的薪酬标准,要实现这一点,就必须进行市场薪酬调查,并在此基础上结合工作评价结果制定企业合理的工资结构。

一、市场薪酬调查

不难知道,要使企业的薪酬水平具有外部竞争力,需要解决以下两个问题:一是了解自己的竞争对手给员工的薪酬水平是多少,二是针对竞争对手的薪酬水平设定本公司的薪酬标准。外部竞争力方面的决策将直接影响组织的总支出。付给员工的薪酬越高,人力资源成本就越大。相应地,付给员工的薪酬高于竞争对手的越多,自己公司的产出与竞争对手相比的成本比较优势就越小。因此,公司必须把最低薪酬设定在尽可能低的水平上。通过市场工资调查,企业就可以了解同行业和相关人力资源市场的流行工资率,企业可以直接用同行业的薪酬标准作为给付标准,或者通过调查确定某些基本工作的给付标准,然后按照相对价值为其他工作确定薪酬。通过调查,企业还可以得到同行业采用的各种福利措施,如保险、病假和休假规定等。

在美国等西方国家,公司都是通过薪酬调查来了解其他公司对各种具体工作的薪酬标准的。一般来说,这种薪酬调查要针对处于一个地区、一个行业、规模近似的公司的各种工作的薪酬标准进行调查并公布调查结果。在实施薪酬调查时,调查者可以使用与各个公司的员工面谈的方法,也可以使用电话或发放调查问卷的方法。前者的回应率很高,也比较容易得到准确的结果,但是花费的时间成本和人力成本都比较多。后者可以在短时间内获得大量的信息,但是被调查者的回应比率比较低,信息失真的可能性也比较大。此外,企业还可以利用社会调查资料来获取有关市场薪酬水平的信息。国外各种商业公司、专业协会和政府机构经常进行地区薪酬调查、产业薪酬调查和职业薪酬调查,并定期公布调查结果,公司可以参考这些资料决定本公司的薪酬标准。

通常情况下,每个公司都有很多种类的工作,薪酬调查要涵盖所有的工作不仅不现实,也没有必要。实践中,薪酬调查总是要对候选的工作进行筛选,挑选出关键的标尺类工作作为研究对象。能够充当标尺的工作应该有以下特征:第一,工作内容比较稳定,不随时间的变化而变化;第二,承担这种工作的员工的规模很大;第三,这种工作在大量的企业中存在。综合上述后两个特征，就会发现从事这种工作的员工在每个企业中应该都有很多，因此对这类工作进行研究就具有很强的应用价值。第四，在人力资源市场上，从事这种工作的员工的供求形势至少在近期没有出现短缺或者过剩，因此对这种工作进行调查能够得到比较正常的结果，对公司的薪酬决策具有长期的指导意义。

在公布调查结果时，必须把公司的真实名称隐去，甚至可以根本不明确公布有哪些公司参加本次薪酬调查，以保守公司的秘密。这种薪酬调查应公布的结果通常包括各种工作的最低小时工资、中位数小时工资、最高小时工资、平均小时工资等指标，有时还会报告各个公司该类员工的人数。当然，在公布调查结果时，也说明调查进行的时间，以供使用这一调查结果的公司比较参考。薪酬调查可以由需要薪酬调查结果的企业来开展，也可以由政府的有关机构、行业协会、咨询公司等组织来实施。通常，由政府机构进行的薪酬调查的综合性比较强，经汇总后数据会比较抽象，不便于公司有针对性地制定自己的决策；而由咨询公司特别是企业自己进行的调查分类往往更加细致，结果更加明确，更便于应用。显然，由企业自己进行这类调查的成本很高，难度也很大。

二、薪酬水平策略

企业薪酬政策的外部竞争力策略的实施实质是要相对于市场的薪酬水平设定本公司的薪酬水平，在这一环节上，市场薪酬调查结果具有重要作用。如何使用市场薪酬调查结果呢？假设公司的目标是使本公司的薪酬标准与市场薪酬水平保持一致。企业在年底可以得到市场薪酬调查结果，如果公司在下一年的年初按照调查结果数据制定公司的薪酬标准，是否已经保持了与市场的一致呢？回答是没有。其原因是市场的薪酬水平在不断上升，假定它正在以每年5%的速度增长。企业在年底得到的薪酬数据实际上是本年度的市场薪酬水平。按照公司的上述做法，公司在新的一年中的薪酬水平与市场上一年的薪酬水平持平，即落后于当期市场的薪酬水平。因此，这种薪酬调整方案并没有实现盯住市场的目的。为了盯住市场的薪酬水平，正确的做法是针对调查得出的薪酬标准做相应的调整，在本例中，公司应该按照5%的增长速度调整调查结果并作为新的一年的薪酬标准。如果公司的目标是实行领先市场的策略，那么可以在薪酬调查中得到的薪酬市场线水平上乘以一个大于1的系数作为下一年度公司薪酬水平的基础。如果公司的目标是实行滞后市场的策略，那么可以把按照薪酬调查得出的本年度的市场薪酬水平作为下一年度的薪酬标准，也可以把薪酬调查得到的薪酬市场线乘以一个小于1的系数作为下一年度的薪酬水平依据。

我们已经指出，一个公司可以使本公司的员工薪酬水平高于、相当于或低于自己竞争对手公司的薪酬水平。把薪酬标准设定在比较高的水平上是为了吸引和保持高质量的员工，降低员工对补偿的不满足感和提高生产率。而把薪酬标准设定在比较低的水平上主要是为了控制劳动成本。这些结论看起来显然是成立的，但事实上并非如此。1993年，Milkovich和Newman的研究结果说明了这一点，如表7-9所示。

表 7-9 薪酬政策的效果

薪酬政策	薪酬政策目标				
	吸引力	保持力	控制劳动成本	降低对补偿的不满足感	提高生产率
高于市场水平	好	好	不明确	好	不明确
等于市场水平	中	中	中	中	不明确
低于市场水平	差	不明确	好	差	不明确

由此可见,高于市场水平的薪酬确实能够使公司吸引到众多的工作申请人,并在遴选过程中录用到质量最好的员工。很多人认为高于市场水平的薪酬吸引到的高素质的员工具有更高的生产率,从而抵消高薪酬使劳动成本上升的影响,但是这一观点并没有得到研究结果的支持。在支付低于市场水平的薪酬是否损害公司保持员工生产能力的问题上也没有明确的定论。其原因可能是:第一,按照这种方法支付薪酬的公司招聘到的员工不具备进入较好公司的竞争力,因此他们在这种公司就业的心态比较稳定;第二,由于在其他支付较高薪酬水平的公司任职的员工不愿意到这种公司求职,因此这类公司更有可能实行内部晋升机制,这对保持公司员工队伍的稳定性有重要作用。

三、薪酬曲线与薪酬等级结构

当我们把薪酬标准的各种水平与工作等级结构的各种水平结合在一起的时候,就得到公司的薪酬等级结构。换言之,薪酬等级结构指的是一个组织中各种工作之间的薪酬水平的比例关系。这种比例关系包含两个方面的含义:一是不同层次工作之间薪酬差异的相对比值;二是不同层次工作之间薪酬差异的绝对水平。一个公司的薪酬体系要实现内部公平的目标至少应该具备以下三个特征:第一,完成这一工作所需要的知识和技能越多,得到的薪酬也越多;第二,从事这种工作所处的环境越不好,得到的薪酬应该越高;第三,一种工作对实现组织整体目标的贡献越大,得到的薪酬应该越多。

公司的薪酬等级结构是一个非常重要的管理工具,对员工的工作行为和态度具有重要的影响。如果薪酬差别过小,那些承担责任重大、内容复杂和比较辛苦的工作的员工就可能感到自己的工作没有得到充分的补偿,从而可能产生不满甚至导致辞职。如果薪酬差别过大,那些从事相对比较简单、任务比较轻松的工作的员工又可能产生不满情绪。当薪酬等级结构不合理时,员工可能没有积极性长期在该企业服务,从而影响到他们参加技术培训的意愿,也可能使他们不太愿意服从组织新的工作安排。所以,不合理的薪酬等级结构对组织整体竞争能力的提升造成严重的危害。

(一)薪酬曲线

公司以工作为基础或者以技能为基础,结合薪酬市场调查结果,就可以为从事不同工作或者不同技能水平的员工确定不同的工作水平。到目前为止,我们已经把企业中所有工作岗位的薪酬划分为若干个级别,并且市场薪酬调查结果也为我们提供了与本企业相关的人力资源市场的流行薪酬率。我们将通过市场薪酬调查得到的薪酬水平作为纵轴，将工作评价结果作为横轴，两者之间的配合关系就形成了一条曲线。这条曲线的含义是按照市场当前的薪酬标准，本企业各种工作应该得到的薪酬。因此，我们可以把这条曲线称为薪酬曲线，如图 7-5 所示。

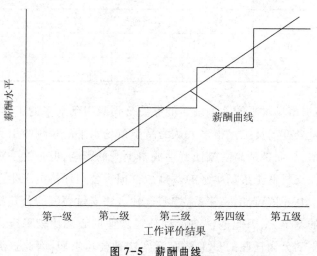

图 7-5　薪酬曲线

（二）薪酬等级结构

综合考虑了企业内外条件后调整所得的薪酬曲线，就可以为相对价值不同的所有职务确定一个对应的薪酬值。这在理论上是很合理的，但在实际操作中，若企业中每一种职务各有一个独立的薪酬标准，就会给薪酬的发放与管理带来巨大的困难和混乱。实践中总是将很多类型的薪酬归并组合成若干等级，形成一个薪酬等级系列，这一步骤已成为建立整个薪酬体系过程中必不可少的环节。这样，经过职务评价得到的相对价值相近的一组职务，便被编入同一等级。总的原则是，职级的数目不能少到相对价值相差甚大的职务都处于同一职级而没有区别，也不能多到价值稍有不同便处于不同的职级的程度。此外，级数太少，难以晋升，不利提升员工士气；级数太多，晋升过频则刺激不强，徒增管理成本。

图 7-6 反映了一个完整的薪酬等级结构模型。在图 7-6 中，横坐标反映了薪酬等级（对应职位的等级），纵坐标反映了薪酬水平。该组织的薪酬共分为 7 个等级，等级 1 的薪酬为 3 110—4 660 元/月，其中中值为 3 885 元/月，其他等级依次如图所示。不同等级之间的薪酬水平有重叠和交叉。

四、薪酬等级结构的要素与设计

薪酬等级结构的构成要素包括：(1)薪酬等级数；(2)目标薪酬，即每个或每级职位的目标薪酬（通常称为中点、基准点等）；(3)薪酬级差，薪酬等级中相邻两个等级的目标薪酬之间的差额；(4)薪酬幅度，每级职位薪酬的范围幅度（即以目标薪酬为中点，薪酬最低点与最高点之间的差额）；(5)薪酬重叠情况（即相邻两级别之间薪酬带的重叠程度）。需要注意的是，薪酬等级数、薪酬级差、薪酬幅度、薪酬重叠情况这四个要素是相互依赖、相互作用的,因为在最低层等级的最小薪酬和最高层等级的最高薪酬的界限之间,任何一个要素的决定都将影响其他三个变量。例如,假如组织要求等级间薪酬有大的差额,等级就很少;假如组织想拥有很多数目的等级,它就必须接受很小的等级间差额。

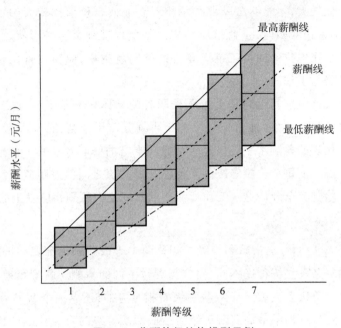

图 7-6　薪酬等级结构模型示例

（一）薪酬等级

当企业中存在许多种工作时,通常需要划分薪酬等级,每一个等级包含价值相同的若干种工作或者技能水平相同的若干名员工。同一个薪酬级别内的各种工作都得到相同的薪酬,当然还要考虑员工个人之间在工作绩效和资历方面的差异。设置薪酬级别的数目时主要考虑薪酬管理上的便利和各种工作之间价值(如点数)差异的大小。在价值最大的工作和价值最小的工作之间的点数差异既定的情况下,如果划分的薪酬级别数目太少,那些在工作任务、责任和工作环境上差别很大的员工被支付相同的基本薪酬,就会损害薪酬政策的内部公平性。如果划分的薪酬级别数目太多,那些在本质上没有什么明显差别的工作就会得到不同的报酬,同样也会损害企业薪酬政策的内部公平性。

（二）目标薪酬与薪酬幅度

所谓薪酬幅度(Pay Rate Ranges)也称薪酬区间,是指在某一薪酬等级内部允许薪酬变动的最大幅度,表明同一个薪酬级别内最低薪酬和最高薪酬之间的差距。薪酬幅度的中点(中值)根据目标薪酬水平设定,反映公司针对某职位所确定的薪酬水平,其具体数据取决于公司的薪酬策略(是与当地市场还是全国市场相一致,是采取市场中等水平、高等水平还是低等水平)及其信息来源。一个基本的原则是:目标薪酬水平应该是一个经验丰富的员工在其工作达到规定的标准时应该得到的薪酬。

在确定薪酬等级的过程中,还要设计合理的薪酬级别范围。一般而言,在工作评价中点数越低的工作,其薪酬级别的范围就应该越小;而在工作评价中点数越高的工作,其薪酬级别的范围就应该越大。这种做法的两个最重要的理由是:第一,价值越大的工作,任职者工作绩效的变差就越大;而价值越小的工作,任职者工作绩效的变差就越小。因此,只有薪酬的变差比较大,才能够激励那些承担对企业而言价值比较大的工作的承担者努力工作。第二,不管程度如何,企业组织结构总是呈现某种金字塔形式。因此,级别越高或者价值越大的工作岗位上的员工继续晋升的空间就越小,应当设置比较大的薪酬变动空间来激励他们努力工作。

同一薪级涉及该级别若干岗位上若干任职者的具体薪酬水平的确定,即明确任职者在该薪级幅度里的具体位置(通常把每个薪级再划分若干个薪档)。一般而言,每一个薪酬等级的中点所代表的薪酬水平应该是一个经验丰富的任职者在其工作达到规定的标准时应该得到的薪酬。而每个薪酬等级的最低值与最高值之间的差距应该反映在正常情况下员工从没有经验到完全胜任这一工作所需要的时间之内薪酬相应发生的变化。

(三) 薪酬级差

薪酬级差(Pay Grade)是指薪酬等级中相邻两个等级薪酬标准之间的差额,它表明不同等级的工作因复杂和熟练程度不同,而应当支付不同的薪酬。薪酬级差可以用绝对额、级差百分比或薪酬等级系数表示。与薪酬级差相对应的,还有一个薪酬差额"倍数"的概念。它是指整个薪酬结构中最高薪酬等级与最低薪酬等级的目标薪酬的比值关系。在薪酬总额既定的情况下,"倍数"的确定需要考虑以下因素:第一,最高与最低等级劳动复杂程度上的差别;第二,政府规定的最低薪酬;第三,市场可比的薪酬;第四,企业薪酬基金的支付能力和薪酬结构;第五,科技发展状况对劳动差距的影响。一般而言,随着劳动差距缩小,薪酬等级的幅度也趋于缩小。

(四) 薪酬重叠情况

需要指出的是,并不总是较高档次的薪酬水平永远高于较低档次的薪酬水平。如果各个档次的薪酬幅度大到一定的程度,相邻两个薪酬档次之间将存在一定的重叠,也就是一个薪酬级别的最高水平通常高于与它相邻的较高薪酬级别的最低水平。薪酬级别重叠的程度取决于以下几个因素:第一,相邻两个薪酬级别中的工作在工作评价中得到的点数差异。点数差异越大,重叠的程度就应该越小;而点数差异越小,重叠的程度就应该越大。第二,在每一个薪酬档次内部,员工从该档次的下限向上限的提升可以取决于年资,也可以取决于绩效。如果企业薪酬的增长主要以员工的年资为依据,那么每个薪酬级别的范围应当比较大,因此相邻两个薪酬级别之间的重叠程度也会比较高。这是为了使在某一薪酬级别中长期从事某一类工作的员工有机会不断获得薪酬的提升,否则这些员工将进入薪酬增长的死胡同,影响其工作动力。一般来说,根据年资决定提薪的方法应用起来比较简便,而且有助于稳定员工队伍;但是,随着员工平均年龄的增长,企业单位产出的人工成本将上升。根据员工个人绩效决定提薪的方法可以促进生产效率的提高,有助于抑制单位产出人工成本的上升,但是公司必须建立有效的员工绩效考核体系。

五、薪酬等级之间的差距策略

所谓的薪酬差距策略指的是企业在设计薪酬体系时,在薪酬的平等化和薪酬的阶层化(即差异化)之间进行的权衡。在公司实际的薪酬政策中,可以采取平等化的薪酬结构,也可以采取阶层化的薪酬结构。当然,公司各个员工之间绝对平均的薪酬政策是不足取的。所谓的平等化的薪酬结构指的是公司的薪酬层次比较少,最高薪酬水平与最低薪酬水平之间的差距比较小,相邻薪酬档次之间的差距也很小。而所谓的阶层化的薪酬结构指的是公司的薪酬层次比较多,最高薪酬水平与最低薪酬水平之间的差距比较大,相邻薪酬档次之间的差距也比较大。应该看到,薪酬政策的平等化和阶层化是一组相对的概念,两者之间的区分并没有一个绝对的标准。在美国,公司CEO与最基层员工之间的薪酬差距是35∶1,这是工业化国家中最高的差距。而在日本,这一比例为15∶1。在我国国有企业工资制度改革的过程中,我们经常可以看到工资政策从平等化到阶层化转变的现象。

事实上,在薪酬政策平等化和阶层化的取向上,历来存在两种对立的观点。支持薪酬政策平等化的人认为,平等化的做法可以提高对员工的公平对待程度,增强员工的满意度和工作团队内部的团结,从而促进员工的工作绩效。[1] 如果实行阶层化的薪酬政策,员工的身份感就会很强,容易抹杀员工的活力和创造力。相反,支持阶层化的人认为,实行阶层化的薪酬政策更有助于提高对员工的公平对待程度,理由是员工所承担的工作内容不同,完成这些工作所要掌握的技能不同,所承担的责任也不同,因此对组织的贡献也不同,薪酬水平应该有相应的差异。他们认为,阶层化的薪酬政策将激励员工积极参加培训,勇于承担风险和责任。如果采用平等化的薪酬政策,不但会使公司难以招聘到合格的员工来填充重要岗位,而且由于那些对组织贡献大的员工的成绩无法得到承认和奖励,会导致这些有价值的员工离职,结果会降低组织的整体绩效。[2]

从理论上讲,公司的薪酬政策是采取平等化还是采取阶层化,应该取决于公司中工作的组织方式。如果工作的完成是以工作团队和部门为核心的,平等化的薪酬政策就可能更合适一些;而如果工作的完成是以员工个人为核心的,则阶层化的薪酬政策可能更合适一些。

□ 复习思考题

1. 公平包括哪些类型?薪酬设计如何实现公平?
2. 各种工作评价方法有哪些特点?
3. 工作评价与员工绩效考核有什么区别和联系?
4. 点数法如何体现公司的薪酬政策和文化?
5. 工作导向的薪酬结构与技能导向的薪酬结构有什么区别?

---

[1] Cowherd D M, Levine D I. Product quality and pay equity between lower-level employees and top management: An investigation of distributive justice theory. *Administrative Science Quarterly*, 1992, 37(2): 302-320.

[2] Milkovich G T, Newman J M. *Compensation* (5th ed). Homewood, IL: Richard D. Irwin, 1996.

6. 在薪酬等级的设计中应该注意哪些问题？
7. 企业的薪酬水平政策有哪些种类？其效果各有什么特点？
8. 什么是市场薪酬调查？它在企业的薪酬设计中具有什么样的作用？

案例

研发经理成了"夹心饼干"①

Y公司是一家生产小型变压器的企业，在业内取得了骄人的成绩，产量在全球名列前茅，进入了平稳的发展期。但公司的人力资源管理体系渐显乏力。公司高层决定进行薪酬制度的变革，希望通过新制度增强薪酬的外部竞争力和内部的公平性，从而保留、吸引优秀人才。没想到，研发中心的工程师们对新的薪酬体系怨声载道，认为这一制度并未能提高他们的实际收入。

团队的领头人周经理干了多年的研发工作，对研发中心感情颇深。面对团队成员如此强烈的消极情绪，他感到非常不安。周经理连夜设计了一份新的研发中心薪酬体系方案，准备报公司领导审批。与此同时，公司总裁正好从美国回来，立马决定召开专门会议，研讨周经理的新方案。

这天，公司总裁、常务副总裁等来到会议室，周经理详细陈述了他的方案。他认为有的研发人员的薪水已经达到最高点，没有上升空间和发展通道了。另外，公司薪酬水平的调整周期一般为两年，而研发人员的能力成长速度很快，用不了多长时间，研发人员就会对目前的薪酬水平产生不满。因此，周经理的新方案主要包括两点：一是研发人员实行技能工资，根据技术职称变化调整薪资。职称通常半年评定一次，研发人员薪资调整的速度就比一般人员快。二是设立"项目奖金"，研发中心每个项目定一个奖金，奖金总量根据项目评award来定，与该产品销售无关的项目奖金被分解到各个阶段，研发工程师每完成一个阶段发放一次奖金，以此提高其收入和工作积极性。

经过一番辩论，总裁当即否定这一方案。总裁认为，项目奖金实质上是强调研发工程师与公司进行短期交易，并非激励研发人员和公司进行长期合作，况且只有研发部门有项目奖金而其他部门没有，将会削弱其他部门配合研发部门的积极性。他还认为，研发中心待遇偏低问题可以选择一些短期的方法来解决，如增加部分人员的基本工资，薪酬方案必须对公司无长期负面影响，无方向性错误。在总裁眼里，周经理在薪酬方案设计方向上出现了重大偏差。

会议以研发部门的薪酬方案被否决而告终，周经理觉得十分尴尬。

问题：

1. 评价周经理的薪酬方案。
2. 面对上述情况，如何改进研发人员的薪酬制度？

---

① 刘思宏："研发经理的薪酬困惑及解决策略"，《中国人力资源开发》，2006.(12)：74—75。本书采用时作者进行了节选。

21世纪经济与管理规划教材
工商管理系列

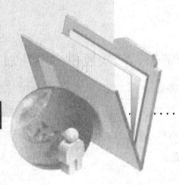

第八章

员工薪酬管理

学习目标

1. 掌握员工个人激励计划的类型和发挥效力的条件
2. 了解员工集体激励计划的类型和实施方法
3. 掌握福利的主要内容
4. 了解福利的发展趋势
5. 了解薪酬调整政策、基本步骤和调整的内容

开篇案例

苏宁的四次股权激励计划①

2004年7月21日,苏宁电器在深圳证券交易所上市。2016年8月,全国工商联发布"2016中国民营企业500强"榜单,苏宁控股以3 502亿元的年营业收入名列第二。在这十多年间,苏宁进行过三次"失败"的股权激励计划,并开启了第四次股权激励计划。我们从苏宁的案例中能够学到什么?

1. 苏宁第一次股权激励计划

2007年1月29日,上市未满三年的苏宁电器第一次公告推出股权激励措施,披露的激励计划要点包括:(1)采用股票期权的模式,拟授予激励对象2 200万份股票期权,占公告日公司股本总额的3.05%。(2)第一次授予的股票期权数量为1 851万份,主要授予公司高管人员(包括苏宁部长级以上管理人员、连锁店店长及部分重要部门负责人)共34名,剩余349万份股票期权授予"董事长提名的骨干人员和特殊贡献人员"。首次授予的期权行权价格为公告前一日收盘价66.6元/股。(3)所有股票期权将分三期行权,严格与近三年的业绩增长捆绑考核。第一个行权期是自授权日起12个月后首个交易日起,至30个月内最后一个交易日当日止,可行权上限为20%。骨干和特殊贡献人员满12个月后可行权。第二个行权期是自授权日起30个月后,首个交易日起至45个月内最后一个交易日当日止,可行权40%。第三个行权期是自授权日起45个月后首个交易日起,至60个月内的最后一个交易日当日止,可行权40%。

由于苏宁电器是中小板成长最快、市值最高的绩优股,证券监管部门对苏宁电器实施股权激励方案一事格外重视,尤其针对管理团队的行权条件提出了严格的要求,确保在公司有效增长和投资者利益得到有效保护的前提下管理团队才能进行行权。2007年第一次股权激励计划最终未获监管部门的通过,以失败告终。

2. 苏宁第二次股权激励计划

2008年7月28日,苏宁电器召开第三届董事会第十八次会议,审议通过了《苏宁电器股份有限公司2008年股票期权激励计划(草案)》,随后向中国证监会上报了股票期权激励计划的申报材料。按照该计划,苏宁电器2008年股票期权激励计划拟授予激励对象4 376万份股票期权,占公司总股本的2.93%,行权价为58元/股,行权条件为:在第一个行权期中,2008年度公司净利润较2007年度的增长率达到或超过60%,且2008年度的每股收益不低于1.60元;在第二个行权期中,2009年度公司净利润较2008年度的增长率达到或超过40%,且2009年度的每股收益不低于2.2元;在第三个行权期中,2010年度公司净利润较2009年度的增长率达到或超过30%,且2010年度的每股收益不低于2.85元。该方案推出的前一日苏宁收盘价为46.11元/股。新方案刚宣布不久,全球金融危机便开始在中国肆虐,家电业受到巨大影响,渠道商苏宁股价与每股收益均大幅低于上年同期。

---

① 本案例是作者根据媒体的有关报道资料整理而成。

2008年年底,苏宁电器无奈地取消了这一计划,理由是"国内外经济形势、证券市场发生了重大变化",表示今后公司将在适当时机重启股权激励计划。

3. 苏宁第三次股权激励计划

2010年8月25日,苏宁电器推出2010年股票期权激励计划草案,拟向248名苏宁电器高管及业务骨干授予8 469万份股票期权,占公司当前股本总额的1.21%;行权价为14.5元/股,自股票期权授权日起5年内分4期行权,每期行权比例为25%,激励计划的股票来源为苏宁电器向激励对象定向发行股票。此次激励对象具体包括:公司董事(不包括独立董事)、总裁、副总裁、财务负责人;总部各管理中心副总监级以上中高层管理人员、部分副经理级以上核心业务骨干及信息技术研发人员;各地区总部、地区管理中心、重要子公司负责人及部分副经理级以上核心业务骨干;销售规模、经营绩效具有代表性的优秀连锁店店长。激励对象总数为248人,占员工总人数比例为0.38%。

2016年3月,苏宁电器宣布股权激励计划因有效期届满而终止,第一、第二个行权期内行权指标达成,但受资本市场影响,股票价格低于行权价,激励对象未行权;而第三、第四个行权条件(归属于上市公司股东的净利润增长率较2009年复合增长率不低于25%)未达成,不能行权。

4. 苏宁第四次股权激励计划

2018年5月14日,苏宁易购发布公告称,公司董事会已审议通过员工持股计划草案(以下简称"员工持股计划")。据苏宁易购公告,本次员工持股计划的股票来自公司此前在二级市场回购的股票,股票数量为73 070 874股,成交均价为13.685 2元/股。员工持股计划受让回购股票的价格为6.84元/股,仅为董事会决议公告日前一个交易日股票交易均价的50.18%。公告显示,参加本次员工持股计划的员工人数不超过1 600人,主要涵盖公司的董事、高级管理人员,公司零售、物流、金融三大业务体系的中高层人员及业务骨干,技术开发体系核心技术人员,职能支持体系的中高层人员,以及公司认为对公司经营业绩和未来发展有直接影响的其他员工。

如何实现对员工的高效激励,一直是薪酬设计中最重要的问题。目前,组织实施的薪酬激励形式越来越多元化。近年来,包括苏宁实施的期权制度在内的各种以股权为基础的激励方式在我国已经变得较为普遍。上一章中,我们介绍了薪酬体系中薪酬等级结构的设计。本章中,我们讨论员工个人激励、员工集体激励、福利,以及如何根据内外部环境因素调整员工薪酬的问题。

第一节 员工个人激励

一般而言,每个人感受到的奖励都可以分为初级和中级两个层次。初级奖励只满足基本需要,不能促进工作;而中级奖励能够促进工作。得到承认和拥有技能的自豪感属于中级奖励。一个人得到的承认越多,就会有更多的、更重要的承认成为他期望的中级奖励。想得到更多的承认的愿望可以成为促使员工努力工作以满足这种愿望的巨大动力。研究表明,与工作条件相适应的个人奖励形式的激励对工作绩效的促进效果比较强,而集体奖励形式的激励对工作绩效的促进效果比较弱。但是,集体奖励有助于降低离职率,提高士气和增加员工对组织的忠诚度,从而提高生产率。

一、员工个人激励计划

员工个人激励计划要求绩效考核应针对员工个人的绩效而不是集体的绩效,同时员工薪酬的增加是一次性的,不计入基础工资。企业销售人员按照其销售额的一定比例提成作为薪酬的方式就是一种典型的员工个人激励计划。值得注意的是,绩效工资制度与员工个人激励计划的效果具有相互补充的性质。一般而言,绩效工资制度下的员工薪酬增长幅度在短期内是有限的,相对于员工付出的工作努力,增加的这些薪酬对员工心理上的激励作用比较小。尽管从长期来看,员工的基础工资将随着薪酬的增加而增长,但员工个人激励计划在员工绩效突出的情况下,支付给员工的薪酬要比在绩效工资制度下多得多。因此,这种薪酬制度对员工个人的激励效果更加明显。同时,由于员工薪酬的增加仅限于当期支付,而不是提高员工的基础工资,不会对企业的人工成本构成上升的压力。

既然如此,那么我们是否可以在企业中广泛地应用员工个人激励计划呢?回答是否定的,主要的原因是实行员工个人激励计划是有条件的。行为理论告诉我们,要使员工个人激励计划发挥效力必须同时具备以下三个条件:第一,员工个人有能力控制达到既定目标的行为和条件;第二,企业支付的薪酬与员工达成的目标之间必须有明确的联系;第三,薪酬的数额必须能够足以补偿员工达成既定目标所付出的努力。但是在现实生活中,我们经常会发现一些企业为销售人员制订的员工个人激励计划并没有达到预想的效果,其原因常常与不能同时满足以上三个条件有关。如韩国在华投资的一个销售公司对销售员工实行按照个人销售额提成的办法支付薪酬,销售人员按照地理标准每人负责一个区域的销售。但是由于各个地区的人口数量、人均收入等方面存在差别,特别是公司在各地的销售推广活动的强度有明显差别,结果是员工个人的努力与销售成绩不能对应,员工个人激励计划不能发挥作用。

根据员工个人贡献确定薪酬的第一种做法是在每个薪级级别中设置薪档,并通过个人贡献大小调整薪档,这是我们在前面已经讲过的问题。第二种做法是实行绩效薪酬。这种薪酬决定因素在管理职位员工和专业职位员工的薪酬决定政策中应用得非常普遍。在设计绩效薪酬体系时需要注意两个标准:一是衡量绩效的层次,即薪酬的增长是取决于员工个人的绩效还是取决于员工所在集体的绩效;二是薪酬的增长是一次性的还是永久性的。如果是永久性的,那么以后的薪酬增长将以不断增加的薪酬作为基础来计算;如果是一次性的,那么员工在各个时期获得的薪酬增长是分别计算的,当期的薪酬增长不影响以后薪酬增长的基础。以上两种标准作用方式的相互结合,可以将员工激励政策中的常用手段进行如表8-1所示的分类。

表 8-1　员工激励的主要手段

	员工个人	集体
计入基础薪酬	绩效加薪	无
不计入基础薪酬	激励薪酬、一次性奖金、佣金、红利	增益分享计划、利润分享计划、股票期权、红利

资料来源：Milkovich, G. T. and Boudreau, J. W., *Human Resource Management*, Richard D. Irwin, 1994：594。

二、不同类别员工的差异化激励薪酬形式

一个企业中的员工有许多不同的类别，如操作人员、销售人员、专业人员和管理人员等。对这些不同类别的员工的激励策略也应该有所不同。

1. 操作人员

对于操作人员，计件制是一种最古老和最常用的激励性给付制度。在设计计件制的薪酬标准时，首先由工业工程师决定每一工作每小时的标准件数，然后用根据工作评价确定的小时薪酬除以每小时的标准产量得到单位产量给付标准。计件制包括完全计件制和部分计件制两种形式。完全计件制是指完全按照员工的产量计算薪酬；部分计件制是指员工超过某一产量水平后的收入由员工和企业按照某一比例进行分配。

2. 销售人员

销售人员的工作由于难以监督，因此应采用比较特殊的激励方法，主要包括佣金制和底薪制。佣金制是指业务人员的收入完全按照绩效而定。佣金制的优点是最能激励业务人员，可以吸引业务能手。佣金制的缺点是容易使业务人员只重视近期的销售和数额大的销售，而忽视开发有潜力的客户和为小客户提供服务。另外，业务人员的收入波动比较大，不稳定。底薪制是指业务人员领取固定的薪水，有时也有红利等奖励。这种方法比较适合从事任务性和服务性（如寻找潜在客户）工作的业务人员。底薪制的优点是：第一，业务人员预先知道自己的收入，企业的业务人事费用也确定可测；第二，管理人员指派任务比较容易，也有助于提高销售人员对企业的忠诚度；第三，可以鼓励业务人员开发长期客户，而不是仅仅注重眼前的销售成绩。底薪制的缺点是薪酬水平取决于服务年资，而不是工作绩效，这不利于激励有潜力创造良好绩效的年轻业务人员。另外，底薪制和佣金制的混合制也很常见，固定的底薪可以保障业务人员的家庭生活，佣金部分则可以激励业务人员创造良好的绩效。

3. 专业人员

专业人员的激励又有一些不同的要求。专业人员是指那些受过正式训练或从事研究工作的人员，如律师、医生、经济师、工程师、研究开发人员等。企业对专业人员的财务奖励方法是加薪，一般是按照年资每年自动增加薪酬，应该在公平的绩效评估的基础上实施加薪。由于专业人员比较重视工作成就，而相对不重视金钱，所以对他们也可以采用一些非金钱的奖励方法，如提供更好的设备、实行支持性的管理风格、资助他们出席专业性会

议和支持他们深造等。

4. 管理人员

在美国,对高级管理人员的奖励包括以下五个部分:基本薪酬、短期奖励或奖金计划、长期奖励计划、正常雇员福利、高级管理人员的特殊福利或津贴。高级管理人员的奖励可以区分为短期激励和长期激励。短期激励通常是指年度红利,目的在于激励高级管理人和主管人员的短期绩效。一般地,职位越高的主管得到的红利越多。红利应该分为两部分,一部分与个人绩效相联系,另一部分与组织绩效相联系。理论上,年度或短期奖励制度可以促进企业资产的有效利用。这种奖励的依据是企业的净收入总额或投资收益率等效益指标,一般以现金形式及时支付。长期激励的目的是促进企业的长期发展,包括建立新工厂、开辟新市场等,以促使管理人员重视公司的长期繁荣,而不仅仅是短期的赢利。长期激励的方法主要是发给股票,或给予购买股票的优惠,从而使主管人员的利益与公司的长期利益联系在一起。需要强调的是,高级管理人员的长期工作绩效不仅包括数量方面,还包括质量方面。

三、员工的长期激励计划

长期激励薪酬计划又称长期激励计划,主要是指根据超过一年(通常是3—5年)的绩效周期评定员工绩效并据此对员工进行激励的计划。长期激励计划把员工的收益与组织的长期绩效联系在一起,激励员工为组织的长期绩效考虑,避免员工的短期行为。长期激励计划还能够培养一种所有者意识,有助于企业招募和保留高绩效的员工,从而为企业长期资本的积累打下良好的基础。长期激励计划的最初目的是激励和引导企业高层管理人员的行为。随着长期激励计划的发展,越来越多的企业开始将这项计划运用到中层管理人员甚至普通员工的激励当中。

长期激励计划的主要形式是股票所有权计划,主要形式包括股票持有计划、股票期权计划和期股计划,其中股票持有计划包括经理持股计划和员工持股计划,股票期权计划和期股计划主要针对高层管理人员。

(一)经理持股计划

经理持股是指经理人员按照与资产所有者约定的价值出资购买一定数额的本企业股票,并享有股票的一切权利,股票收益可在当年足额兑现的一种激励方式。经理人员持有一定份额的企业股票,获得企业的部分剩余索取权,从而凭借对股份的拥有可以获取资本收益。这样就使高层管理人员的个人利益与企业利益紧密地联系在一起,使企业高层管理人员从关注自身利益的角度出发,关心企业的经营绩效。

(二)员工持股计划

员工持股计划(Employee Stock Ownership Plan, ESOP)是指企业内部员工出资认购本公司的部分股权,并委托员工持股委员会管理运作,员工持股委员会代表持股员工进入董事会参与表决和分红的一种新型的股权形式。

ESOP有两种形式,杠杆型的员工持股计划和非杠杆型的员工持股计划。在这两种计划下，雇主都将建立一个员工持股计划信托基金会，企业每年给予该计划一定的股权或现金，用于购买应购买的股票。基金会将为员工掌管这些股票，并经常通知员工其账户的价值。股权的分配可以根据员工的薪酬和资历进行。当员工离开企业或退休时，他们可以将股票出售给企业，如果股票公开交易，他们也可以在公开市场上出售这些股票。

1. 杠杆型的员工持股计划

杠杆型的员工持股计划主要是利用信贷杠杆来实现的，可以向银行和其他金融机构借款购买股票。这种做法涉及员工持股计划基金会、企业、企业股东和贷款银行四方。首先，成立一个员工持股计划信托基金会。然后，由企业担保，该基金会出面以执行员工持股计划为由向银行贷款购买企业股东手中的部分股票。购入的股票由信托基金掌握，并利用由此分得的企业利润及由企业其他福利计划（如员工养老金计划等）转来的资金归还银行贷款的利息和本金。随着贷款的归还，按事先确定的比例将股票逐步转入员工账户。贷款全部还清后，股票即全部归员工所有。这种类型计划的要点是：(1)银行贷款给企业，再由企业借款给员工持股信托基金会，或者由企业做担保，银行直接贷款给员工持股信托基金会；(2)信托基金会用借款从企业或现有的股票持有者手中购买股票；(3)企业每年向信托基金会提供一定的免税的贡献份额；(4)信托基金会每年用从企业取得的利润和其他资金，归还企业或银行的贷款；(5)当员工退休或离开企业时，按照一定条件取得股票或现金。

2. 非杠杆型的员工持股计划

非杠杆型的员工持股计划是指由企业每年向该计划贡献一定数额的企业股票或用于购买股票的现金。这个数额一般为参与者薪酬总额的15%。当这种类型的计划与现金购买退休金计划相结合时，贡献的数额比例可达到薪酬总额的25%。这种类型计划的要点是：(1)由企业每年向该计划提供股票或用于购买股票的现金，员工不需要任何支出；(2)由员工持股信托基金会持有员工的股票，并定期向员工通报股票数额及其价值；(3)当员工退休或因故离开企业时，根据一定的年限要求取得相应的股票或现金。

（三）股票期权计划

股票期权最初更多的是针对高层管理人员设计的，是授予高层管理人员在规定时期内、以事先确定的价格购买一定数量的本企业普通股的权利。购买股票的价格一般参照股权的当前市场价格确定。如果到期时企业股票价格上涨，高层管理人员可以行使期权，以确定的行权价格购买股票并以最优价格售出获利；如果企业股票下跌，高层管理人员则可以放弃行使这项权利。该计划对高层管理人员在购股之后出售股票的时间期限做出了规定。高层管理人员有权在一定时期后将所购入的股票在市场上出售，但期权本身不可转让。另外，股票期权通常只给予高层管理人员享受企业股票增值所带来的利益增长权，一般不向高层管理人员支付股息。

（四）期股计划

期股是指企业所有者预留一定数量的股票锁定在高层管理人员的个人账户中，企业高层管理人员可以在达到预期绩效后或者在预定的时间后兑现。只要高层管理人员经营绩效达标，不用花钱或花很少的钱即可获得约定的股份。但在兑现之前，期股只有分红、转让、继承等部分权利，其股票收益将在中长期后予以兑现。

期股制度的核心是股票，它具有强制性，一旦高层管理人员选择了期股，他就必须按约定的价格购买股票。如果企业经营不好致使股票价格下跌，高层管理人员就会遭受很大的损失。期股制度的显著作用就是使高层管理人员分享到一定的剩余索取权，并承担相应的风险，故其激励作用具有长期性，对高层管理人员行为具有约束意义，有利于企业的资产增值和持续稳定地发展。

期股制度的构成要素有：(1)实施激励的主体，即期股制度的决策者，一般应是企业资产的所有者或其授权机构；(2)期股的受益人，即期股的购买者及拥有者，一般是具有经营决策权的高层管理人员；(3)期股的有效期，即选择权的有效时间，超过此期限则失去此项权利；(4)期股的协议购买价格，即施权价；(5)期股的购买数量，此数量因企业而异，具体确定时既要考虑发挥激励与约束作用，又不能损害所有者权益。

四、员工激励系统的管理

企业要使员工激励系统发挥效力，应该使员工从绩效奖励计划开始执行的时候就对这个计划产生强烈的主人翁责任感。有效激励系统的建立一般分为五个步骤：第一步，制定较高的工作绩效标准，平庸的标准很难带来卓越的成就；第二步，建立准确的工作绩效评价系统。评价标准应该强调工作规范和工作成果，并同时使用多个评价人员，采用多种评价员工行为的方式；第三步，训练各级主管人员提高工作绩效评价技巧和向下属传达评价意见的艺术性，对较低工作绩效的员工必须给予善意的和建设性的批评；第四步，把奖励与工作绩效紧密联系起来，如用年度工作绩效奖金奖励员工突出的贡献，用提高薪酬的办法奖励受到晋升的员工；第五步，制定一个范围比较宽的提高工作绩效的指标。

经验表明，员工激励计划失败的原因有以下几个方面：第一，所支付报酬的奖励价值过低，因此激励计划无法唤起员工积极工作的动力；第二，员工的工作绩效与奖励之间的联系不明显；第三，激励不是采取临时性奖金而是采取永久性提升薪酬的方式，可能会进一步降低工作绩效与奖励之间的联系；第四，主管人员往往因缺乏进行公正评价的能力而抵制工作绩效评价。一般而言，那些使工作绩效与奖励密切相关的绩效奖励计划很可能产生比较高的工作绩效，尤其是在计划开始执行的一两年之后更是如此。

建立和管理激励计划的起点是预算，总体预算包括三个部分：计划的管理费、宣传资料和宣传劳务费、奖金。一般而言，奖金所占比例应该为全部预算的90%。奖金可以是固定成本，也可以是变动成本。如果激励计划是激励员工最大限度地改善工作绩效，就应该采用不封顶奖金预算；否则，就应该采用封顶预算。企业最多可以把激励计划预期收益的50%作为激励计划本身的成本。员工激励计划的实际效果与宣传工作有关，这些宣传工作的内容如表8-2所示。

表 8-2　员工激励计划的宣传工作

1. 请高层管理人员出席宣布开始执行计划的仪式和完成计划后的发奖仪式
2. 高层主管人员关心计划的规则和计划对他们本身提出的要求
3. 使整个计划的实施有一个激动人心的开端,进行计划执行期间的宣传工作并提出有关的报告
4. 把一个长期计划分解为重点和奖励类型不同的短期计划
5. 为员工的家庭成员提供奖品,争取他们关心和支持计划,并在计划完成后把奖品和贺信送到员工家中
6. 计划目标完成后,开一个庆功宴会、发奖大会或总结宣传大会来正式结束整个计划,并总结激励计划中最成功的经验继续执行

需要指出的是,企业激励员工的手段不仅可以采用货币奖励的方式,也可以采用实物奖励的方式,实物奖励与货币奖励各有优点。实物奖励的优点是:第一,实物与薪酬界限分明,可以成为对计划本身、计划目标和公司的永久性纪念;第二,实物明显可见,可以成为获奖者引以为豪的见证;第三,实物奖品的购买可以利用大量购买的折扣优惠,降低奖励所需的成本。但是,货币奖励可以使员工达到比实物奖励更高的满足程度。一种结合的方式是确定奖金的数量,然后让员工购买自己喜欢的等值的商品。

应该关注员工薪酬激励作用的限度。一般来说,随着员工努力程度的提高,其付出的边际成本是递增的,而同时货币收入的边际效用是递减的。当员工的努力处于较低的水平时,货币收入的效用大于努力的成本,因此员工的总效用将随着努力的增加而增大。但是,这种净效用增长的速度是递减的。货币收入效用曲线与努力成本曲线相交时的努力程度是员工愿意支付的最大的工作努力水平,也是组织采用货币收入手段激励员工的上限。

第二节　员工集体激励

在现代大机器生产和专业化分工条件下,产品是在很多人合作的条件下生产出来的,因此管理人员无法说清楚每位员工在企业整体目标实现过程中各自的贡献是多少,管理人员本身的绩效衡量也存在同样的问题。因此,集体激励计划就成为支持团队合作工作方式的激励方法。需要注意的是,所谓的集体激励是相对于员工个人激励而言。因此,严格地讲,只要不是在员工个人层面上实施旨在影响员工薪酬的激励计划都可以被称为集体激励计划。在实践中,企业一般根据部门绩效或企业的整体绩效情况实施集体激励计划。

一、小组奖励计划

小组奖励计划(Team-based Incentives)是指人数较少的一个班组的成员在达到具体目标之后分享一笔奖金。在小组奖励计划中,企业是在小组达到事先设定的绩效标准(如顾客满意度、安全记录、质量和生产记录)后,才给组内的每个员工发放奖金。

组内的奖金分配有如下三种方式:
(1) 组员平均分配奖金。可以加强组员间的合作,但当组员认为个人贡献大小不同

即每个成员的绩效不同时,此办法不适用。

（2）组员根据其对小组绩效的贡献大小得到不同数额的奖金。区别奖励的方法在一定程度上根据个人绩效来分配奖金。这种方式可能会导致的一个结果是,一些员工为了增加收入会只重视自己的绩效而不考虑集体的绩效。因此,许多企业综合考虑小组绩效和个人绩效分配奖金。

（3）根据每个组员的基本薪酬占小组所有成员基本薪酬总数的比例确定其奖金比例。这种方法假设基本薪酬高的员工对公司的贡献大,按这种方法分配给组员的奖金数额和他们的基本薪酬成正比。

小组奖励计划可以鼓励组员学习新的技术,并且承担更广泛的工作责任。在小组中工作的员工不再只是服从主管的命令,还必须为实现小组的业绩目标而制订计划。在小组奖励计划中,无论组员绩效完成情况怎样,每个组员只有在小组目标实现后才能得到奖金。这就要求强调团队内部和团队间的合作,奖励员工作为组员而承担的额外义务和他们必须获得的技术和知识,并鼓励组员达到小组事先设定的目标。

二、利润分享计划和增益分享计划

利润分享计划和增益分享计划是集体激励计划的两种基本形式。所谓的利润分享计划,是指用盈利状况作为对部门或整个企业绩效的衡量标准,超过目标利润的部分在企业全体员工间分配,通常是把这一部分以现金或者存入员工的某一信托账户让员工退休后领取的形式分配给员工。利润分享计划的理论依据是参加利润分享计划的员工对组织和组织的利润目标有更高的认同感,更加关心组织的发展,努力工作,减少浪费,因此能够促进劳动生产率的提高。此外,如果企业没有利润,就不会产生员工激励费用。利润分享计划的缺点是如果出于经济不景气等员工的努力无法控制的因素使得企业利润水平没有超过预定的目标,那么即使是最优秀的员工也无法得到奖励。在以延期支付的方式发放奖金时,员工获得这一奖励与员工努力之间的时间间隔比较长,易使工作绩效与激励之间的联系减弱。此外,在实行利润分享计划的情况下,绝大多数的做法是每个员工得到的利润份额都相同或者与每个员工的基础薪酬成比例,因此,员工所得到的奖励与个人的工作绩效之间可能缺少明确的联系。

所谓的增益分享计划,是指将一个部门或整个企业在本期生产成本的节约或者人工成本的节约与上期的相同指标进行比较,然后把节约额度的某一个事先确定的比例在这一部门或整个企业全体员工之间分配。增益分享计划的主要目的是以薪酬为纽带将员工个人目标和组织整体目标连接起来,同时强调组织绩效的提高是员工个人和团队共同努力的结果。班组层面的增益分享计划最适合工作需要组员密切合作的情况,其主要优点是:第一,那些从事间接服务的、个人绩效不容易观察的员工可以得到奖励;第二,避免员工之间的恶性竞争。增益分享计划的缺点是可能引起班组之间的恶性竞争,而且员工无法观察自己的贡献。

利润分享计划通常是在整个公司的范围内实施的,而增益分享计划通常是在各个部门的范围内实施的。另外,利润分享计划的衡量指标一般是利润,而增益分享计划的衡量指标除了利润,也可以是生产率水平的提高状况。不论是增益分享计划还是利润分享计划,具体的实施方法一般是先计算用来分配的数额与相关员工的基本薪酬总额的比例,然后用这一比例与某一相关员工的基本薪酬相乘,所得的结果就是这个员工应该得到的数量。尽管两种员工集体激励计划本质上非常相似,但是从最终的效果来看,增益分享计划中员工努力与个人收益之间的联系更容易被员工感受到,因此对员工的激励效果会更强一些。利润分享计划涉及目标利润的确定、管理阶层的决策质量,而后还涉及当期利润的核算方法,而且利润的最终形成还受到经济周期等企业外部各种因素的影响,因此员工难以观察和控制利润的增加或者减少。结果,在利润分享计划中,员工努力与个人收益之间的联系被削弱了,这也使得利润分享计划的激励效果减弱。

很多人认为增益分享计划不仅是一种集体激励计划,还是企业整个管理方式和管理理念的一个组成部分。这意味着只有组织中存在良好的员工关系,组织重视员工参与在决策中的作用,增益分享计划才具有真正的意义。美国一些企业在实行增益分享计划时,发现生产效率低的员工在工作团队中有搭便车的现象,这对生产效率高的员工也产生了消极的影响。要使增益分享计划发挥预想的作用,组织本身应该具备一些条件,如表8-3所示。

表8-3 增益分享计划的条件

1. 企业的规模要比较小,员工数量一般在500人以下
2. 员工年龄比较大,员工的学习曲线已经变得比较平坦,员工绩效标准可以根据过去的表现来确定
3. 企业在财务指标方面的衡量方法比较简单,而且过去的财务状况良好
4. 本企业所面临的产品市场需求旺盛,能够吸收企业增加的产出
5. 员工能够控制产品的生产成本
6. 在企业中有一种开放的和高度信任的气氛
7. 企业采取员工参与式管理
8. 企业没有工会,或者工会积极与企业合作
9. 企业在过去没有采用过加班的做法
10. 企业生产的季节性波动不明显
11. 工作任务底线存在高度到中度的相互依赖
12. 企业几乎没有资本投资计划
13. 企业的产品具有稳定性
14. 企业的财务主管值得信赖,并有能力解释财务指标的变化
15. 企业实行开放式的沟通政策,愿意发布财务结果
16. 生产部门管理人员值得信赖,积极投入增益分享计划,并有能力阐述这一计划的阶段性目标和最终目标
17. 企业管理层能力强,能够支持参与性管理方式,有良好的沟通技巧,能够处理各种建议和接受新思想
18. 如果实行增益分享计划的组织是一个大企业的一部分,那么要求企业总部积极支持这一计划
19. 企业的劳动力技术水平比较高,对工作参与、薪酬的增加以及企业的财务状况感兴趣,并有一定的财务知识
20. 生产的维修和工程等后勤部门有竞争力,愿意也有能力满足提高了的需求

资料来源:作者根据Milkovich, G. T. and Boudreau, J. W., *Human Resource Management*, Richard D. Irwin, 1994: 599中相关材料编写。

三、斯坎隆计划

管理学中最重要的增益分享计划是著名的斯坎隆计划。斯坎隆计划最早是在20世纪30年代中期由美国俄亥俄州一家钢铁工厂的一个工会领袖约瑟夫·斯坎隆(Joseph Scanlon)提出的一个劳资合作计划,其要点是如果老板们能够使大萧条期间倒闭的工厂重新开工,工会就同意与企业一起组成生产委员会,努力降低生产成本。1944年,斯坎隆进一步完善了这一计划,提出用薪酬总额与销售总额的比例衡量工作绩效。现在的斯坎隆计划的要点包括薪酬总额与销售总额的比例、与降低成本相联系的奖金、生产委员会和审查委员会等四个方面。斯坎隆计划的目的是使组织目标和员工目标实现同步化。经验表明,斯坎隆计划的成败并不取决于公司的规模或者技术类型,而取决于员工参与计划实施的程度和公司管理层态度的程度。

斯坎隆计划具有三个重要特征。第一,强调参与性管理哲学,即管理层和员工应该不分彼此,给员工一种企业属于自己的感觉,让每个人都明白个人薪酬增加是建立在彼此坦诚合作的基础上,并将企业的薪酬激励和员工建议系统结合在一起。企业的每个部门都有一个由管理人员和员工代表组成的员工委员会,并为员工提供提出改进建议的机会,鼓励员工提出提高生产率的建议。第二,员工委员会负责执行激励计划,包括评估改进建议的价值、应用奖金计算公式和重新设计奖金计算公式等。一般而言,当一项改进计划被接受以后,不但提出这一改进建议的员工会受到奖励,而且该员工所在部门的全体员工都会受到奖励。第三,应用斯坎隆计划的企业都采用适合本企业的奖励分配计算公式。计算奖金的一般程序为:

(1) 确定收益增加的来源,通常包括用劳动成本的节约来表示的生产率的提高、用次品率降低来表示的产品质量的提高和生产材料等成本的节约。不难发现,员工的改进建议对实现上述各个方面的收益增加有重要作用。

(2) 将上述各种收益增加来源的收益增加额加总就可以得到增益总额。

(3) 提留和弥补上期亏空。为了防止下期增益的减少给员工收益增长的稳定性带来不利的影响,通常将现期增益的一定比例(如1/3)作为提留。如果到年终还有剩余提留的累积,则全部参加分配。此外,也可能由于上期增益水平过低,企业为了保持员工收入增长的稳定性而进行了透支,这样就应该用当期增益弥补上期透支所产生的亏空。在提留和弥补上期亏空之后的余额就是当期可以在员工中进行分配的增益总额。

(4) 确定员工分享增益的比例(如60%),并根据这一比例计算出员工可以分配的总额。

(5) 计算员工可以分配的增益总额与参加这一计划的员工当期薪酬总额的比例。用这一比例乘以某位员工的薪酬所得结果就是该员工分享的增益数量。

四、合伙人制度

从法律意义上说,合伙制是相对于公司制来说的。合伙企业是指由两个或两个以上合伙人拥有公司并分享公司利润,合伙人为公司主人或股东的组织形式。其主要特点是:合伙人共享企业经营所得,并对经营亏损共同承担无限责任;它可以由所有合伙人共同参与经营,也可以由部分合伙人经营,其他合伙人仅出资并自负盈亏;合伙人的组成规模可大可小。

可以把这种传统意义上的合伙制称为"股份合伙制"。当前企业里新涌现的合伙制则不完全是股份合伙制,而是相对雇佣制的合伙人制,是从企业管理角度来说的,表现为业务合伙制、事业合伙制。这种合伙人制的本质在于建立一套企业分配机制,转变员工之前被雇佣者的身份,实现利益共享、风险共担的管理机制。其目的是:一方面体现为对人才贡献和价值的认可,并建立给予人才合理回报的机制;另一方面对于企业来说,通过合伙人制更大地激发人才的创造力,并将企业经营行为下放给合伙人团队,从而吸引和保有优秀人才。这是因为互联网技术的发展使得企业呈现出"去中心化"的特点,也凸显了人才的价值而传统的雇佣制固化了企业的管理机制,束缚了人才的发展。因此,升级和替换雇佣制这种劳资关系,变革企业和员工之间雇佣与被雇佣的劳资关系为共同创业的合伙关系,打造人才追利逐梦的事业平台,成为在新时代背景下管理学的新课题。但是这种合伙制和股权计划还是有很多雷同之处的。

事业合伙即常见的虚拟股份或项目跟投,员工出资认购企业虚拟股份,共同经营、共享利润、共担风险,但不涉及法人主体或工商注册信息变更。事业合伙可以分为两类:一类是企业拿出一项业务、产品、项目、区域(单店)等可独立核算的经营体与参与该经营体运营的员工共同投资、共享利润、共担投资风险,如万科集团的项目跟投、很多连锁企业的单店员工入股;另一类是企业不区分不同业务/项目/区域,其虚拟股份对应整体经营盈利状况,全体合伙人出资认购企业整体的虚拟股份,并根据企业整体盈利分红、承担风险,如华为企业的内部员工持股计划。

业务合伙不涉及法人主体及股份身份事宜,业务合伙人通过自己的开拓与努力实现业绩与利润,并享受分成。常见的有两类形式:一类是经营团队独立自主进行业务开拓与执行,享受团队经营所得的利润,这是合伙人制最早的形态,常见于智力服务机构(如管理咨询、会计师事务、律师事务所、投资银行等轻资产运作的机构),人力资本是企业经营的主要因素,对于新业务板块的增加不需要额外的资源与资本投入,有人就能上新业务;另一类类似于承包制的演化,即在确定的业绩、利润基础之上,对于经营团队努力实现的增值部分进行利润共享,不足部分影响员工收益,适用于非轻资产运作但员工对业绩/利润起到较大作用、员工经济实力不足以跟投资金的企业,更多地应用于基层员工的合伙人制改造,如永辉超市推行的面向各个群体的合伙人制。永辉超市"合伙人"并不是大多数公司针对极少数核心人员采用的"合伙人"制度,而是一种员工普惠的利润分享机制。永辉超市"合伙人"并不享有公司的股权和股票,而只有分红权,相当于总部与小团队的利益再分配,其核心是超额利润的分享。公司与员工合伙人根据历史数据和销售预测确定一个业绩标准,如果实际经营业绩超过所设立的标准,增量部分的利润按照比例在公司和合伙人之间进行分配。也就是说,永辉超市的合伙人制度建立在业绩指标和利润指标双达标的基础上。这种创新模式,重在激励,培养员工"人人都是经营者"的思维,共同为公司谋划发展,也是一种总部与小团队的业绩对赌模式。永辉超市"合伙人"的对象还扩展到生鲜农产品的专业买手和当地农民等群体。图8-1是永辉超市"合伙人"制度的示意图。

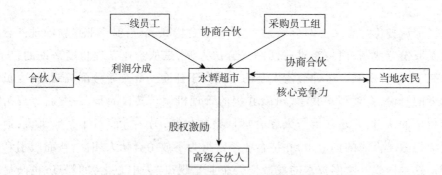

图8-1 永辉超市"合伙人"制示意图

第三节 员工福利计划

员工福利是组织为满足劳动者的生活需要,在薪酬收入之外,向员工本人及其家属提供货币、实物及一些服务。也就是说,福利的形式可以是金钱或实物,也可以是服务机会与特殊权利。员工福利作为薪酬体系的一部分,在薪酬体系中所占的比例日益增大。与此同时,员工福利在企业管理中发挥着越来越重要的作用。福利涉及组织中每一个员工的切身利益,不仅能满足其当前需要,还对今后的工作生活起到保障作用。对于企业来说,福利水平的高低,不仅对预算产生影响,还对企业文化的形成、员工队伍的稳定和企业的总体绩效起到很大的影响。

一、福利的内容

福利项目从性质上分为法定福利和企业补充福利两种类型:一部分是国家法律法规明确规定的各种福利,要求企业必须按政府规定的标准执行,比如各类社会保险、住房公积金、法定节假日等,被称为法定福利;另一部分是由企业自主提供给员工全体或个人的各类福利项目,主要包括补充养老保险、补充医疗保险、各类员工服务计划及其他补充福利等,被称为企业补充福利。

(一)法定福利

法定福利是组织依据国家有关法规必须为员工提供的福利,它为员工提供了工作和生活的基本保障。当员工在遭遇失业、疾病、伤残等特殊困难时给予及时救助,提高了员工防范风险的能力。

(1)养老保险。养老保险是指国家通过立法,使劳动者在因年老而丧失劳动能力时,可以获得物质帮助以保障晚年基本生活需要的保险制度。养老保险是社会保险体系的核心,它影响面大、社会性强,直接关系到社会的稳定和经济的发展,因此各国政府都特别重视。

(2) 失业保险。失业保险是指国家和企业对因非主观意愿、暂时丧失有薪酬或有收益的工作的员工,支付一定的经济补偿,以保障其在失业期间的基本生活,维持企业劳动力来源的社会保障的总称。失业保险的根本目的在于保障非自愿失业者的基本生活,促使其重新就业。

(3) 医疗保险。医疗保险也称疾病保险,是指国家、企业对职工在因病或非因公负伤而暂时丧失劳动能力时,给予假期、收入补偿和提供医疗服务的一种社会保险制度。

(4) 生育保险。生育保险是指妇女劳动者在因生育子女而暂时丧失劳动能力时,由社会保险机构给予必要的物质保证,以保证母亲和孩子的基本生活及孕产期的医疗保健需要的一种社会保险。

(5) 工伤保险。工伤保险又称职业伤害保险,是指由国家或者社会给予因工伤、接触职业性有毒物质等而造成伤残、死亡等暂时或永久丧失劳动能力的劳动者及其家属提供物质帮助的一种社会保险制度。

除了以上社会保险,还有公休假日、法定节假日和带薪年休假等在内的法定休假,住房公积金也是法定福利的主要内容。

(二) 企业补充福利

如果说法定福利是为了保障员工的基本生存,企业补充福利则是企业为满足员工更高层次的需求,提高员工生活水平和生活质量而提供给员工的附加福利。企业补充福利的形式是多样的,提供的服务也是多方面的,其目的是使员工对组织产生一种依赖感和忠诚感,提高组织的凝聚力。同时,补充福利也为组织树立了良好的社会形象,使其在人才市场上更具竞争力。

企业补充福利主要包括企业补充养老保险、健康医疗保险、集体人寿保险、住房或购房支持计划、员工服务福利和其他补充福利等。

二、福利的新发展:弹性福利

随着时代的发展,传统的统一福利形式已不能满足员工的不同需求。一项研究表明,70%以上的员工愿意自己多掏点钱,换取在福利方案的制订中有更大的选择权。[1] 以人性化管理为指导思想,在企业总体分配框架内向员工提供多种福利组合,充分体现全新福利发放形式的弹性福利制能够较好地解决这一问题。弹性福利计划(Flexible Benefit Plan)又称柔性福利计划或自助餐式福利计划,是根据员工的特点和具体需求,列出一些福利项目,在一定的数额限制内,员工按照自己的需求和偏好自由选择和组合。这种方式区别于传统的、整齐划一的福利计划,具有很强的灵活性,很受员工的欢迎。自助式餐福利可以更好地发挥福利的激励作用,有助于使员工的满意程度达到最大化。

---

[1] Danehower C., and Lust, J., How aware are employees of their benefits? Findings from two companies, *Benefits Quarterly*, 1996, 12(4): 57-61.

弹性福利制度从 20 世纪 70 年代初期开始经过四十多年的发展，已经演变出多种不同的类型。

1. 附加型

附加型弹性福利计划是最普遍的弹性福利制度。它是在现有的福利计划之外，再提供其他不同的福利项目或扩大原有福利项目的力度，让员工自主选择。例如某家公司原先的福利计划包括房租津贴、交通补助费、意外伤害保险、带薪休假等。该公司在实施这种类型的弹性福利制度时，可以将现有的福利项目及其给付标准全部保留下来当作核心福利，然后根据员工的需求，额外提供不同的福利项目，如国外休假补助、人寿保险等，通常会标上一个"数额"作为"售价"。公司根据每一个员工的薪资水平、服务年资、职务高低等因素，确定分给员工的数目不等的福利限额，员工基于分配到的限额认购所需的额外福利。有些公司甚至还规定，员工如未用完自己的限额，余额可折发现金。此外，如果员工购买的额外福利超过限额，也可以从自己的税前薪酬中扣除。

2. 弹性支用账户

弹性支用账户是一种比较特殊的弹性福利制度。员工每一年可从其税前总收入中拨出一定数额的款项作为自己的"支用账户"，并以此账户去选择购买雇主提供的各种福利项目。拨入支用账户的金额无须扣缴个人所得税，不过账户中的金额如未能于年度内用完，余额就归企业所有，即不能在下一个年度内使用，也不能以现金的形式发放。各种福利项目的认购款项一经确定就不能挪用。

3. 福利套餐

福利套餐是由企业同时推出的不同福利组合，每一个组合所包含的福利项目或优惠力度都不一样，员工只能选择其中一个。就好像西餐厅推出来的 A 套餐、B 套餐一样，食客只能选其中一个套餐，而不能要求更换套餐里的内容。在规划此种弹性福利时，企业可根据员工群体的背景（如婚姻状况、年龄、有无眷属、住宅需求等）来设计。

4. 选高择低型

此种福利计划提供几种项目不等、程度不一的福利组合给员工做选择，以组织现有的固定福利计划为基础，再据此规划数种不同的福利组合。这些组合的价值和原有的固定福利项目相比，有的高，有的低。如果员工看中了一个价值较原有福利措施还高的福利组合，那就要从薪水中扣除一定的数额来支付差价。如果他挑选的是一个价值较低的福利组合，就可以要求雇主补发差额。

三、美国的员工福利计划

在美国企业中，员工福利一般分为三类：健康与安全、非工作时间薪酬和为员工提供的服务。其中，健康与安全福利包括人寿保险、意外死亡和肢体伤残保险、其他医疗保险、病假、社会安全、附加失业保险、劳动保护、住院、外科和孕妇保险、保健组织、养老金计划、失业保险和解雇费；非工作时间薪酬包括假日、节日、个人请假缺勤、抱怨与谈判期间以及高等学校教师学术年假休假期间的工资；企业为员工提供的服务包括学费资助、免费食品供应、班车、工作服、法律服务、子女入托、礼物赠送、股票购买计划、企业体育锻炼设施、搬家和工作调转补贴、交通和停车费补贴、购货补贴、节日奖金和年资奖金等。不难发现，保险是整个员工福利计划的核心部分。一般来说，企业要为员工提供集体人寿保险，这些计划可以由企业完全提供，也可以由员工个人分担一部分。美国法律规定，如果员工的个人定期保险费用全部由企业支付并且超过 50 000 美元，员工个人要对超过的部分支付一般所得税。在美国，由于绝大多数企业都提供基本上无限制的保险金额，致使医疗部门无节制地使用检查手段和治疗方案，造成"公费医疗"的浪费，这也反过来导致了生产成本的上升。

近年来，美国企业的员工福利倾向于增加的原因是：第一，在实践中，员工具有比较强的平均分配倾向，因此所有员工都支持增加福利的要求；第二，税收规避效应，很多福利对员工来说是免税的，对企业来说是减税的，还有一些福利可以使税收递延；第三，重视员工福利可以使企业得到一个好的社会评价。为了鼓励企业支持养老金计划，美国政府对养老金本身以及利用养老金而获得的收入实行税收递延政策，即退休者只在真正得到养老金时才要纳税。企业的养老金制度有两种基本形式：规定福利计划和固定贡献计划。所谓的规定福利计划，是指企业支付给退休员工的养老金为退休前工资的某一个百分比，通常的计算方法是退休前 5 年平均工资的 1.5%与受雇年限的乘积。其中的平均工资可以是基本工资，也可以是基本工资与奖金等的和。所谓的固定贡献计划，是指规定企业对养老金基金的固定贡献比例，未来员工福利的实际数额取决于这一基金的增长速度。这种养老金计划包括股票奖金计划、利润分享计划和各种类型的员工持股计划。理论上，养老金计划应该实行指数化调整，但是在实际操作中，实行这种做法的企业并不多，而且即使调整，调整的幅度也比较小。在评价企业的福利成本时，可以计算全体员工的年福利总支出、每人每年的福利成本、年福利总额占工资总额的比例，以及年福利总额与全体员工年工作总小时数的比率等指标。

美国企业的高级经理人员通常享有三种特权，即"金色降落伞"、增补退休福利计划和关键经理人寿保险单。所谓的"金色降落伞"，是指在聘用合同中规定如果这些经理人员在更高的管理层换人之后被毫无理由地解雇或者降职、免职，企业将付给他们一笔相当于数年工资总额的赔偿。所谓的增补退休福利计划，是指由于美国的法律对员工退休福利中的年工资设定了最高额度的限制，为了弥补经理人员受到的不利影响，企业内部达成协议对经理人员给予补偿。所谓的关键经理人寿保险单，是指企业为关键经理人员支付人寿保险金，这些经理在退休时可以一次性得到保险单价值及其增值。倘若经理人员在退休前死亡，企业将收回支付的保险费本金，其余部分归属经理人员的继承人。

第四节　员工薪酬调整

理论上，员工的薪酬水平作为劳动力的价格应该取决于劳动力的边际产出水平。但实践中，薪酬水平是由多种因素相互作用决定的，其中包括劳动力市场条件、政府立法和企业的薪酬政策等。企业管理层的管理理念和态度以及企业的支付能力对员工的薪酬水平与企业的薪酬结构都有重要影响。管理层出于保持和提高员工士气、吸引高质量员工、降低离职率和改善员工生活标准的考虑，都会直接影响到企业的薪酬政策。在美国，员工的薪酬决定还受到劳资谈判的影响，即使那些没有设立工会的企业，为了使员工的工作态度和对企业的忠诚度能够与有工会的组织竞争，其薪酬水平也要参照有工会的组织的薪酬政策。劳资谈判的重点是薪酬率、非上班期间的给付、收入安全、生活费用调整和医疗保健等福利。此外，工会还可能认为雇主采用动作—时间研究等技术性方法和职责程度等因素评估工作会限制或降低员工的合理薪酬，所以为制定薪酬政策而进行的工作评价也必须取得工会的配合与认可。企业为了增加产量，不断改进产品与服务的质量，增强企业的竞争能力，就需要不断调整员工的薪酬制度。影响企业薪酬政策的因素既有内部的，也有外部的。

一、影响企业薪酬政策的外部因素

在影响企业薪酬政策的外部因素中，经济形势与国家宏观经济政策是重要的解释变量。我们知道，产品市场与劳动力市场存在密切的联系，二者相互作用、相互影响。当经济形势好的时候，市场对产品和服务的需求增加，企业为了吸引和保持足够数量的合格员工，愿意也有能力对员工支付比较高的薪酬；反之，如果产品和劳动力市场受到经济危机的负面影响而呈现需求衰减，企业就有可能降低员工的工资和福利的增长率，甚至出现工资绝对水平下降的现象。劳动力市场本身对薪酬制度也有着重要的影响，如果企业所需要的员工在市场上存在供给小于需求的情况，企业就会面临工资上调的压力；反之，如果企业所需要的员工在市场上存在供给大于需求的情况，企业就没有积极性提高员工的收入，甚至会降低工资增长率。国家宏观经济政策对员工薪酬也有着重要的影响，不过这种影响具有间接的特征。当国家采用扩张性的货币政策和积极的财政政策刺激经济发展时，市场对产品和劳动力的需求增加，从而会加大企业对劳动力的需求。此外，员工的薪酬会受到通货膨胀因素的影响。从政府立法的角度看，有关劳动与就业的法律要规定企业的最低工资、最长工作时间、加班津贴标准、福利计划要求、工作安全与卫生条款、平等给付原则以及童工雇用限制等。

二、企业的薪酬政策

在企业内部，企业的目标和战略、企业的文化、员工工作的性质以及所需要的技能对员工的薪酬都有重要的影响。理论上，企业的薪酬政策与组织及其外部环境之间存在一种依存关系，薪酬政策应该支持企业的发展战略，这种支持方式是通过薪酬政策向员工发出企业期望的信息，并通过薪酬政策的执行对那些与企业的期望相一致的行为给予奖励来实现。

企业的薪酬政策通常由人事部门按照最高管理层的方针拟定，它强调的是支付标准与规模相当的竞争性公司的相对高低和差异，包括薪资等级和薪资幅度、加薪基础、晋升、降级、调职、付薪的机密性、小时工资率、加班、休假、工作时数和工作时间等方面。企业的薪酬政策承担着多种职能。一般而言,企业薪酬政策的目标包括提高生产率、控制成本、实现对员工的公平对待和遵守国家法规。一个有效的薪酬体系应该具有以下几个方面的效果:第一,吸引和保持组织需要的优秀员工;第二,鼓励员工积极提高工作所需要的技能和能力;第三,激励员工高效率地工作;第四,创造组织所希望的文化氛围。不过需要指出的是,每个公司的薪酬政策有所不同,如果我们考察100家公司,就可能有100种薪酬政策的表述。但是总体而言,各个公司都普遍强调激励生产效率的提高、控制员工成本以保持企业竞争力,并实现对所有员工的公平对待。表8-4是美国惠普公司薪酬政策的目标的内容。

表8-4 美国惠普公司薪酬政策的目标

1. 帮助公司继续吸引那些有助于公司成功的富有创造力和热情的员工
2. 按照行业领导者的水平支付薪酬
3. 反映单位、部门和公司的有依据的相对贡献
4. 公开容易理解
5. 保证公平对待
6. 不断创新,提高竞争力和公平感

　　设定企业薪酬政策的目标的目的是指导薪酬政策的设计。如果企业的目标是对绩效突出的员工给予鼓励,那么薪酬政策将是基于员工的绩效支付报酬。在这种情况下,企业应该调整薪酬支付政策,力求使薪酬更多地与刺激性奖励联系起来,而不是采取固定工资的形式。为此,企业应尽量避免给员工提升工资,而是对工作绩效优秀的员工给予奖励,目的是提高利润和生产率,使直接对生产做出贡献的员工能够得到更多的利益。这样,企业就能够建立一个真正由工作绩效决定薪酬的支付体系。

　　在工资福利支付政策上,企业在鼓励员工努力工作的同时,通常愿意使用减少劳动力数量并严格限定薪酬的方法来控制工资和福利成本的增加倾向;同时不太关心本企业在工资竞争中的相对地位,而是更多地强调本企业的实际支付能力。在20世纪70年代,美国企业的工资增长比较快,使得钢铁和航空等很多行业的人工成本过高,无法与其他国家展开竞争。一些企业为此实行了双轨工资制,即未来员工的工资将低于同工种现职员工的工资,而原来的员工工资支付政策保持不变,同时为企业所有员工建立相同的保险计划。

　　在实践中,企业经常参照其他竞争对手的做法来制订工作薪酬计划。但是,工作薪酬计划还应该与企业的总体战略目标相结合。换言之,实际薪酬水平不应该完全依赖市场价格,而应该综合考虑以下三个方面:第一,能够吸引和保持所需要的员工所必须支付的薪酬水平;第二,组织有能力支付的薪酬水平;第三,实现组织的战略目标所要求的薪酬水平。表8-5反映了企业的薪酬政策与人力资源经营战略、发展阶段之间的关系。

表 8-5 薪酬政策与发展阶段的关系

组织特征	企业发展阶段			
	初创阶段	增长阶段	成熟阶段	衰退阶段
人力资源管理重点	创新、吸引关键人才、刺激创业	招聘、培训	保持、一致性、奖励管理技巧	减员管理、强调成本控制
人力资源经营战略	以投资促发展	以投资促发展	保持利润与保护市场	收获利润并开展新领域投资
风险水平	高	中	低	中—高
薪酬政策	个人激励	个人—集体激励	个人—集体激励	奖励成本控制
短期激励	股票奖励	现金奖励	利润分享、现金奖励	不可能
长期激励	股票期权（全面参与）	股票期权（有限参与）	股票购买	不可能
基本工资	低于市场水平	等于市场水平	大于/等于市场水平	低于/等于市场水平
福利	低于市场水平	低于市场水平	大于/等于市场水平	低于/等于市场水平

资料来源：Randall S., Schuler, R. S. and Huber, V. L., *Personnel and Human Resource Management*, 5th edition, West Publishing Company, 1993：377；Casio, W. F., *Managing Human Resources*, McGraw-Hill, 1986：358.

此外，如果一个企业强调鼓励员工队伍不断学习的能力，它就可能非常重视培训和建立工作小组的技术。这时，企业的薪酬政策可能会把工资水平设定在不低于自己竞争者的工资水平上，并且根据员工技能和知识的增长确定员工薪酬增加的标准。企业薪酬政策的另一个目的是为评价企业的薪酬体系设定一个标准。如果企业薪酬政策的主要目的是吸引和保持有竞争力的员工，而本企业有技能的员工纷纷另谋高就，那就说明企业的薪酬制度有可能运转失灵，需要加以调整。

三、员工的薪酬调整政策

薪酬的调整有加薪和减薪两种情况。加薪时可以把待遇调整到给付等级的上限，一般没有什么困难，而减薪的阻力则一般比较大。减薪有以下三种技巧：第一是等到全面加薪时再做调整；第二是把承担这些工作的员工调职或晋升；第三是继续保持目前的薪酬待遇半年，期间如果没有调职或晋升，就把其薪酬待遇调整到该给付等级的下限。

绩效薪酬制度在决定员工薪酬水平时实际上包含了以下三种因素的共同作用：第一，员工个人绩效考核的结果；第二，反映员工工作绩效差异或者员工工作经验差异的工资幅度；第三，绩效工资增长指导线。所谓的绩效工资增长指导线指的是一种函数关系，被解释变量是员工工资增长幅度，解释变量是员工在绩效考核中得到的评定等级和员工原来的基础工资在其所处工资档次内的工资幅度中所处的位置。在绩效工资制度中，员工绩效考核结果通过以下两种方式影响员工薪酬水平的增长:第一,员工在绩效考核中得到的评定等级越高,其薪酬提高的幅度越大;反之,员工在绩效考核中得到的评定等级越低,其薪酬提高的幅度越小。一般在实践中,企业将综合员工在一年中各次绩效考核的结果进行一次薪酬调整。第二,长期来看,对于两个处于相同工资幅度的员工,在绩效考核中经常得到较高等级评定的员工要比不能经常得到较高等级评定的员工能够更快地达到该工资幅度的上限。所以,员工绩效考核的结果不仅会影响员工工资增长的幅度,还会影响员工薪酬水平的增长速度。

承担相同工作的多个员工得到的薪酬并不总是相同的,采用工资级别的薪酬体系必须包括使员工能够从一个工资级别的最低水平上升到最高水平的机制,而且员工还能够根据年资、高水平的绩效或者二者的结合跃升到较高的工资等级。如果两个员工的绩效水平相同,年资比较高的员工就可能获得比较高的薪酬。在薪酬决定中考虑年资因素有以下两个主要原因:第一,对于工资等级比较低的工作,员工绩效方面的差异通常比较小,依靠年资作为薪酬增长的决定因素比较现实;第二,有些企业缺乏有效的员工绩效评估系统,采用年资决定薪酬的增长比较客观。

如果企业拥有一套完善的绩效评估体系,我们就可以以此作为调整绩效薪酬的依据。不过在实际工作中,绩效薪酬的调整应该反映员工工作绩效的水平、年资和生活费用指数的变化三种因素的共同影响。表8-6是这种做法的一个示例。

表8-6 薪资调整计划的示例

工资级别内的位置	范围定义	优异	良好	合格	不合格
第四格	76%—100%	6%+X	3%+X	0	0
第三格	51%—75%	7%+X	4%+X	1%+X/4	0
第二格	26%—50%	8%+X	5%+X	2%+X/3	0
第一格	0—25%	9%+X	6%+X	3%+X/3	0

注:表中的 X 代表生活费用调整指数。

表8-6的含义是,如果一名员工的工资水平处于他所在工资级别范围最高的25%,即处于第四格,本年度绩效考核被评为良好,而该年度通货膨胀率为5%,那么他在本次工资调整中就应该增加8%(3%+5%)的工资。表8-6显示的方法具有以下几个特点:第一,在绩效考核结果相同的情况下,在工资级别中所处位置比较高的员工工资增长幅度相对小一些,在工资级别中所处位置比较低的员工工资增长幅度相对大一些。这是因为位置比较高的员工的基本工资基数比较大,而位置比较低的员工的基本工资基数比较小,这种差别增长策略可以防止员工之间基本工资差距不合理地扩大。第二,生活费用指数的调整是与绩效薪酬的调整分开进行的。第三,绩效水平刚刚达到合格的员工的工资增长很少,甚至在物价上涨比较高的年份还可能出现实际收入下降的情况。

在结合年资和绩效作为薪酬调整依据时,企业可以采用以下两种策略:第一,从工资级别的最低水平上升到中点位置的过程主要依据年资因素,而从中点位置上升到最高水平则依据绩效表现;第二,当员工在工资级别内从比较低的格次向比较高的格次晋升的过程中,年资只作为一个必要条件而非充分条件。也就是说,只有员工绩效处于平均水平以上的状态持续一定的年限之后才能被提升到较高的格次。

四、薪酬水平的调整

企业薪酬调整包括薪酬水平的调整和薪酬结构的调整,目的是适应企业生产经营发展的需要,更好地促进员工的工作积极性。

(一)薪酬水平调整的类型

按照调整的性质,薪酬水平的调整可分为:(1)主动型薪酬水平的调整。这是组织为了达到一定的目标,主动采取增薪或减薪的行为。主动增薪的动机有:一是为了增强与竞争对手争夺人才和维系员工队伍的能力;二是组织的经营绩效有了大幅提高,以加薪回报和激励员工;三是组织薪酬政策发生变化。提出减薪通常是组织经营效益和财务支付能力处于严重恶化状态,不减薪就无法度过危机来维持组织的生存,以图将来的发展。(2)被动型薪酬水平的调整。这是组织在各种强制因素的作用下被动采取增薪或减薪(极少出现)的行为。这些强制因素主要有:国家法律和政府干预因素,如最低工资标准的法规、工资指数化的立法、冻结工资或规定最高工资标准的行政命令;严重通货膨胀因素迫使组织提高薪酬水平;工会或员工集体要求增加工资并采取各种行动形成强大压力,行业雇主协会对组织施加的压力等。

按调整的内容,薪酬水平的调整可分为:(1)奖励性调整,指为奖励员工优异的工作绩效,强化激励机制而给员工加薪。奖励性调整的对象范围通常是部分表现优异的员工。(2)生活指数性调整,指为弥补通货膨胀导致实际薪酬下降的损失,给员工加薪以保持其实际生活水平不下降或少下降,属于薪酬的普调。(3)年资(工龄)性调整,指随着员工资历的增长而提高其年资薪酬。通常是结合经验曲线和员工绩效考核来确定调整水平,属于常规性和全员性的调整。(4)效益型调整,指根据组织经济效益的变化情况,全体员工从中分享利益或共担风险的薪酬水平的调整。

(二)薪酬水平调整的操作技术

(1)等比调整法,指所有员工以原有薪酬为基数,按照同样的百分比调整。其优点是可以保持组织薪酬结构的相对级差,但不同薪酬等级的员工薪酬绝对量变化的差异较大。在加薪时容易引起低薪员工产生"不公平"的逆反心理,在减薪时又会使高层员工产生怨言。

(2)等额调整法,指所有员工按同样的数额调整薪酬。其优点是在薪酬级差较大的组织中有利于缩小过大的级差,缺点是平均主义色彩较浓。

(3)不规则调整法,指根据员工的岗位重要性、相对价值贡献大小、员工资历等不同情况,确定不同的调整比例。其优点是针对性、激励性较强,缺点是操作复杂、主观因素影响较大。

(4)经验曲线调整法。经验曲线是波士顿咨询公司开发的、广泛用于现代管理的分析工具。它是指员工对其从事工作的熟练程度、经验积累会随着工作时间的延续而逐步增加,产生工作效率提高、成本下降的效应。这种经验随着时间推移和经验积累速度放缓会递减直至停止,而且经验曲线在不同性质工作之间的效应也不同。它与工作的技术含量、劳动的复杂程度有关,如机械工程师与打字员相比,其经验积累速度慢、持续时间长,但这种经验积累所能提供的效率和创造的价值远远大于打字员。

员工资历(工龄)是薪酬水平调整中的一个重要而又难以精确测评的因素,应用经验曲线有助于解决年资薪酬增长问题。组织可以依据各个职位不同资历(工龄)员工的效益—成本分析数据,对每个职位绘出相应的经验曲线,再参照经验曲线确定不同职位员工年资薪酬水平调整的百分比。经验曲线效应较强的职位,其年资薪酬增长率应该高于经验曲线效应较低的职位。在曲线上升的期间,应提高年资薪酬增长率;而当经验曲线下降或者效应消失时,应适当降低年资薪酬增长率。

(5)综合调整法。这是综合考虑通货膨胀、员工资历、员工绩效等因素调整薪酬水平,前提是要有较可靠的生活费用调整指数、准确的经验曲线和较完整的绩效考核体系。

五、薪酬结构的调整

薪酬结构调整的目的是适应组织外部和内部环境因素的变化,以保持薪酬的内部公平性,体现组织的薪酬价值导向,更好地发挥薪酬的激励功能。薪酬结构的调整常常和薪酬水平的调整相结合。薪酬结构的调整主要包括纵向的薪酬等级结构调整与横向的薪酬构成调整。

(一)纵向的薪酬等级结构调整

纵向的薪酬等级结构调整必须考虑两点:第一,适应企业管理的需要,厘清各岗位和职务薪酬之间的关系;第二,在考虑外部竞争力影响的前提下,调整企业内部的薪酬等级结构。常用的纵向等级结构调整方法包括以下几种:

(1)增加薪酬等级。增加薪酬等级的主要目的是细化岗位之间的差别,从而更加明确地实行按岗位和职位付薪的原则。

(2)减少薪酬等级。减少薪酬等级就是将等级结构"宽带化",即合并和压缩等级结构,这是薪酬管理的一种流行趋势。

(二)横向的薪酬构成调整

横向的薪酬构成调整主要包括以下两种形式:(1)调整固定薪酬和变动薪酬的比例。固定薪酬和变动薪酬的特点与功效不同,使两者保持适当的比例有助于提高薪酬绩效。目前的趋势是扩大变动薪酬的比例,以增大薪酬结构的弹性、增强薪酬激励机制。(2)调整不同薪酬形式的组合模式。组织应该根据不同薪酬形式的优缺点,合理搭配、扬长避短,使薪酬组合模式与组织的薪酬政策和工作性质的特点相适应。在组织薪酬模式中增加利润分享型和股权激励型薪酬形式,符合现代薪酬理念和薪酬制度发展的潮流,有利于形成员工与组织相互合作、共同发展的格局。

复习思考题

1. 员工的薪酬水平受到哪些企业外部因素的影响？
2. 薪酬政策的目标可能对企业的薪酬政策产生怎样的影响？
3. 员工的个人激励计划包括哪些途径？
4. 员工的集体激励计划包括哪些方法？
5. 如何利用企业福利计划实现激励员工的目的？
6. 如何结合员工的工作绩效调整员工的薪酬？

案例

年终奖带来的冲突[①]

L公司是国内知名的手机生产厂商，在2002年国内手机厂商绩效飙升时，上至公司高管，下至生产线的普通员工，都分得了数目不低的奖金。而在2003年，国产手机市场在国外品牌的打压下，萎缩非常严重，这给公司管理层带来一个非常严峻的问题：盈利额与上年相比不可同日而语，而当年的绩效标准却是在上年的基础上向上调整，这样一来，奖金肯定非常低，这对按绩效付酬的薪酬制度而言无疑是一大挑战，特别是一些核心员工及中层管理人员，他们的薪酬收入中绩效奖金占了非常重要的一部分。此外，如何兑现对一些新员工的入职承诺也是个问题。

公司会议室里，中高层管理人员齐聚一堂，正为年终奖金的分配争论不休。

人力资源总监于薇满脸愁容，认为应当实行补贴年终奖的计划。"如果我们严格按去年年底制订的绩效薪酬计划实施，按目前财务部门开列的预算，我们给一些关键员工支付的年终奖金只是年初承诺的1/6。一方面，这些员工会认为公司欺骗了他们，从而加深他们对公司的不信任；另一方面，对于关键员工而言，这一收入水平意味着严重低于同行的薪资水平。在竞争如此激烈、跳槽如此频繁的手机行业，我们无法挽留住员工呀！如果增加900万元的预算，我们可以将年终奖的水平维持在去年的1/3，至少公司可以给员工一个交代，员工也更容易理解公司的做法。"于薇之所以坚持这种想法，还因为公司研发部门经理贺刚在她面前的抱怨。这个小伙子技术出众，对新技术尤为敏感，堪称手机研发的良材，是公司去年年底挖过来的。会议前，贺刚非常直接地找到于薇，很严肃地说："我觉得，公司太没诚信了。去年年底，公司挖我过来做这个经理的时候，许诺给我的年收入至少可以达到20万元，现在呢？我连14万元都拿不到，这个差距实在太大了！还不如我的前一个东家呢，至少15万元稳稳到手呀。去年年底，我们都和公司签订了绩效合同，在过去的一年时间里，我们兢兢业业，完成了绩效计划目标，我们的工作成绩是有目共睹的。"和贺刚有类似想法的不止一个人，不少人有离职的打算，也有一些人直接嫌公司太没诚信，都有一种受骗的感觉。

[①] 钟孟光："年终奖带来的冲突"，《管理@人》，2007，(1)：56—57。本书采用时作者进行了压缩。

"我坚决反对补贴年终奖的计划!"市场总监黄然翔态度非常坚决,"今年我们公司的利润本来已经非常薄了,其中一个重要原因就是我们忽视了对市场的投入,以为在去年品牌铺垫的基础上,无须做更多的投入仍然可以取得同样的绩效。现在,我们必须修正这一思路,为明年的市场推广做更好的准备。"

主管营销的副总裁也反对说:"整个行业都是萧条的,这个问题我认为并不需要考虑!即使那些员工离开公司,难道就能保证在其他地方获得更高的收入?今年这种情况,我敢担保没有几家手机厂商能发得出高额的年终奖!"

于薇把求助的目光投向总裁。看得出,总裁的内心也非常矛盾,他没有正视于薇的目光,而是转向财务总监:"春节前后挤出900万元的预算是否非常困难?"财务总监满脸难色地说:"这要看销售回款,不过从第四季度的回款情况来看,非常困难。"

问题:

(1) L公司的薪酬管理中存在哪些问题?

(2) 如何解决市场环境的巨大波动给企业绩效薪酬带来的巨大风险?

21世纪经济与管理规划教材
工商管理系列

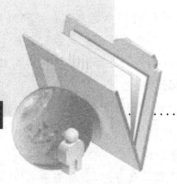

第九章

员工职业规划与管理

学习目标

1. 了解职业生涯的基本理论
2. 学会根据员工所处不同的职业生涯阶段实施不同的管理策略
3. 了解员工组织社会化的基本策略
4. 掌握组织职业通道设计的基本技术
5. 了解管理人员选拔和开发的方法

开篇案例

海底捞的职业晋升通道①

为客人擦鞋,给客人美甲,跑几公里为客人买来想吃的雪糕……海底捞的服务一度被神话。以"变态服务"著称的海底捞公司 CEO 张勇表示,海底捞的核心价值观是"双手改变命运"。他认为,餐饮是一个完全竞争的行业,消费者体验至关重要。海底捞在很早的时候就非常重视顾客满意度,而顾客满意度是由员工来保证和实现的。所以,海底捞确立了"双手改变命运"的核心理念来凝聚员工。想借此传达的是,"只要遵循勤奋、敬业、诚信的信条,我们的双手是可以改变一些东西的"。这种价值观落地的一个重要体现就是公司为员工设定了三条不同的职业发展路线:(1)管理通道。一个新员工在三个月,或者说多长时间后,通过考核成为合格员工,然后晋升为一级员工、先进员工,接下来成为领班、大堂经理、店经理,甚至有可能成为区域经理、大区经理。(2)技术线。作为一个新员工,可以不断地晋升,成为合格员工、一级员工、先进员工、标兵员工、劳模员工,再往上就是功勋员工。所以,员工不一定是管理者,但可以享受管理者的待遇。实际上,海底捞的功勋员工与餐厅店长的待遇之间没有太大的差异。这一点大大地激励了海底捞的技术员工。(3)后勤线。这条晋升通道与技术晋升通道很相似。它也是从新员工、合格员工、一级员工、先进员工,再晋升成为办公室人员或者出纳,之后再成为会计、采购、技术部门、开发部门等岗位角色。三条职业发展通道给予普通员工更多的成长机会,帮助员工实现用双手改变自己的命运。

职业发展是员工关注的一个重要问题。如何促进员工的职业发展,留住并激励员工,促进企业发展,是企业非常关心的问题。海底捞三条职业发展路径为员工提供了成长途径,这也是企业管理员工职业生涯的一种方式。此外,员工在组织中职业不断发展的重要表现就是管理职位的不断上升,这为组织提出了遴选和训练管理人员的特殊问题。

第一节 职业生涯理论

一、职业生涯的内涵

从传统意义来说,职业生涯是指个体在整个生命周期中所经历的全部职务所构成的轨迹,如一个人在大学中可以担任助教、讲师、副教授、教授等几种职务。职业生涯只是表示一个人一生中在各种职务上度过的整个经历,并不包含成功与失败的含义,也没有进步快慢的含义。Greenhaus 认为,职业生涯既包括客观部分,如工作职位、工作职责、工作活动以及与工作相关的决策,也包括对工作相关事件的主观知觉,如个人的态度、需要、价值观

---

① 本案例是作者根据网络二手资料整理而得。

和期望等。一个人的职业生涯通常包括一系列客观事件的变化及主观知觉的变化。个人可以改变客观环境(如转换工作)或改变对工作的主观评价(如调整期望),据此管理自己的职业生涯。

从上述定义可以看出,传统的职业生涯定义暗含着稳定、长期、可预测,这是与当时的时代背景相关的。20世纪90年代之前,技术和经济发展相对比较缓慢,人们面对的环境也相对稳定。在这个时期,员工和组织之间是一种长期的雇佣关系。组织向员工提供长期和安全的雇佣,换取他们对组织的忠诚;而员工则努力工作,沿着组织设计的职业生涯阶梯向上行进。由于组织结构大多数是层级制的,因此可以依靠管理层不断的空缺和填补来实现一种沿着管理层级向上移动的职业生涯路径。在这个时期,人们认为职业生涯的发展是相对比较稳定的和可预测的,是不断进步的,而且大多是在特定的专业领域内进行的。

随着科技迅猛发展、全球经济一体化、劳动力市场竞争加剧,20世纪90年代以后,稳定和可预测的环境已经不复存在。外部环境的剧烈变化引发了组织结构的一系列深刻的变革。为了适应竞争,传统金字塔式的组织结构逐渐被扁平化的组织形式取代,员工晋升的机会大大减少,技能培训和知识更新对职业发展的影响变得十分重要。与此同时,为了节约成本,许多组织大大降低了员工的加薪幅度。越来越多的员工开始非自愿地失去工作、进行横向的工作变动(包括组织内外的变动)以及不断的职业变更。新的经济发展背景引发了研究者对职业生涯新模式的关注——无边界职业生涯(Boundaryless Career)。无边界职业生涯强调职业生涯不再局限于单一的模式,而是可以采用"一系列的模式",这对传统的雇佣观点提出了挑战。在这个时期,职业生涯的多变性和灵活性变得越来越突出,越来越多的人开始从自己的个性和兴趣出发设计的职业生涯。人们不再单纯地将职业视作一种谋生手段,也不仅仅关注职业的动态性和发展性,而是越来越多地将它放在人生的长河中,与生活其他方面的发展统一起来。

二、职业锚理论

职业锚(Career Anchors)最初是由美国著名职业心理学家Edgar H. Schein教授针对美国麻省理工学院斯隆管理学院毕业生的职业生涯进行长期研究提出的。Schein认为,职业生涯开发实际上是一个不断持续的探索过程,在这一过程中,每个人都根据自己的天资、能力、动机、价值观等逐渐形成较为清晰的职业自我概念。随着个人对自身了解的深入,他/她也将形成一个占主要地位的明晰的职业锚。

1. 职业锚的特征

职业锚是个人在工作过程中逐渐形成的能力、动机和价值观的总和。它实际上是人们在选择和发展自己的职业时所围绕的中心,即当个人不得不做出职业选择时,不会放弃的至关重要的价值观。职业锚的特征如下:

(1)职业锚是能力、动机、价值观的整合。职业锚不仅重视能力、动机、价值观等诸多因素中的某一方面,还强调这些因素的相互作用和逐步整合。在实际工作中,个人会重新审视自我,逐渐明确自身的需要、价值观、优势和未来发展方向,从而寻找到长期稳定的职业锚。

(2) 职业锚是以个人多年的工作经验为基础的。个人职业锚的形成要经历一种搜索过程,可能要经过更换多次职业,才能开发出自己的职业锚,找到适合自己的职业轨道。这说明职业锚是个人在多年工作经验的基础上发展而成的。个人只有在获得工作经验之后,才能对自己职业选择的适合度做出更准确的判断,才能锁定自己稳定的、长期的贡献区和发展区。

(3) 职业锚是不能预测出来的。职业锚不是根据各种能力、动机、价值观、兴趣等测试工具提前预测出来的,而是个人与工作环境相互作用的产物。个人只有在工作实践中,依据自身的且已被证明的才能、动机和价值观,经过多次确认和强化之后,才能找到自己的职业定位。

(4) 职业锚不是固定不变的。随着个人职业的进一步发展,以及个人生命周期和家庭生命周期的变化,职业锚也可能发生改变,职业锚的稳定只是相对的。比如,个人在职业生涯后期的工作和任务发生了变化,就很有可能根据变化了的情况重新选择和确定新的职业锚,并重新规划自己的职业生涯。因此,个人的职业锚是在一个不断探索的过程中所产生的动态结果。

2. 职业锚的类型

由于个人的能力、动机、价值观等的不同,因此所寻求的职业锚也有所不同。职业锚有以下类型:

(1) 技术/职能能力型职业锚(Technical/Functional Competence Anchor)。持有技术/职能能力型职业锚的个体,主要关心的是工作的实际内容,倾向于选择那些能够保证自己在既定的技术/职能领域不断发展的职业,如财务、人力资源管理、市场营销等。比如,某商业银行中一个技术/职能型职业锚的财务分析员会希望成为银行的高级会计或审计,他的最高理想是成为银行的财务副总裁,他只接受与自己领域有关的管理任务,对全面管理则抱有强烈的抵触情绪。

(2) 管理能力型职业锚(Managerial Competence Anchor)。持有管理能力型职业锚的个体的主要目标不是在某一特定职能领域发展,而是表现出成为管理者的强烈动机。他们具有三种能力的强强组合:一是分析能力,即能在信息不完全或不确定的情况下识别、分析和解决问题;二是人际交往能力,即能够影响、监督、领导和控制组织各级人员更有效地实现组织目标;三是感情能力,即能够被人际危机所激励,而不是被打倒。

(3) 安全—稳定型职业锚(Security-Stability Anchor)。追求长期的职业生涯稳定性是安全—稳定型职业锚个体的驱动力。持有安全—稳定型职业锚的个人通常表现为很愿意留在某一固定的组织中、某一固定的行业中或某一固定的居住地。这类员工通常没有太大的抱负,偏好稳定的、可以预测的、风险比较小的工作。

(4) 自主/独立型职业锚(Autonomy Independence Anchor)。持有自主/独立型职业锚的个体希望最大限度地摆脱组织规章制度的束缚,能够自主决定何时工作、如何工作以及工作内容。他们可能是自主性较强的教授、自由职业者等。这类个体很有可能会拒绝晋升以换取最大限度的自由。

（5）服务/奉献型职业锚(Service/Dedication Anchor)。对于服务/奉献型职业锚的个体来说，服务是他们的核心价值目标。他们喜欢从事帮助别人的服务型工作并乐此不疲，如从事社区工作、物业管理工作或传统的第三产业服务等。

（6）纯挑战型职业锚(Pure Challenge Anchor)。持有纯挑战型职业锚的个体厌倦日常事务性工作，喜欢各种富有挑战性的工作，如解决看似不能解决的问题，或克服看似不能克服的障碍等。此类个体主要寻求工作中的新鲜感、多样化及挑战性。

（7）生活方式平衡型职业锚(Lifestyle Integration Anchor)。持有生活方式平衡型职业锚的个体追求生活中各个部分的平衡，特别是追求家庭生活和职业生涯活动的和谐。他们把享受生活看得非常重要，职业对他们来说只不过是生活的一部分而已，工作只是为了更好地提高生活质量。

（8）创业型职业锚(Entrepreneurship Anchor)。持有创业型职业锚的个体追求建立、创造完全属于自己的事业。他们希望能够自由地以自己的方式创建自己的组织。此类个体意志坚定，喜欢冒险，喜欢求新、求异。

三、职业性向理论

职业性向理论是由美国著名职业指导专家 John Holland 于 1971 年提出的。该理论认为个性（包括价值观、动机和需要等）是决定一个人选择何种职业的一个重要因素。它实际上反映了劳动者的个性与职业类型的适应程度，John Holland 设计了一个平面六角形（见图 9-1），直观地表示了两者之间的关系。图 9-1 中的六个角分别代表六种个性类型和六种职业类型；图中的连线距离则表示了劳动者的个性与职业类型的适应程度。图形中的连线距离越短，表明个体的个性与职业相关系数越大，适应程度越高。当连线距离为 0 时，即个体的个性类型与职业类型统一在一个点上，表明个体做出的是最好的职业选择。六种个性类型与相应适合的职业如下：

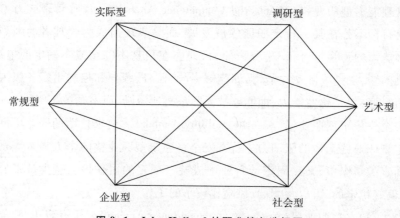

图 9-1 John Holland 的职业性向选择图

资料来源：Holland, J. L., *Making Vocational Choices: A Theory of Vocational Personalities and Work Environments*, Englewood Cliffs, NJ: Prentice-Hall, 1985.

（1）实际型。实际型的个体通常表现为注重与物打交道,不善言辞、不善交际、动手能力较强。具有这种性向的个人愿意从事需要一定技巧、力量和协调性才能承担的实际操作型职业,如工程师、维修工、技术员等。

（2）调研型。调研型个体通常抽象思维能力强,知识渊博,求知欲强,喜欢从事需要较多思考的智力活动,善于思考而不善于动手,喜欢独立的和富有创造力的工作,常常在科学领域做出贡献,这类职业如研究人员、大学教授等。

（3）艺术型。艺术型个体善于运用感情、直觉、想象力创造艺术形式或艺术产品,具有较强的表现欲,喜欢从事包含大量自我表现、艺术创造、情感表达以及个性化活动的职业,如广告策划者、室内装潢人员等。

（4）社会型。社会型个体乐于助人,社会交往能力强,渴望发挥自己的社会作用。这类职业如教师、服务人员等。

（5）企业型。企业型个体追求权力、权威和物质财富,喜欢竞争,敢于冒险。他们一般精力充沛、自信、善于交际并具有领导才能。这类职业如企业家、律师等。

（6）常规型。常规型个体尊重权威,喜欢按部就班,不喜欢冒险和竞争,做事循规蹈矩。他们通常从事那些大量结构性的且规律较固定的职业,如会计、银行职员、文秘工作者等。

另外,从图9-1中还可以看出,当个人无法在所偏好的领域找到最合适的工作时,可以在六角形相邻的领域找到比较合适的工作。如某个人是实际型的,如果他/她找到的工作恰恰也属于实际型的,那就表明该个体与职业最匹配;如果此人在实际型领域找不到合适的工作,那么他/她可以在与实际型相邻的常规型或调研型领域找到比较匹配的工作;但是如果此人最后找到的工作属于与实际型连线距离最长的艺术型或社会型领域,那么说明该个体与所找到的工作是最不匹配的。

四、职业—人匹配论

职业—人匹配论最早由美国波士顿大学的弗兰克·帕尔森(Frank Parsons)教授提出。1909年,帕尔森教授在其所著的《选择一个职业》(*Choosing a Vocation*)一书中,明确阐明了个人在选择职业时的三大要素和条件:(1)应该清楚地了解自己的态度、能力、兴趣、劣势等特征;(2)应该清楚地了解职业选择成功的条件,所需的知识,在不同职业工作岗位上所占有的优势、劣势、报酬、机会和前途;(3)上述两个条件的平衡,即职业—人匹配。一般分为两种类型:第一,条件匹配,即所需专业技术和专业知识的职业与掌握该种特殊技能和专业知识的择业者相匹配;第二,特长匹配,即某些职业需要具有一定特长的择业者从事。

帕尔森的理论建议个人应当在清楚认识、了解自己的主客观条件和社会职业岗位需求条件的基础上,将主客观条件与社会职业岗位相对照,最后选择一种职业需求与个人特长相匹配的职业。

五、职业生涯发展阶段理论

对员工的职业发展阶段的划分方法有很多种。G. T. Milkovich 和 J. W. Boudreau 将员工的职业生涯划分为开拓阶段、奠定阶段、保持阶段和下降阶段。各个阶段在核心工作内容、工作关系、工作角色和年龄区间方面都具有一些不同的特征,如表9-1所示。

表 9-1　员工职业生涯发展阶段的划分

	开拓阶段	奠定阶段	保持阶段	下降阶段
核心工作内容	辅助、学习、追随	自主、独立的贡献者	培训和发展他人、资源调配者、影响组织的方向	退出组织
工作关系	学徒	同事	师傅	业务顾问
工作角色	依赖他人	独立	为别人承担责任	重要性下降
年龄区间	16—25岁	20—35岁	35—55岁	50—75岁

在职业生涯的开拓阶段,员工要确定自己的兴趣和技能水平,并通过教育和培训来提高自己的技能水平。在这一阶段,员工技能的种类和水平、自己以前的工作经历,甚至父母的职业都有可能对员工的职业选择具有重要的影响。

在职业生涯的奠定阶段,员工应当提高自己的能力,增强自己对同事和组织的适应性,以奠定自己的事业基础。过去,这一过程往往是在一个组织中完成的;当前出现的一个重要变化是员工通过不断地跳槽,在几个组织中完成这一过程。

在职业生涯的保持阶段,员工由于拥有组织所需要的专业知识和经验的积累,已经成为组织的骨干,要承担更多的责任,对新员工施加更多的影响。如果组织的绩效不理想,那么组织高层级职位的空缺可能更主要地由外部劳动力市场来填充。因此,处于这一阶段的许多员工可能会放弃自己原有的专业,重新开始新职业的探索。有人将这种现象称为事业上的"中年躁动期"。

在职业生涯的下降阶段,员工的工作责任减少,在组织中的地位和作用下降,开始为退休做心理上的准备。但是需要指出的是,随着人口平均寿命的延长,员工在接近传统的退休年龄时仍然可以在组织中发挥重要作用。这就是为什么许多员工退休后在其他组织(特别是与原来的工作单位有竞争关系的组织)中发挥很大余热的重要原因。而如果将员工在组织中的服务时间延长,其对组织的投入感和忠诚感都将增强。因此,组织在员工进入职业的下降阶段时,应该尽可能采取各种方式为他们安排继续工作的机会,并将这一安排提前告诉他们。

第二节　员工的职业规划与管理

职业的一种含义是指职业生涯,是一个人在一生中所从事的各种工作职业的总称,是客观上的职业。职业的另一种含义是指人的生涯,即一个人一生中的价值观、为人处世的态度和动机的变化过程,是主观上的职业。关于职业管理的一个重要假定是人们在某种程度上能够掌握自己的命运,能够谋求职业上的成功并从中获得满足。由于在一生中,人的价值观、工作动机和处世态度会发生变化,因此组织在人力资源管理过程中,应该认清员工职业生涯的发展阶段,帮助他们在各个阶段获得发展。也因为一个人在职业道路上的成败对其价值观、认同感和对职业与生活的满足程度有重要影响,所以职业发展和职业计划已经成为组织中的一项重要活动。

一、员工职业发展的阶段性

为了实现组织对员工前程的有效管理,必须认清员工在职业周期各个阶段的不同特征。员工在进入组织的初期就承担具有挑战性的工作,对其以后不断在事业上取得成功有着重要意义。这种最初的挑战性工作可以使员工在以后的职业生涯中保持自己的竞争能力和旺盛的工作热情。影响员工职业发展的另一个因素是初期抱负,一般而言,远大的抱负会使员工得到激励。

在中年时期,经理人员都在为越来越少的较高层级的工作岗位竞争,因此其素质提高较快。有些员工没有等待晋升的耐心,离开组织自己开办公司。也有些员工调整自己的生活和职业目标,安于现状。在中年危机时期,员工会遇到以下问题:意识到发展,同时也意识到死亡;意识到年龄增大引起的身体变化;已经知道自己职业目标的实现程度;寻找新的生活目标;家庭关系发生大的变化;工作关系上已经从新手变为教练;在工作中落伍的感知不断增强;不想再颠沛流离,渴望工作保障。在这一时期,员工关注的焦点是自己的职业,会遇到工作要求变更、晋升机会、降职的可能性以及失业等问题。在中年危机时期,员工有时被迫发生一些转变。组织应该利用生活计划和职业计划来鼓励员工正视自己的不稳定性与不安全感,重新考虑自己的价值准则和生活目标,或者重新投身于以前的价值准则和生活目标中。

帮助员工顺利度过中年危机的方法有:第一,训练中年员工去帮助青年员工,这可以使中年员工保持旺盛的精力,同时也可以使青年员工学习中年员工的工作和生活经验;第二,解决或防止中年员工的知识老化问题。解决知识老化的方法有让他们参加研讨班、听讲座和到大学学习。防止知识老化的方法有给员工安排具有挑战性的工作任务,周期性地改变员工的工作和工作项目的内容,为员工提供有利于相互之间经常交流信息的工作环境,奖励与工作成绩相联系,提倡参与式的领导管理方式。研究表明,智力活动能力强、具有很强的自我激励意识和非常灵活善变的员工,其知识老化速度比较慢。

随着医疗保健技术的进步,人们的平均寿命延长,出现了一支身体健康的退休劳动力大军。人们对老年人的偏见阻碍着老年员工的职业发展,这些偏见包括:老年员工的生产效率低于年轻员工;教授老年员工学习工作方法花费更多;由于年老体弱,老年员工的缺勤率高于年轻员工;老年员工在工作中发生的事故率超过标准;老年员工很难相处。为了适应老年劳动力供给不断增长的趋势,比较好的方法是重新录用即将退休的员工,并根据他们的特点调整人力资源管理政策。重新雇用退休员工的问题是:第一,在职员工可能对这种政策产生不满情绪,特别是当失业率比较高的时候;第二,退休员工重新工作会妨碍年轻员工的职业发展。

二、员工的自我职业管理

虽然每个员工都有自己的职业意愿和职业渴望,但从总体上看,员工的职业方向大致有以下几种类型:第一种,专业技术取向。这种员工不愿意把与人打交道作为自己的职业,而愿意应用并不断提高自己已有的专业技术,想通过技术水平的发展来提高自己的价值,而不愿意转变为纯粹的管理人员。第二种,管理取向。这种员工愿意与人打交道,期望提高自己在人际沟通、分析问题等方面的管理能力,适应上司的期望来提高自己在组织中的政治地位。第三种,组织/地域取向。这种员工只愿意在某一个自己喜欢的特定的组织中服务,或者只愿意在某一个城市或地区工作。例如,现在很多大学毕业生愿意到大城市去工作,而不论自己找到的工作是哪一种类型的,这一现象就属于这种情况。第四种,独立取向。这种人不愿意接受他人的领导和组织的制约,喜欢自己创业开办公司或者做咨询师等自由职业者。

在员工选择职业和工作单位时,首先应该确定自己的目标,然后根据自己的长远目标考虑可能的企业和可供选择的工作。在无法立即实现自己职业目标的情况下,可以采取"积累"的策略,即接受那些工资待遇不高,但是却可以提供重要的学习机会和有价值的职业接触机会的工作职位。此外,要谨慎地接受高度专业化和"与世隔绝"的工作,因为一旦接受将可能严重限制自己今后的职业发展。在员工的任职期间,需要密切关注可能的发展机会,特别是那些有利于自己职业发展的培训学习的机会。平时应该认真估计自己的工作情况,包括自己对工作的看法和上司对自己工作的看法,这有助于准确地预测职业的临界点。所谓的临界点指的是自己不再需要组织的时间和组织不再需要自己的时间。如果决定离开正在服务的组织,那么应该选择离开组织的最佳时间,以便不放过有利于实现自己长期职业规划的机会。在这一问题上,组织的对策有两种:一是考虑和计划尽早结束雇佣关系,方法是在具有固定期限的工作合同中加入允许重新谈判和可以延长合同期限的附加条款;二是在工作设计和设备方面增加投入,使组织可以比较容易地更换员工,迅速恢复生产效率,从而适应员工的高流动率。

员工职业的有效管理需要员工和组织的共同努力与相互协作。员工需要在职业前程的规划过程中承担以下责任:第一,要对自己的工作能力、职业兴趣和价值观进行自我评价;第二,分析可供自己选择的职业资源;第三,确定自己的发展目标和需要;第四,向经理人员说明自己的职业倾向;第五,与经理人员共同商定双方都可以接受的达成目标的实施方案;第六,执行双方设定的实施方案。

三、组织的员工职业管理

员工的职业规划方案必须能够适应组织性质的需要,适应组织在员工招聘方面竞争的需要,适应现存的或计划实施的组织结构。因此,公司的高层管理人员在发展和实施有效的员工职业规划方面负有重要的责任。实施员工职业规划中要解决的问题有：第一，实施员工职业规划的目的；第二，实施职业规划的员工范围；第三，职业规划的强制性与自愿性；第四，职业规划方案的通用性与差异性；第五，公司与员工在实施职业规划中的分工；第六，职业规划方案的内容，如职业咨询等；第七，组织实施员工职业规划的负责人（人力经理还是直线经理）；第八，如何将职业规划与人事政策联系起来；第九，衡量职业规划实施情况的方法和促进措施。

在向员工提供职业指导和咨询以前，企业应该首先确定员工可能选择的职业道路。职业道路是指一个人在一生中可能担任的一系列职务。员工的职业道路可以通过分析员工在组织中目前的工作情况来判断。对员工职业道路的要求是：第一，应该代表员工职业发展的真实可能性，无论是横向发展还是纵向升迁都不应该以通常的速度为依据；第二，应该具有尝试性，能够根据工作的内容、任职的顺序、组织的形式和管理的需要进行相应的调整，同时也不要过分集中于一个领域；第三，具有灵活性，要具体考虑每位员工的薪酬水平，以及对工作方式有影响的员工的薪酬水平；第四，说明每个职位要求员工具备的技能、知识和其他品质，以及具备这些条件的方法。在为员工确定职业道路时，首先应该进行工作分析，找出工作对员工要求的相同点和不同点，然后将对员工的行为要求类似的工作组合在一起，形成一个工作族，并在工作族或工作族之间找出一条职业道路，最后将确定的所有职业道路连接起来，构成一个职业道路系统。

企业的管理人员在员工的职业前程规划中应该承担的工作包括以下几个方面：第一，充当一种催化剂，鼓励员工为自己建立职业前程规划；第二，对评估员工表达出来的发展目标的现实性和需要的合理性；第三，辅导员工做出双方都愿意接受的行动方案；第四，跟踪员工的前程规划并进行适当的调整。组织在员工职业前程规划中的责任包括：第一，提供员工制订自己的职业前程规划所需要的职业规划模型、信息、条件和指导；第二，为员工和管理人员提供建立职业前程规划所需要的培训；第三，提供技能培训和在职培训。美国惠普公司帮助员工自我评价职业前程规划的方法如表9-2所示。在收集具体材料的基础上，惠普公司通过讲座等形式帮助员工认识自己的基本形象，制定自己的职业前程目标。然后，各个部门的主管人员与下属面谈，了解其职业目标，并根据他们目前的工作情况和职务做法全面的人力资源规划。

表9-2　惠普公司员工自我评价方法

自我评价方法	含义
撰写自传	了解员工的个人背景，包括接触过的人、居住的地方和生活中发生的事情、进行过的工作转换以及未来的计划等
斯特朗-坎贝尔（Strong-Campbell）志趣考察	包括员工愿意从事的职业、喜欢的课程和喜欢的人的类型，并比较员工的志趣与成功者的志趣，得出员工的志趣形象

（续表）

自我评价方法	含义
奥尔波特-弗农-林赛（Allport-Vernon-Lindzey）价值观研究	根据员工选择出的自认为最有价值的事物了解员工在理论、经济、审美、社会、政治和宗教信仰方面的价值观
24 小时日记	要求员工记录一个工作日和一个非工作日的活动，从侧面了解员工
与两个"重要人物"面谈	员工与自己的朋友、配偶、同事或亲戚谈自己的想法，并将谈话录音
生活方式描写	员工用语言、照片等方式向他人描述自己的生活方式

在组织的员工职业管理过程中，员工需要承担的责任是向组织的管理人员提供所需要的技能、工作经验和职业意愿等方面的准确信息。在这一过程中，管理人员的责任包括以下几个方面：第一，发挥员工提供的信息的作用；第二，向员工提供自己负责的职位空缺的信息；第三，管理人员要综合有关的信息，为职位空缺确定合格的候选人并进行选择，同时为员工发现职位空缺、培训项目和工作轮换等职业发展机会。组织在员工职业管理中的责任包括：第一，为管理人员的决策过程提供信息系统和程序；第二，负责组织内部各类信息的及时更新；第三，设计出收集信息、分析信息、解释信息和利用信息的便捷方法，以确保信息利用的有效性；第四，监控和评价员工职业管理过程的执行效果。

四、组织的职业管理模式

员工通过外部招聘进入一个组织以后，就开始了他在组织内部的发展过程。从员工个人的角度看，员工在组织内部的发展不仅会影响到员工个人的职位升迁、地位变化和收入水平，还会影响到员工个人的人生态度和价值理念，影响他的成就感和满足程度。从组织的角度看，针对员工的管理体系能否保证使合适的员工在合适的时间改变员工在组织中的相对地位，也将对组织的生产效率和经济效益产生非常重要的影响。

员工在组织中的发展情况不仅要受到员工个人才能和个人努力程度以及机遇的影响，还要受到员工所在组织的员工职业管理模式的制约，而一个组织的员工职业管理模式是组织管理层的管理理念、组织所处的行业以及组织所面临的市场竞争环境共同作用的结果。1988 年，J. A. Sonnenfeld and M. A. Peiperl（1988）从两个角度对组织员工职业管理模式进行划分，一个角度是组织的员工队伍对外部劳动力市场的开放性，另一个是组织内部员工晋升竞争的激烈程度。综合这两个角度反映了这样一个事实，即员工在一个组织内部职业发展的成败取决于他与内部的竞争者和外部潜在竞争者竞争的结果。组织对外部劳动力市场的开放性越高，员工在组织中参加正式培训的机会越小，被辞退的可能性就越大，员工在组织中不断晋升的难度也会越大；反之，组织对外部劳动力市场的开放性越低，员工在组织中停留的时间越长，员工晋升机会比较多，员工晋升的速度也会越快，同时员工被辞退的可能性会比较小，而企业组织的技术培训活动会比较多。组织内部员工晋升竞争的激烈程度越高，员工在组织之间的流动性将越高，正式的和非正式的技术培训的重要性都将越高;反之,组织内部员工晋升竞争的激烈程度越低,员工越容易发展全面的技能,资历观念可能越重。

我们可以按照组织的员工队伍对外部劳动力市场的开放性程度和员工在组织中晋升竞争的激烈程度,将组织在员工职业管理模式上的特征划分为四种类型[①]:第一种,城堡型组织。这种组织的员工队伍对外部劳动力市场的开放程度高,同时组织内部员工晋升的竞争程度低。因此,组织内部员工的就业安全的主要威胁来自组织外部。第二种,棒球队型组织。这种组织的员工队伍对外部劳动力市场的开放程度高,同时组织内部员工晋升的竞争程度也高。因此,组织中员工的就业安全和事业前程要同时受到来自内部与外部的严重威胁。第三种,俱乐部型组织。这种组织的员工队伍对外部劳动力市场的开放程度低,同时组织内部员工晋升竞争的激烈程度也低。因此,员工的就业安全和职业前程受到双重保护。第四种,学术机构型组织。这种组织的员工队伍对外部劳动力市场的开放程度低,同时组织内部员工晋升竞争的激烈程度却很高。因此,员工的就业安全和职业前程的发展情况取决于员工在组织中的绩效表现。上述四种职业管理模式在员工进入组织、在组织内部的发展以及在退出组织的环节上具有各自不同的特点(见表9-3)。

表 9-3 组织的职业管理模式

分类	进入组织	内部发展	退出组织	实例
城堡型	• 被动的招聘 • 申请人自我选择	组织保留业务骨干	• 经常辞退 • 重视资历	零售业
棒球队型	• 招聘活跃 • 强调证书 • 挑选各个层次的员工	• 非正式的培训 • 几乎没有职业管理	• 高离职率 • 员工要经历多个组织	唱片公司
俱乐部型	• 员工职业早期 • 强调终身职位	• 发展全面技能 • 晋升路线按部就班 • 升职缓慢 • 强调员工的忠诚	• 低离职率 • 退休最典型	银行
学术机构型	• 员工职业的最早期 • 强调员工的发展潜力	• 高度重视发展活动 • 广泛的工作培训 • 追踪和资助潜力大的员工 • 严格的晋升路径	• 低离职率 • 退休和解聘都常见	大学

---

① Sonnenfeld, J. A. and Peiperl, M. A., Staffing policy as a strategic response: A typology of career systems, *Academy of Management Review*, 1988, 13(4): 588-600.

第三节 员工职业管理的特殊议题

员工在职业生涯早期进入某个特定的组织参加工作,到职业生涯的晚期退出组织,整个过程中会遇到一些特定的问题。这些问题既是员工本身所关注的,也是组织需要在职业生涯管理中考虑的。组织和员工这两个主体需要通过协调、合作来管理这些特定的问题。

一、组织社会化

(一) 组织社会化的含义

组织社会化(Organizational Socialization)是指个人为了适应所在组织的价值体系、组织目标和行为规范而调整自己的态度与行为的过程。该概念由美国管理学家 Schein(1968)首先引入到组织管理领域,用以解释员工从组织外部人转变为组织内部人的过程。① 组织社会化的实质是员工个人融入组织内部的过程,或者说是员工适应工作环境和组织角色的一种调试过程。此过程中个人与组织产生一系列交互影响,结果通常是个人调节自己的期望、价值观和行为,逐渐适应组织文化和氛围,内化组织的价值取向和目标,了解组织特征,最终成为组织文化的传递者和组织秩序的维护者。这个过程对组织和个人都是至关重要的:组织通过已经历组织社会化的员工传承组织的发展目标和组织文化,而个人则通过组织社会化适应新环境、形成新的工作技能和态度,成为"组织内"的成员。因此,组织社会化是员工和组织在最初的相互吸引与选择之后的调适过程。国外的诸多实证研究表明,总体上,组织社会化程度对新员工的绩效水平、适应能力、组织认同、工作满意、职业生涯投入度、组织承诺等均有显著正向影响。

(二) 组织社会化的内容

组织社会化的内容是指新员工在社会化的过程中需要学习什么才能更好地适应组织,主要关注组织或职务方面知识的学习。也就是说,在组织社会化的过程中,组织要传递给新员工有关组织和职务方面的具体信息,而新员工要从中学习和掌握这些信息。衡量新员工在组织或职务方面相关知识的学习程度就可以了解他们的组织社会化程度。比如,通过新员工对于组织社会化内容的学习,可以了解新员工在组织或职务的某一具体方面的学习程度如何。通过判断新员工在组织社会化内容或维度上的学习程度或社会化程度,可能判断组织社会化的成败。而理解新员工在某个具体方面的组织社会化程度和工作结果的关系,有利于管理者提升社会化策略和更好地管理社会化过程。

关于员工组织社会化的内容,探讨最详细、引起最多关注的是 Chao et al.(1994)的研

---

① Schein, E. H., Organizational socialization and the profession of management, *Industrial Management Review*, 1968, 9: 1-16.

究。他们发展并验证了员工组织社会化内容的六因素模型,通过因素分析阐述六个维度[①]:工作熟练程度、人、政治、组织内语言、组织目标和价值观、组织历史。具体阐述如下:(1)工作熟练程度是指员工是否掌握了完成工作任务所必需的知识、技能和能力,并学会如何达到工作要求。(2)人是指员工如何与组织内其他员工建立工作关系。能否找到合适的人学习关于组织、群体和工作任务的相关知识并与之建立良好关系,是组织社会化过程的重要方面。(3)政治是指员工能否获得正确的组织内正式或非正式的工作信息以及组织内权力结构的信息,能否识别哪些是有权力和权威的人。(4)组织内语言是指员工在多大程度上了解组织内专业技术的术语以及约定俗成的简称、俚语等。(5)组织目标和价值观是指员工学习组织的目标和价值观,其中包括实权人士要传达的非正式的目标和价值观。这对于新进员工的工作和组织适应是非常有益的,他们必须了解一些通常无法用语言直接表达的规则和规范,以利于更快地适应工作环境。(6)组织历史是指员工对组织的传统、故事、发展历程等信息的了解程度,这有助于其在特定环境中辨别哪些行为是合适的。

(三) 组织社会化的策略

在组织社会化过程中,个人与组织会采用哪些组织社会化措施来提高组织社会化的有效性。组织社会化策略可分为组织主导型组织社会化策略和个人主导型组织社会化策略。

1. 组织主导型组织社会化策略

Van Maanen et al.(1979)最早提出组织主导型组织社会化策略[②],他们将组织主导型组织社会化策略划分为以下六种:(1)集体策略及个人策略。集体策略指组织将新进员工集中起来,通常以集体学习与经验分享的方式传递组织信息并进行组织社会化过程。由于集体学习相同的经验和价值观,会产生标准化的行为反应。个人策略通常以分散或单独的方式学习组织经验与传统,员工会产生差异化的行为反应。(2)正式策略及非正式策略。正式策略指实施有计划和有针对性的培训,使新进员工专心学习相关技能和工作角色,培训结束后才开始正式的工作。非正式策略指直接安排员工从事正式工作,边做边学。正式策略组织社会化通常在相对隔离的非工作环境中进行,而非正式策略组织社会化场所通常选择正常工作环境。(3)连续策略及随机策略。连续策略指组织采用明确、连续、固定的程序和内容对新进员工进行组织社会化。随机策略中的组织社会化工作则没有固定的模式和顺序可循,员工角色认知是模糊和随机的。(4)固定策略及变动策略。固定策略指组织采用固定且明确的时间表来进行组织社会化。变动策略则没有固定的时间表,员工无法明确知道每个阶段的学习程序。(5)伴随策略及分离策略。伴随策略是在新进员工组织社会化的过程中,组织安排有经验的员工全程陪伴,他们实际上起到角色榜样

---

① Chao, G. T., O'Leary-Kelly, A. M., and Wolf, S., et al., Organizational socialization: Its content and consequences, *Journal of Applied Psychology*, 1994, 79(5): 730-743.

② Maanen, J. V., and Schein, E. H., Toward a theory of organizational socialization, in Staw, B. M. (ed.), *Research in Organizational Behavior*, JAI Press, Greenwich, CT, 1979: 209-264.

的作用。分离策略则是让新进员工自行摸索和发展,没有固定的学习或模仿榜样,也没有任何帮助和支持。(6)赋予策略及剥夺策略。赋予策略指肯定和尊重个人特征和先前的某些观念和经验。剥夺策略旨在重建组织需要的个人特征、观念或经验。

2. 个人主导型组织社会化策略

根据 Andrea et al.(2000)的研究结果①,个人主导型组织社会化策略主要有以下八个方面:(1)反馈与信息收集。新进员工可以主动收集与寻求反馈来获得想要的信息,以加快组织社会化进程。(2)建立关系。新进员工通过与各方面建立良好的关系,有利于获得组织社会化所需的各种资源。这些关系包括同事关系、上下级关系和师徒关系等。新进员工建立各种关系的情况会直接影响其组织社会化的成效。(3)非正式的师徒关系。新进员工的正式师徒关系由组织确定,但是新成员也会和其他内部人形成一种非正式的师徒关系,通过这种非正式的师徒关系,新成员可获得一些额外资源。在某些时候,这种非正式的师徒关系对组织社会化成效会产生显著的影响。(4)工作变动协商(Job Change Negotiation)。工作变动协商也是个人常用的组织社会化策略。新进员工分析评估自身的情况,与上级协商,重新定义工作或改变工作职责和内容,使自己能够更加胜任工作或有更多的发展机会。(5)积极进取。积极进取是一种自我认知管理,有助于决定个人对不确定压力环境的认知和应对措施。积极进取可以增强个人的自信心与自我效能感,提高个人行为的效率,加快组织社会化的进程。(6)参加与工作有关的活动。与工作有关的活动主要包括非正式或非强迫参与的讨论、咨询、研讨及重要的社会活动。新进员工参加这些活动,可以从侧面了解与组织、部门、工作及相关人员有关的信息,有利于提高组织社会化程度。(7)自我行为管理。自我行为管理包括自我观察、目标设定、自我奖励、自我惩罚及演练等内容,通过这些活动,个人的学习成效与工作绩效都会有显著的提高。(8)观察与模仿。许多研究者认为,观察与模仿是个人社会化期间最重要的学习方法。

二、员工晋升

晋升是组织在员工职业管理中一项非常重要的工作。那些被提升的员工比提升前负有更大的责任,拥有更大的权力,同时也往往得到更高的工资报酬、更好的福利及其他特权。因此,被晋升的员工的安全需要、归属感需要都得到增强,同时获得事业的发展。企业的晋升决策应该注意以下问题:第一,广泛征集晋升的候选人;第二,对所有的候选人都要有标准化的、可信的信息资料;第三,让所有的相关人员参与最后的晋升决策,这有助于使那些没有被提升的员工继续努力工作。一般来说,决定员工是否应该得到晋升应当依据员工的资历和工作能力。在美国企业中,员工过去的工作绩效、工作经验和资历是影响员工晋升的重要因素。在选择次序上,首先应该提升那些工作能力明显突出的员工,如果两位候选人的能力和工作经验基本相同,则可以依据资历进行提升。在员工晋升的决策依据上,需要注意的是不能过分依赖员工过去的工作绩效,著名的彼得原理(The Peter

---

① Andrea, G. E. C., Anrienne, C., and Srikanth, G., Newcomer and organizational socialization tactics: An interactionist perspective, *Human Resource Management Review*, 2000, 10(4): 453–476.

Principle)认为过分强调过去的绩效是一种危险的倾向。劳伦斯·彼得(Laurence Peter)在1970年指出,如果企业的员工晋升决策完全依赖于员工过去的绩效,那么很可能出现这样的结果:员工晋升到某一个职位后缺少这一工作岗位所要求的技能和能力,导致其无法胜任该工作。彼得原理强调的是不适当的晋升依据会使员工晋升到自己无法胜任的工作为止。

在许多组织中,专业技术人员往往面临一种事业困境。这里,我们所说的专业技术人员指的是工程师、程序设计员、销售人员和研究开发人员等。所谓的事业困境指的是这些专业技术人员在自己所在的专业领域内是非常出色的员工,而且也愿意在自己的专业领域内继续发展,但是组织为他们设计的晋升路径很短,超过某一层次后就必须纳入经理系列向上晋升。结果,优秀的专业技术人员可能不愿意也可能没有足够的能力充当一个优秀的经理人员,所以这对员工个人和组织都是一种损失。这种现象在中国的国有企业和公共部门中表现得尤其明显。不管这个人所从事的是什么样的职业,如果他绩效突出,最后都将成为某一级别的行政干部。结果,人们习惯于用行政级别衡量自己的事业成败,哪怕是大学里承担一定行政工作的教授也很在意自己是正处级还是副处级。专业技术人员的这种事业困境的另一个结果就是中国的"官儿"特别多,因为只要承担一定的责任,不管是行政方面的还是专业方面的,最终都要被纳入一个行政头衔系列。这样一种"官本位"的职业意识和员工职业发展的管理方式不但对员工个人的职业发展不利,而且对组织的整体绩效都有严重的消极影响。

双梯晋升路径为解决专业技术人员的职业发展困境提供了一个有效的方法。所谓的双梯晋升路径指的是为经理人员和专业技术人员设计一个平行的晋升体系,经理人员使用经理人员的晋升路线,专业技术人员使用专业技术人员的晋升路线。在经理人员晋升路线上的提升意味着员工拥有更多的制定决策的权力,同时要承担更多的责任。在专业技术人员晋升路线上的提升意味着员工具有更强的独立性,同时拥有更多的从事专业活动的资源。

现在,随着组织结构从金字塔式的科层化向扁平化和网络化的转换,员工在企业中的晋升路线往往是水平形式的,这表现为职位资格的累积,而不再是地位的变化。因此,工作团队的负责人、网络联系人和项目协调人等职位比监工和经理更可能成为员工谋求的职业目标。在制定晋升政策时,可以规定员工必须在本公司的多个部门或多个地区工作过以后才可以获得提升,而且应该树立这样的观念:能够获得同职级轮换的员工是很成功的人。

与晋升相反的是降职。对于员工来说,降职意味着工资减少、地位降低、失去特权和发展机会,同时会使员工情绪低落、工作效率下降,影响员工所在工作小组的士气。导致员工降职的原因有纪律处分、公司裁员、失职、员工本人的健康问题和员工志向的改变等。丹麦企业的一个经验是:经理人员年过50岁就不再晋升,而且到60岁以后就把他们轮换到比较低的职位上。这样,管理人员可以工作很长时间,直至退休。

三、缺勤和离职

缺勤指的是因员工不来工作而引起的损失工作时间的频率或持续的时间。美国对企业缺勤率的计算方法是：

$$缺勤率 = \frac{本月因缺勤而损失的工作日}{本月员工的平均数量 \times 本月的工作日天数} \times 100\%$$

其中，本月员工的平均数量等于该月各个工作日的员工数量总和除以该月的工作日数量。不难发现，缺勤率不仅要反映缺勤的员工数量，还要反映他们缺勤的时间。实际计算中，要将员工病假、事假和长期病休等因素引起的缺勤排除在外。

员工离开组织有两种基本形式：第一种是员工先提出离开工作单位。这种员工主导型的离职又可以分为辞职和退休两种形式。辞职指的是员工在还没有达到退休年龄，或者虽然接近退休年龄但退休并不是主要因素的情况下决定主动离开企业的决策。退休指的是在与退休有关的福利和激励条件影响下员工做出的主动离开企业的决策。第二种是组织先提出的解除劳动关系。这种组织主导型的解聘又可以分为开除和辞退两种形式。开除指的是出于员工个人方面的原因（如违反规定、造假、业务水平不合格、偷懒、缺勤、不服从管理和没有通过试用期考核等）引起的组织解聘决定。辞退指的是出于组织要减少劳动力的数量而不是员工个人方面的原因引起的组织解聘决定。强制性解聘将损害被解聘者的尊严，使他们感到痛苦和愤怒。员工如果因被强制解聘而失业，会产生精神上和经济上的压力，甚至激化家庭矛盾。公司应该帮助那些因解聘而暂时失业的人。解聘也会影响到继续留任者的预期，公司应该设法使他们保持对公司的信任和忠诚，保持工作团队的团结、士气和生产效率。解聘员工还会影响公司在本地社区的形象和声誉。

有时，员工与组织之间雇佣关系的解除类型是很难明确区分的。因为事实上员工经常在组织还没有提出解聘的情况下就先提出辞职，也有很多企业为了降低劳动力成本，设计出有诱惑力的退休金方案或提供求职援助来诱使员工提前退休，从而避免解聘引起的尴尬。

在美国，员工离职率的计算公式是：

$$月度离职率 = \frac{本月员工离职总量}{本月员工的平均数量} \times 100\%$$

计算出月度离职率以后，再乘以 12 就可以得到年度离职率。事实上，一个组织中的员工离职率还可以进一步细分。首先，由于员工离职包括辞职、退休、开除和辞退等各种形式，因此我们可以把总体的离职率水平分解为辞职率、退休率、开除率和辞退率。其次，一些企业还将员工离职率区分为对组织有利的离职率和对组织不利的离职率。对组织有利的离职指的是离职的员工对组织来说价值比较低同时又很容易被替代的情况，而对组织不利的离职指的是离职的员工对组织而言价值比较高而且留下的空缺不容易被填充的情况。此外，还有一些企业将员工离职率区分为可避免的离职率和不可避免的离职率。可避免的离职指的是组织可以通过人力资源管理政策的作用使之避免的情况，而不可避免的离职指的是组织外部的属于组织无力影响的因素引起员工离职的情况。特别是在对组织不利的离职中，区分组织可控制的离职和组织不可控制的离职，对于组织改进人力资源管理政策和改善组织的文化具有重要的指导意义。

四、裁员与提前退休

对公司本身而言，裁员通常是想通过解聘工人来降低费用；但是需要注意的是，裁员本身也会引发很多费用，包括直接费用和间接费用。直接费用包括由于没有预先通知员工而需要支付的解聘费，累积下来的应该发放的假期工资和病假补贴，员工失业救济金，帮助员工重新寻找工作而支付的费用，退休金和退休福利补贴的一次性支付，解聘事务的管理费。间接费用包括新员工的招聘和录用费用、新员工的培训费用、留用员工士气低落引起的损失。

为了解决上述问题，企业一般有以下几种办法：第一，实行工作分担，即由留任员工分担被解雇员工的工作，可以降低公司的劳动力成本；第二，不解雇员工但缩短工作时间，并按照缩短后的工作时间支付工作报酬；第三，用物质刺激鼓励员工提前退休，这样员工在退休后的若干年里仍然可以领取部分工资和享受公司的福利待遇。其他方案还包括人员自然缩减、人事冻结（Hiring Freeze）、不与合同员工（Contract Worker）续约，以及鼓励员工自愿休假。表9-4给出了裁员之外的主要选择方案，包括雇佣政策、工作设计的变化、薪酬和福利政策及培训。管理者可以采用这些选择方案减少劳动力成本并保障全职员工的工作。

表9-4 裁员的替代方案

雇佣政策	工作设计的变化	薪酬和福利政策	培训
• 人员自然缩减 • 人事冻结 • 减少兼职员工 • 减少实习生 • 把转包工作交给公司内部人员 • 自愿休假 • 辞退缺勤人员 • 减少工作时数	• 调职 • 迁居 • 工作分享 • 降职	• 薪酬冻结 • 减少加班费 • 用足休假日 • 减薪 • 利润分享或可变薪酬	• 再培训

资料来源：Gómez-Mejía, L. R., Balkin, D. B. and Cardy, R. L., *Managing Human Resources*, Prentice Hall, 2007：193。

一旦做出裁员的决策，管理者就得谨慎地执行。裁员可能对数以千计的人造成极大的伤害。管理者必须做的关键工作是通知员工、建立裁员的标准、与被裁的员工沟通、协调媒体关系、维持安全，以及安抚裁员中的幸存者。

20世纪末，我国的国有企业改革经历了"减员增效"的过程，其含义是通过减少国有企业劳动力的数量来降低企业的成本，提高企业的盈利能力和生存能力。作者在国有企业的调查中，最经常被问到的一个问题就是："国有企业如何决定哪些人应该下岗？"其实，这个问题也等价于另一个问题："国有企业如何决定应该保留哪些人？"形式上，这只是语义学上的技巧，实际上却改变了观察下岗这一棘手问题的角度，有很强的心理学效应，有助于减小推行"减员增效"运动的阻力。在这个问题上，存在两种基本原则：一种是资历原则，另一种是绩效原则。所谓的资历原则指的是将员工按照年龄大小排序，选择那些最年轻的员工解聘，直到把员工规模降到目标水平。资历原则可以理解为一种强调公平的原则。所谓的绩效原则指的是将员工按绩效高低排序，选择那些绩效水平比较低的员工解聘，直到把员工规模降到目标水平。绩效原则可以理解为一种强调效率的原则。

在实践中，有的国有企业采取的做法是将员工按年龄排序，"去两头，留中间"，即让年龄在50岁以上的接近正常退休年龄的员工和30岁以下的还有能力学习新的工作技能的员工下岗，而保留三四十岁的员工。如果我们认为接近退休年龄的员工的工作绩效已经开始下降，那么我们可以把这种"去两头，留中间"的下岗决定机制理解为一种资历原则和绩效原则的结合，也是公平原则和效率原则的一种兼顾。在国有企业"减员增效"的过程中，还应该注意到一个不利于企业未来发展的倾向，即在鼓励员工下岗的过程中，很多对企业很有价值的员工主动离开了企业。要避免这种问题，应该对国有企业的整体人力资源管理政策进行市场化改革。从根本上讲，"减员增效"不仅要重视数量方面的效果，更要重视质量方面的效果。

美国的一些企业规定提前退休的员工可以享受企业的利润分享计划、医疗保健待遇、人寿保险待遇等。需要明确的是，提前退休计划成功的关键是在提供物质刺激之前，首先明确预计提前退休员工的需要。为了降低成本，美国企业诱使员工提前退休的主要做法一般是以下四种方案的某种组合：第一，增加企业支付的员工养老金计算的时间，一般是增加5年；第二，在员工离开企业时向员工支付一笔钱；第三，企业每年给予向员工额外的支付，直到社会保障计划开始生效；第四，企业继续向提前退休的员工提供健康保险，直到65岁甚至以后。由此可见，在西方国家，诱使员工提前退休的费用也是很高的。在意大利，法律规定企业解聘一名员工需要支付的福利高达13万美元；在西班牙，这一数额为12.5万美元；在英国，这一数额为1.9万美元。

我国的企业在使用继续支付养老金的方法引导员工"自愿"退休时，需要注意这种"诱导"方式隐含着一种风险，即它很可能导致那些对企业最有价值的员工要求提前退休。这是因为当养老金是按照员工工资的某一比例提取的情况下，员工的养老金福利水平与员工的工资水平正相关。而在正常的情况下，工资水平最高的是那些工资增长速度最快的员工，因此也应该是那些绩效最突出的员工。

五、工作压力与员工帮助计划

工作节奏加快使员工体验到更大的工作压力。工作压力一直是心理学、生物医学、管理学和社会学等学科的一个重要范畴。工作压力的定义基本上可分为三类：(1)刺激说。该假说认为工作压力就是作用于人的力量或刺激，从而导致人的紧张反应。它把压力看成人对外界的刺激所引起的生理的紧张、恐惧等,强调的是人的一种生理反应,这是早期对工作压力分析的观点。这一学派的研究主要关注压力刺激的实质,关心压力的来源是什么。刺激说主要强调了工作压力的外部因素,而没有考虑到个人对压力程度的感知和评价,也没有注意到对压力反应的处理策略。(2)反应说。该假说认为工作压力是由于环境刺激物的影响,人们呈现的一种心理反应。反应说把压力看成人的主观感受,着眼于人们对待压力的体验和认知,并且认为工作压力是以反应为基础的模式,强调人的心理和精神方面。面对压力,每个个体反应的基本模式是相同的,只是表现程度及对个人的影响因人而异、差别很大。(3)交互作用说。该假说认为工作压力是个人特征和环境刺激物之间相互作用的后果,是形成个人生理、心理及行为反应的过程。它不仅包括紧张和反应,还包括个人特征及其对待压力的其他因素。交互作用论全方位、多视角地考察了个人特征与外界刺激物之间的相互影响和相互作用。

著名的 Yerkes-Dodson 法则对老鼠进行的试验,显示在刺激力与绩效(学习逃避的速度)之间存在一种倒 U 形关系。[1] 他们认为,存在某种最佳的刺激力水平能够使绩效达到顶峰状态,而过小或过大的刺激力都会降低工作效率。当压力较小时,工作缺乏挑战性,人处于松懈状态之中,效率自然不高。当压力逐渐增大时,压力会成为一种动力,激励人们努力工作,效率将逐步提高。当压力等于人的最大承受力时,人的效率达到最大值。但当压力超过了人的最大承受力之后,压力就会成为阻力,效率也就随之降低。国际劳工组织 1993 年公布的一份调查显示,1980 年美国因工作压力而引发的经济索赔占全部职业病索赔的 5%,1990 年这一比例上升为 15%。工作压力引发的经济索赔、劳动生产率下降、旷工、增加健康保险费用,以及高血压、心脏病等直接医疗费用,每年给美国带来的经济损失高达 2 000 亿美元。日本人的工作压力相当大,因此有"过劳死"的说法,调查显示,40%的日本人担心会死在工作岗位上。2000 年 2 月,日本有关部门宣布,全国有 1/3 的工龄人口受到"慢性疲劳综合征"的袭击,患者成年累月地感到倦怠乏力,难以恢复正常的精神状态,专家称这是工作压力过大造成的。各国的调查资料显示,员工工作压力已经严重影响到员工的身心健康,影响了员工的工作绩效。员工的工作压力大、工作时间长、工作时精力要求长时间集中且一直处于紧张状态,导致员工的情绪、压力、沟通、人际关系、挫折、疲惫等有关的心理压力问题不断增加,不仅给员工身心带来极大的伤害,还严重影响了员工的工作绩效。

越来越多的企业开始关注这一重要问题,员工帮助计划(Employee Assistance Program, EAP)应运而生。EAP 是企业组织为员工提供的系统的、长期的援助与福利项目:专业人员对组织及员工进行诊断和建议,提供专业指导、培训和咨询,帮助员工及其家庭成员解决心理和行为问题,提高绩效及改善组织气氛和管理。EAP 服务帮助员工缓解工作压力、改善工作情绪、提高工作积极性、增强员工自信心、有效处理同事/客户关系、迅速适应新的环境、克服不良嗜好等,使企业在节省招聘费用、节省培训开支、减少错误解聘、提高组

---

[1] Yerkes, B., and Dodson, J., The relation of strength of stimulus to rapidity of habit-formation, *Journal of Comparative and Neurological Psychology*, 1908, (18): 459-482.

织的公众形象、改善组织气氛、提高员工士气、改进生产管理等方面获得很大收益。经过几十年的发展,EAP 的服务模式和内容包含工作压力、心理健康、灾难事件、职业生涯困扰、婚姻家庭问题、健康生活方式、法律纠纷、理财问题、减肥和饮食紊乱等,全方位帮助员工解决个人问题。

完整的 EAP 包括压力评估、组织改变、宣传推广、教育培训、压力咨询等内容,具体可以分成三个部分:第一是针对造成问题的外部压力源本身去处理,即减少或消除不适当的管理和环境因素;第二是处理压力所造成的反应,即缓解和疏导情绪、行为及生理等方面的症状;第三,改变个体自身的弱点,即改变不合理的信念、行为模式和生活方式等。

六、共享经济下的灵活雇佣关系

随着物质生活条件的提升,"获取生活与工作的平衡"是中国很多职场人员的职业规划的首要目标。特别是伴随着 80 后、90 后独生子女员工对工作的自由度、工作与生活的平衡有着更高的要求,对于工作与生活的矛盾冲突,往往不会像他们的长辈那样采取妥协的态度,而会选择消极抵制与接受。西方国家针对才能出众又要承担养育子女任务的女性员工采用弹性工作制越来越流行。装备电脑、传真等现代化设备使家庭办公成为现实,不过更加常见的是半日工作制或每周三日工作制。女性员工大多愿意以部分业绩和薪金为代价留出更多的时间给家庭和子女,非全职工作制使她们不必为此放弃工作的机会。

以 Uber、Airbnb 为代表的共享经济模式在带来巨大经济和社会价值的同时,也对传统的雇佣关系造成巨大冲击。共享经济在高度机械化、纪律化、标准化的社会化大生产之外,给予供求双方更自由选择、更自由供给、更个性定制的可能性,从而在一定程度上使得共享经济具有"自由人"的联合意味。在共享经济时代,每个人获取信息的渠道变得越来越多,整合资源的速度也越来越快。过去需依赖组织才能完成的商业行为,现在个人完全有可能独立完成。在技能、人脉、服务上拥有一技之长的人都可以通过互联网平台,寻找到与自己匹配的工作。人们可以根据自己所擅长的技能,自由支配要在什么时间、什么场所做什么样的事情,根据自己的兴趣,制定目标,决定要成就一番什么样的事业。互联网时代"共享经济""按需经济"给自由职业者或者兼职业者带来更多选择,也让企业招人变得更灵活便利,而且性价比更高。

在共享模式下,组织与个人的雇佣关系变得松散,不再是纯粹的雇佣关系,而只是合作者。① 个体可能可以在世界的任意角落,在多个平台上,为不同的人提供服务。最近流行的斜杠青年②就是这样的雏形。共享模式也可以让企业游刃有余,因为社会上的人才在某种规则下,都可以为我所用。

原有"企业+雇员"的雇佣形式转变为"平台+个人"模式。"互联网技术平台+海量价

---

① Sydney Finkelstein:《联盟时代:如何将流动的人才变成公司的长期人脉》,李文远译,广东人民出版社,2017。
② 斜杠青年来自英文 Slash,出自《纽约时报》专栏作家麦瑞克·阿尔伯撰写的书籍《双重职业》,指的是一群不再满足"专一职业"的生活方式,而选择拥有多重职业和身份的多元生活的人群。这些人在自我介绍中会用斜杠来区分,例如,张三,记者/演员/摄影师,"斜杠"便成了他们的代名词。

值个人"正在成为一种全新的、趋势显著的组织景观。随着"平台+个人"这一社会化的经济结构持续地扩张和发展,越来越多的人追求这种更加自由自主的合作关系,同时慢慢颠覆原有的雇员结构。零工经济得以快速发展。① 领英预计,到2020年,中国的自由职业者人数将占总劳动力的43%。

未来组织与个人的关系还在演变中,呈现的趋势是组织的职能不再是分派任务和监工,而更多是让员工的专长、兴趣和客户的问题有更好的匹配,这往往要求更大的员工自主性、更高的流动性和更灵活的组织。企业面临如何"用最佳方式实现各种工作要素的创造性组合以实现企业目标"的问题。人力资源管理需要更具前瞻性的思维,才能配合企业做更多的转型和改变。企业需要在保证高质量的企业核心业务的前提下,考虑如何拆解工作,即把之前的全职工作分解成小项目或小任务,然后用自动化、外包或承包的方式完成。人力资源管理部门也要选择用工模式,即到底是用内部员工还是用外部人才,是用外包的方式还是选择其他方式。

第四节　管理人员的选拔与发展

一、管理人员选拔的特殊性

一项针对高级管理人员的调查表明:第一,高级管理人员应该具备的品质包括诚实、自信、身心健康、具有战略眼光,以及比较强的思想交流能力;第二,继任者应该从本公司内部选拔。② 经验表明,经常调换管理人员的工作既能使公司在不同的环境中考察管理人员的工作,又能使他们积累更加丰富的工作经验。一般而言,甄别比较低层级的管理人员比较容易做到科学合理,因为人们比较容易了解比较低层级的管理人员所要具备的知识、技能和其他品质,但是选拔比较高层级的管理人员就面临许多困难。

研究结果表明,不同层次的管理工作需要管理者具备不同的工作技能。一个人在非管理职位上获得的成就并不能说明他在管理职位上也将获得成功。相应地,一个优秀的基层管理人员并不一定会成为一名杰出的高层管理人员,因为不同层次的管理工作需要不同的能力。高层管理人员最重要的工作是做长远的计划、监督公司的经营、协调公司与客户的关系、开发市场和提供内部咨询等。而基层管理人员最主要的工作是监督员工完成工作任务。

遴选管理人员容易出现的错误有以下几个方面:第一,用人标准不明确,由此不能正确地选择合适的人选,这是最常见也是代价最大的一类错误;第二,用人标准规定得太死太窄,缺乏灵活性;第三,在选拔管理人员时求全责备、脱离实际,不考虑人力资源市场的实际情况,招募人才时抱有不切实际的奢望;第四,没有准确地把握时机而浪费金钱。

组织在不同的发展阶段上需要不同的管理风格,明确这一点对于选择管理人员非常

---

① 〔美〕黛安那·马尔卡希:《零工经济》,陈桂芳译,中信出版社,2017。
② Casio, W. F., *Managing Human Resources*, McGraw-Hill, 1986: 225.

重要。在组织发展初期,生产规模迅速扩大,拥有基本的生产线,强调产品的设计和开发,几乎没有稳定的客户。这时,组织需要在风险环境下能够随机应变的、果断的创业型经理。在组织的高速发展阶段,组织既要扩大市场占有率,又要建立一个精良的管理班子;同时,生产线得到扩大和完善,并开始赢得客户的信赖。这时,组织需要善于建立稳定的管理系统来巩固初期阶段成绩的成长型经理。在组织的成熟阶段,组织应强调市场占有率,通过规模经济降低成本,采用严厉的管理手段约束工人的活动,积累资本开发新的生产线。成熟阶段的组织的灵活性和可变性要少得多。这时,组织需要善于处理日常经营事务的固定模式型经理。在这一阶段,由于实现规模经济是重要的任务,因此同其他阶段的合适的经理人员相比,要求经理人员具备更多的经济学知识。在组织的衰退阶段,力求维持原来的市场占有率,通过持续而集中的努力来降低成本,谋求继续生存。这时,组织需要一位创业型经理来淘汰已经无利可图的产品,解聘生产效率低下的员工,减少不必要的费用。

二、管理人员的遴选

遴选管理人员时需要进行测验,而测验包括测试和考察两个方面。测试是指对于有"是"或"非"答案的问题进行的标准化测验,如数学和词汇测验等;考察则是对没有"是"或"非"答案的行为进行标准化测验,如兴趣、态度和观点等。需要强调的是,在考察过程中,应试者可能会揣测未来雇主的喜好而伪装,但是在测试中不存在这种问题。因此,管理人才的遴选过程应该采用测试方法,而考察方法则适用于人员的工作安排和培训,这时应试的经理人员没有必要伪装自己。在管理人员的遴选过程中,除了可以使用领导能力测试、人事履历材料、同事评议等方法,评价中心技术也是一种非常重要的遴选方法。

首先需要指出的是,人力资源管理中经常讲的评价中心不是一个空间的概念,使用评价中心技术的企业并不一定有一个被称为评价中心的场所。评价中心指的是一系列筛选与评价员工的工具和技术的集合。最初在第二次世界大战期间,德国和英国的一些军事心理学家用评价中心方法挑选军官,美国也用这种方法挑选间谍人员。在美国人的评价中心方法中,每个应试者必须虚构一个故事来掩盖自己的真实身份,考官则设计许多陷阱来诱使应试者暴露,以此测试应试者的撒谎能力。需要强调的是,评价中心不仅可以作为员工录用的选择方法,也可以作为制定员工晋升决策时的筛选工具。评价中心方法能够有效预测工作绩效,是一种既有效又不含偏见的员工选择工具。这种方法最早在20世纪50年代由美国AT&T公司开始采用,现在已经非常普及,而且已经举行过多次专门的国际研讨会议。在第三届评价中心方法国际会议上,针对这种方法的使用制定了一系列的标准和要求,其中最主要的有以下五个方面:第一,评价中心必须使用分内工作、无主席讨论等多种技术;第二,评价中心必须有事先经过培训的评价师来评判结果;第三,关于人事决策的判断必须同时根据多个评价师和多种评价技术提供的信息来共同决定;第四,对评价对象的整体评价过程要与对评价对象行为的观察分开进行,而且在做出评价之前必须提供所有评价师的观察结果并进行讨论;第五,评价中心所使用的全部方法都必须事先进行检验,并证实它们确实可以提供可靠、客观和与工作内容相关的行为信息。

评价中心的工作方式是让十几位工作应征者或管理职位候选人在一到三天的时间内模拟执行实际的工作,同时评价者进行观察和评分。所有训练都强调与他人合作共同解决实际问题的能力。每天结束后,每个受训者都可以得到一张成绩表。评价中心技术的具体内容通常有以下几种形式:

第一,分内工作,即在文件筐中放置信件、备忘录和电话记录等文件。首先向应试者介绍组织的背景材料,然后告诉应试者他是组织的管理者,要他根据自己的经验、知识和性格全权负责处理文件筐中的所有文件,还可能要与绩效考核不合格的员工面谈,会见对公司产品和服务不满的顾客,分析公司的财务状况等。在文件筐测试结束时,每个应试者都会留下一些笔记、备忘录和信件等,这是反映应试者工作成效的记录。考官在考察应试者以下七个方面的表现的基础上对每个应试者进行评价:个人自信心、组织领导能力、计划能力、书写表达能力、决策能力、风险承受能力和经营管理能力。当然,这七个方面是以工作分析为基础确定的。文件筐方法的主要优点是具有灵活性,还允许直接观察应试者的行为。

第二,无领导的集体讨论,即主持人给一组应试者一个与工作有关的题目,让他们开展讨论。不指定小组的领导,采用圆形的桌子,以使每一个位置都具有相同的重要性,也不告诉任何一个小组成员他应该坐在哪一个位置上。几位考官在观察后对每一个应试者进行评分。例如,在IBM公司的无领导讨论中,每一个应试者首先做一个5分钟的口头发言,推荐一位晋升候选人,然后在小组讨论中为自己的候选人展开辩护;随后,考官根据主动性、说服能力、口头表达能力、自信心、抵抗压力的能力、耐力和人际交往能力,用5分制对每个应试者进行评价。

第三,管理竞赛也称商业游戏,即把工作候选人分组,不向应试者分派角色。各组代表一家公司在模拟的市场上展开业务竞争。各个"公司"必须在一定时间内提交有关生产、广告或存货数量等方面的决策。最后,根据每个应试者在小组中的表现进行评价。这种测试可以通过计算机进行模拟,也可以用人工操作进行。商业游戏的优点是有趣味性,模拟的内容具有真实感和竞争性,参与者能够及时得到信息反馈。另外,管理竞赛方法有助于人们了解组织各个部门之间错综复杂的关系,也可以了解候选人的规划能力、组织能力、领导能力和人际沟通能力等素质。

第四,开报告会,目的是了解工作候选人的沟通能力和说服他人的能力。

第五,与工作申请人面谈,目的是了解各个候选人的兴趣、背景和过去的工作绩效等。

评价中心方法的要求是:第一,同时采用多种方法进行测试,如面谈、文件筐方法等,测试的内容和形式都很灵活。第二,考官经过良好的训练,可以采用标准化的方法做出推断。评价中心法的考官一般是直线经理人员,而不是职业心理学家,其原因是:(1)直线经理人员更熟悉应试者接受测试的那些管理工作;(2)应试者和管理当局都愿意由直线经理作为评审人员;(3)直线经理参与评价中心的评审活动有助于自身能力的提高。第三,全面分析每个评审人员独立做出的评价结果,对应试者的行为进行集体评价,以避免个人评价可能出现的偏见。

目前,评价中心方法的作用包括评价和遴选经理人员,培训和提高经理人员的管理技巧,鼓励工程技术人员和研究人员的创造性,解决人际冲突和组织内各个部门之间的摩擦,帮助人们选择职业以及评价一个组织自身的晋升系统的效力等。

评价中心可能出现的问题包括以下几个方面:第一,不认真考虑候选人过去和现在的工作情况,不分析实际需要而盲目采用评价中心方法,或者在准备不充分的条件下草率使用。第二,对评审过程中的信息缺乏控制,如将不利的评审结果透露给在职的经理人员;或是没有给接受评价的人员以足够的信息反馈。正确的做法是由受试者的直接主管把他在评价中心活动中的优缺点明确地通知其本人,充分利用评价中心方法的信息,以此改进绩效服务。第三,没有正确估计评价中心方法的成本和收益。

三、管理发展

管理发展是指传授知识、改变态度和增进技能以提高经理人员目前或未来的工作绩效所做的所有努力,目的是向经理人员提供胜任其工作的领导技能,因此可以把管理发展看作经理人员的技术训练。管理发展很重要,因为管理才能是员工能否得到晋升的首要条件,管理发展能够促使现职的经理人员更好地胜任未来较高层次的职位,而且有助于基层管理人员从训练中接受正确的价值观念与态度,更好地配合公司的管理。不同层级的管理人员有着不同的管理发展需求。一般而言,低层和中层管理人员较多地需要评估员工、设定目标、沟通技巧和奖惩等技能;而高层管理人员比较需要建立团队、财务管理、预算控制以及劳工关系等方面的技能。

在管理能力的开发过程中,需要遵循以下几个基本原则:第一,根据组织发展的需要确定训练内容。第二,仔细挑选受训人员,为此需要考察员工的兴趣、征求直接主管的意见、查阅其职业发展计划,以及了解别人对其工作情况的评价等。随着社会和技术的迅速变化,培训和再培训经理人员是非常重要的,但是应该挑选那些有管理潜力的经理人员进行培训。研究表明,最有可能应用新知识和新方法的人,是在鼓励个人成长和承担风险并可以自己选择工作目标的组织中工作的人、有抱负的人和具有创新精神的人。第三,训练内容应该是有效的,即讲授的内容应该与工作有直接的关系,反映工作所要求的特定行为、活动和目的。第四,用"培训后工作"来确保培训的实用价值。在训练科目的最后应该是"应用计划"课程,重新强调最重要的训练内容,并把它们分解为具体的工作目标,再将这些目标落实到具体的工作行动上。

管理发展技术包括工作轮调、敏感训练、角色扮演、案例研讨和模拟董事会等多种方法。我们在这里重点介绍调整领导风格训练和决策与行为技巧训练技术。

(一)调整领导风格训练

调整领导风格训练是由菲德勒(Fiedler)等人根据权变理论发展起来。权变理论认为一个有效的管理者应该能够随机应变,在不同的工作环境中应用不同的方式激励下属,同时还能够有效地控制局面。领导者控制局面的能力取决于以下三个因素:领导者之间关系的好坏、工作任务明确的程度和领导者所在职位权力的大小。这一训练的目的是引导受训者学会认识自己最初的激励风格,判断自己所处的工作局面,学习如何改变工作局面以适应自己的风格而不是让自己的风格去适应局面;或者是训练经理人如何调整其领导风格,以适应工作环境的特点。经理人的领导风格可以分为员工导向和生产任务导向,而采用什么风格取决于他对工作环境所能控制的程度。在高度控制和低度控制的情况下,最好采用任务导向;在中度控制的情况下,最好采用员工导向。在高度控制的情况下,领导者有录用与开除权,而且工作具有例行性,领导者可以采用任务导向。在低度控制的情况下,领导者没有录用与开除权,工作也没有例行性,领导者只好积极干预和控制,否则整个团体就会出现群龙无首的局面。在中度控制的情况下,最大的问题是彼此间意见不和而损害整体的工作绩效,这时领导者可以以员工为导向,笼络人心,使部属彼此合作。

(二) 决策与行为技巧训练:Vroom-Yetton 模型

Vroom-Yetton 模型研究的是经理人员应该让下属在多大程度上参与决策。为了在集中与民主之间取得平衡,经理人员需要根据具体问题选择决策方式。这一方法的目的就是指导经理人员正确判断形势,培养经理人决定让下属参与决策的程度的能力,从而决定下属参与决策的适当程度,达到提高决策效率的目的。下属参与决策的程度可以分为无参与、低度参与、中度参与、高度参与和完全参与五种情况,如表 9-5 所示。

表 9-5 参与式领导风格的五种程度

专制/任务导向的领导风格 ←——→ 参与/人员导向的领导风格

经理人的职权范围				
下属的自由区域				
Ⅰ:无参与	Ⅱ:低度参与	Ⅲ:中度参与	Ⅳ:高度参与	Ⅴ:完全参与
经理人员利用当时所得到的信息,自行解决问题或做出决策	经理人员从下属处取得必要的信息,然后自行解决问题。向下属索取信息时,不一定告诉下属问题是什么,下属只是提供适当的信息。下属不提出解决问题的可行方案,也没有对方案进行评估的机会	经理人员与有关人员个别讨论,取得他们的意见和建议,然后经理人员自行决策。决策不一定能够反映下属的影响	经理人员召开会议,与所有下属一起讨论所面临的问题,取得他们的意见和建议。然后经理人员做出决策,决策不一定能够反映下属的影响	经理人员召开会议,与所有下属一起讨论所面临的问题,大家一起研究解决方案,直到形成共同的观点。经理人员的作用是会议的主席,不是影响大家接受自己的解决方法,而是积极接受并认真执行大家都认可的方案

让下属参与决策的程度取决于以下七种因素:决策质量的重要性;领导者拥有充分信息和知识以做出高质量决策的程度;决策问题结构化的程度;让员工参与有助于执行决策

的程度；领导者自行决定被下属接受的可能性；下属顾及组织整体目标的程度；在选择可行性方案时下属发生冲突的可能性。根据这些属性的组合情况就可以确定最有效的下属参与决策的程度，具体的分析过程如表9-6所示。

表9-6　下属参与决策最佳程度的分析方法

A	B	C	D	E	F	G
是否存在决策品质上的差别以判别解决办法的优劣？	我有充分的信息做出高品质的决策吗？	问题是否经常出现？	下属接受决策与否会影响决策能否执行吗？	如果自行决定，下属会接受吗？	在解决问题时下属会考虑组织目标吗？	在选择方案时，下属会发生冲突吗？

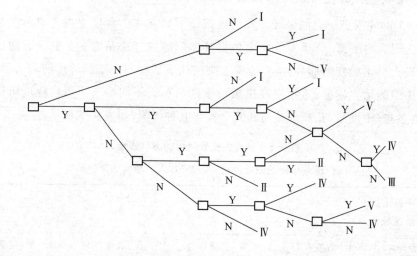

注：表中"Y"代表"是"，"N"代表"否"。

资料来源：〔美〕加里·德斯勒，《人事管理》，李茂兴译，台湾：晓园出版社，1987，第248—249页。

复习思考题

1. 员工在组织中的职业周期可以划分为哪几个阶段？各个阶段有哪些特征？
2. 员工和组织在员工的职业前程规划中各有哪些责任？
3. 评价中心技术包括哪些具体的方法？各种方法有什么特点？
4. 互联网时代，企业雇佣关系发生了哪些变化？对个人的职业生涯都有哪些影响？
5. 什么原因激励组织去帮助员工管理自己的职业生涯？组织怎样才能从这种新的尝试中获益？组织这样做会不会有风险？
6. 如何进行有效的裁员管理？

□ 案例

A 公司职等职级系数体系的实施①

A 公司是华东某地一家专业从事国际集装箱港口装卸及相关业务的码头公司,设有综合管理部、计划财务部、工程建设部、市场开发部、营运操作部、技术安全部和党群工作部。公司根据绩效考核委员会的规定,将公司内七个部门的现有正式员工划分为 8 大系列、9 等、36 级,系数从 1.0 至 4.5,形成如图 9-2 所示的职等职级系数体系。公司认为,每位员工都能从图中找到自己对应的位置,了解自己目前的现状和晋升的空间。每个人都可以在自己目前所属的系列里努力工作,从初级、中级到高级,一步一步地向前发展;也可以跨系列,到更能施展自己才干的系列里发展自己的事业。

? 问题:

请利用人力资源管理的相关理论分析,A 公司在实施这种职等职级体系后可能遇到的管理问题,以及如何改进。

---

① 本书作者根据现实接触的企业资料改编而成。

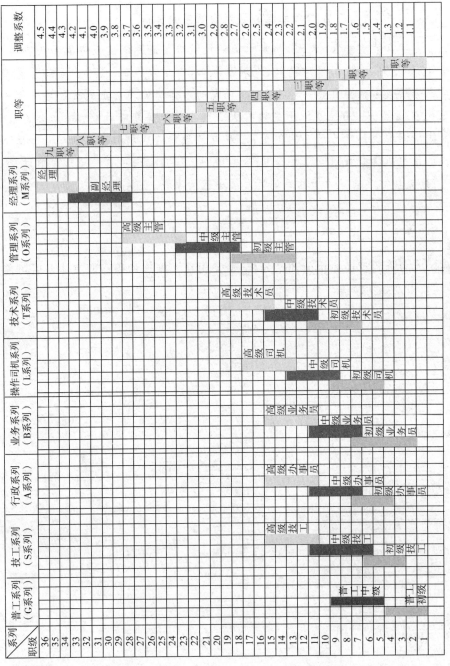

图 9-2 职等职级系数体系

21世纪经济与管理规划教材
工商管理系列

第十章

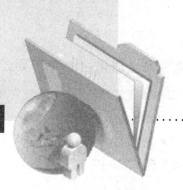

跨国公司的人力资源管理

学习目标

1. 了解国际企业人力资源管理与一般人力资源管理的区别
2. 了解战略国际人力资源管理的基本模型
3. 掌握跨国公司人力资源管理的基本模式和选择
4. 掌握跨国公司人力资源管理各项职能的基本特点

开篇案例

华为公司全球化中的海外员工管理

华为是全球领先的 ICT（信息与通信）基础设施和智能终端提供商，致力于把数字世界带入每个人、每个家庭、每个组织，构建万物互联的智能世界。华为公司业务遍及 170 多个国家和地区。2017 年全年实现销售收入 603 621 百万元，其中中国市场占 50.54%，欧洲中东非洲市场占 27.15%，亚太市场占 12.33%，美洲市场占 6.51%。① 截至 2015 年 12 月 31 日，华为全球员工总数约 17 万人，员工来自全球 163 个国家和地区，其中中国本土员工来自 39 个民族。海外员工达到 3.4 万人，海外员工本地化率达到 72%，中高层管理者本地化率为 17.7%。

作为一个全球性跨国公司，华为聘用了一大批外籍高管，比如来自诺基亚澳大利亚业务的 Colin-Giles、曾担任英国政府首席信息官的 John-Suffolk 等人。45 岁的美国人 CT-Johnson 曾在爱立信工作，加盟华为后担任了总部的财务总监。在华为公司的深圳总部园区，共有 30 000 多名员工，其中有不少印度人、巴基斯坦人。园区不仅有西餐，还有印度美食。随着在国际市场地位的提升，华为将拥有越来越多的"洋高管"。

华为在海外设立办事机构并努力实行本土化战略。华为在海外机构本土化过程中，与其他公司不同，并非一味迎合，它更注重的是对当地文化的"包容性"和"引导性"。在墨西哥，华为的本土化战略相对而言比较彻底。华为完全按照当地的节假日作息，按照当地的风俗给员工过生日，按照当地员工的习惯上下班。由于墨西哥城塞车很严重，因此华为允许员工上班时间可以稍微迟些。

在印度，华为的引导性战略做得尤为卓有成效。例如，华为的企业文化是鼓励员工在评审中尽可能全面地表达自己的意见，但是印度员工的个性特点尽管考虑全面，却不一定会提出很多意见。为此，华为印度研究所每月选定一天为"公开日"。在公开日里，所有员工都可以直接对领导和各级项目主管提意见。最初，印度员工由于生性谨慎很少愿意主动表态，但受到中国员工的感染，印度员工也开始大胆表达自己的意见了。比如，将平时上班服装改为休闲类服装的建议就是由印度员工提议的。

在华为的海外机构，大家都在努力营造这样一种氛围：在公司内部不论国籍、不分种族，大家都是华为的员工。随着中外各种文化的不断碰撞，同时又在华为文化的熏陶下互相融合，华为公司逐渐呈现多元化、国际化的特征。

随着我国经济的发展和对外开发程度的不断提高，越来越多的公司走出国门，其人力资源管理遇到了新的挑战。华为作为一个真正的国际化大公司，如何管理不同地域的多元化员工，成为摆在其面前的重要问题。国际性公司的人力资源管理面临国外员工的招

---

① 根据华为公司官网提供的 2017 年年报数据计算得到。

聘、培训、薪酬和工作—生活质量等方面的特殊问题。一般而言,在企业开展国际化业务的早期阶段,产品的出口、授权生产和连锁经营是主导性的方式。但是当国际化业务发展到一定阶段,企业为了更加充分地利用国外的资源优势,就必须对其他国家进行直接投资,建立独资企业或合资企业。这些业务范围在地理空间上超越一个国家的公司就被称为跨国公司。

在本章中,我们首先介绍国际人力资源管理的基本概况,然后讨论跨国公司人力资源管理的模式和特点。

第一节 国际企业人力资源管理的发展概述

当将人力资源管理的功能应用于国际环境时,传统意义上的人力资源管理就变成了国际人力资源管理(International HRM,IHRM)。当一个公司进入国际舞台时,尽管所有人力资源管理的基本活动仍然保留,但却以更复杂、更多变的形式出现。

一、国际企业人力资源管理的内涵

国际企业人力资源管理是指在一个国际企业内获得、分配和有效使用人力资源,以实现国际企业总体经营战略目标的过程。Morgan(1986)发展了一个国际企业人力资源管理模型,如图10-1所示。该模型包含三个主要的要素:一是人力资源管理活动,包括员工的获取、配置、使用等。二是与国际企业人力资源管理相关的三种国家类型。东道国是指在海外建立子公司或分公司的国家,母国是指公司总部所在的国家,其他国是指劳动力或者

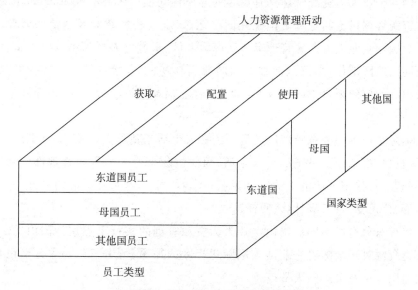

图 10-1 国际企业人力资源管理模型

资料来源:Morgan, P. V., International Human Resource Management: Fact of Fiction, *Personnel Administrator*, 1986, 31(9): 44—56.

资金的来源国。三是跨国公司的三种员工类型,即东道国员工(Host-country Nationals,HCNs)、母国员工(Parent-country Nationals,PCNs)、其他国员工(Third-country Nationals,TCNs)。例如,微软公司设在日本的机构招募当地员工,即东道国员工;并且经常安排美国人到亚太地区任职,即母国员工;还派遣英国籍员工到微软在日本的公司工作,即其他国员工。进而,Morgan(1986)将国际企业人力资源管理定义为:处在人力资源管理活动、员工类型和企业经营东道国类型这三个维度之中的互动组合。

二、国际企业人力资源管理与国内企业人力资源管理的区别

从广义上讲,国际企业人力资源管理从事的是与国内企业人力资源管理相同的活动,本质上并没有区别。区分国内企业人力资源管理与国际企业人力资源管理的关键变量,在于后者的复杂性——要在若干不同国家经营并招聘不同国籍的员工,而不是两者在人力资源管理活动上的显著差异。

由于环境的复杂性,国际企业人力资源管理表现出与国内企业人力资源管理的许多不同之处(Dowling et al. 1999):

(1)国际企业人力资源管理具有更多的职能。国内企业的人力资源管理工作不外乎人力资源规划、工资及薪酬、员工福利、培训及管理发展、劳工关系、工作安全、人事系统及政策、公平的就业机会等。国际企业人力资源管理还需要考虑课税及驻外人员的重配置(Relocation)问题。其中,驻外人员的课税问题涉及如何使同一国家在不同东道国的驻外人员所负担的租税公平、减少驻外人员的租税负担等,驻外人员的重配置问题包括驻外事前培训、移民、配偶子女、薪资报酬、回任等。

(2)国际企业人力资源管理具有更多的异质性功能(Heterogeneous Functions)。国内企业人力资源管理讨论的是母国国民在同一地区、统一薪酬政策及政治经济环境的管理问题。然而国际企业人力资源管理牵涉到母国人员、东道国人员和第三国人员,这些员工可能在相同的地区工作,却可能面临不同的薪酬制度、不税赋计算和福利津贴等。因此,在单一组织内如何使来自不同地区的员工的薪酬、福利计算实现公平,是国际企业人力资源管理的一大议题。

(3)国际企业人力资源管理涉及员工的私人生活。驻外人员从选派、训练到派任、省亲、回任等过程,都牵涉到员工的个人生活,因此国际企业人力资源管理部门必须和员工有较深层的互动,甚至包括员工的家庭说服,让员工能了解所有可能的驻外相关信息,包括当地情形、公司支援、薪酬计算、回任期限等。

(4)目标对象有所不同。国内企业人力资源管理的实行重点均为国内的员工,而国际企业人力资源管理会随着企业涉入国际化程度的加深,所考虑的对象逐渐由母国人员扩展到东道国人员及第三国人员等。

(5)更多的外界环境压力。由于国际企业人力资源管理牵涉多国环境,因此相较于国内企业人力资源管理,需要处理更多来自外界的压力以及不同国家所诉求的不同议题。如除了不同东道国的政治经济环境有所不同,发达国家较重视劳资关系与福利和发展中

国家较强调就业率、劳动力管理等方面的考虑也有所不同。

此外，Daniel et al.(2004)指出，国际企业必须处理的因素主要有：不同的劳动力市场，即每一国家有不同的劳动力及劳动成本组合；国际移动问题，即当国际企业将员工派到国外时，将面对法律、经济、社会及文化适应等问题；管理风格及实务，即国家不同致使员工对管理风格的认知也不同，因此国际企业在管理规范及劳资关系处理上要针对此差异采取适当的应对方法；国家取向(National Orientations)，即虽然企业目标是为取得全球效率及竞争优势，但员工可能会对个别国家较有兴趣；控制，即距离及多元化因素造成国际企业较国内企业不易控制，其政策也常常偏向希望对国外营运取得较多的控制权。

三、战略性国际企业人力资源管理理论

所谓的战略性国际企业人力资源管理(SIHRM)实际上就是在考虑了企业多国战略活动及企业国际经营目标以后，有关企业人力资源管理职能、政策、实践等相关问题的企业人力资源管理理论。Schuler et al.(1993)综合其他学者的研究成果，提出了如图10-2所示的战略性国际企业人力资源管理的整体框架模型。

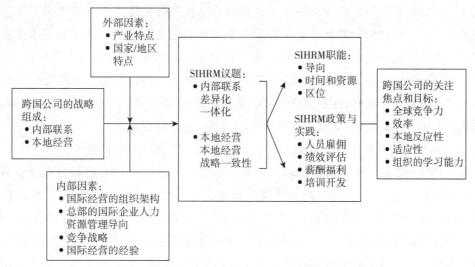

图 10-2　战略性国际企业人力资源管理的整体框架模型

资料来源：Schuler, R. S., Dowling, P. J. and De Cieri, H., An integrative framework of strategic international human resource management, *The International Journal of Human Resource Management*, 1993, 4(4): 722.

(1) 跨国公司内部各子公司之间的内部联系。由于跨国公司同时在几个国家开展经营，必然面临怎样管理遍布全球的经营单位的问题。特别是，跨国公司的经营者们通常关注怎样使各种各样的经营单位差异化，以及使它们一体化、控制和协调。一般而言，跨国公司内部各子公司之间的内部联系涉及的SIHRM政策和实践包括三个方面：确定和保持来自母国、第三国和东道国人员的适当比例；开发既能整合各子公司，又能适应当地环境的人力资源管理政策和实践；运用管理开发来加强各子公司之间的联系。

(2) 跨国公司的本地经营。每个本地的子公司都是跨国公司的一个单位，虽然与总

公司的紧密程度有差别,但是它们必须适应东道国当地的环境,必须遵守当地的劳工法和习惯、传统,它们的人力资源管理实践必须反映当地的环境,所以子公司必须拥有一定的自主权以适应当地的环境。同时,由于必须与公司的其余单位保持协调,它们还要遵守一些共同的人力资源管理政策。除与当地环境及总公司保持一致外,子公司还必须与自己的竞争战略保持一致。这样一来,与SIHRM相关的跨国公司本地经营的主要目标是在当地环境中保持有效的反应性,同时与各自的竞争战略及总公司其他单位保持协调一致。

(3) SIHRM议题。SIHRM议题涉及跨国公司内外部的机遇和挑战。尽管跨国公司的经营单位散布在全球,但它本身仍是一个单一的独立企业,这就需要考虑如何平衡"差异化"和"一体化"。作为跨国公司,它要考虑能够和应当给予海外子公司多大的自主权,还要考虑对子公司施加多大的控制和如何协调它们,更要保持海外子公司对当地环境有足够的反应性,也就是战略一致性与当地反应性的平衡。这些问题都能够由跨国公司的SIHRM活动来协调,从而构成SIHRM分析框架的一部分。

(4) SIHRM职能。SIHRM职能一般包括三个方面的内容:跨国公司人力资源管理的导向;跨国公司管理人力资源或组织所耗费的时间和资源;人力资源或组织的区位。跨国公司人力资源管理的导向是指跨国公司选择以什么样的方式管理全球的人力资源,这种方式可能在让子公司完全独立与对子公司施加完全控制之间变动。为了管理人力资源,跨国公司必须付出一定的时间和资源。总部可以成立一个职权广泛的人力资源管理部门,专门负责SIHRM决策(比如选拔、外派和遣返雇员)也可以雇用专门的人员负责人力资源的培训和开发。同时,这些活动及其耗费的资源和SIHRM的区位也会随着跨国公司人力资源管理导向的不同,在公司总部和子公司所在地之间变动。

(5) SIHRM政策和实践。SIHRM政策和实践是指涉及的跨国公司人员管理的一些总体方针和特定的实践。假如跨国公司总部有一个"奖励绩优者"的人力资源管理政策,在这一总的政策下,每一个子公司都会开发既与总部政策相一致又与子公司当地环境相一致的特定政策和实践。例如,某一个子公司会制订针对总经理的、与子公司当地销售业绩挂钩的个人激励计划,而另一个子公司也许会制订针对整个经理层的、与子公司当地销售业绩挂钩的集体激励计划。与跨国公司战略最相关的SIHRM政策和实践包括人员配备、考评、薪酬和培训开发等。

(6) 影响SIHRM的内部和外部因素。尽管SIHRM的三个组成部分(SIHRM议题、SIHRM职能、SIHRM政策和实践)对我们的分析框架非常重要,但也只是分析框架的一部分。如图10-2所示,这三个组成部分会受到跨国公司内部和外部因素的影响,其当地反应性和全球一致性也会受到影响。外部因素包括产业特点和国家地区特点。产业特点主要包括产业和业务的种类、竞争者的特征、产业的变化程度,国家地区特点包括政治环境、经济环境、法律环境、社会和文化环境。内部因素包括跨国公司国际经营的组织结构、跨国公司总部的国际人力资源管理导向、跨国公司采用的竞争战略、跨国公司从事国际经营的经验。

(7) 跨国公司的关注焦点和目标。SIHRM分析框架的最后一部分是"跨国公司的关注焦点和目标"。跨国公司有五个关注焦点和目标：全球的竞争力、当地的反应性、效率、适应性、组织的学习能力。虽然这些焦点和目标对跨国公司而言都是很重要的，但是它们的重要程度对每个公司而言并不完全相同。

第二节 跨国公司人力资源管理的模式

跨国公司指的是在多个国家设立子公司，并在整个世界范围内获取和配置资金、原材料、技术和管理资源以实现企业整体目标的公司。人力资源管理对于跨国公司的成功与失败具有关键性的作用。美国学者在探讨美国跨国公司近年来的领先优势的形成时说，如果没有有效的人力资源管理，总公司的资本、技术和诀窍就无法传输到世界各地。事实上，我们很难为国际企业人力资源管理下一个精确的定义，因为各个跨国公司的人力资源经理的工作内容存在很大的差别。一般来说，国际企业人力资源管理指的是跨国公司招聘、配置和有效利用人力资源的过程。

一、跨国公司人力资源管理的重要性

国际企业人力资源管理与国内企业人力资源管理有很大的差别。第一，对于很多人力资源管理活动而言，国际企业人力资源管理需要考虑比国内企业人力资源管理更多的因素。例如，派出员工的薪酬是以东道国的货币作为计价单位的，而本国与东道国的汇率变化将影响这些派出员工的实际收入的增加或减少，这是国际企业人力资源管理必须予以考虑与协调的。第二，国际企业人力资源管理包括的内容比国内企业人力资源管理要复杂。这是因为跨国公司中的员工来自两个甚至更多的国家，会涉及员工文化差异的问题。一些跨国公司来中国投资之后，发现需要为基层操作员工提供住宿条件，被派到中国工作的外方员工发现自己的收入面临本国和中国政府的双重征税要求等问题。

美国的跨国公司派到海外的经理人员，连同他们的家庭，公司平均每年要花费25万美元，成本巨大。在1965—1985年的20年间，美国跨国公司中因无法胜任海外工作而被召回的员工比率为25%—40%。欧洲和日本跨国公司的外派失败率相对要低一些，有1/6的日本跨国公司和3%的欧洲跨国公司外派员工的召回率在10%以上。不管怎样，选择外派人员的决策非常关键，一旦失败将给企业带来巨大的财务损失。美国跨国公司外派员工失败的原因依次是配偶不适应、外派管理者本人不适应、其他家庭问题、管理者的情感不成熟和无法胜任较大的海外业务责任。欧洲跨国公司外派员工失败的主要原因是外派管理人员的配偶不适应海外的生活。日本跨国公司外派员工失败的原因依次是无法胜任较大的海外业务责任、工作调动困难、管理者的个人和感情问题、工作能力的缺乏和配偶不适应。

随着世界经济一体化时代的到来和迅猛发展，跨国公司将成为一种十分重要的经济组织，这就对人力资源管理提出了新的要求。跨国公司需要招聘、选择、培训和补偿员工，以使他们能够在国外的分支机构中为本组织工作；同时，还可能需要从国外招聘员工来本

国工作。于是，跨国公司就必须解决跨文化问题在各种人力资源管理活动中的影响。

二、跨国公司人力资源管理的基本模式

跨国公司实施国际人力资源管理的模式很多，其中最有代表性的是以下四种：

第一，民族中心主义模式。在这种管理模式下，跨国公司将母公司的政策与操作方法直接移植到子公司，这些子公司由母公司派出的本国员工管理，同时母公司对子公司的政策实行严密的控制。在这种情况下，子公司的人力资源经理必须在公司总部的规定与东道国当地员工可以接受的政策之间进行协调，工作的难度比较大。

第二，多中心模式。在这种管理模式下，母公司与子公司基本上是相互独立的，各个子公司实行适合当地特定环境的人力资源管理政策，人力资源管理人员也由当地员工担任。在这种情况下，子公司的人力资源经理有很大的自主权，工作起来比较简单。

第三，地区中心模式。在这种管理模式下，子公司按照地区进行分类，如欧洲区、大中华区和北美区等。各个地区内部的人力资源管理政策尽可能地协调，子公司的管理人员由本地区任何国家的员工担任。在这种情况下，地区内部的协调与沟通程度很高，而在各个地区与公司总部之间的沟通与协调则非常有限。

第四，全球中心模式。在这种管理模式下，公司总部与各子公司构成一个全球性的网络，该网络被看作一个经济实体而不是母公司与各子公司的一个简单集合。全球中心模式下的人力资源管理政策服务于整体最优化的目标，因此既可以有在整个网络中普遍适用的政策，也可以有局部适用的政策。人力资源管理和其他管理工作可以由最适合的任何国家的员工承担。在地区中心模式和全球中心模式的情况下，子公司的人力资源经理都必须在整体的人力资源战略要求与当地具体的人力资源管理政策之间进行平衡。

上述四种管理模式的特征可以归纳为表10-1。

表10-1　国际企业人力资源管理的四种模式

企业的特征	民族中心模式	多中心模式	地区中心模式	全球中心模式
整体战略	全球整合	反映东道国市场	反映东道国市场与区域市场	反映东道国市场与全球整合
组织结构	产品别	地区别	产品别/地区别/矩阵型	网络型
标准设定、评估与控制	由公司总部负责	由子公司当地的管理者负责	在地区内部的各个国家之间协调	全球和当地的标准和控制并行
企业文化	母国文化	东道国文化	区域文化	全球文化
人力资源决策者	总公司	东道国子公司	区域总公司	总公司与子公司合作
沟通与协调	从公司总部到各地子公司	在各子公司之间和子公司与总部之间都很少	在子公司与总部之间很少，在地区的各个子公司之间一般较多	在子公司之间和子公司与总部之间结成完全联系的网络

(续表)

企业的特征	民族中心模式	多中心模式	地区中心模式	全球中心模式
人员任用	本国员工担任管理人员	东道国员工担任管理人员	本地区各国员工担任管理人员	用人唯才,不分国籍
员工管理	母国经理	东道国经理	经理可能来自地区内的某个国家	最佳的人选分配到能发挥最佳效果的地方

资料来源:Fisher, C. D., Schoenfeldt, L. F. and Shaw, J. B., *Human Resource Management*, Houghton Mifflin Company, 6th edition, 2005:768; Heenan, D. A. and Perlmutter, H. V., *Multinational Organization Development*, Reading, MA: Addison-Wesley, 1979.

三、跨国公司人力资源管理模式的决定因素

跨国公司人力资源管理模式的选择取决于多种因素。

第一,东道国政策的影响。许多发展中国家的管理人才和专业技术人才严重缺乏,它们鼓励跨国公司到本国投资的一个重要目的就是发挥跨国公司培训本国人才的作用,因此在政策上引导跨国公司大量招聘、培训和发展本国人力资源。在这种情况下,跨国公司就应当采取民族中心主义模式,并派出本国员工管理子公司和担当子公司中的重要职务。

第二,除了政策因素,东道国的管理、教育和技术发展水平对人力资源管理模式的选择也有重要的影响。跨国公司可以在经济发达的地区和国家开展业务,也可以在经济比较落后的地区和国家开展业务。在经济发达国家和地区,存在大量素质良好的管理和技术人才,因此跨国公司可以采取多中心的、地区中心甚至全球中心的人力资源管理模式;而在经济落后的国家和地区,大多数员工缺乏运作现代化生产流程和从事服务活动所需要的基本技能,因此跨国公司就必须采取比较集中化的人力资源管理策略,并派出本国员工进行现场监控。

第三,产品的性质和生产技术特征。如果跨国公司提供的产品和服务需要复杂的技术,为了确保达到特定的生产标准和进行质量控制就应当采取集中化的策略,派出本国的管理人员和技术人员监督与管理生产过程,尤其是在子公司的东道国缺乏必要的管理人才和技术人才时更是如此。如果产品的生产技术并不复杂,例如食品,而且还可能要根据当地市场的需求调整生产技术,在这种情况下,跨国公司就需要当地的人才才能在东道国市场取得成功。

第四,组织与产品的生命周期。跨国公司的人力资源管理模式也受到组织的生命周期和企业所提供的产品在各个国际市场上的产品生命周期的影响。在初创阶段,企业只在本国和有限的海外市场开展业务,海外业务主要是出口和非常有限的海外销售。在这一阶段,公司在人力资源管理方面主要采取民族中心主义模式。在功能扩张阶段,海外业务开始成为企业的重要组成部分,企业开始在海外建立自己的生产部门,但是这时跨国公司并没有将海外业务作为自己整体发展战略的一部分,而只是作为组织扩张的一个附属。在这一阶段,跨国公司可能采取多中心的人力资源管理模式,由当地员工组织海外工厂的

生产。在控制增长阶段,跨国公司强调生产率的提高和成本的降低,并尽力在主要的海外业务单位和国内的各个部门范围内谋求规模经济与功能整合。在这一阶段,跨国公司可能在人力资源管理方面采取地区中心模式,并开始向全球中心方向发展。在战略发展阶段,国内和海外的竞争迫使跨国公司将自己在世界各地的业务看作一个全球性的整体,开始建立全球性的业务网络、成立合作与合资企业,整合公司在国内外的业务以最大化竞争优势。在这一阶段,跨国公司就应当采取全球中心模式的人力资源管理,实现研究开发、市场营销、生产活动的全球一体化。

第五,文化差异。国际企业人力资源管理需要克服在海外环境下人力资源管理存在的困难,在国际文化、宗教、政治等多元环境下,国际企业人力资源管理者要求对东道国文化、政治和法律与本国之间的差异有所了解和感受,应当制定不同的人力资源管理政策来适应不同文化的需求,母公司应当采取更加开放包容的态度和更加灵活的手段来加强不同人力资源需具备的功能。跨国公司总部的国别差异引起的文化差异对跨国公司的人力资源管理模式也有重要的影响。首先,有些文化更加支持民族中心主义模式的人力资源管理策略。例如,与欧美跨国公司相比,日本的跨国公司更倾向于用本国员工填充海外子公司的管理职位空缺。跨国公司各子公司的文化的混合以及子公司之间文化差异的程度也会对人力资源管理主义模式的选择起到限制性作用。随着跨国公司子公司数量的增加以及由此引起的文化差异的扩大,跨国公司越来越难以在所有的业务单位中采取整齐划一的人力资源管理政策。一项针对来自美国、中国香港和中国内地的 300 多名管理人员的调查结果显示,美国管理人员最关注的问题是工作是否完成,而中国内地的管理人员则最关心维持良好和谐的人际环境,中国香港地区的管理人员的态度则介于两者之间。文化差异还可能反映在不同国家的人们的生活习惯上。荷兰人在职业生涯中不习惯迁徙,因此员工的工作调动很困难,雇员的更换几乎是不可能的。

第六,劳动力成本的差异。各个国家劳动力成本的不同也会引起国际企业人力资源管理政策上的差别。这是因为如果东道国的劳动力成本比较高,跨国公司就应当采取更加强调生产效率的人力资源管理政策,以不断提高员工的工作绩效水平。不同国家的劳动力成本可能存在很大的差别,图 10-3 反映了 2010 年制造业单位小时直接工资薪酬的国际比较。

第七,员工态度的国际差异。评价员工的态度和看法对跨国公司的人力资源管理而言是非常有意义的。美国摩托罗拉公司发现员工渴望被认同;美国通用电气公司的"攻关项目"定期地把不同部门的员工组织在一起,根据员工的看法寻找拓展业务的新方法。但是,轻易不要对员工态度展开调查,因为一旦询问员工的看法,其第一反应通常是企业管理层发现了什么问题,并设法解决这一问题。Louis Harris 在 1991 年针对遍布美国、欧共体和日本的 15 个国家的 3 707 名办公室员工进行的员工态度调查中发现,这三个地区的员工态度存在很明显的差异,如表 10-2 所示。

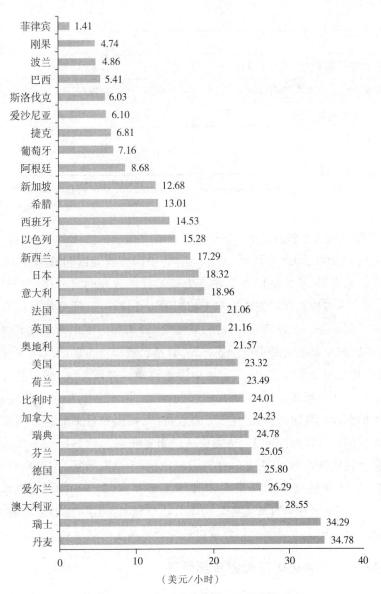

图 10-3　2010 年制造业直接工资的国际比较

注：直接工资是指根据实际工作时间支付的劳动报酬。

资源来源：国际劳工组织，《2012/2013 全球工资报告》，2012，www.ilo.org/publns。

表 10-2　欧、美、日员工的态度差异　　　　　　　　　　单位：%

项目	美国	欧共体	日本
对工作非常满意	43	28	17
对本公司生产的产品和服务感到骄傲	65	37	35
对薪酬感到满意	44	26	15
相信管理层诚实和通情达理	40	26	16
感到自己能对公司有许多贡献	60	33	27

（续表）

项目	美国	欧共体	日本
确信事业成功有助于实现自己的人生目标	53	65	31
认为公司管理层关注家庭需要	35	19	21
力争第一次就把事情做好	67	40	33
认为工作时间太长	21	31	33
不担心下岗	56	56	50

资料来源：Milkovich, G. T. and Boudreau, J. W.，*Human Resource Management*, Richard D. Irwin, 1994：193．

1993年9月，《远东经济评论》公布的一项在亚太地区的澳大利亚、中国香港地区、菲律宾、马来西亚、新加坡、印度尼西亚、日本、泰国、中国台湾地区和韩国等10个国家和地区进行的调查结果表明，亚太地区员工在人力资源管理方面的态度存在明显的差异。在薪酬问题上，有1/3的被调查对象认为对于相同的工作岗位，有家庭的男人应该比单身女子得到的报酬要高一些。这种信念在韩国、新加坡、日本和印度尼西亚尤其强烈。在用人制度上，亚太地区的企业尤其是中小企业，过去对招聘现职员工的亲属进入企业没有什么限制性考虑，但现在发生了变化，尤其是在中国香港地区和新加坡，那里的管理人员逐渐认识到非亲属员工要比亲属员工更加容易管理。在加班问题上，如果工作负担增大，澳大利亚和新加坡的企业最可能选择增加员工的数量，而韩国和日本的企业则最可能让现有员工延长工作时间。在晋升问题上，认为应该以服务年限为依据而不是以工作绩效为依据的比例由高到低依次是韩国（40%）、中国台湾地区（36%）、泰国（34%）、日本（31%）、印度尼西亚（28%）、新加坡（22%）、马来西亚（17%）、菲律宾（14%）、中国香港地区（10%）和澳大利亚（4%）。在亚太地区开展业务的跨国公司应该对上述员工的态度有所了解，并在一定程度上调整原有的人力资源管理政策以适应当地员工的情绪要求。

四、海外子公司的文化与人力资源管理

跨国公司的海外子公司的人力资源管理政策必须能够同时被当地文化和公司总部的最高管理层接受。各地文化的差异对人力资源管理政策具有重要的影响。1980年，霍夫施泰德（Hofstede）提出文化的四个维度，这对了解文化对组织的影响有重要帮助，如表10-3所示。表10-4则列举了一些国家和地区在五个方面的得分情况。

表10-3 霍夫施泰德定义的文化的四个维度

维度	定义
权力距离	在一个社会或组织中，基层的人们可以接受和期望的权力不平等分配的程度
不确定性规避	一个社会认为自身被不确定性和不明确的形势威胁，并试图避免这种形势或力争通过正式手段控制不确定性程度
个人主义与集体主义	社会成员之间的联系松散或紧密的程度

（续表）

维度	定义
阳刚之气与阴柔之美	社会对积极进取、果敢和不顾及他人的阳刚之气的认同程度，以及男性和女性的角色被清楚区分的程度

资料来源：Fisher, C. D., Schoenfeldt, L. F. and Shaw, J. B., *Human Resource Management*, 6th edition, Houghton Mifflin Company, 2005：775.

各国的劳动力政策差异很大，这对跨国公司的人力资源管理有很大的影响。例如，英国没有法定假日，而卢森堡的法定假日长达5周。在意大利，对于员工是否参与管理没有正式的规定；而在丹麦，则规定30名员工以上的企业必须有员工代表参加董事会。因此，跨国公司的人力资源管理在协调母公司总部政策与各国特定环境要求之间将面临许多困难。

表10-4 不同国家和地区在五个方面的得分

国家和地区	权力化程度	不确定性规避	个人主义	男性主义	长期取向
英语：					
英国	21	12	96	84	27
美国	30	21	100	74	35
阿拉伯语：					
阿拉伯	89	51	52	58	—
远东：					
中国	89	44	39	54	100
中国香港地区	73	8	32	67	96
新加坡	77	2	26	49	69
中国台湾地区	46	53	19	41	92
日耳曼语：					
德国	21	47	74	84	48
瑞士	17	40	75	93	—
拉丁美洲：					
阿根廷	35	78	59	63	
墨西哥	92	68	42	91	
欧洲：					
法国	73	78	82	35	—
意大利	38	58	89	93	
丹麦	6	6	85	8	—
瑞典	12	8	82	2	58

说明：表中列出了所挑选的国家和地区按照霍夫施泰德国家文化的五个方面的百分数的大小排序。表中百分数是按大小顺序排在每个国家和地区之后的百分比。例如，美国在个人主义方面获得最高得分，其分数100说明100%的其他国家和地区在个人主义方面相当于或低于美国。分数为75说明75%的其他国家和地区在文化的某一方面相当于或高于该国和地区。

第三节 跨国公司人力资源管理的特点

Acuff(1984)针对国际企业人力资源管理提出更深入的看法,认为国际企业人力资源管理应该包括更多的功能:国际企业人力资源管理的目标为任用、发展、激励、执行派遣人员的遴选、外派人员回国安置等工作;更为庞杂的功能还包括面对母国、东道国和第三国进行薪资设计。一旦海外操作进入成熟阶段,国际企业人力资源管理功能就会发生调整,将会更加倾向于降低使用外派人员,减少派遣人员的薪酬和工作,将主要工作投入到当地招聘、甄选本地员工,并对本地员工进行一系列的教育训练。由于不同国家所处的政治、经济环境不同,国际企业人力资源管理受到更多外在因素的影响。

一、人力资源计划的特点

对于那些建立了全球性战略目标的跨国公司,制订关于如何有效利用人力资源的计划是至关重要的。但是在一些子公司中,人力资源计划的制订和实施可能会面临严重的困难。在有些文化中,人们长期以来遵从顺其自然,无法对未来事件做出有效的估计。因此,人们认为不需要计划。在这种情况下,制订和实施全面的人力资源计划会遭到人们的漠视甚至抵制。在一些文化中,人们强调当下的情况,不重视长期计划的价值。还有一些文化非常重视过去,倾向于单纯地依赖历史数据预测未来的人力资源需求,这在稳定的经营环境中是适用的,但是在不稳定的环境中就是无效的。日本在过去很长的一个时期中,由于受终身雇佣制度的影响,人力资源计划的灵活性很有限。在人力资源计划中,德国的工作丰富化实践减少了传统的生产线,将生产一线员工从简单单调的工作中解脱出来。

二、人员任用的特点

一个跨国公司的人力资源经理应该使用适合当地劳动力市场的雇佣程序,并遵守东道国的劳动法律。跨国公司可能需要利用当地的职业介绍机构来发现有技能的员工,为了吸引高素质的员工离开当地的企业必须支付足够的报酬。日本人长期生活在集体主义文化中,他们不愿意为外资企业服务,即使日本经济在20世纪90年代初出现衰退也没有发生明显改变。在等级文化严重的国家里,权力距离比较大,跨国公司在这些国家中招聘员工必须借助东道国政府管理的就业机构。例如在越南,政府劳动部门介入跨国公司招聘程序的程度很深,重要的雇佣决策要经过劳动部门的核准。有时越南的劳动部门提供给外资企业的员工的技能水平不符合公司的需要,但是外资企业很难拒绝。

欧美国家的跨国公司在本国通常已经根据本地人样本开发出有效的员工测评工具,但是当它们来到亚太国家和地区投资时,这些员工选择系统因文化差异而变得不适用。例如,按照西方人的测评体系,积极主动、毛遂自荐的工作申请人可能得到比较高的评价,但是在一个高度集体主义的文化中,这种"卓尔不群"的行为是很难与其他员工融合的。在遴选工具的选择上,不同的语言还可能使得一些原本非常适用的概念因无法用当地语言准确表达而无法应用。一些美国的跨国企业来到中国等亚洲国家投资时,这些公司派来的人力资源经理发现在招聘广告中可以对工作申请人提出年龄范围、性别等方面明确的要求,而这些做法在美国是严重违背平等就业法律的。这种符合当地法律和文化但违反本国法律和本公司文化的现象使这些经理人陷入了严重的道德困境。在日本,跨国公司的人力资源经理发现当地的文化不支持招聘年轻的管理人员来监督和管理年长的员工,这也是西方人很不习惯的。

对于跨国公司而言,大胆起用东道国当地的管理人才有很多好处。第一,跨国公司使用本国派出管理人员的方式的成本很高;第二,愿意使用当地员工担任管理职务的跨国公司在东道国可以享有很好的口碑;第三,如果跨国公司使用本国外派员工担任管理人员,他们会认为自己过一段时间就可能要回国,因此在工作中可能会片面强调短期效果,而缺少应该有的长期计划。当然跨国公司也有使用本国外派员工的理由:第一,东道国员工的技术和管理水平没有达到跨国公司本身的要求,需要派出本国的员工承担重要的工作职责;第二,许多跨国公司越来越强调将海外工作成绩作为提拔高层管理人员的一个重要的考核指标;第三,跨国公司派出的管理人员长期在本公司的文化氛围和政策框架下工作,与东道国当地的员工相比,他们更能够不折不扣地执行跨国公司总部的指令,因此使用外派员工有助于加强总部对子公司的控制。如果使用外派员工,跨国公司就要慎重地选择适合的人员。外派员工应该有能力与那些和自己的文化背景有很大差别的同事和员工一起工作,能够承受生活与工作在异国他乡的孤独感,还需要处理自己的家庭在陌生环境中所面临的各种困境和压力。

三、员工培训的特点

当跨国公司在发展中国家招聘员工时,经常存在员工的技能水平无法适应工作岗位要求的问题,因此需要花费时间和精力对新员工进行培训。但是,欧美国家的跨国公司根据本国情况设计出来的行之有效的技能培训方法在很多文化环境中可能是不合适的,将培训资料精准地翻译成当地语言也可能是非常困难的,特别是不同文化下的员工所适应的学习方法有可能不同。例如在外国人看来,中国是一个等级化程度比较高的国家,学生从小就被教导要尊重和顺从教师,因此中国员工在培训中习惯将自己当作知识的被动接受者,而将培训教师看作知识的授予者。中国员工在培训中也很少向教师提问或者对教师的陈述提出异议。因此,在中国开展业务的跨国公司发现,在西方经常采用的那种活跃的学员高度参与的培训方式在中国不适用。在这种情况下,跨国公司的人力资源经理就必须开发适合当地文化特征的培训技术。

当跨国企业准备派出员工到海外工作时,需要对这些外派候选人进行培训。这种培训可以分为四个层次:第一层次的培训要让培训对象了解文化差异,并强调文化差异可能给经济结果带来影响;第二层次的培训要让培训对象了解人们态度的形成模式,并知晓态度是如何影响员工行为的;第三层次的培训是向培训对象提供他们未来工作所在国家的具体情况;第四层次的培训是培训对象提供学习语言技能,以及调整和适应环境的技巧。

四、员工绩效考核的特点

不同的文化对员工绩效考核的衡量对象和考核方法有着重要的影响。前面章节讲过,目标管理评价法是一种常用的员工绩效考核方法,在实施这种方法时,主管人员及其下属首先要协商决定员工必须达到的中等难度的工作目标。在权力距离比较大的社会中,设定目标存在困难,因为主管人员拥有比较高的地位和比较大的权力,下属员工认为应该等待上司向自己布置工作任务,如果自己参与目标的制定过程则无异于越俎代庖。例如在印度,基层员工就希望上司为自己确定工作目标,而且那些试图与员工一起制定员工工作目标的主管人员被看作不能完成自己的工作。另外,在不确定性回避程度比较高的社会中,员工规避风险的程度高,不愿意承担有挑战性的工作,这也为目标的设定带来了困难。

许多员工绩效考核方法都强调对员工个体的工作绩效进行评价,这在美国这样的个人主义倾向比较严重的社会中非常适合,但是对在像中国或日本这种集体主义倾向比较严重的文化中就可能不大适合。在东方文化中,员工的身份感来自自己是集体中的一员,而强调个体的绩效考核方法则试图将员工与集体分离开,无论是对员工个人进行奖励还是批评都隐藏着深层次的危险。在这种文化中,员工集体的绩效评价比员工个人的绩效评价更为重要。新加坡政府曾在20世纪80年代开始鼓励当地企业推行员工绩效考核体系,并希望将员工个人的工作绩效与个人薪酬相联系,以提高新加坡的经济效率水平。但是由于新加坡社会主要由华人构成,儒家的等级观念和长幼尊卑思想盛行,历史上薪酬与晋升制度都以员工的年龄和工龄为基础。由于绩效考核体系有可能使年轻的员工比年长的同事获得更高的报酬,因此这一政策在推行的初始阶段遇到了很大的阻力。同样,在东方社会中,对主管人员的评价也与欧美国家不同。一般来说,那些能够与员工维系良好人际关系的主管人员要比那些单纯具有较高工作绩效水平的主管人员更容易被员工看作好的管理者。

跨国公司在考核派出管理人员的绩效时也会遇到一些特殊的困难。突出的问题是缺少一个能够客观公正地评价外派员工的考核者。如果由东道国当地的管理层负责评价,那么他们可能会因文化差异而做出不恰当的评价结果。例如,一名美国员工在中国工作,他的中方上司可能不满意美国下属自认为很好的员工参与式决策方式。如果由跨国公司总部的管理者对外派员工进行考核,那么很显然这些管理者将因为距离遥远引起的信息不充分而难以做出正确的评价。如果母公司采用利润或市场占有率等客观的数量指标评价外派员工,将会由于对外派员工面临的工作环境的不稳定性缺乏了解而导致评价失误。要正确地评价外派员工,跨国公司考核员工绩效的政策要考虑以下几个方面:第一,客观估计外派员工工作环境的困难程度。例如对于美国的跨国公司,它派到中国的员工的工作难度就显然比派到英国的员工的工作难度要大。因此,在绩效考核中对这两个国家的外派员工的评价尺度就应该有所差别。第二,以东道国当地的评价意见为主,以公司总部的评价意见为辅。第三,如果公司总部负责确定最终的正式评价结果,最好征求曾经在被评价对象正在工作的国家和地区工作过的员工的意见,这样会减少评价偏差。第四,根据外派员工工作地点的文化特征,对公司的考核标准进行适当的修改,以增强考核体系的适应性。

五、跨国公司的薪酬体系

跨国公司在各国的子公司的薪酬政策必须考虑到当地劳动力市场的工资行情、有关劳动薪酬方面的法规和当地的文化倾向,同时还要与母公司的整体经营战略保持足够的一致。各子公司的人力资源经理要为东道国员工、母公司派出员工和第三国员工分别制定不同的薪酬制度。关于这个问题,一个常见的现象是即使东道国当地的员工与母公司派来的员工承担责任、复杂程度和重要性相同的工作,母公司派来的员工也会经常得到比较高的报酬,这就易使东道国当地的员工产生一种没有被公平对待的感觉。

跨国公司在各国的子公司的人力资源经理在工作中面临许多困难,在不同的国家,对于员工的养老金、社会保障、医疗保险和其他各种福利的管理规定存在很大的差异。在有些国家,公司传统上要为员工提供住房、上下班交通条件和年终奖金,而在另一些国家却不是这样。与员工绩效考核遇到的问题一样,不同的文化对于薪酬制度的选择也有不同的偏好。林肯电气公司在美国成功地实行了以生产率为基础的激励性薪酬体系,包括计件工资和年终奖金等措施,而且林肯公司还把这些制度全部或部分地应用于在澳大利亚和墨西哥的子公司。但是当林肯公司将这种制度移植到欧洲时却因文化差异而遇到了很大的阻力。在文化特征与薪酬体系的配合关系上,如果是在权力距离比较大的社会中,薪酬体系应该与公司中的等级观念相互一致,最高收入与最低收入的员工的薪酬差异应该大一些,能够反映员工在公司地位上的差距。而在权力距离比较小的社会中,应该采取比较平等化的薪酬体系,最高收入与最低收入的薪酬差距应该相对小一些。在个人主义倾向比较严重的社会中,薪酬体系应该强调奖励个人的工作成绩;而在集体主义倾向比较明显的社会中,薪酬体系的建立就应该以员工集体或者员工的资历为基础。

对于在海外投资的跨国公司中的员工,薪酬的外部公平性和薪酬激励面临一些新的问题。由于员工在不同的国家工作,不同国家的物价水平有差别,因此跨国公司派到海外工作的员工为了维持在本国的生活标准所要支付的生活费用也就不同。跨国公司解决这种难题的主要方法是在整个公司范围内执行统一的与工作性质相适应的基本工资,然后根据员工所在国家和地区的具体情况,用各种专项补贴来实现薪酬的公平性。与在本国国内的公司相比,跨国公司派到海外的员工的薪酬公平性会涉及特殊的国别差异问题。解决这一问题可采用国际经济中的购买力平等化方法,即派出员工的薪酬水平至少应该能够使他们在东道国保持与在本国时相同的住房条件、商品和服务消费水平以及储蓄水平,如果出现缺口则由公司弥补。大多数跨国公司对外派员工还实行海外服务奖金或津贴制度。

Milkovich and Newman(1994)将跨国公司员工分为三类:母公司派出员工、东道国员工和第三国员工。那些生活水平比较高的发达国家为了鼓励本国员工来中国工作,为他们提供很高的薪酬,并为他们的家庭生活和子女上学提供多种补助。以美国公司的员工为例,当他们被外派到中国工作时,公司为他们确定薪酬时既要考虑激励因素,又要考虑确保实现公平的调整性因素。这一模型如图10-4所示。

在中国,那些在跨国公司工作的员工通常被分为三种类别:跨国公司的母公司派来的外籍员工、中国本地员工和回国者(Returnees)。所谓的回国者指的是那些曾在海外留学或工作,然后回到中国工作的中国人员工。这三种员工即使承担相同的工作,其薪酬水平也有一定的差异。

在本国的薪酬 +/−
激励成分:
住房补贴
迁徙补贴
不熟悉的国家
不舒适的环境
安家补贴
教育和语言培训补贴
平等化因素:
生活费用调整
税收调整津贴
员工福利调整
人寿保险
年金
其他形式的薪酬
= 在海外的薪酬
基本工资
员工福利

图 10-4 海外员工的薪酬决定

资料来源:Crino, M. D. and Leap, T. L., *Personnel/Human Resource Management*, Macmillan, 1989:424.

复习思考题

1. 指出国内企业人力资源管理的构成要素与国际企业人力资源管理的差别。
2. 跨国公司的人力资源管理有哪几种主要模式?各种模式有什么特点?
3. 跨国公司的人力资源管理模式受到哪些因素的影响?
4. 跨国公司的人力资源培训有什么特点?
5. 跨国公司的薪酬管理有哪些特点?
6. 跨国公司的绩效考核有哪些特殊的问题?

案例

TCL集团的国际化人才培养①

TCL集团股份有限公司创立于1981年,是全球化的智能产品制造及互联网应用服务企业集团,整体在深交所上市(SZ.000100),旗下另拥有四家上市公司,即TCL多媒体电子(01070.HK)、通力电子(01249.HK)、TCL显示科技(00334.HK)、翰林汇(835281)。集团业务涉及电话、电视机、手机、冰箱、洗衣机、空调、小家电、液晶面板等领域,拥有26个研发中心,10余家联合实验室,22个制造加工基地,在80多个国家和地区设有销售机构,业务遍及全球160多个国家和地区。TCL集团2017年年报显示,2017年实现营业收入1 115.8亿元,净利润35.4亿元,其中归属于母公司净利润26.6亿元,同比增长66.3%。2018年第一季报显示,公司实现营业收入256.3亿元,净利润7.88亿元,同比增长17.2%。

TCL集团的国际化之路

TCL集团是中国企业国际化的先行者,探索始于1999年,经历早期探索、跨国并购、稳步成长三个阶段。

1999年,TCL集团在越南投资设立第一家工厂,建立自有品牌海外生产基地并取得成功。随后,TCL集团逐步把业务扩展到印度尼西亚、菲律宾、泰国等东南亚国家,再到俄罗斯、印度等。在尝到"走出去"的甜头后,TCL集团开始寻找下一个目标。

2004年1月,TCL集团并购了汤姆逊全球彩电业务。同年8月,并购了阿尔卡特手机业务。这是中国企业的第一次大规模海外并购。2003年法国汤姆逊还是全球500强企业,彩电业务规模大于TCL集团。当时TCL集团并购它被认为是"蛇吞象"。

TCL集团跨国并购前三年遭遇重大挫折,2005—2006年巨额亏损,跌入谷底。经过一系列的重组和变革,2007年重新实现盈利,逐步走向良性发展。2009年开始,重新进入快速增长轨道。特别是近几年,TCL集团国际化布局渐入佳境,海外业务已经成为TCL集团收入的半壁江山,占比达到一半左右。从出货量来看,2015年前三个季度TCL通信已然成为全球第五大手机厂商。尤其在"一带一路"沿线国家和地区成绩斐然,成为"一带一路"上承载中国形象和影响力的使者。

TCL集团已经加快在海外新兴市场的拓展布局。TCL集团波兰工厂主要辐射欧洲市场;越南工厂主要辐射东南亚市场;墨西哥工厂主要辐射北美和中美市场;埃及合资工厂辐射整个非洲和中亚市场;巴西合资工厂覆盖整个南美洲。其中,波兰工厂是"一带一路"沿线投资最大的工厂,也是中国在波兰投资最大的工厂。2016年6月20日统一命名的"中欧班列"首达波兰,当天列车上80%的货物来自TCL集团;作为中国在波兰最大的工业制造项目,TCL集团波兰工厂为当地就业、税收做出了积极贡献。2016年,TCL电视机与手机均跻身北美四强,其中电视机全球销量突破2 000万台,力压老牌日本企业,以中国第一晋级全球前三。在消费市场成熟、竞争激烈的北美市场,TCL电视连续三年被评为增长

---

① 作者根据网络相关资料整理而得。重点参考了:《吹响海外英才的"集结号"——访TCL集团人力资源管理部部长傅和平》,《TCL动态》,2018年第8期。

最快的电视品牌。2017年第一季度,TCL电视在北美市场占据13%的市场份额,超越LG排名第三。

TCL集团国际化人才培养

TCL集团2017年度企业社会责任报告对公司内部的发展状况进行了披露,包括员工数量。报告指出,截至2017年12月31日,TCL集团员工总数为75 059人。其中,TCL集团国内员工数为72 228人,占员工总数的比例约为96%;TCL集团海外员工数为2 831人,约占员工总数的比例为4%。① TCL集团在报告中强调,"海外员工数仅包含非中国境内工作的海外人员,不包括在中国地区工作的外籍员工"。

在实施"国际化再出发"战略背景下,TCL集团于2014年启动了"海鹰项目"——从各产业挑选立志于赴海外发展的英才,在语言和业务、理论和实践等各个层面进行集训,最后把他们派往各产业海外分支机构,开始新的职业生涯。

"海鹰项目"每年一期,前三期总共选拔学员86人,实际有30多人外派或者以其他形式从事海外业务。从事的岗位主要有财务、供应链、产品、质量、销售、市场等。外派地点主要是TCL集团海外分公司所在的国家,比如美国、澳大利亚、印度、印度尼西亚、波兰、法国等。前期TCL集团外派员工主要集中在TCL电子这个产业,现在TCL通信也开始外派员工。海外工厂,像TCL电子在波兰、墨西哥和越南的工厂,都需要"海鹰项目"的支持。

TCL集团人员外派主要有三类:一是区域总经理和国家经理(Country manager);二是外派到当地做某一个职能的负责人,比如供应链、运营或者财务总监;三是再下一层级作为梯队来培养,比如外派一些财务主管,作为未来的财务总监的后备力量培养。前三期"海鹰项目"主要针对最低层级的人员,工作三四年甚至两年,资历还不是很深。"海鹰项目"四期主要定位中间层,这一层往上升迁的可能性大,把他们带起来,下面一层出去也更容易。所以,对第四期海鹰项目的要求相比前期会更高一些。

未来TCL集团海外市场还需要很多基层工作人员,主要来源有两个:一是用实习或短期出差的方式,可以把人才池扩大、挖深;二是选好的苗子送出去。2018年公司启动了海外管培生的招聘,直接去海外招募一些已经有海外生活经验、在语言和文化融入方面都过关的优秀留学生。公司在香港大学、纽约大学、华盛顿大学和麻省理工学院招了10名这样的管培生,未来这些人长期外派的可能性比较大。另外,公司加大投入,鼓励国内员工学英语。集团总部人力资源部门已经开始组织学习英语,比如"百词斩"单词量突破8 000的同事,领导们会给他们发红包。未来人力资源部门会向集团申请一些政策,比如提供学习费用补贴。这样做的主要目的是把国际化人才池做大,没有大的池子,外派始终会面临人才供给的难题。

虽然单个"海鹰项目"可能难以对业务产生立竿见影的影响,但当包括"海鹰"在内的国际化人才池蓄水到一定程度的时候,对海外业务会产生积极作用。例如,TCL电子原来在欧洲没有盈利过,2017年派了江彪(现TCL电子欧洲分公司总经理)等几个人过去后,

---

① 海外营业收入同样在50%左右的华为、美的两家公司,其海外员工比例达20%以上。

2018年上半年就开始盈利了。2018年TCL通信在北美亏损比较大,集团总部派了包括总经理在内的团队过去,他们进行了大刀阔斧的改革,2018年1月也开始盈利,上半年通信唯一一个超额完成业绩的区域就是北美。外派员工过去后,最主要的作用是能使前后端协作更顺畅、信息传递更透明,这些都是业绩增长的前提。国际化人才池越大,开拓新市场的底气就越足。就"海鹰项目"的招募来说,一是基于现阶段的业绩改善,但更重要的是出于长远的战略考虑,即对国际化业务进行战略性的人才布局。

对于海鹰学员来说,"走出去"会面临一些机遇和挑战。从机遇方面看,首先,个人的外语应用水平会有一个质的飞跃;其次,"走出去"之后,独当一面的机会较多,对综合能力的提升非常有好处;最后,国际化能真正落到实处,提升整个公司的国际化运营能力。从挑战方面看,出国过了新鲜期之后,相比之下还是在国内生活更舒服。首先,一般国外分公司外派人员就那么一两个或两三个,会有十分寂寞的时候,没有亲人朋友在身边,有困难只能靠自己解决。因为有时差问题,不可能碰到一点事情,就找国内的同事、朋友或亲人来倾诉。生活上也有挑战,比如说饮食,全球没有哪个地方有中国这么丰富的美食。另外还有家庭方面的挑战,长期与家人天各一方,会产生不少问题,比如与孩子产生隔阂。如果把家属一起带出去,虽然公司会有经济上的补贴,但中断职业生涯对配偶来说多少会有些不适应。

海外人才还有一个很大的群体就是当地本土员工。TCL电子海外业务中心有一些好的做法,譬如把海外高潜力员工组成一个班,叫"Kindle"火种计划。选好人之后,让他们来中国参加一系列的活动和培训,了解中国文化和TCL集团企业文化。回到本国后,他们就会成为传播企业文化和管理理念的"火种"。TCL集团人力资源部门领导者认为,公司现在的Local(本土)员工和国内员工的协作还是存在一定的问题,这里有很多深层次的原因。首先是能力不足,国内的员工不知道怎么管理海外业务。另外一个更重要的因素是文化差异,举个例子,就"批评"这个事情而言,在中国员工看来,领导批评一下是很正常的事,但你要批评西方本土员工,尤其是公开批评,人家会觉得面子上特别挂不住,因为他们是被表扬长大的,而中国人是被批评长大的。这里就有很深层的文化差异问题,我们虽然改变不了,但可以通过沟通和互相理解来弥合。对于"国际化",现在有个专门的词叫Glocalization,就是"全球本土化",不是完全的Local,也不是完全的外派,而是把两者结合起来,以便更好地平衡全球开放性与本地差异性。这对融洽本土员工和外派员工的协作关系、提升海外业绩是大有裨益的。

问题:

1. TCL集团在国际化人才培养上的经验有哪些?
2. TCL集团在国际化人才培养上还需要在哪些方面改进?

参 考 文 献

1. 孙光德、董克用:《社会保障概论》(第三版),中国人民大学出版社,2008 年。
2. 谢晋宇:《人力资源开发概论》,清华大学出版社,2005 年。
3. 张正堂、刘宁:《薪酬管理》(第二版),北京大学出版社,2016 年。
4. 张正堂:《HR 三支柱转型:人力资源管理的新逻辑》,机械工业出版社,2018 年。
5. Luis R. Gomez-Majia, David B.Balkin, Robert L. Cardy:《人力资源管理》(第八版),刘宁、蒋建武、张正堂译,北京大学出版社,2018 年。
6. 朱勇国:《工作分析》,高等教育出版社,2007 年。
7. 〔美〕雷蒙德·A. 诺伊、约翰·霍伦拜克、拜雷·格哈特、帕特雷克·莱特:《人力资源管理:赢得竞争优势》,刘昕译,中国人民大学出版社,2001 年。
8. 〔美〕加里·德斯勒:《人事管理》,李茂兴译,台湾:晓园出版社,1987 年。
9. 〔美〕戴维·尤里奇:《人力资源管理教程》(英文版),新华出版社,2000 年。
10. 〔美〕罗伯特·卡普兰、大卫·诺顿:《战略地图——化无形资产为有形成果》,刘俊勇、孙薇译,广东经济出版社,2005 年。
11. 〔美〕克里尔曼、马可贾尼:《成功的平衡计分卡》,吴德胜等译,格致出版社、上海人民出版社,2009 年。
12. 〔美〕韦恩·卡肖:《人力资源成本分析:组织行为的财务效果》(第四版),黄长凌译,清华大学出版社,2007 年。
13. 黛安那·马尔卡希:《零工经济》,陈桂芳译,中信出版社,2017 年。
14. Sydney Finkelstein:《联盟时代:如何将流动的人才变成公司的长期人脉》,李文远译,南方出版传媒广东人民出版社,2017 年。
15. Allen, N. J., and Meyer, J. P., Organizational Socialization Tactics: Longitudinal Analysis of Links to Newcomers' Commitment and Role Orientation, *Academy of Management Journal*, 1990, 33(4): 847-858.
16. Andrea, G. E. C., Anrienne, C., and Srikanth, G., Newcomer and Organizational Socialization Tactics: An Interactionist Perspective, *Human Resource Management Review*, 2000, 10(4): 453-476.
17. Ashforth, B. E., and Saks, A. M., Socialization Tactics: Longitudinal Effects on Newcomer Adjustment, *Academy of Management Journal*, 1996, 39(1): 149-178.
18. Baldwin, T. T., and Ford, J. K., Transfer of Training: A Review and Direction for Future Research, *Personnel Psychology*, 1988, 41: 63-103.

19. Baron, James N. and David M. Kreps, *Strategic Human Resources: Frameworks for General Managers*, John Wiley & Sons, Inc., 1999.

20. Beer, M., *Managing Human Assets*, New York: Free Press, 1984.

21. Berg, J. M., Dutton, J. E., & Wrzesniewski, A. Job crafting and meaningful work. In B. J. Dik, Z. S. Byrne & M. F. Steger (Eds.), Purpose and meaning in the workplace (pp. 81–104). Washington, DC: American Psychological Association, 2013.

22. Casio, W. F., *Managing Human Resources*, McGraw-Hill, 1995.

23. Chao, G. T., O'Leary-Kelly, A. M., and Wolf, S. et al., Organizational Socialization: Its Content and Consequences, *Journal of Applied Psychology*, 1994, 79(5): 730–743.

24. Crandall, F., and Wallace Jr., M. J., Downsized but not Out, *Workspan*, 2001, 434(11): 30–35 Crino, M. D., and Leap, T. L., *Personnel/Human Resource Management*, Macmillan Publishing, 1989.

25. Daniels, J. D., Radebaugh, L. H., and Sullivan, D. P., *International Business: Environments and Operations*, 11th edition, Pearson Prentice Hall, 2007.

26. De Cieri, H., and Dowling, P. J., Strategic Human Resource Management in Multinational Enterprises: Theoretical and Empirical Developments, in Wright, P. M. et al. (eds) , *Reasearch in Personnel and Human Resource Management: Strategic Human Resource in the 21st Century*, Stamford, CT: JAI Press, 1999, 4: 305–327.

27. De Meuse, K. P., Bergmann, T. J., and Vanderheiden, P. A., New Evidence regarding Organizational Downsizing and A Firm's Financial Performance: A Long Term Analysis, *Journal of Managerial Issues*, 2004, 2: 155–177.

28. Dessler, G., *Human Resource Management*, Prentice-Hall International, Inc., 1997.

29. Devanna, M., Fombrun, C., and Tichy, N., A Framework for Strategic Human Resource Management, In Fombrun, C., Tichy, N., and Devanna, M. (Eds.), *Strategic Human Resource Management*, New York: Wiley, 1984: 11–171.

30. Dowling, P. J., Schuler, R. S., and Welch, D. E., *International Dimensions of Human Resource Management*, 3rd edition, Cincinnati. OH: South-Western College, 1999.

31. Dyer, L., and Holder, G., Toward a Strategic Perspective of Human Resource Management, in Dyer, L. (ed.), *Human Resource Management: Evolving Roles and Responsibilities*, ASPA BNA Handbook of Human Resource Management, Washington: Bureau of National Affairs, 1988.

32. Edwards, M. R., and Ewen, A. J., How to Manage Performance and Pay with 360-degree Feedback, *Compensation and Benefits Review*, 1996, 28(3): 41–46.

33. Fisher, C. D., Schoenfeldt, L. F., and Shaw, J. B., *Human Resource Management*, 3rd ed., Houghton Mifflin Company, 1997.

34. Fisher, C. D., Schoenfeldt, L. F., and Shaw, J. B., *Human Resource Management*, 6th ed., Houghton Mifflin Company, 2005.

35. Gilliland, S. W., The Perceived Fairness of Selection Systems: An Organizational Justice Perspective, *Academy of Management Review*, 1993, 18, 694–734.

36. Gomez-Mejia, L. R., Balkin, D. B., and Cardy, R., *Managing Human Resource*, Upper Saddle River, N. J.: Prentice-Hall Inc., 2007.

37. Hackman, J. R., and Oldham, G. R., Development of the Job Diagnostic Survey, *Journal of Applied Psy-*

chology, 1975, 60(2): 159-170.

38. Heenan, D. A., and Perlmutter, H. V., *Multinational Organization Development*, Reading, MA: Addison-Wesley, 1979.
39. Holland, J. L., *Making Vocational Choices: A Theory of Vocational Personalities and Work Environments*, Englewood Cliffs, NJ: Prentice-Hall, 1985.
40. Ivancevich, J. M., *Human Resource Management*, 7th edition, McGraw-Hill, 1998.
41. John, C., Don't Forget Your Shift Workers, *HR Magazine*, 1999, February: 80-84.
42. Lengnick-Hall, C. A., and Lengnick-Hall, M. L., Strategic Human Resource Management: A Review of the Literature and A Proposed Typology, *Academy of Management Review*, 1988, 13(3): 466-467.
43. McClelland, D. C., Testing for Competence rather than for "Intelligence", *American Psychologist*, 1973, 28: 1-14.
44. Miles, R. E., and Snow, C. C., Designing Strategic Human Resource Systems, *Organizational Dynamics*, 1984, 13(1): 36-52.
45. Milliman, J. F., Zawacki, R. A., and Norman, C. A., Companies Evaluate Employees From All Perspectives, *Personnel Journal*, 1994, 73(11): 99-103.
46. Milkovich, G. T., and Boudreau, J. W., *Human Resource Management*, Richard D. Irwin, 1994.
47. Morgan, P. V., International Human Resource Management: Fact of Fiction, *Personnel Administrator*, 1986, 31(9): 43-47.
48. Noe, R. A., *Employee Training and Development*, Irwin/McGraw-Hill, 1998.
49. Saks, A. M., and Ashforth, B. E., Organizational Socialization: Making Sense of the Past and Present as a Prologue for the Future, *Journal of Vocational Behavior*, 1997, 51(2): 234-279.
50. Schuler, R. S., Strategic Human Resources Management: Linking the People with the Strategic Needs of the Business, *Organizational Dynamics*, 1992, 21(1): 18-32.
51. Schuler, R. S., Dowling, P. J., and De Cieri, H., An Integrative Framework of Strategic International Human Resource Management, *The International Journal of Human Resource Management*, 1993, 4(4): 717-764.
52. Schuler, R. S., and Huber, V. L., *Personnel and Human Resource Management*, 5th edition, West Publishing Company, 1993.
53. Schuler, R. S., and Walker, J. W., Human Resource Strategy: Focusing on Issue and Action, *Organizational Dynamics*, 1990, 19(1): 5-19.
54. Schein, E. H., Organizational Socialization and the Profession of Management, *Industrial Management Review*, 1968, 9(4): 1-16.
55. Sonnenfeld, J. A., and Peiperl, M. A., Staffing Policy as a Strategic Response: A Typology of Career Systems, *Academy of Management Review*, 1988, 13(4): 588-600.
56. Spencer, L. M., *Competence at Work*, John Wiley & Sons, Inc., 1993.
57. Suarez-Gonzalez, I., Downsizing Strategy: Does it Really Improve Organizational Performance, *International Journal of Management*, 2001, 3: 301-316.
58. Tracy, J. B., Tannenbaum, S. I., and Kavavagh, M. J., Applying Trained Skills on the Job: The Importance of the Work Environment, *Journal of Applied Psychology*, 1995, 80(2): 239-252.
59. Van Maanen, J., and Schein, E. H., Toward a Theory of Organizational Socialization, in Staw, B. M.

(Ed.), *Research in Organizational Behavior*, JAI Press, Greenwich, CT, 1979.

60. Way, S. A., and Johnson, D. E., Theorizing about the Impact of Strategic Human Resource Management, *Human Resource Management Review*, 2005, 15(1): 1-19.

61. Wright, P. M., and McMahan, G. C., Theoretical Perspectives for Strategic Human Resource Management, *Journal of Management*, 1992, 18(2): 295-320.

62. Yerkes, B., and Dodson, J., The Relation of Strength of Stimulus to Rapidity of Habit-formation, *Journal of Comparative and Neurological Psychology*, 1908, 18: 459-482.

教辅申请说明

　　北京大学出版社本着"教材优先、学术为本"的出版宗旨,竭诚为广大高等院校师生服务。为更有针对性地提供服务,请您按照以下步骤在微信后台提交教辅申请,我们会在1—2个工作日内将配套教辅资料,发送到您的邮箱。

◎ 手机扫描下方二维码,或直接微信搜索公众号"北京大学经管书苑",进行关注;

◎ 点击菜单栏"在线申请"—"教辅申请",出现如右下界面:

◎ 将表格上的信息填写准确、完整后,点击提交;

◎ 信息核对无误后,教辅资源会及时发送给您;如果填写有问题,工作人员会同您联系。

温馨提示:如果您不使用微信,您可以通过下方的联系方式(任选其一),将您的姓名、院校、邮箱及教材使用信息反馈给我们,工作人员会同您进一步联系。

我们的联系方式:

通信地址:北京大学出版社经济与管理图书事业部
　　　　　北京市海淀区成府路205号,100871
联 系 人:周莹
电　　话:010-62767312 / 62757146
电子邮件:em@pup.cn
Q　　Q:5520 63295(推荐使用)
微　　信:北京大学经管书苑(pupembook)
网　　址:www.pup.cn